POLÍTICA SELVAGEM

JEAN TIBLE

GLAC edições & n-1 edições

POLÍTICA SELVAGEM
Jean Tible

1ª edição | 2ª impressão | maio, 2024
ISBN 978-65-86598-20-9 | GLAC edições
ISBN 978-65-81097-40-0 | n-1 edições

COEDIÇÃO   GLAC edições & n-1 edições
DIREÇÃO DE ARTE   Ricardo Muniz Fernandes
COORDENAÇÃO EDITORIAL   Leonardo Araujo Beserra
PROJ. GRÁFICO E DIAGRAMAÇÃO   Leonardo Araujo Beserra
ILUSTRAÇÕES DE CAPA E MIOLO   Camila Fialho
REVISÃO   Fernanda Mello
PREPARAÇÃO   Lia Urbini

© Jean Tible, 2022
© GLAC edições, para a presente edição
© n-1 edições, para a presente edição

a GLAC edições compreende que alguns dos textos-livros publicados por ela devem servir ao uso livre. portanto, que se reproduza e copie este com ou sem autorização, apenas citando a fonte e comunicando o editor

EDIÇÃO   Leonardo Araujo Beserra

praça dom josé gaspar, 76, conj. 83, edifício biblioteca, centro,
01047-010, são paulo – sp | glacedicoes@gmail.com

embora adote a maioria dos usos editoriais do âmbito brasileiro, a n-1 edições não segue necessariamente as convenções das instituições normativas, pois considera a edição um trabalho de criação que deve interagir com a pluralidade de linguagens e a especificidade de cada obra publicada

COORDENAÇÃO EDITORIAL   Peter Pál Pelbart e Ricardo Muniz Fernandes
DIREÇÃO DE ARTE   Ricardo Muniz Fernandes
ASSISTENTE EDITORIAL   Inês Mendonça

a reprodução parcial sem fins lucrativos deste livro, para uso privado ou coletivo, está autorizada, desde que citada a fonte. se for necessária a reprodução na íntegra, solicita-se entrar em contato com os editores

para

Ana Maria
Antonio
Clara
Edenis
José Celso
Madrecita
Michael
Sebastião

006 revolta!!!
 por Denise Ferreira da Silva

016 percursos

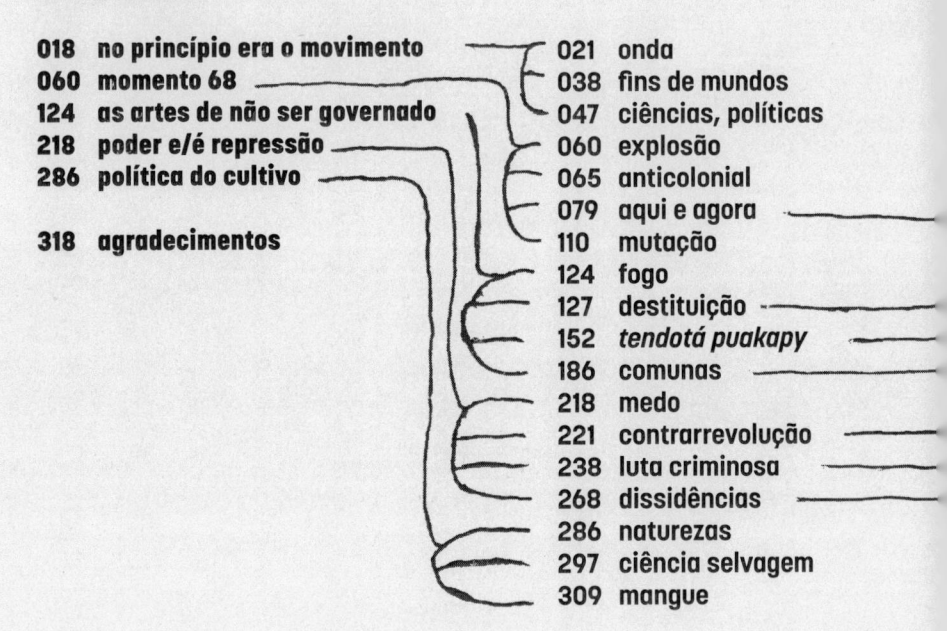

018 no princípio era o movimento
060 momento 68
124 as artes de não ser governado
218 poder e/é repressão
286 política do cultivo

318 agradecimentos

021 onda
038 fins de mundos
047 ciências, políticas
060 explosão
065 anticolonial
079 aqui e agora
110 mutação
124 fogo
127 destituição
152 *tendotá puakapy*
186 comunas
218 medo
221 contrarrevolução
238 luta criminosa
268 dissidências
286 naturezas
297 ciência selvagem
309 mangue

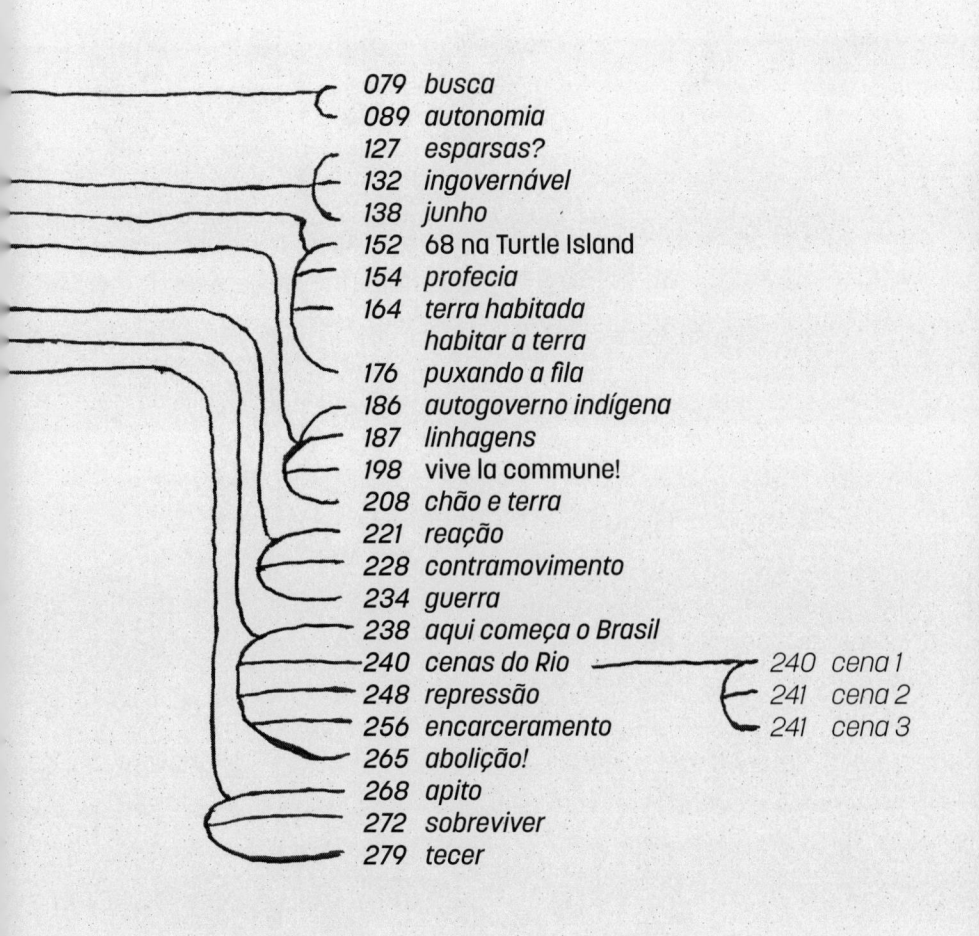

079 busca
089 autonomia
127 esparsas?
132 ingovernável
138 junho
152 68 na Turtle Island
154 profecia
164 terra habitada
    habitar a terra
176 puxando a fila
186 autogoverno indígena
187 linhagens
198 vive la commune!
208 chão e terra
221 reação
228 contramovimento
234 guerra
238 aqui começa o Brasil
240 cenas do Rio — 240 cena 1
248 repressão   241 cena 2
256 encarceramento 241 cena 3
265 abolição!
268 apito
272 sobreviver
279 tecer

REVOL
DENISE
DA SILVA

"Quantos mais vão precisar morrer para que esta guerra acabe?", pergunta a vereadora Marielle Franco no Twitter, dois dias antes de ser assassinada ao lado de seu motorista, Anderson Gomes, no centro da cidade do Rio de Janeiro, no dia 14 de março de 2018. Quando exclama "Parem de matar nossos jovens!", na mesma mensagem, ela indica uma brecha no cerne de uma das mais importantes instituições liberais, a Câmara dos Vereadores, onde pessoas eleitas exercem a função mais importante da democracia, quero dizer, representam a vontade pública.

Exatamente essa brecha, de fato constitutiva de todas as instituições liberais existentes, registra o lapso fundante da concepção da política hegemônica, explorado em *política selvagem*. Ao pensar a política *na* rua, *na* praça, *na* estrada e *na* mata, Jean Tible apresenta uma teoria da democracia que a encontra lá onde a polícia e a milícia matam sem medo de consequências jurídicas; lá onde foi assassinada a representante preta e lésbica da favela, do Complexo da Maré; lá onde pessoas pretas e/ou pobres diariamente confrontam a brutalidade policial e a precariedade econômica.

Ao fazê-lo, *política selvagem* nos oferece um ponto de partida para recompor o arsenal disponível para a crítica da arquitetura política

TA!!!
ERREIRA

liberal, em particular de sua composição mais recente, o Estado-nação. Esta recomposição pode ser indicada a partir de quatro movimentos, que vejo atuados e sugeridos no livro: focar na revolta como atualização da democracia; ver os comuns como materialização da revolta; adotar subalternos da matriz colonial, racial, cis-heteropatriarcal como figura política central; e a consequente recomposição do Estado-nação, na qual a repressão aparece como a quarta de suas funções fundantes, ao lado de proteção, preservação e representação.

Ler *política selvagem*, aceitando o convite que Jean Tible nos faz, o de emancipar o pensar, explorar para além daquilo que é considerado apropriado nas considerações da política, é apenas, evidentemente — o vejo dizer — uma de suas oferendas. A principal, notoriamente, é aquilo que este inspira.

|

Basta! A demanda explícita na pergunta feita por Marielle Franco também nos lembra como (para o bem e para o mal, da mesma forma que dizem) Twitter e outras plataformas têm sido utilizadas de forma semelhante ao modo que a rua e a praça vêm sendo utilizadas por séculos. Revoltadas, milhares de pessoas ocuparam ruas, praças, Twitter e Facebook, no Brasil e em outras partes do planeta, nos dias que se seguiram ao assassinato de Marielle.

Manifestações como essa ecoam as irrupções sobre as quais comenta e a partir das quais teoriza a democracia. Desde a Comuna de Paris e Stonewall, passando pelas várias erupções de 1968, as quais recompuseram a política ela mesma, até a revolta Zapatista, o movimento Black Lives Matter, a resistência indígena à construção de Belo Monte e os protestos de 2013, Jean Tible mapeia uma abordagem da política que descentraliza a sala liberal — o lugar onde se dão as negociações (econômicas) e as decisões (jurídicas), quero dizer, onde se faz negócio e se faz julgamento/justiça.

Ao ler essa análise, é impossível não perguntar se na verdade todas as irrupções que se seguiram à Comuna de Paris — as das pessoas e populações exploradas economicamente, as das que tiveram suas terras e trabalho expropriados, as das subjugadas racialmente e as das dominadas pelo cis-heteropatriarcado — não fizeram nem fazem mais do que encená-la, do que atualizar a Comuna ali na rua. Por um momento, algumas horas, minutos, dias ou meses — como foram as revoltas da Primavera Árabe e o movimento Ocuppy —, os comuns se corporificam nas ruas ao receber do Estado-nação a única resposta que este poderia dar: repressão!!

A partir da rua e da praça — como das montanhas do sudoeste do México, de onde os zapatistas declaram guerra ao capital global —, nos diz Jean Tible, a democracia como prática põe em evidência dimensões da arquitetura política liberal que só são visíveis das margens. Lá, nas margens demarcadas pelas necessidades do capital, isto é, força de trabalho e matéria-prima, a gente só lida com a face violenta e indiferente do Estado. Ou seja, a análise aqui chama atenção para como a extração, expropriação e reprodução produzem sujeitos políticos, que não são tratados como tais pelas teorias da política, mas são compreendidos por conceitos científicos sociais (sociológicos e antropológicos) como racialidade, gênero e sexualidade.

Ao fazê-lo, *política selvagem* oferece uma outra versão da figura central das teorias da política, principalmente nos últimos cem anos: o Estado-nação. Lá fora, nas ruas, praças, florestas, no alto-mar, revoltadas — pessoas e populações escravizadas ou quase, imigrantes, trans, lésbicas, sem-terra, trabalhadoras terceirizadas —, não encontram a face protetora do Estado, aquele que tem o papel de defendê-las de ataques externos e proteger seus cidadãos e cidadãs de abusos e ataques internos. Lá, na rua, o Estado não exerce sua função protetora; lá não opera como o faz na sala de negócios e dos tribunais. Lá, na rua e na praça, o Estado aparece com sua armadura preservadora, e revela seu papel mais crucial para o capital: reprimir as revoltas que corporificam a democracia n/das ruas.

II

"Quem policia a polícia?". A pergunta da Frente 3 de fevereiro reverbera naquele final de outono de 2020, em que todo mundo, todo o mundo ressoava a resposta à pergunta que não precisa ser feita: ... "tá lá um corpo estendido no chão/em vez de prece", a bandeira do MST, ocupação e incêndio de ônibus, pneus em chama fechando as entradas da comunidade, do complexo do... da... aaaaaahhh! As mulheres da Teia de Solidariedade da Zona Oeste ressoam: Basta! No jogo da política da polícia, toda pessoa preta e/ou favelada/da quebrada — vereadora ou deputada, acadêmica ou poeta consagrada —, a "quebrada inteira" (Grita a Periferia Segue Sangrando!).

Quando a análise da política considera o Estado e seu papel de polícia, nos ensina *política selvagem*, esta produz uma outra imagem da arquitetura política liberal. A sala de negociação e de decisão, onde sujeitos racionais decidem sacrificar sua liberdade e criar as leis que vão regular sua existência num coletivo sob a proteção do Estado, não exaure a apresentação jurídica do político. Nesta, desde sua formulação, não há lugar para aquelas pessoas e populações cujas terras e corpos têm sido fator *sine qua non* para a existência do capital. Os princípios que regem e organizam aquela sala e informam as opiniões e decisões daqueles sentados em volta daquela mesa não contemplam, ou não querem reconciliar, modalidades de existência coletiva que os precederam nas Américas, na África, nas ilhas do Pacífico e no continente asiático. A crítica deste espaço nos permite perceber que as três tarefas clássicas do Estado — proteção, preservação e representação — falham diante daquelas pessoas e populações cuja expropriação produz as condições de existência do sujeito político ao qual estes princípios contemplam.

Talvez seja esta a tarefa mais difícil que Jean Tible nos relembra quando retorna à teorização da democracia às ruas: como figurar este lugar, o do que é publico — rua, praça, estrada, floresta, esquina, rio, mar, encruzilhada —, sem torná-lo um tema da coisa pública. A *res publica* é a forma de autogoverno coletivo que se tornou sinônimo de democracia. Nesta, as bases da legitimidade das estruturas governantes resultam de seu papel representativo. Estas estruturas são ocupadas por pessoas escolhidas em um processo que se desenrola naquela outra versão da sala liberal — na qual cada pessoa entra e expressa sua vontade (individual ou corporativa) de cada vez.

Também questionada nesta re/de/composição da política está a ideia de que ela só apresenta uma dimensão crítica relevante — a exploração capitalista da classe trabalhadora — quando questiona a atualização da forma democrática pela arquitetura política liberal. A revisão clássica marxista da *body politic* expande a descrição desta ao incluir uma outra versão da sala — o chão da fábrica —, onde trabalhador/a/es deixam carne e suor, onde estes se re/de/compõem e, ao fazê-lo, produzem aquilo que nutre o capital, o valor de troca. No entanto, ao fazê-lo, tanto a versão clássica quanto as que se seguiram não puderam — ou não fizeram revisões profundas do marxismo quando buscaram — integrar aquelas pessoas e populações cujas terras expropriadas garantiram, naquelas cujo trabalho espoliado foi usado no cultivo e extração daquilo a ser transformado nas fábricas e aquelas cujos corpos produziram ambos os tipos de trabalhadores, os assalariados e escravos.

Ao retornar o pensar a política para a rua, a praça, a estrada, a mata, a fazenda e a escola, onde, revoltadas, pessoas e populações enfrentam a tarefa aparentemente impossível, *política selvagem* nos oferece uma imagem da democracia como uma forma — a forma — de autogoverno. Essa imagem não remete a um lugar, mas a uma maneira de existir coletivamente. Não se trata de uma *res publica*, uma entidade separada compartilhada por uma coletiva, mas de um *locus communis* — em que a rua, a praça, a fazenda, a estrada e a escola ocupada se transformam durante as irrupções. Trata-se da reflexão sobre as manifestações de um existir democrático.

III

Cinquenta anos antes da execução pública de Marielle Franco, no dia 4 de abril de 1968, Martin Luther King foi assassinado com um tiro na sacada de seu quarto no Hotel Lorraine, em Memphis, Tennessee. Várias linhas atravessam esses dois eventos raciais. Todas, eu aposto, capturam — e aposto porque nenhum deles foi submetido a exercícios analíticos ou especulativos, que poderiam flexioná-los e experimentá-los, quero dizer, que nos permitiriam conjugar — os possíveis (prováveis e impossíveis) desdobramentos desses eventos. De uma coisa sabemos, e essa é a matéria da *política selvagem* — pelo menos me parece. Que as revoltas negras das quais Marielle e King fizeram parte, e das quais se tornaram líderes, foram ambas as coisas ao mesmo tempo: ativações de uma outra maneira de existir coletivamente, as quais, ao serem deparadas com a face policial do Estado, também expuseram um *locus communis* na arquitetura política liberal, aquele em que o Estado apenas apresenta sua face repressora e preservadora.

Quais seriam então as linhas mais evidentes? Outra vez, creio que seriam muitas. Entre elas, duas precisam ser mencionadas. A primeira seria aquela que manifesta o fato de King, naquele momento, estar acentuando a expropriação econômica em sua análise da situação da população negra dos EUA; uma reorientação que marcava os limites das demandas por direitos civis como demandas por uma inclusão jurídica. A segunda linha tem a ver com o fato de que naquele momento King estava mais ativo em sua crítica à guerra no Vietnã. Uma mudança que potencialmente poderia levar a um posicionamento anticolonial e anticapitalista, focado no papel da violência no gerenciamento das populações negras, mas também das indígenas, economicamente despossuídas, e LGBTQIA+ — semelhante talvez ao tomado por Malcolm X poucos anos antes.

Diante dessa co-incidência, é difícil não pensar que só um grande esforço tenha impedido a formulação de teorias da política que focassem ali onde a violência racial, colonial, e cis-heteropatriarcal (perpetrada ou permitida pelo Estado) co-operam para atender a necessidades e interesses do capital. Foram muitas, como Jean narra, foram muitas as ocasiões nas quais se observou uma reorganização na maneira como o Estado lida com as revoltas e as revoltadas. Desde a criação de mecanismos jurídicos e administrativos designados para a tarefa de promover inclusão social e eliminar barreiras até práticas e instrumentos limitantes de ambos com a tarefa de controlar ou conter os potenciais revoltados. Como exemplo do primeiro caso, temos o Ato de Direitos Civis de meados da década de 1960 nos EUA, e as políticas de ação afirmativa, de inclusão social e combate à pobreza e igualdade de gênero no Brasil do começo do século XXI. Notórios exemplos do segundo tipo foram, como ele narra, as ações do Cointelpro nos EUA, na década de 1970, bem como a resposta da administração de Dilma Rousseff aos protestos indígenas contra Belo Monte e as ocupações e ações que visam fazer o Estado brasileiro realizar suas políticas de demarcação de terras indígenas e quilombolas.

Talvez o aspecto mais importante dessa encruzilhada, ali, na rua, entre as ruas, se torne explícito e nos ajude a notar as correspondências e continuidades entre os contextos globais em que se deram os assassinatos de Martin Luther King e Marielle Franco. Em verdade, é o fato crucial de que as revoltas, das quais 1968 virou um símbolo, foram manifestações coletivas políticas, quero dizer, posicionadas e endereçadas ao Estado-nação, a figura central da arquitetura política liberal. No entanto, como já foi por demais notado, quando nos encontramos nos finais dos anos 1970 e 1980, já após a repressão intensa que se seguiu às revoltas, suas agendas incluem autodescrições que enfatizam demandas por reconhecimento cultural — que incluíam normas éticas e critérios intelectuais distintos, emergidos de trajetórias de subjugação racial, cis-heteropatriarcal, origem nacional etc. Para nós, a minha geração no Brasil, que estávamos entrando na universidade ou começando a atuar no movimento contra a ditadura militar e por eleições diretas, ao mesmo tempo em que o Partido dos Trabalhadores emergia como opção política de esquerda, os chamados movimentos sociais daquele momento pareciam ser quase desdobramentos naturais. O que não sabíamos é que o fato de chamar aquelas agendas de "expressões culturais", aliado ao desprezo que a esquerda tradicional tinha por nós como figuras políticas (as quais chamavam de divisionistas), nos tirou a oportunidade de nos dar conta de que não representávamos algo novo, tanto em termos das situações de subjugação que descrevíamos como de mobilização política em torno destas. Tanto o feminismo da primeira onda quanto o da segunda e talvez até mesmo o da terceira se dirigiram ao Estado e apontaram para como o Estado-nação não só não limitava, mas na verdade protegia o patriarcado. Enfim, a minha intenção não é diminuir ou negar a importância do cultural e das reinvindicações e avanços que aquela ênfase fez possível. Somente quero dizer que as revoltas — negras, indígenas, de mulheres, LGBTQIA+ — daquele momento, como mostra *política selvagem*, não só seguiram outras anteriores, mas, na medida em que foram mais radicais, estão, como se diz em inglês, *a long time coming*.

Quero enfatizar, enfim, que, ao mapear as irrupções e as respostas repressivas que se seguiram, que tomaram várias formas, inclusive reorganizações maiores ou menores dos mecanismos de governo — como a promoção de políticas de bem-estar social ou de promoção da igualdade de direitos e de oportunidade —, Jean Tible propõe um pensar a política que ilumina aquilo que sustenta, aquelas dimensões cuja ausência da análise dá coerência tanto à descrição liberal clássica quanto à crítica marxista da arquitetura política liberal — eu chamo essa dimensão de matriz colonial, racial, cis-heteropatriarcal do sujeito político.

Ao fazê-lo, sua teorização da democracia é também uma teoria da política, uma que convida a uma descrição do Estado-nação que posicione as revoltas no centro de sua formação.

IV

Mesmo sem familiaridade, sem ter me dedicado ao estudo extenso e profundo do Estado, quero dizer, ainda intuitivamente, que é possível chegar à figuração que predominou no período pós-iluminista: a do Estado-nação, a autoridade política cujas funções são a proteção e a preservação do *body politic*. Funções exercidas por causa do, porque legitimadas pelo voto. O voto, que é nada mais do que uma ação formal que expressa a decisão de uma pessoa, a escolha de uma outra para representá-lo juridicamente, isto é, nas decisões sobre criação e aplicação das leis. Contudo, o coletivo sobre a proteção da autoridade política não resulta de uma decisão, mas de uma condição, da nacionalidade e de tudo o que se relaciona com essa figuração do cultural. Esse tipo de pertencimento, que combina o territorial e o temporal, resulta de processos, eventos e outros determinantes que tratam de manifestações de uma força transcendente — uma razão final — para a qual as ações individuais contribuem, mas as pessoas não decidem. Este é o Estado protetor dos membros (cujas vidas protege e cujas vontades representa), do *body politic* (que tem a obrigação de preservar, de defender de ataques externos); este Estado, desde o final do século XIX, também protege e representa a coletividade à qual seus protegidos e representados pertencem.

Exatamente contra essa autoridade que protege a propriedade e a nacionalidade, a figuração da autoridade política que emerge no momento de consolidação do capital industrial é o alvo das revoltas, principalmente as do século XX. Ao descrever essas revoltas, conectando com as outras da mesma época e com outras do passado, *política selvagem* traça dois movimentos teóricos cruciais. De um lado, a maneira consistente como o Estado-nação responde a essas revoltas com repressão física ou ideológica indica que estas não se dão em condições excepcionais, nas quais as situações geralmente ficam fora do registro político — como o que ocorre em casa, no privado, as feministas da segunda onda gritaram que o público e o privado não se separaram, e a decisão da Suprema Corte estadunidense de tornar aborto ilegal reforçou. Não, estas condições e situações que levam trabalhadores, mulheres, militantes LGBTQIA+, pessoas pretas e povos indígenas à revolta são inerentes ao funcionamento e à vida do capital. São orgânicas, nos lembra Jean Tible, e, ao fazê-lo, levanta a pergunta que persegue as teorias da democracia em um século em que esta tem sido atacada, a começar por suas fundações jurídicas (aqui tenho em mente a estrutura legal que a administração de George W. Bush pôs a funcionar depois do Onze de Setembro): qual seria exatamente a relação entre o autoritarismo e a democracia, quando vemos que as democracias mais estabilizadas tão simplesmente mobilizam seus mecanismos repressivos e antidemocráticos para lidar com essas revoltas? Ler esses eventos, principalmente os dois últimos, 120 anos, com Jean Tible, torna muito difícil não ver a repressão como uma atividade vital que o Estado faz para proteger o capital. De outro lado, esta leitura da política traz, como tenho indicado neste texto, um convite ainda mais radical. Se a repressão tem como alvo as revoltas contra o capital e sua matriz colonial, racial, cis-heteropatriarcal, quer dizer, se as funções do Estado são quatro (as três usualmente mencionadas — proteção, preservação e representação mais a repressão, a que Jean descreve operando) e se as forças da repressão sempre são mobilizadas mais efetivamente e imediatamente contra as revoltas negras e indígenas, certamente a colonialidade (enquanto modalidade de governo que usa a violência total e letal) continua operativa dentro do/no/como Estado-nação, tanto nas ex-colônias quanto nas ex-metrópoles. Ao mesmo tempo, sua análise também sugere que a repressão às revoltas contra o cis-heteropatriarcado indica o papel crucial que a maternidade — a reprodução de trabalhadores, ao não se limitar aos que geram, mas aos que criam — cumpre para o capital.

    Pensada assim, focando nas revoltas das pessoas e populações indígenas, negras, trabalhadoras mulheres e LGBTQIA+, explorados, expropriados, *política selvagem* devolve a democracia ao *loci communes*, às ruas, praças, estradas, fazendas, matas e ao alto-mar onde esta pode e só faz proliferar!

Nova Iorque, setembro de 2022

Quando, na virada de 2010 para 2011, se inicia essa década de in
surreições democráticas, eu estava no período final do doutorado
(defendido em outubro de 2012 e publicado em setembro de 2013
– algumas semanas depois de junho). Sempre percebi afinidades e
conexões entre a pesquisa que estava concluindo e esses aconteci
mentos em curso. *política selvagem* é o resultado de um aprofunda
mento desse entendimento inicial e pode ser compreendido como
um desdobramento do *Marx selvagem*.[1]

As páginas que seguem decorrem de uma viagem por atos, ma
nifestações, assembleias, debates, reuniões, peças, filmes, encon
tros e histórias. Uma mescla de reflexões a partir das presenças nas
ruas, praças e florestas, mobilizações menores, perspectivas subje
tivas, processos geopolíticos e instituições (estatais). Andanças teó
rico-existenciais desde o Brasil, uma deriva política, uma tentativa
de "pensar a céu aberto" junto a situações-lutas aqui, nos EUA e
na França, mas chamando também algumas localizadas no México,
Argentina, Chile, Argélia, Itália, Egito e alguns mais.[2]

Toni Negri se questiona a respeito da possibilidade de "captar esse
novo ser, esse excesso, esse 'sopro' [e] [...] pensar de dentro dos levan
tes e no ritmo deles". E em cinco momentos, partindo das ciências
e políticas do movimento, seguindo pelo acontecimento 68 (início
do nosso tempo contemporâneo) e pelas expressões das revoltas em
curso, desviando, depois, para o estudo da virada repressiva atual
l, tento enfim (des)amarrar as discussões numa política do cultivo.
Essas cinco partes podem ser lidas em qualquer ordem e de forma

---

1   Jean TIBLE. *Marx selvagem* (São Paulo, Autonomia Literária, 2019, 4. ed.).
2   Oswald de ANDRADE. "Antiga conversa com Oswald de Andrade (por Milton Carnei
ro)" (1950) em *Os dentes do dragão: entrevistas* (Rio de Janeiro, Globo, 2009, p. 287).

RSOS

independente e, mais, como sugeriu o amigo Silvio Rhatto, o mesmo pode ocorrer com os parágrafos (numerados pelas notas de pé de página que abarcam as referências, também, de certo modo, autônomas).[3]

Partilhadas parcialmente, nesses últimos anos, em textos, aulas, falas e conversas (aproveito para agradecer pelos estímulos todos), essas páginas são uma homenagem a oito mestres a quem muito (tudo?) devo e a quem sou extremamente grato por ter conhecido e por conviver, inclusive nas discordâncias. Já dizia Heiner Müller que usar e ativar Bertolt Brecht sem criticá-lo é traí-lo. *Amar é trair.*[4]

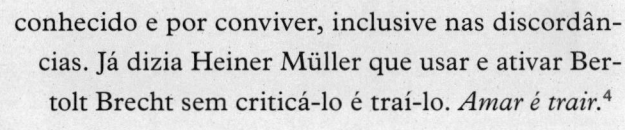

---

3 Antonio NEGRI. "O acontecimento 'levante'" em Georges DIDI-HUBERMAN (org.). *Levantes* (São Paulo, Sesc, 2017, pp. 39 e 41).
4 Heiner MÜLLER, "Fatzer ± Keuner" (1980) em *Erreurs choisies: Textes et entretiens* (Paris, L'Arche, 1998, p. 35).

NO PRINC
ERA O
MOVIR

Revolta. Revolução. Rebelião. Insurreição. Insurgência. Levante. *Riot*. Tumulto. *Gé-mìng*. *Intifada*. *Hibba*. *Thawra*. Algazarra. Alvoroço. Azáfama. Agitação. *Ara pyau*. *Émotion*. Subversão. Sublevação. Subvertimento. Implosão. Irrupção. Erupção. Emergência. Eclosão. Faísca. Felonia. Voragem. Vírus. Repúdio. Oposição. Transformação. Desordem. Disrupção. Dissenso. Dissensão. Dissidência. Distúrbio. Disjunção. Disfunção. Destruição. Abolição. Perturbação. Interrupção. Cisão. Ruptura. *Serhildan*. Insubordinação. Insubmissão. Indisciplina. Desobediência. Destituição. Ebulição. Efervescência.

ÍPIO
ENTO

Pachakutik. Tiqqun olam. Borroka. Revolucionamento. Revolvimento. Tremor. Terremoto. Tempestade. Redemoinho. Protesto. Bloqueio. Sabotagem. Boicote. Barricada. Obstrução. Travamento. Travação. Trancaço. Catracaço. Festa. Motim. Greve. Manifestação. Ato. Quebra-quebra. Ocupação. Acampamento. Quilombo. Resistência. Retomada. Autodemarcação. *Recuperación*. Fuga. Deserção. Deriva. Drible. Esquiva. Xondaro. Mar revolto.

Elias Canetti conta, no segundo volume de sua trilogia autobiográfica, seu marcante e decisivo encontro, em Frankfurt, com uma mobilização de operários na década de 1920. Ele é então tomado por "um intenso desejo de participação", mas não dá o passo. Décadas depois, sua "lembrança da primeira manifestação [...] permaneceu viva"; naquele instante, ele se transformou – "o que acontecia com a gente em meio à multidão, uma completa alteração da consciência, era tão drástico quanto misterioso. Eu queria saber de que se tratava, realmente". Esse choque com uma coletividade em movimento faz com que ele se debruce sobre esse enigma por mais de trinta anos, e o resultado é a publicação de *Massa e poder* em 1960. Percorrendo obras sobre o tema, logo se sente irritado com as influentes leituras de Sigmund Freud e Gustave Le Bon, pois "esses autores haviam se fechado às massas: estas lhes eram estranhas, ou eles pareciam temê-las. E quando resolveram investigá-las, seu gesto foi: fiquem a dez passos de distância de mim!", já que eram "uma espécie de doença, da qual se procuravam e descreviam os sintomas", sendo "decisivo que, quando confrontados com as massas, não perdessem a cabeça, não se deixassem seduzir por elas, não se perdessem por elas".[5]

O escritor, mais adiante, narra sua segunda intensa experiência do tipo no dia 15 de julho de 1927 em Viena. Após a Corte austríaca inocentar os assassinos de operários num protesto anterior e o jornal oficial falar em sentença justa, um indignado Canetti atravessa a cidade e se junta aos trabalhadores que de todos os cantos acorrem, espontaneamente, para a frente do Palácio da Justiça. A massa o queima, junto com seus arquivos. A polícia recebe ordem e atira, matando noventa manifestantes. Canetti lembra, após cinquenta e três anos: "ainda hoje sinto nos ossos a excitação daquele dia. Foi o mais próximo de uma revolução que experimentei pessoalmente. Desde então sei perfeitamente, sem precisar ter lido uma linha a respeito, como

---

[5] Elias CANETTI. *Uma luz em meu ouvido: história de uma vida 1921-1931* (São Paulo, Companhia das Letras, 1989 [1980], pp. 80-81); Elias CANETTI. *Massa e poder* (São Paulo, Companhia das Letras, 2013 [1960]); Elias CANETTI. *Uma luz em meu ouvido*, pp. 138-139.

ocorreu o assalto à Bastilha. [Ao mergulhar no acontecimento], tornei-me parte da massa, dissolvi-me completamente nela, sem sentir a mais leve resistência àquilo que empreendia".[6]

As cenas que Canetti vive e compartilha, décadas depois, ilustram a ascensão de um ator político (a classe trabalhadora industrial) e a violentíssima reação que lhe fez frente. O autor insiste, também, nos elos entre a obra de Le Bon (*Psicologia das multidões*) e a irrupção das associações operárias e da Comuna de Paris. A repressão desse novo movimento vai, no decorrer do século passado, tomar formas extremamente trágicas e violentas, com a escalada nazifascista, a Segunda Guerra Mundial e seus horrores. Canetti em suas experiências nas ruas e em sua longa investigação traz a força irruptiva e criadora da rebelião. E se, ao contrário das usuais perspectivas sobre a política, centradas no Estado, nos poderosos e na representação, partirmos do primado da luta e seus movimentos como elaborado por um conjunto de autores e atores, atravessando abordagens e posições?[7]

onda

"Só se pode prever a luta", nos diz Antonio Gramsci. Eclosões aconteceram, acontecem e vão continuar acontecendo. E elas têm ocorrido por todos os cantos, talvez como nunca. Se os parceiros Marx e Engels sentiram no *Manifesto comunista* a Primavera dos Povos de 1848 por vir e o *Império* de Hardt e Negri antecipou certo espírito de Seattle, *A insurreição que vem*, lançado em 2007 pelo comitê invisível, parece ter intuído essa onda que vivemos (num episódio marcante, no final de 2011, o site da poderosa empresa de segurança Stratfor é hackeado e esse livro é pendurado lá). Como colocado por esse grupo não autoral no seu livro seguinte, no qual fazem um balanço inicial dessas rebeliões, "as insurreições, finalmente, vieram" e "a estabilidade está morta".[8]

6   Elias CANETTI. *Uma luz em meu ouvido*, p. 224.
7   Gustave LE BON. *Psicologia das multidões* (São Paulo, WMF Martins Fontes, 2018 [1895]).
8   Daniel BENSAÏD. *Marx, o intempestivo: grandezas e misérias de uma aventura crítica (séculos XIX e XX)* (Rio de Janeiro, Civilização Brasileira, 1999 [1997], p. 16); Karl MARX e Friedrich ENGELS. *Manifesto do Partido Comunista* (São Paulo, Fundação

Um novo ciclo global de lutas irrompe no fim de 2010, a partir da autoimolação do vendedor de frutas e verduras Mohamed Bouazizi e da revolta coletiva que esse gesto limite ocasionou em Sidi Bouzid antes de ganhar o país todo. Uma ação última de desespero de um camelô de uma cidade média da Tunísia, onde o presidente era constantemente reeleito e tinha criado uma tecnologia de governo que incluía, em suas facetas internacionais, ser elogiado pelos organismos multilaterais e pertencer à Internacional Socialista. *Cai fora, Ben Ali!* Um contágio se produz. *O povo quer a queda do regime.* Autocracias sólidas ruíram em poucas semanas, como a da Tunísia e logo no Egito (em dezoito dias!). Do chamado mundo árabe (Iêmen, Bahrein, Líbia, Síria), a onda atravessa o Mediterrâneo e atinge o sul da Europa (Espanha e Grécia em particular). Alcança dezenas e dezenas de países nos anos seguintes (Turquia e Brasil, EUA e Japão, México, Senegal e Uganda, Inglaterra e França, Hong Kong e Ucrânia, dentre muitos outros). Seria possivelmente mais fácil citar os que não foram interpelados por essas disrupções, que já tinham ocorrido meses antes da dita Revolução de Jasmim no Saara Ocidental e igualmente na Islândia e na Grécia logo na sequência da crise financeira de 2008.[9]

A primavera de 2011 derruba quatro presidentes "vitalícios" (além de Tunísia e Egito, Iêmen e Líbia – este último é covardemente assassinado em meio a um ataque da Otan), mas é seguida de um inverno em 2013 (oitocentos egípcios e mil sírios massacrados, guerras civis) antes de voltar. E isso em países em geral pouco atingidos na primeira leva de 2010-2011 e onde era, para muitos, impossível que ocorresse algo assim pela combinação de intervenções externas e repressão interna mais acirrada. Desde o fim de 2018, porém, pipoca no Sudão, a partir do aumento do preço do pão (e cai, enfim, o ditador al-Bashir, com trinta anos à frente do Estado, não sem antes suas tropas matarem mil pessoas na tentativa

---

Perseu Abramo, 1998 [1848]); Michael HARDT e Antonio NEGRI. *Império* (Rio de Janeiro, Record, 2001); COMITÊ INVISÍVEL. *A insurreição que vem* (Recife, Edições Baratas, 2013 [2007]) e *Aos nossos amigos* (São Paulo, n-1, 2016 [2014]).

9   Em itálico ao longo do texto brotam mensagens de pixos, faixas, "palavras de ordem" e gritos das ruas.

de minar a insurgência). Na Argélia, na sequência, o *Hirak* [movimento] repudia a possibilidade de mais um mandato para o presidente Bouteflika (que governava havia duas décadas e que desiste de sua empreitada após a pressão). No Egito, em setembro de 2019, a insurbordinação se faz presente novamente. *Cai fora, sistema!* No mês seguinte, os iraquianos se levantam contra a destituição de um general e por políticas de combate à desigualdade. Logo depois, os libaneses saem às ruas (por conta da iniciativa estatal de um imposto para chamadas via aplicativos, depois cancelado) e o primeiro-ministro renuncia nesse processo.[10]

Essa retomada em 2019 é até mais ampla, mundial, com os coletes amarelos franceses ocupando, em seus *Atos*, primeiro as rotatórias e em seguida as ricas avenidas já no fim de 2018, e Hong Kong alguns meses depois, inicialmente contra uma lei de extradição para a China. *Nos roubaram tudo, até o medo.* No segundo semestre, o *estallido* [explosão] chileno é extremamente marcante ao finalmente destituir a Constituição pinochetista, fruto de longa luta. *Não são 30 pesos, são 30 anos!* É concomitante a outro no Equador, protagonizado pelo movimento indígena contra o aumento dos combustíveis e as medidas de austeridade. Outros protestos também estalam em Honduras, Indonésia, Armênia, Catalunha (condenação dos independentistas), Colômbia, Irã (aumento dos preços da gasolina), Índia (restrição aos direitos civis dos muçulmanos) e Haiti (corrupção dos fundos da Petrocaribe). Em boa parte o fluxo é brecado e contido pela pandemia de covid-19, mas insiste em ressurgir: em 2020 (e vitoriosa no ano seguinte), uma enorme mobilização em curso dos camponeses na Índia (pela revogação de leis favoráveis às grandes corporações), França (contra as violências policiais e projetos de lei securitários) e protestos fortes na Bulgária, Bielorrússia, Quirguistão, Geórgia, Tailândia, Polônia, Haiti, Peru, Birmânia, Hungria e, no maior protesto da história estadunidense, pelas vidas negras (com repercussões imediatas e pessoas nas ruas em muitos países).

---

10 Ezequiel KOPEL. "¿El tercer capítulo de la Primavera Árabe?", em *Nueva Sociedad* (n. 286, março-abril de 2020, pp. 130 e 138-139).

Se a gente queimar, você vai queimar junto. Isso para citar algumas das dissensões com certa repercussão nacional (e global), sem contar as tantas mais localizadas, como, por exemplo, os constantes fogos nas grandes cidades brasileiras, após casos de violência policial e um antagonismo permanente de um modo geral.

Estaríamos repetindo (em outros contextos e termos) uma onda de enfrentamentos fortes entre "pessoas" e "poderes" (com precedentes, tais como no fim do século XVIII, na onda de 1848, no fim da Primeira Guerra Mundial ou em 68)? *¡Democracia real ya!* Talvez estejamos vivendo mais confrontos (em números e em extensão geográfica), embora não haja uma relação automática entre os distintos acontecimentos ou um certo horizonte partilhado (pensando, por exemplo, no que foram o movimento comunista, o da descolonização ou as experiências anarquistas)? As imagens são sempre impressionantes e a coragem e a intensidade dos corpos, espantosas. Associações se formam nessa tomada de risco sem qualquer expectativa de vencer em seu campo as forças policiais e/ou militares e sua onipresente repressão. Abundam, também, uma alegria do engajamento, do estar juntos, criar coletivamente, dedicar energias vitais – "é aí que reside o evento: não no fenômeno midiático forjado para vampirizar a revolta por sua celebração exterior, mas nos encontros que foram efetivamente produzidos".[11]

O disparador pode ser um episódio de violência (ou morte) policial, um aumento do transporte ou imposto, o fim de uma praça... São motins com motivos variados e uns vão propor dividi-los em quatro temas: direitos sociais e democráticos; custo de vida, diminuição do poder aquisitivo, desigualdades e austeridade; serviços públicos, corrupção, violência policial, taxas e impostos injustos; desconfiança da democracia representativa. Outros se centram em outros quatro pontos "guarda-chuva" como impulso das manifestações: contra as políticas de austeridade; críticas à representação política (corrupção, privatização, vigilância, contra a guerra/complexo militar); justiça

---

11 Alain BERTHO. *Time over? Le temps des soulèvements* (Paris, Croquant, 2020, p. 66); COMITÊ INVISÍVEL. *Aos nossos amigos* (São Paulo, n-1 edições, 2016 [2014], p. 52.

global: contra as instituições multilaterais (FMI e outras; questões ambientais, de comércio); direitos dos povos: raciais/étnicos, mulheres, liberdade de reunião, LGBTQIA+, migrantes, presos.[12]

Cada episódio é singular por seu contexto, situação, reivindicações, adversários, tensões, mas é possível captar pontos de conexão? O que nos diz a multiplicidade dessas lutas contemporâneas? Como compreender essas novas gramáticas subversivas e seus limites? Quais seus efeitos? Nessa pluralidade, existem formas, imagens, elementos, modos de operar que atravessam esses massivos e sempre duramente reprimidos protestos. Interessante atentar, também, que tais gritos contra as injustiças vêm de "forças autônomas em relação ao sistema representativo e aos partidos de esquerda a essas integrados". *Não nos representam*. Os que pedem um programa definido e uma organização política "acabada" parecem não levar isso suficientemente em conta, inclusive a respeito da baixa capacidade de intervenção e ação de partidos e organizações ditas tradicionais. Seria uma virtude ou um problema essa característica, ou ainda outra coisa? Uma sagacidade organizativa se expressa nas ruas no decorrer das irrupções, embora seja difícil manter o fôlego dessa potência comum, pois envolve "criar um outro tempo, um tempo que seja feito de projetos e ações autônomas, que não sejam ritmadas pelo calendário da máquina estatal". Essa temporalidade, no entanto, exige um chão para desabrochar: "só podemos desenvolver o que existe. Só podemos construir a longo prazo a partir das ações que realmente mudaram, ainda que pouco e brevemente que seja, esse campo do possível".[13]

As lutas presentes buscam o revés da precariedade, consequência das tentativas de destruição das redes de apoio coletivas. Está em processo "uma guerra contra a ideia de interdependência, contra [...] uma rede social de mãos que busca minimizar a impossibilidade de viver

---

12 Didier BILLION e Christophe VENTURA. "¿Por qué protesta tanta gente a la vez?", *Nueva Sociedad* (n. 286, março-abril de 2020, p. 286); Isabel ORTIZ e outros. *World Protests 2006-2013* (Nova Iorque, Initiative for Policy Dialogue and Friedrich Ebert Stiftung, setembro de 2013).

13 Jacques RANCIÈRE. "Défaire les confusions servant l'ordre dominant. Entrevistado por Joseph Confavreux". *Médiapart* (3 de dezembro de 2019).

uma vida vivível". Essa década de insurreições democráticas indica a busca pela construção de infraestruturas da vida contra essas políticas da morte. Tais movimentos frutificam, concretamente, numa forma-ocupação territorial dessas insurgências contemporâneas nas praças: ocupar, dormir e garantir o elementar cotidiano em seus mais variados aspectos. No coração das cidades, na praça Tahrir, na Puerta del Sol, no Zucotti Park ou na gigantesca movimentação camponesa indiana em Nova Deli, levantar barracas, organizar assembleias para deliberação coletiva, bibliotecas e espaços de formação, segurança e proteção, centro de mídia, cozinha e alimentação, tenda médica e limpeza. A ocupação como prática do viver juntos em outra chave, ocorrendo uma aproximação com a economia doméstica, o cuidado e a chamada esfera da reprodução. Esses corpos presentes, coletivamente, expressam eloquentes declarações políticas de reformação das relações de apoio mútuo dos organismos vivos, e é nesse sentido que Judith Butler pensa a performatividade – "agir a partir da precariedade e contra ela".[14]

Uma desobediência política em exercício. Esta, diferentemente da desobediência civil, rejeita a paisagem habitual de nossa imaginação política, sua racionalidade, discurso e estratégias convencionais, assim como suas estruturas; sem líderes (*leaderless*) e/ou cheio deles (*leaderfull*). A força do Occupy Wall Street e outros teria advindo justamente da recusa em reconhecer a legitimidade do sistema político e da contestação das premissas do sistema econômico. *Nossos sonhos não cabem em suas urnas.* Na dissolução do Estado, ou melhor, na proposta do Coletivo DAR de dichavá-lo para tragá-lo, uma ideia-prática de inservidão voluntária? De acordo com David Graeber, uma "definição básica de democracia" seria a "noção de que pessoas livres deveriam ser capazes de se sentar juntas [...] e administrar seus próprios assuntos. Levado às últimas consequências, torna os políticos dispensáveis". Mais importante, prossegue o antropólogo estadunidense, "ao dar uma amostra do que a verdadeira democracia pode ser, gera uma crise de

---

14 Judith BUTLER. *Corpos em aliança e a política das ruas: notas para uma teoria performativa de assembleia* (Rio de Janeiro, Civilização Brasileira, 2018 [2015]), pp. 40, 76 e 65).

legitimidade em todo o sistema", sendo que, "uma vez ampliados os horizontes políticos, a mudança é permanente". O que essas mobilizações afirmam? Espinosa, no *Tratado político*, fala da "potência da multidão" de "estatuir, interpretar e abolir direitos, fortificar as urbes, decidir sobre a guerra e a paz etc. E se esta incumbência pertencer a um conselho que é composto pela multidão comum, então o estado chama-se democracia", enquanto seria denominado aristocracia se por alguns eleitos, e monarquia se por um só.[15]

Reunir as pessoas no mesmo espaço físico, problematizar (ou até rechaçar) estruturas de liderança em tentativas de democracia em ato. Isso se relaciona com o debate sobre política pré-figurativa, noção primeiramente proposta em meio a um debate acerca de uma democracia dos conselhos, mas que diz respeito, também, a polêmicas antigas sobre a relação entre meios e fins, forma e conteúdo das atividades políticas. Com uma preocupação anti-hierárquica, crítica ao centralismo e de apreço por estruturas locais (inclusive no espaço de trabalho), coloca, assim, a compreensão de que a igualdade não deve ser um objetivo, mas sim se encarnar no percurso, nas ações concretas. A contraposição entre motivações econômico-sociais e democráticas não mais operam, pois se trata de "um só e mesmo sistema de dominação que se exerce pelo poder financeiro e pelo poder estatal" e os chamados movimentos das praças tomam sua pujança da "indistinção entre reivindicações limitadas e afirmação democrática ilimitada". É chave, nesse sentido, a presença dos movimentos (trans)feministas, antirracistas e ecológicos nessas explosões: nas periferias das cidades, na participação das mulheres nos protestos, nas rebeliões feministas da Argentina e do Chile a Polônia, Egito, Argélia, Sudão, EUA, Espanha e Líbano e nas desobediências por justiça climática, tanto da

---

[15] Bernard HARCOURT. "Political Disobedience" em W. J. T. MITCHELL, B. HARCOURT e M. TAUSSIG (orgs.). *Occupy: three inquiries in disobedience* (Chicago, Chicago University Press, 2013, p. 47); Coletivo DAR (org.). *Dichavando o poder: drogas e autonomia* (São Paulo, Autonomia Literária, 2016, p. 10); David GRAEBER. *Um projeto de democracia: uma história, uma crise, um movimento* (São Paulo, Paz e Terra, 2015 [2013], p. 138); Baruch de ESPINOSA, *Tratado político* (São Paulo, Martins Fontes, 2009 [1677], p. 20).

ecologia dos de baixo (em particular povos indígenas e camponeses), que vêm de longe, quanto da nova geração (sobretudo do Norte) do *Extinction Rebellion, Fridays for Future* e suas greves pela vida.[16]

•

Moscou, 1905. Os tipógrafos são remunerados por letra e reivindicam receber também por pontuação. Se levantam e geram uma onda de solidariedade: inicialmente padeiros, ferroviários e bancários. O descontentamento se espraia entre os dançarinos do balé imperial, contamina fábricas e lojas, alcança os bondes e escritórios de advocacia, em seguida o transporte ferroviário e o país como um todo – isso tudo em pleno jugo czarista. Transbordando o ponto de partida, grevistas elaboram reivindicações como salários decentes, eleições livres, anistia para presos, assembleia constituinte e uma criação política marcante: no dia 13 de outubro, trabalhadores de São Petersburgo, vinculados aos partidos de contestação, se reúnem, elegem delegados e chamam sua assembleia de *soviet* (conselho em russo). Esse novo órgão se manterá ativo por três meses e será o eixo da rebelião (com controle dos telégrafos, decisão sobre as greves e circulação das informações) antes de sucumbir a repressão e detenções.

Uma certa calmaria se sucede e, em pouco mais de uma década, ressurge o fervor nos frenéticos meses de 1917. O poeta Aleksandr Blok vibra com uma virada e "um milagre", pois agora "nada é proibido" e "quase tudo pode acontecer". Muitas já não se adequam mais ao lugar que lhes era reservado: "todo bonde, toda fila, toda reunião de aldeia abrigava um debate político. Houve uma proliferação de festivais caóticos, de reencenações dos acontecimentos de fevereiro". Era a Moscou de março de 1917, mas a cena se repete continuamente. Organizam uma "Parada da Liberdade", onde milhares extravasam: "havia um circo, um camelo e um elefante cobertos de cartazes, uma carroça com um caixão em que se lia 'A Velha Ordem' e um anão de olhar malicioso

---

16 Carl BOGGS. "Marxism, Prefigurative Communism, and the Problem of Workers' Control" em *Radical America* (novembro de 1977); Jacques RANCIÈRE. "Défaire les confusions servant l'ordre dominant".

batizado de Protopópov por causa do odiado ex-ministro". Apetites despertam e "as pessoas liam novos livros, cantavam novas versões da Marselhesa e assistiam a novas peças de teatro – em geral relatos perversos, cruéis, da queda dos Romanov. A irreverência como vingança".

Põem, além disso, abaixo os símbolos do czar (estátuas, retratos...) e uma verdadeira "febre revolucionária contagiou pacientes improváveis". O alto clero se desespera ao ver freiras e monges serem possuídos pelo discurso radical — o principal jornal religioso vai ser qualificado de "um porta-voz bolchevique". Num monastério, o abade é expulso, ocorre uma greve dos monges e é feito um acordo de distribuição de terras com os camponeses (o que não fosse necessário para sua sobrevivência e cultivo iria formar parte da comuna rural). Em abril, as *soldátki* (esposas de soldados) marcham na capital e na província de Kherson promovem ações diretas, sendo vistas arrombando casas e tomando bens de luxo ou que eram percebidos como brutalmente desiguais. Em outro episódio, um desconto não concedido pelo vendedor de farinha resulta num espancamento, que quase inclui o chefe de polícia local que buscou interceder. Em suma, "esse animado caos pode parecer um pesadelo, ou um carnaval estranho, vacilante, dependendo da perspectiva de cada um".[17]

•

A revolta, concebe Camus, é "uma das dimensões essenciais" da existência, "nossa realidade histórica". Cumpre, em nossa "provação cotidiana", o mesmo "papel que o 'cogito' no âmbito do pensamento: é sua primeira evidência [...]. Eu me revolto, logo somos". A história é, assim, apreendida como "a soma de suas revoltas sucessivas". Política e invenção: sua "lógica profunda não é a da destruição", mas a da criação. Em suas razões de ser, a sublevação manifesta uma "louca generosidade", que dá "sua força de amor e recusa [...] a injustiça. Sua honra é de não calcular nada". Constitui, para o escritor franco-argelino, "o

---

17 China MIÉVILLE. *Outubro: história da revolução russa* (São Paulo, Boitempo, 2017, pp. 120 e 101).

movimento mesmo da vida e que não a podemos negar sem renunciar a viver. Seu grito mais puro, a cada vez, faz um ser se levantar. Ela é então amor e fecundidade ou não é nada". A luta existencial, vida-luta.[18]

Eis, para Negri, inspirado por seu estudo de Espinosa, a fonte da democracia – o poder constituinte como uma "força que irrompe, quebra, interrompe, desfaz todo equilíbrio preexistente e toda continuidade possível". Uma relação contínua, íntima e circular se tece entre poder constituinte, democracia e revolução, que se opõem às práticas de limitação, contenção e repressão. A insubordinação como chave (da política). O direito de resistência marca, assim, um "ponto de referência tão elementar quanto fascinante", se manifestando "como expressão radicalmente fundadora da comunidade". O filósofo italiano mobiliza nesse contexto a *Declaração de Direitos (do homem e do cidadão)* francesa de 1793 e seu reconhecimento do direito à insurreição. Graças à subversão dos *sans-culottes*, o espaço político deixa a representação para um lugar de exercício do poder dos muitos; a "resistência à opressão é consequência dos outros direitos humanos" (artigo 33). Nessa mesma linha, a *Declaração* afirma que, "quando o governo viola os direitos do povo, a insurreição é, para o povo e para cada parte do povo, o mais sagrado dos direitos e o mais indispensável dos deveres" (artigo 35). Essa brecha revolucionária, porém, é logo fechada – as Constituições que se seguem a essa de 1793 são forjadas sobre o "princípio da contrarrevolução" e invertem totalmente os vetores, o que se pode perceber na de 1795 com nitidez na formulação "o que viola abertamente as leis se declara em estado de guerra com a sociedade" (artigo 6).[19]

Uma democracia selvagem emerge de um processo inventivo, e privar a política desse terreno "é tomar-lhe tudo, é reduzi-la à pura mediação administrativa e diplomática, à atividade burocrática e de polícia, ou seja, é reduzi-la exatamente àquilo contra o que o poder constituinte, como origem da política, luta sem cessar, para emergir

---

18 Albert CAMUS. *L'homme révolté* (Paris, Gallimard, 1951, pp. 37-38, 141, 356 e 379-380).
19 Antonio NEGRI. *O poder constituinte: ensaio sobre as alternativas da modernidade*. (Rio de Janeiro, DP&A, 2002 [1992], p. 21); Déclaration des Droits de l'Homme et du Citoyen (24 de junho de 1793); Déclaration des droits et des devoirs de l'homme et du citoyen (22 de agosto de 1795).

como potência". Uma decisiva inversão de perspectivas, operada e cultivada por uma linhagem política, plural e rebelde, temporal e espacialmente transversal (e que nos acompanhará ao longo dessa reflexão). A oposição entre a política como a criatividade das pessoas ou como a obediência dessas se explicita na longa duração dos enfrentamentos entre liberdade e repressão, democracia e autoritarismo. Como na crítica de Canetti a Le Bon e Freud, Negri coloca que "a multidão é sempre objetivada. O seu nome é reduzido à plebe, ou pior, à ralé, à abjeção. A sua potência é expropriada". Como conter, como dominar, domar a multidão se torna o eixo de certa ciência e, nesse sentido, "a filosofia moderna não nasce da administração, mas do medo". A contrapelo, Maquiavel surge como profeta da democracia. Ao pesar o argumento da malignidade das pessoas – se isso é verdadeiro o é ainda mais "quando não se lhes opõe a potência da plebe como contrapeso. Daí nascerá uma *republica tumultuaria*, mas os tumultos produzirão *buono d'ordine*". Tumulto e ordem rearticulados?[20]

Maquiavel se debruça sobre a Revolta dos *Ciompi*, ocorrida no fim do século XIV, quase um século e meio depois. Na próspera Florença dos inícios de um capitalismo ascendente, com grandes banqueiros, magnatas têxteis e comerciantes internacionais, ocorre uma insurreição dos trabalhadores das fábricas já modernas de tecelagem (com forte divisão do trabalho, vigilância e disciplina férreas, ainda que sem as máquinas) que não tinham o direito de se organizar (os sindicatos eram somente patronais). Os *ciompi* (vindo do francês *compères*, compadres) eram operários com os salários mais baixos e recebiam por dia, sendo os mais pobres e menos qualificados da indústria da lã. Eles vão conceber, no verão de 1378, um contrapoder plebeu, elaborando um programa político pragmático: instaurar a igualdade econômica, com a refundação do sistema fiscal (fazendo os ricos pagarem), fim das milícias patronais, a inclusão de três novas artes (o estado corporativo era dominado por vinte e uma corporações) e um terço das funções públicas para essas. Tornam-se cidadãos em ato, mostrando

---

[20] Antonio Negri. *O poder constituinte*, pp. 35, 285, 460, 448 e 96.

virtù – organizam a greve, levantam-se com armas e formam seu próprio conselho nessa que é por vezes considerada como a primeira revolta operária da história (e que será esmagada).[21]

É nessa contracorrente da imagem predominantemente negativa da multidão que Balibar vai também situar a singularidade de Espinosa no fato de a "massa ser ela mesma o principal objeto de investigação, reflexão e análise histórica". Os de baixo, e não o cortejo triunfal dos de cima. Espinosa versus Hobbes. Potência coletiva versus *Deus ex machina*. Povo ou rei? Decifrar ou justificar o poder? Espinosa nos lega a perspectiva de uma política como esforço de libertação coletiva, a partir dos esforços de cada uma para perseverar em sua existência, juntando-se àquelas cujas presenças causam o aumento de sua potência própria – e, ao contrário, fugindo das que a diminuem. Em oposição à tristeza (que "diminui ou refreia"), a decisiva alegria que "aumenta ou estimula a potência de agir", o que o poeta-carpinteiro Walt Whitman compreende como a atitude dos poetas de "dar coragem aos escravos e horrorizar os déspotas".[22]

Uma perspectiva conflituosa do poder: Negri – lendo e pensando com Maquiavel, Espinosa e Marx – critica a ideia da guerra de todos contra todos de Hobbes e sua teoria absoluta do poder, baseada numa "ficção historiada de relações individualistas e de propriedade". Com o florentino, enfatiza que "o conflito é sempre aberto, o poder é sempre uma relação", com vencedores e vencidos como resultado do confronto de suas respectivas forças. Isso significa, igualmente, que "o poder não pode existir sem um sujeito, e o comando deve sempre dar-se sobre, ou contra, uma resistência. Essa resistência sempre pode, então, teoricamente, inverter o comando. [...] Não estaria assim aberta

---

21 Simone Weil. "Un soulèvement prolétarien à Florence au XIVe siècle. Introduction" em *La Critique sociale*, n. 11 (março de 1934); Nicolau Maquiavel. *Histórias de Florença* (São Paulo, Musa, 1998 [1525]).
22 Étienne BALIBAR. "Spinoza, l'anti-Orwell" em *La crainte des masses: Politique et philosophie avant et après Marx* (Paris, Galilée, 1997, p. 59); Walter BENJAMIN. "Teses sobre o conceito da história" (Tese 7) em *Obras escolhidas V. 1. Magia e técnica, arte e política. Ensaios sobre literatura e história da cultura* (São Paulo: Brasiliense, 1987 [1940]); Baruch de ESPINOSA. *Ética*. (Belo Horizonte, Autêntica, 2007 [1677], p. 207). Walt WHITMAN. *Folhas de relva*. (São Paulo, Iluminuras, 2005 [1855], p. 29).

a porta para uma teoria democrática do poder?". Aí entra Espinosa novamente em sua elaboração de que a sociedade não precisa do poder – ela pode ser fundada pela "potência das singularidades, por meio das paixões que atravessam as multidões".[23]

A democracia seria, desse modo, a forma mais adequada e afinada com o direito natural, em oposição frontal a Hobbes, compreendendo-o como a capacidade de afirmar sua potência de ação – essa, e não o célebre contrato social, encarna a base e constitui o solo. No fazer democrático, mesmo com a existência de um organismo político, todas permanecem iguais, assim como no anterior estado de natureza. Cada uma deve perseverar em sua natureza e evitar, fugir e se libertar do que a limita. O político e a liberdade em comunidade, associação e rebelião. Tal colocação, de um plano político de igualdade, sem comando nem obediência, se aproxima, por um lado, de Toussaint L'Ouverture e sua perspectiva da liberdade como "um direito dado pela natureza". "Nasci escravo, mas a natureza me deu a alma de homem livre", insiste o revolucionário haitiano. Por outro lado, de Ailton Krenak, comentando que "Pierre Clastres, depois de conviver um pouco com os nossos parentes Nhandeva e Mbya, concluiu que somos sociedades que naturalmente nos organizamos de uma maneira contra o Estado", ou seja, "somos contra naturalmente, assim como o vento vai fazendo o caminho dele, assim como a água do rio faz o seu caminho, nós naturalmente fazemos um caminho que não afirma essas instituições como fundamentais para a nossa saúde, educação e felicidade".[24]

Ademais, enfatiza Espinosa, contribui ao "interesse da servidão, não da paz, transferir todo o poder para um só". De novo, a multiplicidade expressa uma mais justa e perene construção do que a vontade una. Essa concepção remete à luz libertária do jovem (de talvez nem dezoito anos) que, no sudoeste da França, em meados do século XVI,

---

23 Antonio NEGRI. "Espinosa e nós" em *Espinosa subversivo e outros escritos*. (Belo Horizonte, Autêntica, 2016 [2010], pp. 166-167).
24 Sudhir HAZAREESINGH. *O maior revolucionário das Américas: a vida épica de Toussaint Louverture*. (Rio de Janeiro, Zahar, 2021 [2020], pp. 15 e 35); Ailton KRENAK. "O eterno retorno do encontro" em Adauto NOVAES (org.). *A outra margem do Ocidente* (Minc-Funarte/Companhia Das Letras, 1999, p.30).

escreve o explosivo manuscrito *Le Contr'un* [O contra um], depois conhecido como *discurso sobre a servidão voluntária*. Contemporâneo de rebeliões camponesas (de rechaço de um imposto) sanguinariamente reprimidas pelas tropas do rei em Guyenne, esse grito vai enlouquecer o amigo Montaigne. La Boétie interroga o porquê de a maioria obedecer a um só e que não somente obedeça, mas sirva a esse e ainda mais queira servir. Novamente se expressa uma inversão e o sujeito da frase não é o rei, mas os súditos.[25]

A questão de desvendar os motivos e motivações da obediência entendida como tarefa dos pensadores e fazedores de política. Esta germinando como possibilidade subversiva de interrupção – não mais obedecer, mas cultivar a liberdade. Cessar a mistificação do poder é o que clama, para nós, La Boétie. Outro acontecimento da época eventualmente veio a inspirar o jovem rebelde. Ao questionar a servidão voluntária, coloca a existência de seu oposto, de uma coletividade que a ignore ou rechace. E nesse momento chegam lá os primeiros relatos das Américas recém-colonizadas, dos povos *sem fé, sem lei, sem rei* que aqui habitavam. Isso se relaciona com um devir-indígena das lutas, que abordaremos mais adiante, num encontro eruptivo que vem de séculos. Esse clássico da insubordinação, inclusive, ressurge, em seu país, em momentos marcantes, sendo "reimpresso após um longo silêncio, em 1835, no começo desse século das revoluções sociais, [...] (no momento de uma onda de insurreições em Paris e em Lyon), depois apresentado por Pierre Leroux na *Revue Sociale* (1847) como protesto político" e é, mais adiante, "reeditado, com as importantes contribuições de pensadores políticos iconoclastas (Miguel Abensour, Claude Lefort, Pierre Clastres etc.)" nos anos 1970.[26]

Tais acontecimentos insurgentes manifestam ocasiões em que tudo, inclusive as bases da dominação dos poderosos, é questionado. Nesse ponto se situa talvez sua maior preciosidade – "são momentos de *verdade*, nos quais o poder está nu", que procedem, mesmo que de

---

25 Baruch de ESPINOSA. *Tratado Político* (São Paulo, Martins Fontes, 2009 [1977], p. 49; Étienne de La BOÉTIE. *Discurso da servidão voluntária* (São Paulo, Brasiliense, 1999 [1549]).
26 Frédéric GROS. *Desobedecer* (São Paulo, Ubu, 2018, p. 48).

forma breve, à sua destituição. Governar, defende o comitê invisível, "nunca foi outra coisa que negar ao povo qualquer capacidade política, isto é, prevenir a insurreição" e, assim, "cortar os governados de sua potência de agir político, que é o que faz a polícia". Também se contrapondo a Hobbes, percebem a guerra de todos contra todos não como o que ocorre quando o Estado não está presente, mas "o que ele sabiamente organiza enquanto existe". Furio Jesi, por sua vez, apreende a revolta como uma "suspensão do tempo histórico" e instauração de outro em que "tudo isso que se realiza vale por si só, independente de suas consequências e de suas relações com o complexo de transitoriedade ou de perenidade no qual consiste a história". O que era impossível não o é mais, imaginários-práticas irrompem, novos atores e personagens surgem. Nasce um novo ser, um excesso – o "levante é sempre uma aventura coletiva". Seria a disrupção sempre uma surpresa? Ao menos, um certo mistério se mostra e diversas metáforas tentam dar conta dessa energia que dispara: eletricidade que se solta, chama que brota, sopro que passa, vento que sopra e algumas palavras citadas acima na abertura...[27]

Uma costura de políticas da rebelião, fundante para compreender e transformar. Pensando com Rancière, não seria a revolta o momento da política como uma afirmação contra o confisco da força comum pelo Estado e poderosos? Aí temos um confronto decisivo de prismas e práticas. O filósofo franco-argelino propõe apreender a democracia não tanto como "o poder do povo [...], de sua maioria ou das classes laboriosas" e sim como "o poder próprio daqueles que não têm mais título para governar do que para ser governados". Assim como "não é o povo que se representa, mas a representação que produz um certo tipo de povo", o levante cria um povo e não o oposto – a invenção política é primeira. O nosso sistema político e o Estado são oligárquicos, pois "a representação é, em sua origem, o exato oposto da democracia" (seus inventores, os proprietários esclarecidos como parte privilegiada

---

[27] COMITÊ INVISÍVEL. *Aos nossos amigos*, p. 279; Furio JESI. *Spartakus: simbologia da revolta* (São Paulo, n-1, 2018 [1969], p. 63); Antonio NEGRI. "O acontecimento 'levante'" em Georges DIDI-HUBERMAN (org.). *Levantes* (São Paulo, SESC, 2017, p. 39).

e poderosa que reprime violentamente, "quando necessário", como na França de 1848 e 1871), sendo a "apropriação da coisa pública por uma sólida aliança entre a oligarquia estatal e a econômica". No período seguinte, a representação passou a ser uma profissão, da qual se encarregam políticos profissionais, que sobretudo "se autorreproduz e faz validar essa autorreprodução via uma forma específica de povo que ela produz, a saber o corpo eleitoral".

Tal política hierárquica é melhor definida como polícia, sugere Rancière. Trata-se da esfera na qual se discute a "agregação e o consentimento das coletividades, a organização dos poderes, a distribuição dos lugares e funções e os sistemas de legitimação dessa distribuição", da que coloca os corpos em seu lugar (da dominação), como a que produz o local de trabalho como espaço privado tirânico "onde o ter parte do trabalhador é estritamente definido pela remuneração de seu trabalho". As pautas relacionadas à razão de Estado (sobre os meios necessários para garantir a sua segurança, por exemplo, ou buscas de aproximar Estado e cidadania) não compõem o âmbito da política como se compreende habitualmente, mas o da polícia. A esta, o autor antagoniza a política, que rompe a configuração a que eram designadas determinadas pessoas. A base dessa é a igualdade, produzida a partir das mobilizações dos sem-parte, tanto "desses operários do século XIX que colocam em razões coletivas relações de trabalho que só dependem de uma infinidade de relações individuais privadas" quanto "desses manifestantes de ruas ou barricadas que literalizam como 'espaço público' as vias de comunicação urbanas". Estas logram fissurar e pôr em xeque "as divisões sensíveis da ordem policial". Existe política quando a igualdade se efetua em ato, instaurando um espaço político em insubordinações contra a representação. São mobilizações pela igualdade, o que as diferencia radicalmente das da extrema direita – embora, e esse é um ponto desafiador para o atual ciclo de lutas, a energia despertada tenha sido esmagada pela repressão, por um lado, e capturada por forças reacionárias, por outro, em diversos trágicos episódios. As explosões como bifurcações, que podem tomar muitas direções possíveis, para o melhor e o pior.

Heterogêneas, política e polícia, no entanto, encontram-se continuamente e, mais, "para que uma coisa seja política, é preciso que suscite o encontro entre a lógica policial e a lógica igualitária, a qual nunca está pré-constituída". A democracia não é, assim, um regime político, mas essa condição igualitária, anárquica, que o exercício do poder busca repelir num choque entre as lógicas democrática e representativa. A política democrática ocorre quando uma parte dos que não têm parte, dos incontados, nega seu papel e encena igualdade, liberdade e dignidade. Rancière, a cada intervenção, enfatiza que a associação automática entre democracia e representação não faz sentido – esta não se refere a uma escolha de representantes, mas ao poder e à mobilização dos que são tidos como não qualificados para exercê-lo. A luta pela política e contra os setores para quem essa não deveria existir; a guerra do espírito-prática de igualdade contra a ordem policial. Sem essa construção de um outro povo, autônomo em relação ao sistema representativo, uma coletividade igualitária em constituição, tem-se unicamente a lógica hierárquica e sua reprodução da casta dos intermediários supostamente legítimos, alimentando os atuais Estados oligárquicos de direito.[28]

Nessa composição, na qual podem ser invocados tantos outros, em particular Marx e Clastres (cujo encontro ocupa o cerne de *Marx selvagem*), se coloca o confronto que Piotr Kropotkin, geógrafo anarquista, define como sendo o de duas tendências opostas sempre presentes e em luta – a tradição autoritária e a libertária. Francis Dupuis-Déri situa, nesse contexto, a questão decisiva de sua investigação: quem seria mais apto a governar? E a desdobra em algumas outras: o povo é capaz de fazê-lo só ou precisa de uma elite? Esta, por sua vez, pode governá-lo sem o dominar ou essas duas dimensões caminham necessariamente juntas? O povo, ao consentir, se submete voluntariamente? Essa escolha pode ser legítima e pode haver sublevação contra o governo que

---

28 Jacques RANCIÈRE. *O ódio à democracia* (São Paulo, Boitempo, 2014, p. 63); Jacques RANCIÈRE. *En quel temps vivons-nous? Conversation avec Eric Hazan* (Paris, La fabrique, 2017, pp. 16-17); Jacques RANCIÈRE. *O desentendimento: política e filosofia* (São Paulo, Ed. 34, 1996 [1995]), pp. 41, 43, 44, 43, 113 e 45).

não preserva o bem comum? Há democracia se o povo não se reúne em uma assembleia que encarne e expresse sua vontade política? Tais interrogações geram uma antiga divisão entre pensadores, "opondo um pequeno número de partidários do povo a uma vasta maioria que considerava o povo incapaz de autonomia política e que deveria então ser governado por um rei ou por uma aristocracia hereditária, espiritual, sábia ou eleita". Essa indagação sobre a aptidão do povo em se governar mantém sua atualidade, e o cientista político canadense propõe compreendê-la como uma segmentação entre duas paixões, a agorafobia e a agorafilia. Esses conceitos, originários da psicologia, traduzem os sentimentos que o povo desperta: o medo, ódio ou desprezo das massas ou o amor, simpatia e empatia por essas (e inversamente pelos chefes, autoridades e instituições hierárquicas). A agorafilia toma forma na ágora, lugar de reunião para deliberar sobre assuntos comuns e assembleia em si mesma, numa série de exemplos históricos (por toda parte, uma tradição local de democracia?) e contemporâneos (tal prática se acentuando a partir dos anos 1990, no contexto do chamado movimento antiglobalização) de constituição de um *demos*.[29]

fins de mundos

O ciclo em curso coloca também um aspecto fundamental e que buscaremos aprofundar mais adiante. A política – e as oposições abordadas entre libertários e autoritários, capitalistas e anticapitalistas – é compreendida em termos de relações e conflitos entre mundos. Seguindo o vocabulário de Rancière, entre um mundo regido pela lei desigual e outro construído pela ação igualitária ou na elaboração de uma nova geração, "o que está em jogo nas insurreições contemporâneas é a questão de saber o que é uma forma desejável de vida e não a natureza das instituições que a subjugam". *Contra o capitalismo e seu mundo*. As insurgências não têm um plano (no sentido de programa), mas são o plano (como terreno), argumenta Benjamin Arditi.

29 Pierre KROPOTKINE. *L'État, son rôle historique* (Paris, Temps Nouveaux, 1906, p. 51); Francis DUPUIS-DÉRI. *La peur du peuple: agoraphobie et agoraphilie politiques* (Montreal, Lux, 2016, pp. 11 e 25).

Possuem, assim, um significado em "si mesmo, independente do que propõem", ou seja, "as demandas, manifestos, programas e demais coisas que associamos com o conteúdo se mostram no caminho: o particular das insurgências não é desenhar uma nova ordem, mas abrir possibilidades ao desafiar nossos imaginários e mapas cognitivos". O cientista político paraguaio propõe encará-las "como performativos políticos na medida em que nelas se começa a viver aquilo pelo que se luta". Essas perspectivas nos permitem assentar a reflexão que se propõe aqui a partir e com as manifestações, protestos e rebeliões da última década. Martin Luther King insistia que o quebra-quebra era a linguagem dos sem-voz. Talvez as revoltas sejam proféticas ao anunciarem, criarem e expandirem perspectivas e práticas. Convocam, também, uma memória das lutas e indicam, dentre outras coisas, os vários fins de mundos que estamos vivendo.[30]

Em Tchernóbil, na então União Soviética, ocorre, na madrugada de 26 de abril de 1986, o "mais grave desastre tecnológico do século XX", quando o reator do quarto bloco da usina nuclear (localizada na Ucrânia, mas perto da Bielorrússia) explode. As ondas de radiação vão rapidamente atingir os países vizinhos e, em quatro dias, pontos mais distantes como a China. Imediatamente torna-se uma questão planetária. O reator é rapidamente tampado, com centenas de toneladas de material militar se transformando em o que se chama de um "sarcófago", ou seja, "um defunto que respira. Respira morte". Evitou-se, assim, o pior – as explosões dos outros três blocos e reatores – graças à convocação de oitocentos mil soldados, os "liquidadores". Repetindo Stalingrado, salvaram a Europa, impedindo o incêndio de se propagar e suas consequências terríveis para todos, a um preço gigantesco. Atendo-se somente aos dados do Ministério da Saúde da Bielorrússia, Svetlana Aleksiévitch diz que, de 1990 até 2003, morreram mais de oito mil liquidadores, dois por dia em média. No que toca

---

30 COMITÊ INVISÍVEL. *Aos nossos amigos*, p. 58; Benjamin ARDITI. "Las insurgencias no tienen un plan, ellas son el plan: performativos politicos y mediadores evanescentes en 2011" em *Debate feminista* (año 23, n. 46, 2012, México, p. 147); Martin LUTHER KING Jr., *Speech at Ohio Northern University* (11 de janeiro de 1968).

aos civis, houve uma explosão das doenças oncológicas (multiplicadas dezenas de vezes), parte do seu território está inabitável e um em cada cinco vive na parte contaminada. A escritora percebe os liquidadores como "heróis da nova história", pois salvaram "algo mais importante que sua própria pátria, salvaram a vida. O tempo da vida. O tempo vivo". Nesse episódio, "o homem alçou sua mão contra tudo, atentou contra toda a criação divina, onde, além do homem, vivem milhares de outros seres vivos. Animais e plantas". Algo morreu, diz a escritora-jornalista, e nasceu uma nova nação, povo de Tchernóbil – "seres humanos caixas-pretas, registro de informações para o futuro".

Podemos situar aí o início do fim da URSS, um dos superpoderes protagonistas do século passado. O imaginário do átomo da paz frente ao átomo da guerra de Hiroshima (do crime contra a humanidade dos EUA no fim da Segunda Guerra Mundial e que marca o início da Guerra Fria) era extremamente forte e sua ciência, prestigiosa. Eram, para muitos cidadãos soviéticos, seguros, sumamente distintos dos de uso militar. Representou, assim, um derradeiro golpe num certo sonho e numa determinada utopia. Trata-se, no entanto, de uma virada em sentido mais abrangente e contundente: nos anuncia o abalo de um outro mundo, da modernidade (capitalista, além da socialista), de certas compreensões práticas/científicas e das relações humanidade/natureza, da emergência climática em curso. Como espécie biológica, não estávamos preparados para essas radiações invisíveis, já que os sentidos para ver, ouvir, sentir e tocar não funcionavam mais nessa nova configuração: frutas bonitas, ervas e legumes aparentemente saudáveis, peixes e caças apetitosos, águas convidativas e até seres amados eram de uma radiotividade tóxica, logo veículos rápidos para a morte. Surgem um inimigo e uma guerra de novo tipo. Sem tiros, mas que também produz legiões de refugiados. Tchernóbil vai mais longe que Auschwitz e Kolimá: uma nova história se inicia, uma outra concepção do tempo. Pulamos de local histórico para outra realidade, narra Svetlana. Para além dos nossos saberes e imaginação, todo um fio se rompe: os radionuclídeos viverão por milênios, representando uma certa eternidade. Por isso, a autora não escreve um livro sobre

Tchernóbil, mas acerca do seu mundo, o de Tchernóbil – um verdadeiro apocalipse. Trata-se de outra *perestroika* [reestruturação], dos sentimentos, que emerge a partir dessa nova área atingida diretamente pela explosão e por níveis altíssimos de radiação.[31]

Num outro momento histórico, o jornalista, escritor e revolucionário peruano José Carlos Mariátegui declamava que

> o que mais nítida e claramente diferencia a burguesia e o proletariado é o mito. A burguesia já não tem nenhum mito. Tornou-se incrédula, cética, niilista [...]. O proletariado tem um mito: a revolução social. Dirige-se para esse mito com uma fé veemente e ativa. A burguesia nega; o proletariado afirma. A intelectualidade burguesa entretém-se numa crítica racionalista ao método, à teoria, à técnica dos revolucionários. Quanta incompreensão! A força dos revolucionários não está na sua ciência; está na sua fé, na sua paixão, na sua vontade. É uma força religiosa, mística, espiritual. É a força do Mito. A emoção revolucionária.[32]

Nas relações internacionais (europeias) de meados do século XIX, cinco personagens predominavam: Prússia, Inglaterra, França, Rússia e Império Austro-Húngaro. Marx via esses cinco obcecados por uma sexta potência, que não estava sentada à mesa do poder, mas cuja força e ascensão monopolizavam as atenções: o espectro que ameaçava a Europa, o movimento, a revolução, o comunismo. Essa ideia, esse ímpeto e essa fé na transformação profunda das relações sociais ganham parte considerável da humanidade no decorrer do século XX, levando a várias conquistas fundamentais: direitos sociais, políticos, culturais e econômicos (da previdência à ampliação do voto passando pelo salário mínimo e pela organização sindical), derrota do nazifascismo, dentre outras. Essas vitórias, porém, foram acompanhadas

---

31 Svetlana ALEKSIÉVITCH. *Vozes de Tchernóbil: crônica do futuro* (São Paulo, Companhia das Letras, 2016 [2013], pp. 39-49).
32 José Carlos MARIÁTEGUI, "O homem e o mito" (1925) em *Por um socialismo indo-americano: ensaios escolhidos* (Seleção de Michael Löwy. Rio de Janeiro, Editora UFRJ, 2005, p. 56).

de tragédias, já que nenhuma das três principais estratégias políticas (social-democracia, socialismo dito real ou processos de libertação nacional) conseguiu alcançar nem de perto os sonhos despertados, gerando uma profunda ressaca que ainda nos atinge. Não por acaso, são os pensadores e militantes dissidentes dessas tradições que hoje mais nos inspiram e compõem a tessitura dessa reflexão.[33]

Mas isso não envolve somente a assim chamada esquerda. Vivemos uma sobreposição de fins de mundo e de esperanças não concretizadas. Ninguém acredita mais em um capitalismo com democracia representativa e um Estado de bem-estar com um mínimo de igualdade de oportunidades. A crise do que se convencionou denominar democracia tem sido estudada nos últimos anos e, nessas análises, a perda de legitimidade de tais regimes é reconhecida, na forma de uma menor confiança da cidadania no sistema político e da ascensão dos chamados populistas autoritários em sua conquista de governos pelo voto. Apresentam, assim, a possibilidade de se minar a democracia por dentro, por meio de uma erosão das regras, em particular de normas não escritas que protegem e permitem a convivência entre os opositores. Tratam, além disso, das mudanças tecnológicas e dos meios de comunicação, da estagnação econômica ou, ainda, de tensões com migrantes (ou descendentes de migrantes relativamente recentes). Algumas fragilidades, porém, se fazem notar nesse diagnóstico contemporâneo. Fica oculta, nessas análises, uma antiga linhagem política, abordada acima, que compreende a democracia como tensão e confronto. Pelo menos desde Atenas (quatrocentos anos antes de Cristo) e tantas partes até hoje, se insurge seu entendimento e prática como instauração do dissenso.[34]

Soma-se a esse quadro um brutal aumento da desigualdade, motor da perda de vitalidade dos regimes democráticos, situação agravada pela pandemia (ou, de forma mais precisa, sindemia), e (re)colocado com contundência no debate público, inclusive a partir da intervenção

---

33 Fred HALLIDAY. *Repensando as relações internacionais* (Porto Alegre, Editora da UFRGS, 2007).
34 Nicole LORAUX. *La cité divisée: l'oubli dans la mémoire d'Athènes* (Paris, Payot, 1997); Chantal MOUFFE. *Por um populismo de esquerda* (São Paulo, Autonomia Literária, 2019).

do economista Thomas Piketty. Podemos situar a origem direta desse processo nos anos 1970. Como o explicita o relatório para a Comissão Trilateral, os poderes constituídos viram um excesso de democracia (nos países ditos centrais – os estudos se atêm ao Japão, França e EUA) e de demandas sociais e políticas que comprometiam os arranjos do pós-Segunda Guerra Mundial. A partir desses dois movimentos articulados, as desigualdades entraram numa perigosa espiral de aumento generalizado (com algumas poucas exceções), tendo o Chile como o primeiro laboratório desse novo modelo, que depois ganhará mais legitimidade e projeção mundial com os governos Reagan e Thatcher nos anos 1980. O recrudescimento repressivo dos governos se articula a um planeta de disparidades gritantes, em ascensão e inaceitáveis sob qualquer ponto de vista ético – a renda de oito pessoas correspondendo à da metade mais pobre da população do planeta; com os lucros dos dez mais ricos durante a pandemia daria para garantir vacinas para toda a população global.[35]

É sob tais circunstâncias (e da maior crise financeira desde os anos 1930) que estoura esse novo ciclo de lutas. A confiança – o que aglutina a sociedade, o mercado e as instituições – desvaneceu, e a humilhação provocada pelo cinismo e arrogância dos que estão no poder – financeiro, político ou cultural – transformou medo em indignação, e indignação em esperança, sendo, também, posteriormente, em parte capturada pela nova extrema direita e seus ímpetos fascistizantes. Isso se relaciona diretamente com a destruição (em curso) das conquistas dos trabalhadores e cidadãos nos países onde elas mais se desenvolveram. Os dois últimos filmes de Ken Loach, *Eu, Daniel Blake* e *Você não estava aqui* denotam isso nitidamente no contexto inglês, assim como todos os filmes de Jean-Pierre e Luc Dardenne no cenário belga. Graeber, por sua vez, narra um discurso recorrente no âmbito do Occupy Wall Street:

---

[35] Thomas PIKETTY. *O capital no século XXI* (São Paulo, Intrínseca, 2014 [2013]); Michel CROZIER, Samuel P. HUTTINGTON e Joji WATANUKI. *The crisis of democracy: report on the governability of democracies to the Trilateral Comission* (Nova Iorque University Press, 1975); OXFAM. *Tempo de Cuidar: o trabalho de cuidado não remunerado e mal pago e a crise global da desigualdade* (OXFAM, janeiro de 2020) e *O vírus da desigualdade: unindo um mundo dilacerado pelo coronavírus por meio de uma economia justa, igualitária e sustentável* (OXFAM, janeiro de 2021).

fiz tudo certo, ou seja, me esforcei, trabalhei, estudei muito, entrei na faculdade e agora estou desempregado e endividado e, dessa forma, refém da indústria financeira que acaba de arrasar a economia global.[36]

Outros três filmes, de grande circulação e premiados em 2019 (mais de uma década depois da eclosão da crise econômica), *Bacurau*, *Coringa* e *Parasita*, apontam, a partir de distintos ângulos, um acirramento dos confrontos em curso. Marcam, também, o fim de um intervalo menos desigual, sobretudo em certos países europeus e norte-americanos entre a Primeira Guerra Mundial e os anos 1970. Políticas sociais iniciadas no fim do século XIX (de proteção frente a doenças, acidentes de trabalho e velhice) engrenam no decorrer do século XX, com políticas fiscais para regular as desigualdades de renda e patrimônio (chegando em certo momento nos EUA de Roosevelt a 94% de taxação, e a uma proposta não concretizada de salário máximo), imposto sobre herança e forte aumento nos investimentos em educação, saúde, assistência social e moradia. Tais medidas levam a sociedades com disparidades reduzidas, frutos de pressões, por conta da força da classe trabalhadora, da Revolução Russa e da participação dos povos colonizados na Segunda Guerra – não por acaso, são parte dos quatro "cavaleiros do apocalipse" que exercem, no longo estudo de Walter Scheidel, o papel de grandes niveladores e redutores das hierarquias.[37]

O fim do capitalismo com *rosto humano* se articula com outra questão fundamental, pois, "de 1750 até hoje, os direitos e liberdades modernos se expandiram na base do combustível fóssil". Nesses últimos séculos, havia um aparente consenso de que os processos da Terra, da dita natureza, eram tão fortes que nenhuma outra força seria capaz de transformá-los, mas conseguimos. Tornamo-nos, destruindo

---

36 Manuel CASTELLS. *Redes de indignação e esperança: movimentos sociais na era da internet* (Rio de Janeiro, Zahar, 2013) e *Ruptura: a crise da democracia liberal* (Rio de Janeiro, Zahar, 2018); David GRAEBER. *Um projeto de democracia: uma história, uma crise, um movimento* (São Paulo, Paz e Terra, 2015 [2013], p. 87).
37 Dirigidos respectivamente pelos brasileiros Kleber MENDONÇA FILHO e Juliano DORNELLES, pelo estadunidense Todd PHILLIPS e pelo sul-coreano Bong JOON HO; Nicolas DELALANDE. "Le court siècle de l'égalité" (*L'Histoire*, n. 480, fevereiro de 2021); Walter SCHEIDEL. *Violência e a história da desigualdade: da Idade de Pedra ao século XXI* (Rio de Janeiro, Zahar, 2020 [2017]).

florestas e queimando combustíveis fósseis, agentes geológicos e fundamos, assim, o Antropoceno. Tal conceito foi proposto logo na virada do século XX para o XXI pelo químico e estudioso da atmosfera Paul Crutzen: a espécie humana como "força de amplitude telúrica" o inicia, após o Pleistoceno que teria seu princípio faz dois milhões e meio de anos e o Holoceno, que data de mais de dez mil anos atrás. Não se trata de uma crise ambiental, mas de alterações nessa escala dos tempos geológicos, uma "ruptura irreversível", uma "nova condição".[38]

Tanto o historiador indiano Chakrabarty quanto os franceses Bonneuil e Fressoz situam o início da virada na arrancada industrial de meados ou fim do século XVIII (na era do capital de Hobsbawm e com a invenção da máquina a vapor de James Watt). Mesmo inserindo a modernidade como projeto europeu de expansão dos impérios coloniais e seu auge imperialista no século XIX, tal compreensão corre o risco de naturalizar certas desigualdades e violências ao falar de uma humanidade que acaba sendo um tanto genérica. Analisando a coprodução do capitalismo na "rede da vida" e conectando "fatos geológicos" e "processos históricos", Jason Moore defende que a emergência capitalista, a partir de 1450, "marca um ponto de virada na história humana com o resto da natureza, maior que qualquer divisor de águas desde o surgimento da agricultura e as primeiras cidades – e, em termos relacionais, maior que a expansão da máquina a vapor". Devemos, ainda, para Malcom Ferdinand, situar esse debate no âmbito de uma "dupla fratura colonial e ambiental da modernidade que separa a história colonial da história ambiental do mundo" e, nesse plano, a narrativa do Antropoceno "apaga a história colonial" e omite a "presença de elementos não humanos". Frente a tais formas destrutivas de estar na Terra, Anna Tsing e Donna Haraway sugerem o conceito de *plantationceno*.[39]

---

[38] Dipesh CHAKRABARTY. "The climate of History: four theses" (*Critical Inquiry*, n. 2, v. 35, inverno de 2009); Déborah DANOVSKI e Eduardo VIVEIROS DE CASTRO. *Há mundo por vir? Ensaio sobre os medos e os fins* (Florianópolis: Instituto Sociambiental, Cultura e barbárie, 2014, p. 26); Christophe BONNEUIL e Jean-Baptiste FRESSOZ. *L'Evénement Anthropocène: La Terre, l'histoire et nous* (Paris, Éditions du Seuil, 2016, pp. 17 e 317).

[39] Jason W. MOORE. *Capitalism in the Web of Life Ecology and the Accumulation of Capital* (Londres, Verso, 2015, pp. 170 e 182); Malcom FERDINAND. *Uma ecologia decolonial: pensar a partir do mundo caribenho* (São Paulo, Ubu, 2022 [2019, pp. 14, 20,

Nesse cenário de aquecimento global, Denise Ferreira da Silva reflete sobre como o aumento de temperatura da camada mais baixa da atmosfera, devido ao excesso de emissão e acumulação de certos gases, se vincula "à *extração* intensiva e extensiva da matéria da terra na forma de combustíveis fósseis, nutrientes do solo para plantações e rebanho, além do trabalho (humano e mais do que humano) que sustenta o capital". A exploração de terras e pessoas se dá via mecanismos jurídicos coloniais e ferramentas simbólicas raciais, estabelecendo o "material bruto usado para a acumulação (energia interna de escravos africanos e terras indígenas)" do capitalismo, ontem e hoje (na tomada de terras e metais raros no continente africano). Como poeticamente colocado, a luz negra revela o oculto e abre à compreensão do colonial-racial-capital, fundante e inseparável, materialmente enlaçados. Não se situa, desse modo, na pré-história do sistema político-econômico. A filósofa propõe "a necessidade de reconhecer que o valor total produzido pela mão de obra escrava" perdura e o sustenta continuamente. Mais, esse regime de terror "necessitou da violência total para a extração do valor total, ou seja, a expropriação da capacidade produtiva das terras conquistadas e corpos escravizados". A escravidão e esse "total expropriado constituem a própria estrutura (o sangue e a carne) do capital global".[40]

Pode-se dizer, assim, que o modo de produção capital-colonial-racial produziu-se agente geológico. Como Marx e Engels disseram – com outro sentido no *Manifesto* –, temos um feiticeiro que não controla mais sua feitiçaria. Pensar/lutar hoje nos desafia a fazê-lo a partir desses múltiplos escombros, de ameaças à vida. Fins de mundos muito mais familiares para os povos indígenas, especialistas na matéria (por mais de cinco séculos), que "podem nos ensinar, pois estamos no início de um processo de transformação do planeta em algo parecido com a América no século XVI: um mundo invadido, dizimado, arrasado por

69 e 25]); Donna HARAWAY. "Antropoceno, Capitaloceno, Plantationoceno, Chthuluceno: fazendo parentes" (*ClimaCom*, ano 3, n. 5, "Vulnerabilidade", 2016).
[40] Denise Ferreira da SILVA. "On heat" (*Canadianart*, outono de 2018) e *A dívida impagável* (São Paulo, Oficina de Imaginação Política e Living Commons, 2019, pp. 87, 88-89 e 91).

bárbaros estrangeiros". Tais acontecimentos situam o clamor por uma ética de "restauração do valor total expropriado das terras do nativo e do corpo do escravo", que envolve uma virada decisiva no plano do pensamento, já que "o conhecer e o estudar conduzidos pela negridade anunciam o Fim do Mundo como o conhecemos".[41]

ciências, políticas

Essa proposição de Denise Ferreira da Silva dialoga com a crítica aos "pais fundadores" da ciência moderna (Francis Bacon, Thomas Hobbes, René Descartes, Isaac Newton) elaborada por Carolyn Merchant. Influenciada, nas décadas de 1960 e 1970, pela crítica ao papel da ciência na Guerra do Vietnã e pelos movimentos desses anos, em particular a irrupção feminista, antimilitarista e ecologista, a historiadora e filósofa da ciência analisa uma mudança e uma disputa nos séculos XVI e XVII. Nesse período, a imagem de um cosmos orgânico e de uma Terra, fêmea e viva, dá passagem a uma visão de mundo mecânica na qual a natureza passa a ser percebida como passiva, sendo possível dominá-la e controlá-la. Tal formulação se conecta com o discutido logo acima, na medida em que a ordem mecânica emergente percebe como principal problema intelectual a questão da desordem (a anarquia). Esse entendimento de domínio sobre a natureza, do "mecanismo como um antídoto racional à desintegração do cosmos orgânico", se entrelaça com nascentes formas de poder – a "nova filosofia mecânica no meio do século XVII logra a reunificação do cosmos, da sociedade e indivíduo nessa nova metáfora da máquina".[42]

Esse debate filosófico se aproxima, igualmente, do clima do pós--Segunda Guerra Mundial e da Guerra Fria, em suas implicações para a ciência e o conhecimento. Aí se inicia uma "grande aceleração" no qual o crescimento econômico passa a pressionar em proporções

---

41 Friedrich ENGELS e Karl MARX. *Manifesto do Partido Comunista* (1848); Déborah DANOVSKI e Eduardo VIVEIROS DE CASTRO, *Há mundo por vir?*; Denise FERREIRA DA SILVA. *A dívida impagável*, pp. 87 e 91.
42 Carolyn MERCHANT. *The death of nature: women, ecology, and the scientific revolution* (San Francisco, Harper & Row, 1990 [1980], p. 192).

muito maiores os recursos ditos naturais. No início da década de 1960, uma bióloga fora dos círculos de prestígio das universidades, servidora pública sem voz institucional ou poder político, desencadeia um enorme debate público nos EUA. Sendo alvo de campanhas de difamação, consegue atingir mais as pessoas que seus pares, numa época, a da era nuclear, em que a biologia estava desvalorizada (e talvez do apogeu de uma compreensão de domínio sobre a natureza). No quadro de um forte desenvolvimento da química, Rachel Carson se debruça sobre dados e estudos, assim como as consequências do uso de pesticidas, borrifados progressivamente em toda parte, como fazendas, jardins e florestas para controle e matança de insetos, ervas daninhas, roedores e outros considerados pragas.

Pela primeira vez na história, cada um dos seres está agora sujeito "a entrar em contato com substâncias químicas perigosas, desde o momento em que é concebido até o instante em que a sua morte ocorre". Trata-se de um uso tão disseminado que por toda parte são encontradas, nas águas, animais ou pessoas. Chega a ser quase impossível não as localizar, pois estão em "peixes de remotos lagos existentes em topos de montanhas, em minhocas que perfuram o solo, nos ovos dos pássaros e no próprio homem". Em seu uso indiscriminado, insetos resistem e isso gera a necessidade de produtos crescentemente fortes e letais, num tipo de "guerra química", na qual "a vida toda é colhida no seu violento fogo cruzado". Seus efeitos (naquele momento ainda iniciais)? O surgimento de novas e misteriosas doenças e o poder de calar pássaros (daí o título de *Primavera silenciosa*), mas igualmente de fazer sumir abelhas, deter peixes, revestir folhas e embeber solos. Isso se reforça com a intensificação da agricultura nesse mesmo período, na direção de monoculturas, o que prepara "o terreno para aumentos explosivos de populações de insetos específicos".

Por esses motivos, para a bióloga, esses agentes não deveriam se chamar pesticidas, mas biocidas. O que se reforça com os vasos comunicantes entre esferas militar e civil, inclusive na criação do DDT, que data da Segunda Guerra Mundial. Em certos casos, eram substâncias químicas conhecidas, mas suas outras propriedades foram "descobertas por um químico alemão, Gerhard Schrader" no fim dos anos 1930. Seu governo compreendeu logo o potencial novo e devastador como armas e "algumas das substâncias foram transformadas nos mortais gases de nervos. Outras, de estrutura intimamente relacionada, se tornaram inseticidas". Posteriormente, o Departamento de Defesa do governo estadunidense descobre, combinando outros componentes, o chamado agente laranja, herbicida e desfolhante tristemente célebre por seu uso como arma química na guerra dos EUA no Vietnã. Em contraposição a uma certa celebração acrítica de determinada compreensão/prática de ciência, Carson levanta, de forma destemida e corajosa, questões sobre as responsabilidades dessa e os limites do progresso tecnológico, e tem uma incontestável participação na eclosão de um vitorioso movimento popular pela proibição do DDT e, de forma mais ampla, de proteção ambiental.[43]

A nova era em que vivemos indica o colapso da distinção (antropocêntrica, humanista, moderna) entre histórias natural e humana. Não se trata de levar em conta a interação entre "homem" e "natureza", mas de apreender os humanos como "força da natureza em sentido geológico", desconstruindo "a premissa fundamental do pensamento político ocidental". Alguns precursores já haviam se sensibilizado e percebido a falsidade do dogma (sempre questionado por uma multiplicidade de povos), como um dos pioneiros da ecologia estadunidense. Aldo Leopold, em sua ética da terra, propõe vê-la "como uma comunidade à qual pertencemos", expandindo a noção de coletividade de modo a "incluir solos, águas, plantas e animais ou, coletivamente, a terra". O *Homo sapiens* migraria, assim, "de conquistador da comunidade da terra para um simples membro e cidadão dessa".[44]

A "intrusão de Gaia" coloca a urgência de pensar-fazer política e ciência de outro modo. O fim da exterioridade e coisificação da natureza aponta a emergência de uma cosmopolítica. Como incluir os não

---

43 Rachel CARSON. *Primavera silenciosa* (São Paulo, Gaia, 2010 [1962], pp. 29, 23, 26 e 39).
44 Dipesh CHAKRABARTY. "The climate of History: four theses", p. 207; Aldo LEOPOLD. *Almanaque de um condado arenoso e alguns ensaios sobre outros lugares* (Belo Horizonte, UFMG, 2019 [1949], pp. 26 e 226).

humanos na teoria política, pergunta Isabelle Stengers, o que corresponde a levar em conta uma multidão de excluídos da modernidade (povos menores, rurais, mulheres e tantas sujeitas), mas também dispositivos científicos, ferramentas técnicas e o que foi chamado de sobrenatureza (religião, crenças, espíritos, deusas). Abre-se uma caixa de Pandora (não por acaso, a "primeira mulher") e todos somos forçados a encarar uma profusão de fenômenos. Sem gente ou sem certas coletividades, tudo fica claro num duplo (e empobrecedor) sentido: os significados de mundo, política, natureza, humanidade, relações, cultura...[45]

A filósofa belga propõe um alargamento democrático, colocando a ciência na política – não na chave de haver uma verdade política por trás, mas de pensar as práticas científicas, sua ecologia. Reforça, assim, a importância de hesitar, gaguejar, desacelerar (*slow science*) e evitar os ímpetos de unificação. Opõe, igualmente, universo e pluriverso (que pode se desdobrar em universidade e pluriversidade). Um planeta, mas muitos mundos. Não temos um mundo comum, insiste. Esse deve ser composto e se liga a irrupções que trazem os não humanos para a arena política, por exemplo nas resistências nas Américas aos grandes projetos de infraestrutura, mineração ou agricultura intensiva. Novas vozes e corpos cultivando práticas de experimentação e construção do conhecimento. Ao repelir a neutralidade e um ponto de vista transcendente, assim como definições prévias de bem comum, apelo à razão ou um ideal de paz já dados, aflora uma ciência democrática?

Se "algumas pessoas adoram dividir e classificar", outras "tecem relações que transformam uma divisão em um contraste ativo, com poder de afetar, de produzir pensamento e sentimento". Stengers opõe, assim, a Ciência com "C" maiúsculo (compreendida como conquista e sua tradução em conhecimento racional e objetivo que de tudo se

---

[45] Jean-Pierre VERNANT. *Pandora: la première femme* (Paris, Bayard, 2006); Isabelle STENGERS. *Au temps de catastrophes: resister à la barbarie qui vient* (Paris, La Découverte, 2009); Isabelle STENGERS. "La proposition cosmopolitique" em Jacques LOLIVE e Olivier SOUBERYAN (orgs.). *L'émergence des cosmopolitiques* (Paris, La Découverte, 2007); Isabelle STENGERS. "Including Nonhumans in Political Theory: Opening Pandora's Box?" em Bruce BRAUN e Sarah J. WHATMORE (orgs.). *Political Matter: technoscience, Democracy and Public Life* (Minneapolis, University of Minnesota Press, 2010).

apropria) a uma "'aventura das ciências' (no plural e com 'c' minúsculo)". A primeira se vincula à colonização, já que a Ciência envolve um julgamento de superioridade, em nome da razão e da civilização, e consequente erradicação cultural e social das práticas de outros povos. Trabalhar em termos de ciências rompe com essa herança do "nós sabemos, eles creem" e com a célebre colocação de Starhawk, bruxa neopagã californiana – "a fumaça das bruxas queimadas ainda paira nas nossas narinas". *Reclaim* [reativar] "aquilo de que fomos separados", ou seja, "recuperar a partir da própria separação, regenerando o que a separação em si envenenou". Pesquisar com as bruxas, convida a filósofa da ciência, para abrir mão das transcendências e cultivar "uma arte empírica que investiga o que é bom ou nocivo – uma arte que o nosso apego à verdade muitas vezes nos faz desprezar, entendendo-a como superstição". Em contexto bem diferente, Octavio Paz defende que "classificar não é entender. E menos ainda compreender. Como todas as classificações, as nomenclaturas são instrumentos de trabalho. Mas são instrumentos que se mostram sem utilidade quando queremos usá-los em tarefas mais sutis que a mera ordenação externa". Ciência e política como experimentação, já que "pensar é experimentar" e que "toda criação é singular", sendo seu primeiro princípio "que os Universais não explicam nada, devem ser eles mesmo explicados".[46]

    Rebelião, inventividade, desobediência e seus laços. Espinosa dizia, pensando em Moisés, que o corpo político do povo judeu em fuga do Egito só pode se fundar sobre a esperança e num forte ato de imaginação. O filósofo marrano medita, também, acerca do famoso episódio do Gênesis: "não comerás do fruto (da árvore do conhecimento)". Esse fruto o envenenará, mas, Adão, por ignorar as causas, pensa em uma proibição moral divina. Trata-se, porém, somente de uma revelação das consequências de consumir algo tóxico e ele ignora, assim, a ordem de composição e decomposição das relações. A Ética

---

[46] Isabelle STENGERS. "Reativar o animismo" (*Cadernos de Leitura*, n. 62. Belo Horizonte, Chão da Feira, 2017 [2012], pp. 2-4); Octavio PAZ. *O arco e a lira* (São Paulo, Cosacnaify, 2012 [1967], p. 23); Gilles DELEUZE e Félix GUATTARI. *Qu'est-ce que la philosophie?* (Paris, Éditions de Minuit, 1991, pp. 106 e 12).

se contrapõe à Moral e sua referência em valores transcendentes. Não conhecer leva a moralizar – a lei não traz conhecimento, mas encarna a instância transcendente compreendida como confronto de valores (bem/mal). Já o conhecimento se configura como "a potência imanente que determina a diferença qualitativa dos modos de existência (bom/ruim)". Deleuze, ao refletir sobre a filosofia espinosiana, defende que o erro mais grave da teologia foi de ter vinculado "princípios de obediência" a um "modelo de conhecimento", pois existe uma "diferença de natureza entre obedecer e conhecer".[47]

bell hooks conta, com o fim das escolas segregadas, sua chegada à escola de brancos e o que a marcou imediatamente: "logo aprendemos que o que se esperava de nós era a obediência, não o desejo ardente de aprender. A excessiva ânsia de aprender era facilmente entendida como uma ameaça à autoridade branca". Seria investigar desobedecer? Carla Lonzi, nos ardentes anos 1970 italianos, dirá que "quem obedece não merece ser reconhecido, porque obediência e autonomia são irreconciliáveis e a autonomia é o que cria no outro o estímulo para o conhecimento". Ao puxarmos esses fios que atravessam tempos, podemos recordar outro episódio da Torá. Certos estudiosos das escrituras sagradas judaicas reinterpretam a história de Abraão. Como se sabe, o ancião tem um encontro com Deus, que lhe pede o sacrifício do seu filho único, Isaac. Abraão corta uma madeira e vai ao distante local indicado, levando o filho, dois empregados, uma faca e um jumento. No terceiro dia, percebe a montanha e diz que seguirá só com Isaac até lá. Põe a madeira nas costas do filho, que pergunta onde está o carneiro para a oferenda, ao que o pai responde que Deus o fornecerá. No local indicado, Isaac é colocado sobre uma pedra, o punhal levantado e no instante exato em que ia perfurar a pele do filho, um anjo chega e chama Abraão, que naquele momento vê os chifres de um carneiro enrolados num arbusto. Se a interpretação canônica afirma que Abraão foi fiel e obedeceu a Deus, outras leituras divergem. Para um certo *midrash* [interpretação], o anjo se atrasou e teve que ressuscitar

---

47   Gilles DELEUZE. *Spinoza: philosophie pratique* (Paris, Les Éditions de Minuit, 1981, pp. 33, 35 e 144).

Isaac. Para outro, Deus esperava a rebeldia frente a uma ordem absurda e teria se decepcionado, e o anjo aparece para interromper a experiência a tempo, enquanto uma interpretação defende que, no último momento, Abraão se recompõe, toma o rumo certo e desobedece.[48]

Howard Zinn, no início dos anos 1970, em debate na Universidade Johns Hopkins, conduz a uma compreensão-chave para esses debates, ao colocar para a audiência que a desobediência civil e suas ameaças à estabilidade e possibilidade de anarquia não eram o problema, como o afirmava certo poderoso discurso, pois o "maior perigo" se encontra na "obediência civil" e consequente "submissão da consciência individual à autoridade do governo. Tal obediência levava aos horrores que nós víamos nos estados totalitários, e em estados liberais levava à aceitação da guerra quando quer que o assim chamado governo democrático decidisse", como coloca o historiador e veterano militante.[49]

Essas contribuições participam de uma virada fundamental, como vimos acima: a obediência é que deve ser explicada, e não a desobediência. Por que obedecemos? Haveria uma propensão à obediência? Em que condições? É com base nessas perguntas que Stanley Milgram, influenciado pelas pesquisas sobre conformismo de seu antigo orientador Solomon Asch, conduz, na psicologia social, uma experiência impactante sobre a submissão à autoridade. Na Universidade Yale, no início dos anos 1960, Milgram e sua equipe contratam voluntários para participar de uma experiência sobre aprendizagem humana e memória. Organizam um sorteio falso para saber quem seria monitor (sempre o voluntário) ou aluno (um ator, que inspira simpatia). O monitor não sabe disso e deve fazer as perguntas, verificar as respostas e, caso não esteja correta a repetição da sequência de palavras, aplicar a sanção, isto é, mover o cursor que regula os choques.

---

48   bell HOOKS. *Ensinando a transgredir: a educação como prática da liberdade* (São Paulo, Martins Fontes, 2018 [1994], p. 12); Carla LONZI. "Rivolta Femminile. Significados de la Autoconciencia de los grupos feministas" (1972) em *Escupamos sobre Hegel y otros escritos* (Buenos Aires, Tinta Limón, 2017, p. 147); Rabino Alexandre LEONE, Comunicação pessoal, fevereiro de 2021 (agradeço a Benjamin SEROUSSI por compartilhar essa D'var Torah) e Elias STEIN, Comunicação pessoal, fevereiro de 2021.

49   Howard ZINN. *Você não pode ser neutro num trem em movimento: uma história pessoal dos nossos tempos* (Curitiba, L-Dopá, 2005 [1994], p. 183).

No decorrer da experiência, o instrutor (a autoridade científica) dá ordens para aumentar a intensidade da punição. Se o monitor manifesta vontade de parar o experimento, o instrutor tenta manter o procedimento, repetindo as instruções ou dizendo não haver escolha. Na quarta vez, é aceita a interrupção e esse momento, de recusa, é a passagem da obediência para a desobediência. Milgram e sua equipe se surpreendem com os resultados – apesar dos sinais de tensão e ansiedade, a disposição de seguir as ordens triunfa em quase dois terços das pessoas (que continuam até o nível mais alto) que apertam o botão e pensam enviar descargas elétricas no aluno, que expressa dor, grita e suplica para parar, ou ainda mantém um silêncio preocupante. Após os resultados iniciais, o leque da pesquisa foi ampliado e incluiu pessoas de todas as camadas da sociedade, mas os resultados se mantiveram relativamente estáveis.

Esse estudo, liderado por um psicólogo de família judaica do Leste europeu, se dá no contexto da captura de Eichmann em Buenos Aires e seu julgamento em Jerusalém e da Guerra no Vietnã (e da oposição a essa carnificina). Milgram vai situar suas conclusões no fato de "pessoas comuns, simplesmente cumprindo seus deveres, e sem qualquer hostilidade especial, podem se tornar agentes de um terrível processo destrutivo". Compreende, ainda, como fatores explicativos a força do hábito, a manipulação, a absorção nos aspectos técnicos que pode fazer perder a noção das consequências e a atribuição dos critérios a outro. Haveria, assim, facilidade de ignorar a responsabilidade quando se é apenas um elo intermediário, reforçado pelos contínuos apelos à submissão à autoridade nas mais diversas estruturas hierárquicas (família, empresas, escolas, Forças Armadas e policiais, administração pública). O que paralisa, também, as capacidades de resistir é o confronto de um indivíduo a sós com uma figura de autoridade, confirmada por um ambiente técnico, com voz neutra, tranquila e segura, além de usar eufemismos para ordens cuja monstruosidade é como que apagada pela sua suposta legitimidade. Pilar Calveiro narra, a partir de sua experiência direta e em pesquisa posterior, esse processo nos campos de concentração argentinos dos anos 1970, numa "dinâmica de burocratização, rotineirização e naturalização da morte, a qual aparecia como um dado dentro de um formulário". Numa longa cadeia de mando, fracionada e fragmentada, com seus chocantes enfemismos, os militantes eram pacotes recebidos, depois transferidos, cargas enterradas ou lançadas. Não eram torturados, mas interrogados, nem sequestrados, mas sugados, nem massacrados, mas transferidos. A linguagem do poder.[50]

Tudo conspira para a obediência? Esse estudo de psicologia (apesar do polêmico método) traça nexos com as questões daquela década (e da nossa) acerca das trágicas atrocidades conformistas e a eficiência macabra desses mecanismos em ceifar vidas. Seria Eichmann não um sádico monstro, mas um burocrata que apenas fazia seu trabalho? Ou ambos? Na literatura do século passado, Franz Kafka desponta como o autor por excelência que narra e mostra os perigos de uma sujeição sistêmica, de um poder quase ilimitado conjugado a mecanismos impessoais. O escritor de Praga, em sua perspectiva "desde baixo", chega a aproximar "as figuras do burocrata e carrasco", segundo seu grande amigo Max Brod. Em *O processo*, o "funcionamento opaco e absurdo das instâncias burocráticas" bebe da experiência cotidiana "dos humildes trabalhadores vítimas de acidentes de trabalho, perdidos no labirinto administrativo", que revelam uma "natureza inumana e mortífera dos aparelhos institucionais jurídicos e estatais". Para dar conta desse poder opressivo, Kafka evoca uma humanidade torturada por *Kanzkeipapier* no clássico citado e em *O castelo*. *Kanzlei* teria "sua fonte no latim medieval *cancelleria*, que descreve um lugar rodeado de grades e barreiras onde são preparados os documentos oficiais". Bem distantes dos mortais comuns, nesses lugares são produzidos "formulários oficiais, fichas policiais, documentos de identidade, de acusação ou decisões dos tribunais". Kafka costura, assim, uma "escrita da liberdade, literária ou poética, que subverte as pretensões dos poderosos". Escrito profético se pensarmos nos chamados Estados autoritários, mas, também, nos contemporâneos ditos democráticos...[51]

50 Stanley MILGRAM. *Obediência à autoridade* (Rio de Janeiro, Francisco Alves, 1983 [1974], pp. 23 e 204); Pilar CALVEIRO. *Poder e desaparecimento: os campos de concentração na Argentina* (São Paulo, Boitempo, 2008, pp. 26, 49 e 51).
51 Michael LÖWY. *Franz Kafka, sonhador insubmisso* (São Paulo, Azougue Editorial, 2005 [2004, pp. 76, 87 e 15]).

Inspirações para uma política reversa, partindo das desobediências que desestabilizam. "Se vocês definirem os corpos e os pensamentos como poderes de afetar e ser afetado", dizem os parceiros Deleuze e Guattari, "muitas coisas mudam"; indicando, assim, defini-los não pela "sua forma, órgãos e funções, mas pelos afetos de que é capaz". Que tal apreender desse modo as revoltas de nosso tempo? Esse livro se insere numa linhagem que chamamos coletivamente, em outro momento, de pesquisa-luta. Podemos reivindicar uma tradição marginal de pesquisa, que percorre vários autores coletivos e orientações.[52]

Ao ser provocado pela *Revue socialiste* que lhe encomenda a elaboração de questões, Marx aceita (falando da importância da base empírica como terreno mais realista frente aos "utópicos") e prepara uma centena de perguntas. Exaustivo, detalha questões sobre as condições de trabalho (o que faz, com quantas pessoas trabalha, se há crianças, sobre uso de máquinas, higiene e salubridade do local, prevenção de acidentes e enfermaria). Depois, se dedica à remuneração e custo de vida (pausas e trabalho noturno, dias de feriados e descansos, salário e formas de pagamento, atrasos e horas extras, preços dos itens básicos, variação do salário em tempos de prosperidade ou crise, produtividade e aumento de remuneração, aposentadoria e saúde dos mais velhos). Também se interessa pelo tempo de trabalho e vida, por exemplo, ao questionar o tempo perdido no caminho para o lugar de trabalho e na volta para casa. Aborda, em seguida, a organização proletária, interrogando sobre a existência de "sociedades de resistência" (já que os sindicatos eram proibidos) e como são conduzidas e acerca de sociedades de socorro mútuo em caso de doença, acidentes, morte, velhice ou incapacidade temporária. Caso existam, se há contribuição voluntária ou compulsória e se os trabalhadores controlam esses fundos. Se há cooperativas, como são dirigidas e se

---

52 Gilles DELEUZE e Félix GUATTARI. *Qu'est-ce que la philosophie?* (p. 166); Alana MORAES, Henrique PARRA, Hugo ALBUQUERQUE, Jean TIBLE e Salvador SCHAVELZON. "A periferia contra o Estado? Para escapar das ciências tristes! Criemos outras possibilidades" (*Urucum: novas formas de vida*, 24 de abril de 2017); Marta MALO (org.). *Nociones comunes: experiencias y ensayos entre investigación y militancia* (Madri, Traficantes de Sueños, 2004).

diferem das empresas capitalistas é outro ponto de interesse. Busca saber da quantidade, motivo e duração de greves no setor e se houve apoio a outras interrupções do trabalho. Interroga, enfim, a respeito de uma associação patronal para baixar salários ou aumentar o trabalho e sobre casos em que o governo colocou as Forças Armadas a serviço dos patrões e, se, ao contrário, houve alguma proteção dessas aos trabalhadores contra a extorsão dos patrões.

Essa elaboração ocorre no fim da sua vida, para o movimento operário francês, que imprime vinte e cinco mil exemplares do questionário. Foram poucas as respostas e as condições adversas (Marx ironiza a República francesa que não se interessa pela condição do proletariado enquanto na monarquia inglesa uma pesquisa oficial contribuiu à redução da jornada para dez horas e leis sobre trabalho de mulheres e crianças). Essa pesquisa operária, no entanto, inspira numerosas iniciativas desde então, como a tendência Johnson-Forest de marxistas heterodoxos nos EUA (C.L.R. James, Raya Dunayevskaya e Grace Lee Boggs) ou a *conricerca* [copesquisa] do *operaismo* italiano, no qual "intelectuais de dentro e de fora das fábricas" lutam para construir "um conhecimento alternativo com os trabalhadores e trabalhadoras, interno à sua situação e buscando uma intervenção nas relações de poder". Uma "ciência operária" em seu reconhecimento da luta de classes como "cárstica", dada sua "continuidade descontínua". Partem, assim, naquele momento, da dificuldade do movimento, mas sem seguir a busca por erros ou traição e sim intuindo uma nova condição do trabalho que deveria ser investigada – "a produção estratégica de conhecimento liga-se a uma forma alternativa de produção de subjetividade". Marx é ali trabalhado na linha de uma ciência da revolução. Buscar as pistas de entendimento e transformação numa "rede de afetos, de estima mútua e de coprodução de subjetividade", numa imagem igualmente convocada pela Livraria das Mulheres de Milão no *l'affidarsi (affidamento)*, na constituição de laços e relações de confiança e presente para a militante Alicia Garza nos EUA contemporâneos do movimento pelas vidas negras.[53]

53 Karl MARX. "Enquête ouvrière" (*La Revue socialiste*, 20 de abril de 1880); Michael HARDT e Antonio NEGRI. *Commonwealth* (Cambridge/Londres, Belknap Press, 2009,

A pesquisa não como método objetivo, mas como construção de relação, logo subjetivo, isto é, de construção de autonomia – "o objetivo da pesquisa não é a interpretação do mundo, mas a organização de sua transformação". Essa linhagem também se manifesta na elaboração transatlântica da *history from below* [história vista de baixo], nas investigações de Paulo Freire e tantas, e nas práticas de inúmeros movimentos políticos, sociais e culturais. Dessa forma, "os sonhos mais potentes e visionários de uma nova sociedade não vêm de pequenos *think tanks* de pessoas espertas", mas "irrompem do engajamento político; movimentos sociais coletivos são incubadores de novo conhecimento, novas teorias e questões". Conhecimento-transformação. Fazer movimento e produzir pesquisa se articulam nas perspectivas inversas dos trabalhadores sobre os patrões e locais de trabalho, dos sem-terra e das agriculturas plurais sobre o agronegócio, dos sem-teto sobre a cidade e a moradia, dos usuários sobre os serviços públicos, do movimento negro sobre a supremacia branca, de LGBTQIA+ sobre a heteronormatividade, de feministas sobre o patriarcado e da senzala e do quilombo a respeito da casa-grande. Malcolm, nessa toada, já dizia que "ninguém conhece o senhor melhor do que seu servo". Com quem pensamos-lutamos?[54]

Um conhecimento corporificado, em contraponto à pretensão universal de um conhecimento hegemônico, elabora que apenas uma "perspectiva parcial permite visão objetiva", constituindo "propostas

---

p. 128); Raniero PANZIERI. "Uso socialista dell'inchiesta operaia" (*Quaderni Rossi*, 5, 1965); Antonio NEGRI. *Cárcel y exilio: Historia de una comunista II* (Madri, Traficantes de Sueños, 2021 [2017], p. 371); Antonio NEGRI. *Historia de un comunista* (Madri, Traficantes de Sueños, 2018 [2015], p. 249); LIBRAIRIE DES FEMMES DE MILAN. *Ne crois pas avoir de droits: la génération de la liberté féminine à travers les idées et les aventures d'un groupe de femmes* (Bordeaux, La Tempête, 2017 [1987], pp. 29 e 36); Alicia GARZA. *O propósito do poder: vidas negras e movimentos sociais no século XXI* (Rio de Janeiro, Zahar, 2021 [2020], p. 71).

[54] Antonio CONTI. "La encuesta hoy: de la 'coinvestigación obrerista' al 'caminar preguntando' y más allá: la encuesta sobre las 'formas de vida' en el 'taller metropolitano del saber difuso'" em Marta MALO (org.). *Nociones comunes* (2004, p. 65); Robin D. G. KELLEY. *Freedom dreams: the black radical imagination* (Boston, Beacon, 2002, pp. 8-9); Malcolm X. "Apelo aos chefes de Estado africanos" (Cairo, 17 de julho de 1964). Em George Breitman (org.). *Malcolm X fala* (São Paulo, Ubu, 2021 [1965], p. 114).

a respeito da vida das pessoas; a visão desde um corpo, sempre um corpo complexo, contraditório, estruturante e estruturado, versus a visão de cima, de lugar nenhum, do simplismo". Esse entendimento clama e se compõe de políticas e epistemologias localizadas, posicionadas e situadas, que dizem respeito a coletividades e não a indivíduos isolados e repelem a "transcendência e divisão entre sujeito e objeto", persiste Haraway. Esse saber encarnado se coloca em termos de "possibilidades de conexões e aberturas inesperadas", sendo "apoiados na possibilidade de redes de conexão, chamadas de solidariedade em política e de conversas compartilhadas em epistemologia". Isso se vincula ao laço, em Deleuze-Espinosa, entre implicação e explicação, que não se excluem mutuamente – ao contrário, "tudo [...] é feito da coexistência desses dois movimentos" e "ambos articulam-se como o compreender". Como veremos ao longo do livro, fazer movimento é potência de conhecer. O estudo é, assim, "prática intelectual comum", em toda parte, o trabalho de pesquisa significando se engajar em processo coletivo, isto é, "*cuidar* de uma situação". É impressionante a "experiência da leitura e da escritura" dos envolvidos no levante dos malês. A repressão encontra grande quantidade de pranchetas de madeira (utilizadas para escrever) e também papel (muito caro na época), isso numa sociedade onde os brancos dominantes eram em grande medida analfabetos. *Caminhar perguntando*.[55]

---

[55] Donna HARAWAY. "Saberes localizados: a questão da ciência para o feminismo e o privilégio da perspectiva parcial" (*Cadernos Pagu*, n. 5, 1995 [1988], pp. 30, 21, 33 e 23); Gilles DELEUZE. *Spinoza: philosophie pratique* (Paris, Les Éditions de Minuit, 1981, pp. 103-104); Stefano HARNEY e Fred MOTEN. *The Undercommons: Fugitive Planning & Black Study* (Nova Iorque, Minor Compositions, 2013); Josep RAFANELL I ORRA. *Fragmenter le monde: contribution à la commune em cours* (Paris, Divergences, 2017, pp. 69 e 76); João José REIS. *Rebelião escrava no Brasil: a história do levante dos malês 1835* (São Paulo, Companhia das Letras, 2003 [3. ed.], pp. 225 e 228).

MOME 68

explosão

No dia 4 de abril de 1967, exatamente um ano antes de ser assassinado, Martin Luther King faz um histórico discurso na igreja Riverside, em Nova York. "São tempos revolucionários", diz, e "em todo o mundo", pessoas "sem camisa e descalças da terra" se revoltam "contra os velhos sistemas de exploração e opressão, e das feridas de um mundo frágil estão surgindo novos sistemas de justiça e igualdade". Conclama apoio a essa "explosão de liberdade pelo mundo", citando Isaías (9:2) e Mateus (4:16): "o povo que estava sentado nas trevas viu uma grande luz". Na véspera do tiro fatal, retoma essa perspectiva no Tennessee, onde estava para apoiar uma greve dos trabalhadores da limpeza e prosseguir na organização da *Marcha do Povo Pobre*. Nessa noite, o pastor vai reforçar que "algo está acontecendo no nosso mundo. As massas estão se levantando. E onde estiverem reunidos hoje", continua, "seja em Joanesburgo, Nairóbi, Acra, Nova York, Atlanta, Jackson ou Memphis, o grito é sempre o mesmo: 'queremos ser livres!'".[56]

---

[56] Martin Luther KING. *Beyond Vietnam: A Time to Break Silence* (4 de abril de 1967) e *I've Been to the Mountaintop* (3 de abril de 1968).

TO

Algo estava acontecendo. Uma erupção. Global. Eis o "momento 68", um terremoto político e social que durou, dependendo da localização, praticamente duas décadas, do início dos anos 1960 até o fim dos 1970.[57]

Dizia, novamente King, que temos não somente o direito de ser livres como o dever de sê-lo, situando as ações de desobediência nesse âmbito. Em suas memórias, Howard Zinn reflete sobre suas experiências e aprendizados. Enfatiza "que persistir, mesmo em pequenos atos, de resistência à autoridade, pode levar a grandes movimentos sociais", ao pontuar o elo entre uma "modesta campanha para o fim da segregação nas bibliotecas de Atlanta" (da qual participou) e "incontáveis pequenas ações de pessoas desconhecidas" e os fortíssimos atos de desobediência civil no sul estadunidense (como o boicote ao ônibus em Montgomery), as marchas em Washington e Selma e suas conquistas jurídicas de igualdade formal (direito ao voto, fim da segregação).

[57] Michelle ZANCARINI-FOURNEL. *Moment 68: une histoire contestée* (Paris, Seuil, 2008).

Muitas vezes de forma não prevista, subitamente, tiranos são depostos ou um novo movimento "germina de modo invisível, borbulha, e em certos momentos da história traz vitórias que podem ser pequenas, mas são promessas de algo maior". A ação, mesmo inicial, põe lenha "para aumentar a fogueira que poderá explodir" em transformação. Tantos julgavam perceber, por exemplo, na década de 1950, uma "geração silenciosa" – antes de serem contestados contundentemente no decênio seguinte. Nada estava ocorrendo? Numa certa superfície parecia haver paz, já que sem atenção nacional ou ignorado pela mídia (pelo menos, até o estouro). O historiador, porém, defende que a surpresa se deve ao fato de "não percebemos o quieto murmúrio da indignação, os primeiros e fracos sons de protesto, os sinais espalhados de resistência que, em meio ao nosso desespero, anunciam a excitação da mudança". Nesse contexto, "atos isolados começam a se juntar, os ímpetos individuais se unem em ações organizadas e um dia, quando a situação parece mais desesperadora, um movimento explode e entra em cena". Zapatistas insistem também nessa escala, ao pensarem no muro capitalista e nas fendas-lutas, partindo do pequeno e da perseverança, pois "uma das trapaças dos de cima é convencer os de baixo de que tudo aquilo que não pode ser conquistado rápida e facilmente não será conquistado nunca. Tentam nos convencer de que as lutas longas e difíceis só cansam e não chegam a lugar nenhum".[58]

Uma onda indomável se formou nesses anos. O que parecia sólido se desmanchou no ar, o que parecia estável vazou (ainda que somente por alguns dias, semanas, meses ou até anos – mas os efeitos ainda nos atingem). Colonialismo, patriarcado, supremacia branca, capitalismo e socialismo autoritários bambearam. Ou pereceram ou se reorganizaram. Apesar da diversidade de situações e países, um elemento comum: o anticonformismo – encarando ditaduras militares, as "democracias populares" ou as do "mundo livre". Tratou-se de uma irrupção em defesa do direito de discordar, da multiplicação

---

[58] Howard ZINN. *Você não pode ser neutro num trem em movimento*, pp. 13, 19 e 25; Subcomandante Insurgente GALEANO. *Contra a hidra capitalista* (São Paulo, n-1, 2021, p. 17).

de vozes, da polifonia, com questionamentos, simultâneos, do presente e do passado e seus valores predominantes (racismo, fascismo, subserviência, genocídios...). Os trabalhadores que ocupam a fábrica Berliet, em Vénissieux (França), nas intensas semanas de maio-junho mudam o nome do letreiro da fachada. Como num anagrama, torna-se *liberté* [liberdade], o que já havia sucedido em outubro de 1944 quando seu então dono, Marius Berliet, teve que prestar contas por sua colaboração com os nazistas e a usina lhe foi tomada antes de ser restituída poucos anos depois. A luta segue.

Uma difusão irresistível do dissenso, uma inflexão das dominações e opressões e uma afirmação das singularidades nesses múltiplos movimentos de contestação e insubordinação. Os que estavam fora do espaço político irrompem em protestos, greves, ocupações que desvelam e revelam o injusto, no revés da concepção política, vista na parte precedente, como função de dirigir e dominar. Emoções, sonhos e práticas como na elaboração de um *rêve général* [sonho geral] se articulando com a *grève générale* [greve geral] numa criatividade política exuberante. Ninguém mais cumpre seu papel social habitual, embarcando num êxodo de libertação e busca de novas vias: operários (ocupando fábricas e locais de trabalho), estudantes (tomando universidades), artistas e criadores (dando outros significados para seus espaços e práticas), camponeses (se levantando), negros (se sublevando), mulheres, gays, lésbicas e trans (afirmando novos corpos). Isso tudo já vinha ocorrendo, mas se acelera e se reforça, encontrando e produzindo renovados caminhos, pessoas, coletividades.[59]

Um vírus da desobediência contagiou todo o planeta: França, Senegal, Japão, Vietnã, México, Praga, EUA, Palestina, Itália, dentre outros pedaços. Uma explosão de vida. Uma outra palavra-chave: experimentação. Outros desejos, aspirações e conexões brotam e desabrocham em todos os cantos do mundo. Um novo espírito do tempo, tempo do mundo, influenciado por certa sincronicidade que a televisão (ainda incipiente e menos controlada – um paralelo possível com

---

[59] Ludivine BANTIGNY. *1968: de grands soirs en petits matins* (Paris, Seuil, 2018, pp. 84 e 19).

certo período inicial da internet), com o videoteipe e a transmissão via satélite que mudaram os noticiários e a circulação de informações.

O "clímax de uma revolta contra a autoridade e a tradição que a Revolução Russa iniciara" vão atingir todos os regimes políticos – sejam o capitalismo com toques social-democratas e sua ascensão social do pós-guerra, o socialismo dito real e suas conquistas para os de baixo, sejam os mais variados tons de autoritarismos. Todas as posições de poder foram questionadas e hierarquias postas em xeque: patrões, professores, pais, chefes, tiranos, colonizadores, padres, pastores, rabinos, imãs, representantes culturais e midiáticos... Afeta, também, os modelos de organização (partidos e sindicatos sobretudo) e os projetos da esquerda desde então. Utopias emergem; "poder proletário na França e Itália", propostas de "democracia socialista na Tchecoslováquia e Polônia" e planos de liberdade nacional na Argélia, Vietnã, Angola, Guiné, África do Sul, Palestina, e, ainda, "revoluções democráticas em Portugal e no Paquistão".

Após o atentado em Berlim contra Rudi Dutschke em abril de 1968, que vinha sendo objeto de uma campanha de ódio promovida por um jornal do grupo Springer (e que influenciou, como o processo posterior indicou, o quase assassino que acertou um tiro na cabeça do líder estudantil), manifestantes em Londres, numa articulação em formação de solidariedade com o Vietnã, vão até seu escritório londrino, vizinho do jornal *The Daily Mirror*, que por pouco não é ocupado. O dono desse jornal, em resposta, abre um espaço para Tariq Ali dar o recado das ruas. O militante paquistanês propõe, nesse artigo, que "governar é controlar" e, nesse âmbito, "a luta prioritária, no interior de uma sociedade conformista, é em defesa do direito de discordar. Nisso, portanto, ela não difere da sociedade autoritária". Situa, assim, o objetivo dos protestos em "romper o silêncio", pois "não há oposição de verdade no país", nem no Parlamento nem na imprensa (90% dela controlada por cinco homens), tal concentração de poder (dos bancos e da indústria) destruindo o processo democrático, dominado por reacionários.[60]

60 Tariq ALI. *O poder das barricadas: uma autobiografia dos anos 60* (São Paulo, Boitempo, 2008 [1987], p. 284).

Constituído em 1965 e dissolvido dois anos depois, os Provos podem ser encarados com um tipo de precursor do que viria (ou já estava ocorrendo). Esse grupo da contracultura de Amsterdã organiza *happenings* contra carros e cigarros, perturba o casamento real da princesa com um homem que havia pertencido à juventude hitlerista, se opõe à Guerra no Vietnã e questiona o passado imperial e colonialista holandês, além de se somar a manifestações operárias (que vão levar à demissão do chefe da polícia e à renúncia do prefeito após a morte de um trabalhador). Sem chefe e sem organização estruturada, expressa uma recusa do poder, parte desse clima de questionamentos e subversões, tentativas de descobrir caminhos, não sabendo bem quais. Em seu manifesto, se apresentam como "alguma coisa contra o capitalismo, o comunismo, o fascismo, a burocracia, o militarismo, o profissionalismo, o dogmatismo e o autoritarismo", que "incita à resistência onde quer que seja possível", conclamando às pessoas que "nunca transfiram para outros seu poder!". Em conversa direta com o discutido na parte anterior, "os Provos não estão interessados no poder, não o querem e não sabem o que fazer com ele. Outros irão querer dar poder à imaginação, às flores, ao povo, aos negros. Os Provos só querem esvaziá-lo" e, dessa forma, "uma das contribuições mais relevantes dos Provos para a sociedade holandesa é trazer os problemas à tona, destampar as panelas, fazer cair as máscaras, enfim, acabar com a hipocrisia burguesa". Em uma frase talvez bem característica desse tempo e sua eclosão, vão afirmar: "não temos ideologias, temos métodos". A imaginação contra o poder?[61]

anticolonial

Em meio à explosão, James Baldwin capta uma passagem decisiva: "haverá reações no mundo inteiro, nos anos que virão, contra os atos de violência, mas a festa do Ocidente terminou, e o sol do homem branco se pôs. Ponto". Eco da arguta profecia de W.E.B.

---

[61] Matteo GUARNACCIA. *Provos: Amsterdã e o nascimento da contracultura* (São Paulo: Veneta, 2015, pp. 15, 16 e 134).

Du Bois, de 1903, dizendo que "o problema do século XX é o problema da linha de cor – a relação entre as raças de homem mais claros e mais escuros na Ásia e na África, nas Américas e nas ilhas do mar". Os EUA e seu mundo.[62]

> "O mundo colonial é um mundo compartimentado [...]
> O mundo colonial é um mundo dividido em dois [...]
> O mundo colonial é um mundo maniqueísta".

Nesse período de fogo, Fanon será muito lido, em particular sua última obra, ditada nos últimos meses de vida, batalhando contra a leucemia. A descolonização é apreendida como confronto entre "velhos conhecidos", duas "forças congenitalmente antagonistas", e encarna uma "substituição total, completa, absoluta".[63]

O psiquiatra martinicano insiste na ruptura com a dupla racismo/colonialismo e sua "opressão militar e econômica" que "torna possível, legitima o racismo". Em conferência no âmbito do primeiro congresso dos escritores e artistas negros, denuncia as "condenações espetaculares e inúteis do racismo", já que "um país colonial é um país racista". Apesar de qualquer discurso pretensamente "democrático" ou "humanitário", sua prática é de inferiorização e submissão. O racismo, assim, "obedece a uma lógica sem falha. Um país que vive, tira sua substância da exploração de povos diferentes, inferioriza esses povos". Ao contrário do opressor, que lança mão de "argumentos científicos", os inferiorizados tomam outra via e sua luta "se situa num nível nitidamente mais humano. As perspectivas são radicalmente novas"; opõem-se conquista e libertação.[64]

A virada que Baldwin percebe em sua conversa com Du Bois é um dos grandes acontecimentos do século passado, uma transição

---

62 James BALDWIN. *E pelas praças não terá nome* (São Paulo, Brasiliense, 1973 [1972], p. 135); W.E.B. Du Bois. *As almas do povo negro* (São Paulo, Veneta, 2021 [1903], p. 35).
63 Frantz FANON. *Os condenados da terra* (Rio de Janeiro, Civilização Brasileira, 1968, [1961], Edição utilizada, Paris, La Découverte, 2002, p. 41).
64 Frantz FANON. "Racisme et culture" (1956) em *Pour la révolution africaine:* écrits politiques (Paris, La Découverte, 2006 [1964], pp. 46; 48; 49 e 52).

que ainda presenciamos. Aimé Césaire a pensa, nos anos 1950, nos termos de que podem prosseguir os assassinatos, torturas e prisões, mas agora os colonizados possuem uma vantagem, pois "sabem que seus 'mestres' provisórios mentem", o que revela sua fraqueza. Uma metamorfose fundamental, pois uma das facetas do colonialismo é inculcar o medo, o desespero e o complexo de inferioridade. Tais processos de dominação, no entanto, afetam o colonizador. Para o poeta e político martinicano, na medida em que não há colonização inocente e "uma nação que coloniza, uma civilização que justifica a colonização – logo a força – já é uma nação doente".[65]

Não por acaso é de um médico, aluno de Césaire, que vai vir mais um dos mais contundentes petardos contra essa força opressiva. E é em seu capítulo argelino que ele irrompe, sendo um dos mais influentes pensadores-lutadores do período. Fanon vive e narra uma transformação subjetiva, já que a libertação envolve um afastamento irreversível da perspectiva "que o colonizado faz de si mesmo via o filtro da cultura colonialista". Uma mutação radical, na medida em que "os homens e as mulheres da Argélia, hoje, não parecem nem os de 1930, nem de 1954, nem de 1957. A velha Argélia está morta". O fim de colonizadores e colonizados. À semelhança da Comuna de Paris, pelo menos nesse período inicial, qualquer indivíduo vivendo na Argélia passa a ser argelino (inclusive o francês Fanon). Essa epopeia faz emergir "uma nova humanidade", um "ritmo próprio", uma "nova linguagem" nesse processo de criação e libertação de si mesmo que põe um término à "desumanização sistemática".[66]

Zinn reitera, no âmbito dessa transfiguração em curso, que o poder político "é mais frágil do que nós pensamos (veja como são nervosas as pessoas que o detém)", opondo a esse um outro tipo, o das

---

65 Aimé CÉSAIRE. *Discurso sobre o colonialismo* (São Paulo, Veneta, 2020 [1955, pp. 8, 24 e 18]).
66 Frantz FANON. "Décolonisation et indépendance" (1958) em *Pour la révolution africaine: écrits politiques*. (Paris, La Découverte, 2006 [1964], p. 121); Frantz FANON. *Sociologie d'une révolution (L'an V de la révolution algérienne)* (Paris, Maspero, 1975 [1959], pp. 14, 141 e 10); Frantz FANON. "Lettre au Ministre Résident" (1956) em *Pour la révolution africaine: écrits politiques* (Paris, La Découverte, 2006 [1964], p. 60).

"pessoas [que] não têm os atributos costumeiros do poder – dinheiro, autoridade política, força física –", mas gestado na indignação, "coragem e inspiração" e que pode tudo derrubar. Esse entendimento se liga a uma ilustre metáfora (chinesa antiga, mas popularizada por Mao) de considerar os reacionários (em particular o imperialismo estadunidense) como "tigres de papel". Apesar de sua assustadora aparência (é um tigre), não se deve temê-lo, pois não é tão robusto assim (sendo de papel) por estar divorciado do povo e das massas (e essas, sim, seriam a força motriz da história, uma "muralha indestrutível").[67]

O 68 como uma insubordinação anticolonial nos países da periferia, mas, igualmente, nos do centro. O eixo revolucionário é puxado pelo dito Terceiro Mundo. A Indonésia em 1945, a China em 1949, Cuba dez anos depois e os longos processos de libertação vietnamita e argelino contagiam o planeta todo. Tariq Ali narra, em sua autobiografia dos anos 1960, como boa parte de sua atividade política da época girava em torno da solidariedade com a luta da Frente de Libertação Nacional (FLN) e, no texto publicado no *The Daily Mirror*, citado acima, e que "a imagem de um pequeno exército de camponeses na selva do Vietnã provocando baixas elevadas na nação imperialista mais poderosa do mundo causou um efeito estimulante sobre muitos militantes". O mesmo país que anos antes, em 1954, havia provocado a derrocada imperial francesa.[68]

Essa espantosa confiança e heroica resistência constituem um poderoso catalisador das imaginações subversivas. Como em certas artes marciais, a guerrilha usa a força do antagonista (seus sofisticados equipamentos de guerra) contra ele mesmo. O correspondente Wilfred Burchett vê, em sua visita aos campos de guerra, bicicletas com quadro e rodas com estrelas e a inscrição "um presente do povo dos EUA" e mochilas feitas com sacos de farinha branca com a mesma mensagem. Pequenas lanternas são montadas com estojos de cartuchos, redes de náilon e camisas com material de paraquedas,

---

67 Howard ZINN. *Você não pode ser neutro num trem em movimento*, p. 262; Mao TSÉ-TUNG. *US imperialism is a paper tiger* (14 de julho de 1956).
68 Tariq ALI. *O poder das barricadas*, p. 284.

sandálias feitas com borracha (antes Michelin, agora Goodyear), ideais para a mata úmida, e bombas redondas com arroz.

Partes de avião, pedaços de foguetes, cápsulas de bombas, destroços de caminhões, restos de trilhos, qualquer metal, tudo é reutilizado. As armas (submetralhadoras, metralhadoras, bazucas e morteiros)? Tomadas dos adversários. Ao se rebelarem, não tinham armas; usavam enxadas, facas, ferramentas agrícolas, ferramentas da floresta e até mesmo pedaços de madeira. Os guerrilheiros desviam a batalha dos termos dos antagonistas e atacam na forma escolhida e em áreas distantes das mais povoadas, também evitando a destruição de estoques de arroz e das criações de porcos e galinhas. A produção de remédios se faz numa mescla de medicina tradicional oriental e riqueza da floresta. O contragolpe mobiliza até "macacos propagandistas" e "guarnições de abelhas"; estas, de um tipo particularmente grande e feroz, cuja picada é dolorosa e potencialmente fatal, usadas como armas de defesa em armadilhas de bambu.[69]

Tal conflagração anticolonial indica um dos sentidos profundos de 68. A manifestação em Berlim – citada acima, com cartazes de Rosa Luxemburgo e Karl Liebknecht, Che e Ho Chi Minh, na qual Dutschke é baleado – era em protesto contra uma visita do xá do Irã e seu regime ultrarrepressivo, que se gabaria de ser o sinistramente mais eficaz desde a Gestapo. O Vietnã aparece como a centelha de Maio – em março, um estudante quebra uma janela da American Express em Paris, o que vai gerar novo protesto tanto contra sua prisão quanto em oposição à guerra. Nasce aí o Movimento 22 de Março (cujo nome, por sua vez, se inspira no cubano 26 de Julho). Antes disso, já se organizavam o Comitê Vietnã Nacional e suas células de base nos colégios.[70]

Os EUA são um lugar peculiar nesses anos, em que seu Terceiro Mundo se levanta. Essa guerra, particularmente absurda, pressiona também o orçamento federal, cujo custo chega a 30 bilhões de dólares por ano e aguça tensões. Um movimento de oposição se inicia

---

69 Wilfred G. BURCHETT. *Vietnã: a guerrilha vista por dentro* (São Paulo, Expressão Popular, 2018 [1965], pp. 53-55, 91, 116, 122, 263 e 290-292).
70 Ludivine BANTIGNY. *1968*, (pp. 150, 128 e 131).

com atos isolados em 1965 e vai ganhando vulto. Militantes negros são precursores na resistência ao alistamento e, no ano seguinte, quando a maioria da população apoiava a guerra, Muhammad Ali entra na lista dos convocados para servir às Forças Armadas. O boxeador contesta, já que "nenhum vietnamita nunca me chamou de *nigger*, nunca me linchou, nunca atiçou os cães contra mim, nunca me roubou a nacionalidade, ou violou e matou a minha mãe e meu pai". Ali mobiliza os sentimentos das lutas pelos direitos civis e contra a segregação para situar a guerra imperial, sendo a primeira figura pública a fazê-lo – o "inimigo do meu povo está aqui", por isso não faz sentido "me" tornar uma "ferramenta para escravizar aqueles que estão combatendo pela sua própria justiça, liberdade e igualdade". Se essa guerra significasse liberdade e igualdade para os 22 milhões de afro-americanos, prossegue, "me juntaria amanhã. Não perco nada por respeitar as minhas convicções. Vou para a cadeia. E então? Estamos presos há quatrocentos anos". O campeão mundial de pesos-pesados, então no auge de sua trajetória, perde seu título e fica impedido de competir (será condenado a cinco anos de prisão, multado e absolvido pela Suprema Corte três anos mais tarde).[71]

Essa atitude sintetiza um sentimento profundo, reforçado pelo racismo nas Forças Armadas. Os negros estavam na linha de frente do desembarque na Normandia pela liberdade, mas não tiveram vários direitos na sua volta, numa situação semelhante a de povos colonizados como argelinos, senegaleses ou vietnamitas, que também combateram o nazismo. Ocorre uma guinada a partir da forma como foram tratados nessa guerra. "Uma certa esperança morreu, um certo respeito pelos americanos brancos sumiu. Começamos a ter pena deles ou a odiá-los", argumenta Baldwin, sugerindo "se colocar na pele de um homem que veste o uniforme de seu país, corre severo risco de morrer por sua defesa e é tratado de 'nigger' por seus companheiros de armas ou oficiais".[72]

---

71   O vídeo com o discurso original está disponível em: https://www.youtube.com/watch?v=vd9alamXjQI.
72   James BALDWIN. "Down at the cross: letter from a region in my mind" (1962) em *The Fire Next Time* (Londres, Michael Joseph, 1963, pp. 63-64).

No discurso já citado na igreja de Riverside, King se alinha a Ali e o cita falando do mesmo sistema de opressão que vitima pobres e negros nos EUA e no Vietnã. Caracteriza, ademais, o governo estadunidense como "o maior provedor de violência no mundo hoje" e denuncia a implosão de eleições que elegeriam Ho Chi Minh em 1954, qualifica de loucura essa guerra, uma insanidade que deve cessar. Esta é percebida como sintoma de uma doença grave no espírito estadunidense, o que gerou animada polêmica – enquanto a revista *Life* vai acusá-lo de demagogo e de seguir um roteiro da rádio Hanoi, o *Washington Post* afirma que ele diminuiu sua utilidade para sua própria causa, país e povo; preferiam quando ele se atinha à arena doméstica dos direitos civis.

Em 1968, com mais de meio milhão de soldados no Vietnã do Sul e número crescente de mortos, o movimento se massifica e a imagem de jovens jogando fora suas carteiras de reservista se torna recorrente. Chega-se ao ponto de o presidente Johnson não fazer mais aparições públicas (exceto em bases militares) e renunciar à disputa pela reeleição. Os dois concorrentes (republicano e democrata) prometem na campanha terminar com a guerra, mas o vencedor, Nixon, não cumpre e vai enfrentar protestos gigantes, em uma das maiores demonstrações da história estadunidense, no dia 15 de outubro de 1969, e depois, na primavera do ano seguinte, com a primeira greve geral de estudantes contra a invasão do Camboja, a matança na Universidade de Kent State pela Guarda Nacional de Ohio e o assassinato de dois estudantes negros pela polícia em Jackson State College, no Mississippi.

Explicita-se, com esses eventos, "a mentira de um pretenso humanismo: isto quer dizer que suas histórias não têm justificativa moral, e que o Ocidente não tem autoridade moral". A força de Malcolm X e Fanon vem de sua determinação acerca da "natureza dessa mentira e suas implicações relevantes e nítidas" para seus povos. Malcolm vai, assim, fazer contínuos paralelos entre a situação estadunidense e outras, desde o nazismo ("as táticas da Gestapo da polícia branca que controla os cinturões negros") ou outras forças de ocupação que invadem casas, arrebentam portas e matam pessoas "nos bairros negros estadunidenses, onde o 'inimigo ocupante' está disfarçado de policial". Pensa o gueto no contexto de uma violência policial permanente, como um domínio colonial. Impressionado pela Conferência de Bandung, que reúne na Indonésia, em 1955, uma significativa quantidade de países pobres (inclusive muitos muçulmanos) e a qual o anfitrião Sukarno classificou como "a primeira conferência transnacional de povos de cor da história", Malcolm X vai mencionar a intenção de "realizar uma Conferência de Bandung no Harlem". Seus sermões vão crescentemente trazer referências a acontecimentos no Terceiro Mundo e trabalhar os vínculos entre os estadunidenses negros e outros povos lutando contra a opressão.[73]

Isso se reforça após suas viagens ao continente africano e ao mundo árabe. Acentua, também, o vínculo das aspirações afro-americanas com as revoluções Chinesa e Cubana. Essa transformação se aguça e corresponde a uma reinterpretação do Islã em que todos podem encontrar a graça de Alá, independentemente de sua cor/raça, e que é parte de sua ruptura com a Nação do Islã. Arquiteta, desse modo, uma estratégia internacionalista, ao se aproximar do pan-africanismo e do pan-islamismo, e buscando concretizar novos laços políticos transnacionais. A fundação da Organização da Unidade Afro-Americana (OAAU, na sigla em inglês), aberta a todos os negros, se inspira, no nome e nas aspirações, na Organização da Unidade Africana (OAU), fundada em 1963 em Adis Abeba. Nessa passagem se gesta o objetivo de pautar a questão negra nos EUA como uma questão de direitos humanos na Organização das Nações Unidas (ONU). Malcolm vai gozar de um notável reconhecimento nos seus périplos e será tratado como uma figura política de prestígio, sendo recebido por presidentes e ministros dos novos governos pós-independência. Essa percepção dele como um expoente pan-africanista contrasta totalmente com um certo consenso na

---

73 James BALDWIN. *E pelas praças não terá nome*, p. 65.

imprensa estadunidense que o qualificava facilmente como fanático racista. O continente "adotou Malcolm como filho há muito tempo perdido", chega a dizer Manning Marable.

Malcolm vai se aproximar, igualmente, de Che Guevara. Estando em Nova York para participar da Assembleia Geral da ONU de 1964, o cubano será convidado para uma atividade da OAAU. Che declina, temendo sua presença potencialmente explosiva num assunto interno, mas manda uma mensagem de saudação pelo ministro tanzaniano Babu (os dois teriam se encontrado reservadamente depois). Nessa noite, Malcolm vai insistir na "'relação direta entre a luta dos afro-americanos neste país e a luta de nosso povo no mundo inteiro'", e, dada a força desses vínculos, "advertiu: 'Vocês jamais consertarão o Mississippi. Só quando perceberem a conexão entre vocês e o Congo'". Essas eram as formulações novas de Malcolm pouco antes de ser assassinado, num momento em que se aproxima de uma perspectiva de classe, dizendo não ser "antibranco", mas "antiexploração e antiopressão". Nessa articulação, passa a apreender "'homem branco', como a expressão é comumente usada" significando "cor da pele apenas secundariamente; primariamente descreve atitudes e ações". Um giro importante, se pensarmos como envolve um programa econômico bastante distante das "virtudes, endossadas por Garvey, do capitalismo empresarial". Passa, nesse sentido, a associar opressão racial e capitalismo e fazer referências à China como oponente do modelo estadunidense e, com ecos leninistas, em seu derradeiro discurso, analisa a situação mundial como a de "uma rebelião global dos oprimidos contra os opressores, [...] dos explorados contra os exploradores".[74]

Esse levantamento negro, inspirado pelas lutas de libertação por toda parte, põe numa certa posição defensiva os poderes coloniais estadunidenses. Ao expressar politicamente as emoções e aspirações dos negros (sobretudo pobres) e ao injetar confiança, orgulho e autorrespeito em particular nos mais jovens, Malcolm será uma fonte

---

[74] Manning MARABLE. *Malcolm X: uma vida de reinvenções* (São Paulo, Companhia das Letras, 2013 [2011], pp. 174, 213, 138-139, 376, 426, 441, 341, 347, 375, 444 e 468).

decisiva do movimento *Black Power* que estava por vir. Existe um nítido vínculo entre ele e o Partido dos Panteras Negras para a Autodefesa (BPP, na sigla em inglês), convocando um animal que não atacaria sem ser provocado e que, nesse caso, se defende ferozmente. Tal entendimento remete à ênfase na autoproteção e à elaboração de Malcolm várias vezes citada pelos Panteras de que "devemos ser pacíficos e respeitosos da lei, mas o tempo chegou de retrucar e se defender sempre que o homem negro é injusta e ilegalmente atacado"; que o governo faça seu trabalho, completa.[75]

Fundado em Oakland, Califórnia, em 1966 pelos estudantes Huey Newton e Bobby Seale, um pouco mais de um ano depois do assassinato de Malcolm X, o BPP é percebido por eles como sucessor da OAAU. No lançamento desta, sua principal liderança prega liberdade, justiça e igualdade "por todos os meios necessários", fórmula antes usada por Fanon e Sartre. O partido, nascido num típico gueto, vai enfatizar os termos da autodefesa, que se expressa no sétimo ponto de seu programa ("queremos um fim imediato à brutalidade policial e ao assassinato do povo negro"). Essa organização, que no seu auge reivindica milhares de membros e muitos apoiadores, vai em pouco tempo se tornar muito conhecida e temida, sobretudo nos seus anos iniciais (chega a vender mais de cem mil jornais semanais). Abatida pela dura repressão e por divisões internas, perde *punch* e se extingue no início dos anos 1980.[76]

Newton e Seale também leem e se impressionam com o Fanon de *Os condenados da terra*, do qual ressaltam o papel decisivo da violência revolucionária descolonizadora e a emergência de uma nova subjetividade. Situam a perspectiva do BPP, nesse contexto, como "as experiências históricas do povo negro na América traduzida pelo marxismo-leninismo". Influenciados por Mao, Lenin, Che e Ho Chi Minh, articulam luta de classes, nacionalismo e revolução, continuando a radicalização dos últimos rumos de Malcolm. O BPP reelabora

---

75 Malcolm X. *A Declaration of Independence* (12 de março de 1964).
76 Malcolm X. *By any means necessary* (28 de junho de 1964); THE BLACK PANTHER PARTY. "The Ten-Point Program" em Philip S. FONER (org.). *The Black Panthers Speak* (Chicago, Haymarket, 2014 [1970], p. 2).

sua leitura de uma colônia negra ocupada por forças policiais e seu terror institucionalizado da metrópole branca. Além disso, coloca como primeiro ponto do programa do partido o "poder de determinar o destino da comunidade negra", reivindicando, nesse sentido, "terra, pão, habitação, educação, roupas, justiça e paz". Na linhagem da sua antecessora, colocam como maior objetivo "um plebiscito supervisionado pela ONU para os sujeitos coloniais tomarem as rédeas do seu destino nacional". *All power to the people*.[77]

Marxismo revolucionário e terceiro-mundismo. Kathleen e Eldridge Cleaver vão chamar seu filho de Antonio Maceo, em homenagem ao revolucionário negro que fundou, ao lado de José Martí, o Partido Revolucionário Cubano, sendo seu segundo chefe militar e morto durante a guerra de libertação contra a Espanha no fim do século XIX. Na linhagem de Du Bois, o BPP percebe um império racial estadunidense e conecta bomba atômica e linchamentos, Vietnã e escravidão. Essa estrutura de poder exerce "repressão, genocídio, terror e *big stick*" como tratamento para os não brancos. A guerra no Vietnã indica essa relação estrutural que desafia a população negra por conta da participação (e morte) e também dos riscos de espalhar ódio aos negros na Ásia. Nesse clímax das rebeliões de Watts (1965), Newark (1967) e Detroit (1967), o BPP será a primeira organização abertamente revolucionária nos então mais de três séculos de resistência negra nos EUA. E isso nessa chave internacionalista, percebendo que "os americanos brancos como entidade social, moral, política e sexual são provavelmente os mais doentes e certamente o povo mais perigoso, de qualquer cor, que se pode encontrar no mundo de hoje". Outros paralelos são convocados, por um admirador distante, para apreender esses laços entre os "programas 'antipobreza' nos guetos americanos" e os de "ajuda estrangeira" nos países pobres e na indistinção entre militantes e membros das comunidades.[78]

77 THE BLACK PANTHER. 8 de novembro de 1969, em Philip S. FONER (org.). *The Black Panthers Speak*, p. 122; THE BLACK PANTHER PARTY. "The Ten-Point Program", pp. 2-4.
78 THE BLACK PANTHER. 16 de agosto de 1969; THE BLACK PANTHER. 2 de junho de 1967, em Philip S. Foner (org.). *The Black Panthers Speak*, pp. 30 e 40; James BALDWIN. *E pelas praças não terá nome*, pp. 45, 66 e 93.

Trataria-se da transição de um internacionalismo da classe operária para outro, dos condenados da terra, formulação que surge na primeira estrofe da Internacional, composta pelo *communard* Eugène Pottier? Esse já vinha amadurecendo pelo menos desde o encontro anticolonial de Baku em 1920, nos marcos da Revolução Russa e que ganhou fortes impulsos com a sequência de processos de transformação e descolonizações. "Um tipo de comunicação iluminadora e sagrada faz", coloca Fanon, "com que cada território libertado seja durante certo tempo promovido à posição de 'território-guia'". China, Cuba, Vietnã. Argel será, durante certo tempo, depois da Independência, a capital da revolução, com o Festival Cultural Pan-Africano de 1969, e ao receber muitos refugiados e exilados de movimentos de emancipação, do Vietnã à Palestina e África do Sul, de Moçambique à Guatemala, passando por brasileiros (Miguel Arraes, por exemplo, recusado pela França, será ali acolhido) e os Panteras Negras.[79]

Um fio dessas múltiplas revoltas conflui num esforço imaginativo, de pesquisar, criar práticas (e sonhos). É significativo que Fanon termine seu testamento político com as desventuras da consciência nacional, fazendo um último apelo apaixonado por uma nova invenção necessária, para além do nacionalismo estreito. Sente-se a angústia dele, talvez pensando no fato de que "cada geração deve numa relativa opacidade descobrir sua missão, cumpri-la ou traí-la". Um Fanon profético ao narrar uma certa tragédia das experiências de libertação nacional? Já dizia ele, ao contestar "a clássica desculpa da imaturidade dos povos coloniais e sua capacidade em se administrar bem" e lhe contrapondo "o direito de se governar mal". Descolonizar como direito de cometer seus próprios erros: não tanto a solução, mas uma nova busca?[80]

O psiquiatra argelino realiza violenta crítica de uma burguesia nacional que assume o poder com o fim dos regimes coloniais, mas é "subdesenvolvida". Isso seria consequência do regime colonial,

---

79 Frantz FANON. "La guerre d'Algérie et la libération des hommes" (1958) em *Pour la révolution africaine*], p. 163; Elaine MOKHTEFI. *Alger, capitale de la révolution: de Fanon aux Black Panthers* (Paris, La fabrique, 2019, pp. 34, 108, 114 e 278).
80 Frantz FANON. *Os condenados da terra,* p. 197.

mas também de sua própria preguiça e até indigência. Essa fraqueza também aguça as chances do que ele qualifica de tribalismos e desagregação dos países libertos. Sem potência econômica e se identificando com a burguesia ocidental, essa "começa pelo final. Ela já é senescente sem ter conhecido a petulância, nem o destemor, nem o voluntarismo da juventude e da adolescência". Caetano ecoando Fanon ao cantar "aqui tudo parece que é ainda construção e já é ruína"?[81]

Seria uma substituição mais que uma mudança? Fanon teme a formação de uma nova casta, apontando os limites do nacionalismo, "esse canto magnífico que levantava as massas contra o opressor", mas que não dá conta já no dia seguinte à independência. Esse não constitui "uma doutrina política nem um programa" e deve-se "passar rapidamente da consciência nacional à consciência política e social". Essas reflexões se articulam com a construção de uma integração regional, pan-africana, puxada e dirigida pelos povos (ou seja, contra os interesses dessa nova burguesia). Ao falar em povo e povos como demiurgos, cita Césaire e sua expressão da politização como "inventar almas", pois se trata de "abrir o espírito, despertar o espírito, pôr no mundo o espírito".[82]

É a partir desse diagnóstico e dessa preocupação que Fanon conclui o livro, sugerindo "deixar essa Europa que não para de falar do homem e ao mesmo tempo o massacra sempre onde o encontra", nesses séculos "sufocando a quase-totalidade da humanidade". Os tempos indicam que "está definitivamente terminado o jogo europeu", nos diz Fanon, clamando por uma procura em que "tudo pode ser feito à condição de não imitar a Europa e de não ficar obcecado pelo desejo de alcançar a Europa", como o caso dos EUA, que se esforçaram tanto para isso que se tornaram "um monstro para o qual as taras, doença e desumanidade da Europa atingiram dimensões terríveis".[83]

---

81 Frantz FANON. *Os condenados da terra*; Caetano VELOSO. "Fora de ordem", *Circuladô*, 1992.
82 Frantz FANON. *Sociologie d'une révolution (L'an V de la révolution algérienne)* (Paris, Maspero, 1975 [1959], p. 47).
83 Frantz FANON. *Os condenados da terra*, pp. 301-305.

"Falo de sociedades esvaziadas delas mesmas, de culturas pisoteadas, de instituições minadas, de terras confiscadas, de religiões assassinadas, de magnificências artísticas destruídas, de extraordinárias *possibilidades suprimidas*", brada Césaire. Seriam essas as bases materiais e espirituais para a invenção e continuação/aprofundamento dessas aberturas e anseios de libertação? Tais desejos de transformação (imediata) se expressam em dois aspectos-chave: experimentação e composições autônomas.[84]

aqui e agora

busca

Um livro precursor vai sentir e anunciar uma modificação de clima (no Norte) ao vincular episódios esparsos. "Em dezembro de 1956, mil jovens estudantes se revoltaram nas ruas de Estocolmo, incendiando automóveis, quebrando os anúncios luminosos, destruindo os painéis publicitários e saqueando os supermercados"; greves em Merlebach e Liège no início dos anos 1960 e distúrbios em Amsterdã em 1966. Para Vaneigem, "não passa um mês sem que estoure uma greve selvagem, colocando os trabalhadores simultaneamente contra os patrões e contra os dirigentes sindicais. *Welfare State*? O bairro de Watts respondeu", mencionando o distrito negro de Los Angeles onde ocorre um marcante motim em 1965. *Burn, baby, burn!*[85]

Essa perspectiva situacionista vai se mostrar mais aguçada que as predominantes, que pareciam ignorar várias greves como na fábrica da Rhodiaceta, em Besançon, no início de 1967. A fábrica é ocupada por três mil trabalhadores, sendo apoiada por estudantes nos piquetes. Chris Marker faz o documentário *À bientôt, j'espère* [Até breve, espero], palavra final de um operário para os patrões e esperança de lutas por vir. Premonitório? Na França, logo antes de Maio, para tantos, tudo parecia dominado. Havia um certo consenso de que tudo estava nos trilhos: trabalhadores integrados à ordem,

---

84 Aimé CÉSAIRE. *Discurso sobre o colonialismo*, p. 23..
85 Raoul VANEIGEM. *A arte de viver para as novas gerações* (São Paulo, Veneta, 2016 [1967], p. 90).

conquistas sociais do pós-guerra (pelo acordo do Conselho Nacional da Resistência, composto, entre outros, por *gaullistes*/nacionalistas e pelo Partido Comunista), sociedade de consumo bombando, forte crescimento econômico, fim da guerra na Argélia, calmaria política da V República, padrão midiático-cultural dominando... Uma estabilidade quase total. No dia 15 de março de 1968, Pierre Viansson-Ponté resume esse espírito em editorial do *Le Monde*: a França está entediada, enquanto o mundo queima (Vietnã, Oriente Médio, estudantes em Berkeley, Espanha, Polônia, Egito, Japão...).

O *momento 68* como uma irrupção do aqui e agora, assim composto e sempre repetido por Zé Celso, que estava com o Oficina em Paris em Maio, volta ao Brasil para viver esses meses por aqui e depois habitará a Revolução dos Cravos em Lisboa e a celebração da vitória da Independência em Maputo em 1974-1975. O genial conservador Nelson Rodrigues vai dizer, nesses meses de 68, que "o brasileiro tem uma alma de cachorro de batalhão". Quando este passa, o cão vai atrás, assim como "todos aderimos a qualquer passeata". Algo estava acontecendo. Zé, ao ser interpelado, cinquenta anos depois, sobre sua atuação, lembrança e ressonâncias, partilha seu sentimento: "meu maior sonho é viver o aqui e agora. E viver 1968, porque é o ano do aqui e agora".[86]

Che Guevara, em mensagem à Tricontinental, saudando a "lição de luta" vinda de uma península do Sudeste asiático, clama por um "futuro luminoso e próximo, se dois, três Vietnãs florescerem". Pesquisa e experimentação anticoloniais. No Brasil, onde o livro *O Vietnam segundo Giap* se esgota duas vezes em dez dias, Zé Celso desloca essa frase ao perceber o papel do teatro na "abertura de uma série de Vietnãs no campo da cultura – uma guerra contra a cultura oficial, de consumo fácil". Trata-se de uma "procura de caminhos através da ação", pois situações de crises chamam momentos de invenção.

---

86 Nelson RODRIGUES. *O óbvio ululante: primeiras confissões crônicas* (seleção de Ruy Castro) (São Paulo, Companhia das Letras, 1993 [1968], p. 233); "'Tenho muita libido, muito amor e sei levar ao êxtase', diz Zé Celso aos 80" (entrevista por Iara Biderman) (*Folha de São Paulo*, 18 de janeiro de 2018).

Práticas de descolonização dos corpos em cena (e na vida) numa empreitada coletiva, resgatando o ímpeto oswaldiano pela exportação de poesia (e não mais sua importação enlatada) – "contra a cópia, pela invenção e pela surpresa. Uma nova perspectiva".[87]

"Consideramos como o início de uma revolução cultural no Brasil o ano de 1922", insiste Glauber Rocha. A antropofagia como confluência e inspiração dessas experimentações subversivas, numa efervescência político-cultural que vai ser duramente golpeada em 1964 pelos militares e a classe dominante e novamente no fim de 1968 com o AI-5. "Para chegar a ser novo – o kynema precisa romper com as estruturas da kyneztyka dominante", coloca o cineasta, pregando, afinado com as novas alianças sendo tecidas, um "internacionalismo épico ε didático ε transconstrutivista" como "síntese neobarroca do Terceyro Modelo, ou Antymodelo – Ynvenção Polytika da socyedade brazyleyra". Isso ganha ecos fanonianos, nas leituras da época, ao associar cinema novo e "estética da violência", já que apenas esta *poderia integrar um significado revolucionário em nossas lutas de liberação*. Novas tentativas em sua opção por uma nova luz, do sertão, que fira a película e trace caminhos da recusa em terras ocupadas, desertos e florestas, cidades e ruas, dialogando com a iniciativa lançada desde Cuba.[88]

A revolução é uma eztetyka. Política e vida, política e arte – a busca pelo fim da representação em ambas. Impossível separá-las. Liberdade conjuga-se com "exercício experimental" e seus fios soltos abrem-se a um extenso campo de possibilidades. *Experimentar o experimental.* Política é criação – o resto é burocracia. Só interessa

---

87 Ernesto Che GUEVARA. *Mensaje a los pueblos del mundo a través de la Tricontinental* (Havana, 16 de abril de 1967, *Revista Tricontinental*); Organización de Solidaridad de los Pueblos de África, Asia y América Latina (OSPAAAL); José Celso Martinez CORRÊA. "O poder de subversão da forma (por Tite Lemos)" (1968) em Karina LOPES e Sergio COHN (orgs). *Zé Celso Martinez Corrêa* (Rio de Janeiro, Azougue, 2008, p. 16); Oswald de ANDRADE. "Manifesto da Poesia Pau-Brasil" (1924) em *Obras Completas VI Do Pau--Brasil à Antropofagia e às Utopias* (Rio de Janeiro, Civilização Brasileira, 1970, p. 8).

88 Glauber ROCHA. "Tropicalismo, antropologia, mito, ideograma" (1969), "Prefácio de uma revolução" (1980), "Eztetyka da fome" (1965), "Eztetyka do sonho" (1971) e "Tricontinental" (1967) em *Revolução do cinema novo* (São Paulo, Cosac Naify, 2004, pp. 150, 36, 66, 248 e 104).

o que é inventor: "o trabalho criador propõe uma nova sociedade" e vincula-se a "um lado marginal, um lado marginalizado, é uma coisa que nunca está condicionado ao que existe, ao que é, ao *status quo*". É essa mesma senda que toma Patrick Chamoiseau, ao apontar que "a resistência mais determinante a toda forma de opressão se opera pelo disparo de uma potência criativa. O ato de criação é fundamentalmente um ato de resistência porque toda dominação suprime antes de tudo nos dominados sua *capacidade criativa*". Prossegue, o escritor martinicano, enfatizando que a resistência mais decisiva ao horror escravocrata é obra dos rebeldes criadores, tais como dançarinos, tocadores de tambor e contadores. Percepção compartilhada por Álvaro Tukano acerca das lideranças indígenas serem os cantores, curandeiros e "as pessoas que fazem funcionar a vida política de um povo".[89]

Nos "vasos comunicantes" da criação e reflexão irrompe com brilho Malcolm. Isso se dá no Harlem, que já tinha tido seu movimento de *renascimento* nos anos 1920 e durante a Segunda Guerra é "o centro cosmopolita da atividade política negra, não apenas nos Estados Unidos, mas no mundo todo". Nesse espaço de invenção, política e artística, são conquistados, nessas décadas, hospitais e moradias públicas, que vão influenciar as futuras mobilizações pelos direitos civis, mas é também onde nasce um novo som, a partir do improviso, o *bebop*. Um novo movimento-experimento (com Charlie Parker, Dizzy Gillespie e Thelonious Monk), indica Marable, a partir de um ambiente bem distinto do suingue das décadas anteriores. Como sinalizado pela insurreição de 1943, havia um rechaço do esforço de guerra, que se refletia numa raiva social e num "espírito de aventura de artistas negros que se opunham à cultura branca predominante.

---

[89] Helio OITICICA. "Experimentar o experimental" (1972) e "Entrevista para o Pasquim (com Capinam)" (1970) em Cesar OITICICA e Ingrid VIEIRA (orgs.). *Helio Oiticica* (Rio de Janeiro, Azougue, 2009, pp. 106-109 e 69); "Patrick Chamoiseau: 'On n'a pas besoin d'universel, on a besoin de Relation'", entrevista por Elvan Zabunyan (*AOC*, 27 de março de 2021); Álvaro TUKANO. "Entrevista por Kaká Werá, Idjahure e Sergio Cohn no Acampamento Terra Livre" (19 de abril de 2017) em Idjahure KADIWÉU e Sergio COHN (orgs.). *Tembeta: conversas com pensadores indígenas* (Rio de Janeiro, Azougue, 2019, p. 58).

Esses músicos queriam criar um som de protesto que não pudesse ser facilmente explorado e transformado em mercadoria".[90]

Um caso de afinidade eletiva? John Coltrane inspira-se com Malcolm e sua retórica, ritmo, bandeiras; "Amir Baraka, reconhecendo as ligações entre a arte negra e o protesto político, o descreveu como o 'novo Malcolm no fogo do bop'". Já o militante, artista da palavra falada, com seu fluxo de estilo próprio e voz de tenor, "tendo atingido a maturidade na época das grandes orquestras, rapidamente captou a cadência e os sons de percussão do jazz, e inevitavelmente seu estilo de orador em desenvolvimento incorporou tal cadência". Malcolm como um *performer*? Muitos jazzistas tinham o costume de usar o verbo pregar para tocar. O pregador, por sua vez, fazia pausas para "coros gritados conhecidos como coros de pregadores, nos quais há chamadas e respostas", deixando um tempo para os fiéis, numa mesquita ou na rua, se manifestarem. Essa relação se atualiza, no fim dos anos 1980 e no início dos 1990, numa volta tonitruante da popularidade de Malcolm, com o papel das músicas de um dos grupos pioneiros do rap, Public Enemy, e do filme de Spike Lee. *Fight the power*.[91]

Quando a dupla fundadora do BPP, Newton e Seale, se encontra na Merritt College, logo inicia cursos de história negra e reivindica uma maior presença de professores pretos. Alí adere à Associação Afro-Americana, mas a deixa, insatisfeita com sua composição de classe média e sua ênfase no nacionalismo cultural. Vai, então, se dedicar a um trabalho de investigação, batendo nas portas e perguntando aos moradores dos guetos de Oakland quais suas necessidades e desejos. É com base nessas respostas que é redigido o programa de dez pontos, plataforma que deveria poder ser lida por toda e qualquer pessoa. Além disso, nas regras do recém-criado partido, um dos pontos coloca a obrigatoriedade de cada liderança ler pelo menos duas horas por dia. Em seu período encarcerado em Norfolk, Malcolm, após momentos de intensos sofrimento e desespero, inspira-se e mergulha nos livros. Vai devorar Du Bois

---

90 Octavio PAZ. *O arco e a lira*, p. 13; Manning MARABLE. *Malcolm X*, pp. 69, 77.
91 Manning MARABLE. *Malcolm X*, pp. 516, 108 e 526n.

e outros clássicos do pensamento negro, obras sobre escravidão e comércio transatlântico, da narração de levantes afro-americanos (como o de Nat Turner na Virgínia em 1831) a filósofos como Kant e Nietzsche. Ele teria, também, se impressionado com Gandhi e sua luta contra os ingleses e com a brutalidade da Guerra do Ópio na China e vai chegar a dizer que "seria capaz de passar o resto da vida lendo" e que "ninguém jamais ganhou tanto indo para a prisão". Vai inclusive participar da Norfolk Debating Society e das competições de debates nas quais desafiam universidades prestigiosas. E Malcolm sai da cadeia formado como "um crítico penetrante dos valores e instituições brancos".[92]

Voltando aos Panteras Negras, estes percebiam "a comunidade negra como basicamente composta por ativistas", aprendendo ao se movimentar, participar, observar ou ainda estudar, e situavam nesse contexto as atividades do partido. Uma cena do documentário *Black Panthers* (1968) de Agnès Varda mostra muitos livrinhos vermelhos sendo lidos no protesto *Free Huey*. Isso se vincula com a experiência chinesa em curso, em particular a tradução de Mao da "teoria marxista do conhecimento". Trata-se de "recolher as ideias nas massas (dispersas e não sistemáticas), concentrá-las (em ideias generalizadas e sistematizadas, após estudo), e então ir novamente às massas para as difundir e explicar, se esforçar para que elas as assimilem, adiram fortemente e traduzam em ação, verificando nesta a correção dessas ideias". Mao associa, assim, "conhecimento autêntico" e "experiência imediata" e, por conta desse caráter decisivo, defende, numa fórmula que reaparecerá em vários coletivos desde então: "quem não faz pesquisa 'na base' não tem direito à palavra".[93]

---

92 Phillip FONER. "Introduction" e "Rules of the Black Panther Party" em Philip S. FONER (org.). *The Black Panthers Speak*, pp. xxvii e 6; Manning MARABLE. *Malcolm X*, p. 108.
93 THE BLACK PANTHER (18 de maio de 1968) em Philip S. FONER (org.). *The Black Panthers Speak*, p. 42; Mao TSE-TUNG. "A propos des méthodes de direction" (1943), "De la pratique" (1937) e "Préface et postface aux Enquêtes à la campagne" (1941) em *Citations du Président Mao Tse Toung* (Éditions en langues étrangères, 1967, pp. 145, 230-231 e 254-255).

Tal ímpeto estará presente e será deslocado no contexto dos motins francês e, sobretudo, italiano, na forma de um militante-intelectual-pesquisador distante de uma posição de comando, se aproximando talvez mais da função de "parteira". Sua contribuição seria, assim, a de trazer "à luz aspirações revolucionárias existentes em estado latente, encorajando sua expressão, depois sintetizando-as e devolvendo-as na forma de propostas políticas". Ao exercer o papel de veículo, por meio de produção e circulação de notícias da luta, de *agitprop*, a pesquisa contribui para ligar fábricas mobilizadas numa comunicação autônoma entre sujeitos em movimento antes separados. Essa busca de perspectivas e práticas partilhadas marca forte presença na longa rebelião italiana. A partir de pequenos grupos dissidentes (em relação ao Partido Comunista Italiano, o PCI), em particular em torno da revista *Quaderni rossi* [Cadernos vermelhos], e depois *Classe operaia* [Classe operária], tomam corpo práticas de pesquisa operária, o que Romano Alquati vai denominar copesquisa [*conricerca*]. Seu objetivo? Produzir conhecimento desde e para a luta, tentando fomentar ações desde baixo, por fora da atuação habitual de partidos e sindicatos. Nessa interação mútua, entre intelectuais e vanguarda operária, florescerá uma renovação teórica.[94]

O *operaismo* efetua uma reinterpretação de Marx, a partir do ponto de vista operário. Trata-se de encarar "O capital como estudo das condições de existência da autonomia operária", ao buscar descobrir e golpear nos pontos decisivos da extração de valor e, desse modo, mostrando os flancos "nos quais o patrão oculta sua prepotência e vulnerabilidade". Perspectivismo proletário? A sociedade burguesa é compreendida a partir do antagonismo de classe e seus enfrentamentos constantes. Mario Tronti argumenta que até então consideramos "primeiro o desenvolvimento capitalista e depois somente as lutas operárias. Isso é um erro. Tem que inverter o problema, mudar o sinal e recomeçar do início: e o início é a luta

---

94 Kristin ROSS. *Maio de 68 e suas repercussões* (São Paulo, Sesc, 2018 [2002], p. 154).

da classe operária". Revolução copernicana: o ponto de partida está nos instantes de recusa, rebelião e sabotagem cotidianos contra o poder do capital e como esse se expressa na fábrica. Sua ação criativa é o motor, ao mesmo tempo, do desenvolvimento capitalista e da sua crise. É decisiva a "relação entre crise e emergência da subjetividade revolucionária" a tal ponto que "o marxismo bem poderia denominar-se *ciência da crise e da subversão*".[95]

Materialismo, aqui, se liga à subjetividade. Trata-se de uma leitura a partir do sujeito – a luta como elemento permanente e fundamental no processo de produção. Disso decorre uma atividade prática de conhecimento, a partir do movimento e comportamento da classe. As pesquisas se debruçam sobre os ritmos de trabalho, os horários, o ambiente como realidade diária operária e os instrumentos precisos de exploração. Essa busca da dimensão concreta da sua condição visa ir além de eventual descontentamento e se engajar numa luta frontal contra tal opressão. Como se articulam as formas do mando capitalista sobre a força de trabalho – o "despotismo do capital" – em seu uso da racionalidade tecnológica para dominar a classe trabalhadora? A investigação como retomada de controle do saber, sem intermediários e mediações, para traçar sua estratégia de luta, do conflito ao antagonismo. O marxismo é, segundo Panzieri, "uma sociologia compreendida como uma ciência política, como a ciência da revolução". Essas iniciativas formam uma rede de intervenção e pesquisa em fábricas do norte italiano, em particular Turim, e que vai inspirar outros grupos nas grandes cidades ou polos industriais, como Milão, Veneza/Porto Marghera e Roma. Antes de 1968, os coletivos ligados a essas revistas vão se desfazer, mas as mobilizações desse ano acabam indicando a argúcia e potência dessas tendências de luta anunciadas ao longo da década.[96]

---

[95] Antonio NEGRI. *Historia de un comunista*, pp. 205 e 215; Mario TRONTI. "Lénine en Angleterre" (janeiro de 1964) em *Ouvriers et Capital* (Paris, Christian Bourgeois, 1977, p. 105); Antonio NEGRI. *Marx além de Marx: ciência da crise e da subversão: caderno de trabalho sobre os Grundrisse* (São Paulo, Autonomia Literária, 2016 [1979], p. 44).

[96] Raniero PANZIERI. "Uso socialista dell'inchiesta operaia" (*Quaderni rossi*, n. 5, 1965).

Os conflitos tomam, também, a universidade, lugar onde estouram os protestos de 68 em muitos países, como no Senegal. Muitas vezes por motivos "pequenos"; a calefação e iluminação nos dormitórios na Tchecoslováquia, ausência de espaços comuns e divisões entre alojamentos masculinos e femininos em Nanterre, aumento da matrícula no Japão. Tais faíscas expressam uma conflitividade de fundo. A Sorbonne, recinto onde o capitalismo selecionava e moldava seus hierarcas e tecnocratas, vira um vulcão com auditórios lotados e ruas dominadas. A universidade francesa estava em franca expansão (em dez anos, o número de estudantes multiplicou-se por três), o que gera uma série de problemas de infraestrutura (salas, restaurantes, espaços de estudos e dormitórios), mas também demandas por bolsas e permanência (parte dos novos universitários vinha das classes populares) e críticas à instituição como reprodutora de desigualdades. Novos corpos ocupam o espaço, com sua popularização, no contexto da ascensão social e oportunidades do pós-guerra.

No México, a paralisação nas escolas e universidades dura 123 dias, estourando por conta de dois episódios seguidos de dura repressão, primeiro numa escola na capital em meados de julho e no dia 26 contra uma marcha em comemoração à Revolução Cubana. Uma greve geral nasce e será sustentada por comitês e brigadas de luta e por um *Consejo Nacional de Huelga* (Conselho Nacional de Greve, CNH). Com a greve na Universidad Nacional Autónoma de México (Unam), José Revueltas se muda para a Faculdade de Filosofia e Letras e de lá participa, pensa, escreve e até dorme. O filósofo marxista heterodoxo indica que "a autogestão foi, de fato e sem dúvida alguma, a prática mesma do Movimento, sua *forma existencial de ser*", e vai conceber uma "democracia cognitiva enquanto transformação do sentido do conhecimento como prática comum, comunitária de uma sociedade". Desde a universidade, conhecer para transformar e isso a partir do concreto e do cotidiano, em consonância com a experiência da *prepatoria popular* Liverpool 66. Um número alto de reprovações ocorre em 1967 e estudantes e familiares das classes populares reivindicam seu direito à educação. No ano seguinte, o novo reitor da Unam destina um prédio para um experimento (na rua Liverpool, 66), no qual estudantes e professores cuidam do dia a dia e de sua concepção de educação. Esses "quatro meses de demência do ano mágico" serão brutalmente interrompidos no massacre em Tlatelolco, dez dias antes da abertura dos Jogos Olímpicos (no qual se tornarão célebres os punhos levantados no pódio dos atletas estadunidenses negros John Carlos e Tommie Smith).[97]

Uma questão emerge acerca das relações capital-poder-saber: para que servem as ciências humanas? Pergunta, assim, Daniel Cohn-Bendit: "e os estudantes? Quem são seus opressores, salvo todo o sistema?" Nos EUA, os vínculos entre as empresas, a guerra em curso e a universidade são expostos: empresas de armas como Lockheed na Columbia University ou a Dow, que produzia o napalm no Vietnã, criado originalmente por cientistas de Harvard para o Exército estadunidense durante a Segunda Guerra Mundial. Estudantes de ciências sociais são particularmente ativos e presentes nesses protestos e tentam opor a um uso capitalista da ciência um exercício alternativo dos métodos e técnicas mais avançados, numa crítica teórica e prática do papel da sociologia.[98]

Na Itália, o Instituto Superior de Ciências Sociais (ISSS) é fundado em Trento em 1962, com influência da ala progressista da democracia cristã e buscando atualizar e promover o desenvolvimento industrial e novos quadros, com cursos inovadores. Vão, nesse âmbito, acolher estudantes vindos do ensino técnico (e que não costumavam frequentar faculdades habitualmente – somente as de agronomia, economia e comércio). Para esses, os novos currículos e diplomas se mostram bastante atrativos, o que terá efeitos não esperados, já que Trento se torna uma espécie de vanguarda das lutas universitárias com "contra-aulas", "contralições" e "ocupações brancas". Na

---

97 Susana DRAPER. *Mexico 1968: experimentos de la libertad, constelaciones de la democracia* (México, Siglo Veintuno, 2018, pp. 75, 77 e 80-81); Paco Ignacio TAIBO II. *68* (Madri, Traficantes de Sueños, 2006, p. 30).
98 Jean-Paul SARTRE e Daniel COHN-BENDIT. "A ampliação do campo do possível" (20 de maio de 1968) em Sergio COHN e Heyk PIMENTA (orgs.). *Maio de 68* (Rio de Janeiro: Azougue, 2008, p. 24).

primavera de 1967, estudantes saem da universidade, organizando na cidade uma semana do Vietnã, seguida de uma greve de dois dias.

Politizar, subverter os instrumentos científicos: surge na Itália a proposta da Universidade negativa, como parte de um ambiente europeu, quando na Alemanha o movimento estudantil passa a idealizar uma Universidade crítica (*Kritische Universität*) ou *The anti-University* em Londres. Nos EUA, também um forte impacto se produz na ciência política: em 1967 é criado o *Caucus for a New Political Science*, que vai disputar a Associação Norte-Americana de Ciência Política com uma plataforma questionando a pretensa neutralidade (*value-free*) e sua estabilidade conservadora que integram a ciência aos poderes constituídos, quando revoltas fervem no país. Num episódio marcante, Hans-Jürgen Krahl, e umas das figuras de destaque do 68 estudantil alemão, Rudi Dutschke, orientando de Theodor Adorno, ocupam com mais de setenta pessoas o Instituto de Pesquisas Sociais de Frankfurt. Seu diretor, o mesmo Adorno, chama a polícia. Krahl passará nove meses preso. Talvez possamos pensar que a Batalha da Maria Antônia em São Paulo, também em 1968, expressou a seu modo esse conflito entre concepções radicalmente distintas de universidade, ciência, conhecimento, capitalismo e democracia. Em várias partes e em tantas esferas da vida, ocorre um choque entre aspirações libertárias, por um lado, e hierarquias fortíssimas e estruturas autoritárias, por outro.[99]

Que saber contra o poder do capital e pela democracia? Uma característica dos movimentos é que estes "geram novo conhecimento, novas teorias e novas questões". É desse âmbito, do engajamento intelectual concreto, que brotam as ideias e práticas. Pergunta, Robin Kelley, se haveria estudos de raça sem as lutas políticas. Ou toda uma série de pesquisas se opondo ao racismo científico e darwinismo social? Pensamento feminista sem movimento? Essa multiplicidade

---

99 Nanni BALESTRINI e Primo MORONI. *La horde d'or: la grande vague, révolutionnaire et créative, politique et existencielle (Italie 1968-1977)* (Paris, l'éclat, 2017 [1997], pp. 207 e 268n); Clyde W. BARROW. "The political and intellectual origins of New Political Science" (*New Political Science*, v. 39, n. 4, 2017, pp. 437-472).

imaginativa compõe um "esforço de ver o futuro no presente", um conhecimento poético que, de acordo com Aimé Césaire, "nasce do grande silêncio do conhecimento científico". A poesia-revolta, presente nos impulsos criativos. O martinicano clama e declama por beleza em vez de classificação, mensuras ou medidas, "o que se instala no coração vivo de mim mesmo e do mundo", num "impulso demencial da imaginação".[100]

autonomia

A barricada fecha a rua, mas abre caminhos. Uma das frases-símbolo dos muros de Paris indica as brechas e a experimentação nessa "prodigiosa vitalidade" do Maio francês. Como colocado em um dos textos considerados anunciadores dessa disrupção, "a cisão entre teoria e prática foi a rocha contra a qual esbarrou o velho movimento revolucionário. Somente os mais altos momentos das lutas proletárias ultrapassaram essa cisão para encontrar sua *verdade*". Se no Partido Comunista Francês (PCF) permanecia uma distância inaudita entre o falar e o fazer (a revolução sendo no fundo impossível para eles naquele momento), um dos pontos fortes da revolta – e que esse texto de um grupo situacionista de Estrasburgo coloca – será o de encurtar essas distâncias – *seja realista, reivindique o impossível*. Decididamente, um outro realismo em cena – *tomo meus desejos por realidade porque acredito na realidade dos meus desejos*.[101]

Maio expressa várias faces das ideias e práticas da autonomia – e não do autonomismo, ou seja, a autonomia como confluência e não na forma de ideologia. Transformações, como vimos, aqui e agora (*não existem pensamentos revolucionários, somente atos revolucionários*), amparadas por ações diretas (*não reivindicaremos nada, não pediremos nada. Pegaremos, ocuparemos*). Estar na rua, com um *pavé* [paralelepípedo]: *a beleza está na rua*, lemos num cartaz do

---

100 Robin KELLEY. *Freedom dreams*, p. 9; Aimé CÉSAIRE. "Poésie et connaissance" (*Tropiques*, n. 12, Martinica, janeiro de 1945, pp. 157, 169 e 170).
101 Edgar MORIN. "A comuna estudantil" em Edgar MORIN, Claude LEFORT e Cornelius CASTORIADIS. *A Brecha*, p. 52; *Da miséria no meio estudantil* (Lisboa, Antígona, 2018, [1966]).

Atelier Populaire. O Movimento 22 de Março expressou essa aliança insólita entre anarquistas, libertários, situacionistas e *gauchistes* que desencadeia a revolta – decisiva – em Nanterre, saindo da lógica autofágica da esquerda. Defendia, nesse sentido, a unidade na ação, e não em volta de uma linha política (e assim o reconhecimento da pluralidade e diversidade das tendências políticas na corrente revolucionária), o direito de fala de todos (sem intermediários e representantes), a revogabilidade dos mandatos e a gestão das empresas pelos trabalhadores.

Abrir as portas dos asilos, das prisões e das escolas foi outro lema-pixo forte. É curioso notar que Fanon, antes de assumir como médico-chefe em Blida, passa por Saint-Alban para fazer sua residência nesse berço da psicoterapia institucional, onde se instalou o refugiado da Guerra Civil espanhola François Tosquelles na década de 1950. Na Argélia, como Nise da Silveira por aqui, vai pôr em prática esses ensinamentos (como a abertura dos hospícios, o elo com a comunidade e as oficinas cooperativas administradas pelos pacientes) e executar novos tratamentos. Serão criados, assim, cineclube, conjunto musical, jornal, café tradicional mouro e organizadas celebrações das festas tradicionais e dos aniversários, noites com contadores de histórias e jogos de futebol. Embora não rejeitasse os tratamentos de choque, são eliminadas, por outro lado, as camisas de força e correntes, assim como o encarceramento. E incentivam o papel ativo, a autonomia do paciente e a liberação de sua palavra e ação, inspirando-se, nas atividades, na cultura das vilas perto do hospital. Isso permite e causa uma ruptura com a psiquiatria colonial (que separa "franceses" e "muçulmanos"), com Fanon frequentando inclusive cerimônias de desenfeitiçamento e ouvindo as perspectivas dos *marabouts* [curandeiros] sobre doença e cura.[102]

Um elemento fundamental da imaginação política desses acontecimentos foi a reativação das práticas (nas ocupações das universidades, fábricas e outros locais de trabalho) da tradição revolucionária

---

102 Frantz FANON. *Écrits sur l'aliénation et la liberté* (Paris, La Découverte, 2015, pp. 186 e 52).

dos conselhos – "a autogestão generalizada", ou seja, "a posse direta dos trabalhadores sobre todos os momentos de suas atividades". No contexto da Revolução dos Cravos, uma assembleia dos militares da artilharia da serra do Pilar (Porto, Portugal) decide funcionar em autoadministração. Um vetor revolucionário – assim como Marx celebrou a Comuna de Paris não por decretar (pura e simplesmente) o comunismo, mas, sim, por apontar para outras relações a partir de políticas precisas. Uma direção subversiva: autogestão em todos os espaços e setores – forma e conteúdo da real transformação.[103]

A experimentação concreta indica uma das facetas mais potentes do *momento 68*, ligando fios díspares (e que se opõem em variados aspectos), por exemplo, entre a peça *Paradise Now* [Paraíso agora], do Living Theatre, a Teologia da Libertação e sua busca do reino dos céus na terra e as guerrilhas, tentando a imediata derrubada dos regimes opressivos. Isso se expressa, também, na prática em formas como os sentaços do movimento pelos direitos civis, nas ocupações e ações diretas. Podemos situar nesse contexto o início do BPP em Oakland como associação armada para proteger a comunidade da polícia, a partir do direito, nos EUA, do cidadão de se armar (segunda emenda da Constituição, mas a lei vai mudar na Califórnia justamente por conta disso). Fazendo, nesse momento, um uso mais político que militar, carros patrulhas percorrem os guetos da cidade para brecar a brutalidade policial. Cada vez que alguém era parado pela polícia, Panteras armados acompanhavam, a certa distância. A polícia enlouquece, a comunidade aprova e sua notoriedade explode.

Num episódio importante, pouco depois de sua fundação, o partido vai pressionar por um sinal de trânsito num cruzamento onde várias crianças tinham sido atropeladas indo ou voltando da escola, revoltando o bairro. Newton e Seale anunciam à prefeitura que, caso

---

[103] Raoul VANEIGEM. *A arte de viver para as novas gerações*, p. 346; Guy DEBORD. *A sociedade do espectáculo* (São Paulo, Boitempo, 2007 [1967]. Edição utilizada, Paris, Gallimard, 1992, p. 47); Karl MARX. "The Civil War in France" em Karl MARX e Friedrich ENGELS. *Writings on the Paris Commune* (org. Hal DRAPER, Nova York, Monthly Review Press, 1971 [1871]); José Hipólito SANTOS. *Sem mestres nem chefes, o povo tomou a rua: lutas dos moradores no pós-25 de abril* (Lisboa, Letra Livre, 2014, p. 68).

não o instalassem rapidamente, iriam bloquear o trânsito para os alunos atravessarem com segurança. A gestão pública foi então rápida e eficiente. A esse exemplo pioneiro vão se seguir muitos célebres programas, como o de cafés da manhã para crianças (que tinham sua aprendizagem prejudicada pela fome), clínicas de saúde, escolas ("a educação só é relevante quando ensina a arte da sobrevivência"), apoio jurídico e centros comunitários. Todos gratuitos e livres [*free*].[104]

As atividades comunitárias do BPP remetem a algo que Baldwin coloca a respeito de Malcolm. O que o sistema estranhava e sentia como perigoso não era seu ódio contra os opressores, "mas o seu amor pelos negros, sua apreensão pela horrível condição dos negros, as razões disso", aliados à "sua determinação, portanto, para trabalhar nos corações e nos espíritos deles [que] tinha por finalidade fazê-los capazes de enxergar sua própria condição e transformarem-na eles próprios". Tais iniciativas buscavam incentivar, pela participação, uma postura política de fazer as instituições servirem as pessoas. Daí a proposta dos Panteras de controle da população sobre a polícia (por meio de um conselho de vizinhos eleito, que definiria sua conduta e eventuais punições), mas, igualmente, sobre serviços de saúde, educação, habitação, transporte e bancos. Em suma, ao modo anticolonial, as pessoas são livres quando determinam seu destino.[105]

Um outro aspecto chama a atenção. O BPP considera essas ações revolucionárias, pois "na América capitalista qualquer programa que é absolutamente gratuito é considerado mau negócio". Isso compõe um clima da época de questionamento do valor dominante. Outro grupo californiano da contracultura, os *diggers* (do nome do movimento inglês do século XVII que pregava o fim do dinheiro e da propriedade), compreendia o ato de doação como subversivo e o Haight, bairro de San Francisco, como um território liberto e com suas próprias leis, percebendo um paralelo com Montmartre e a Comuna de Paris. *Everything is free, do your own thing* [Tudo é

---

104 THE BLACK PANTHER (26 de março de 1969 e 5 de julho de 1969) em Philip S. FONER (org.). *The Black Panthers Speak*, pp. 168 e 170.
105 James BALDWIN. *E pelas praças não terá nome*, p. 73.

gratuito, faça sua própria coisa]. Práticas de cidade libertada, com seus locais comunitários de apoio mútuo nascidos nas mobilizações de rua e na tomada de espaços.[106]

Queremos tempo para viver. As mobilizações operárias francesas da década trazem esse ímpeto, como nessa frase surgida da greve de 1964 na Renault-Flins. Ernest Mandel, que ajudou a levantar a barricada da rua Gay-Lussac no *Quartier Latin* no dia 10 de maio de 1968, coloca que, em períodos de acelerado crescimento econômico, novas necessidades do proletariado despontam. A partir da detonação provocada pelos estudantes, é ativada uma "energia criativa das massas, multiplicando as formas de ação, iniciativas e inovações audaciosas". O economista belga sublinha que esse processo levou a ocupações e não a greves "calmas e ordeiras": centenas de milhares de trabalhadores não cessam suas atividades para ganhar um pouco mais, mas para pôr em xeque toda a estrutura e a direção política e econômica do país.

O dirigente trotskista narra, ainda, diversos momentos fortes dessas semanas. *As fábricas para os trabalhadores*. Na fábrica CSF em Brest, os operários decidem continuar a produção, mas unicamente do que eles julgam importante, como *walkies-talkies* para ajudar os grevistas e manifestantes em sua defesa frente à repressão. Já em Nantes, assumem o controle da entrada e saída da cidade e emitem cupons substituindo a moeda. Formam-se, em vários cantos, comitês estudante-operário-camponês e novas relações campo-cidade, com cooperativas distribuindo (ou vendendo a preço de custo) alimentos diretamente para as fábricas. No canteiro naval de Rouen, trabalhadores protegem jovens militantes da polícia, que queria prendê-los. Seu *crime* era espraiar literatura subversiva. Variados episódios de destituição de gerentes e sequestro de patrões. Em gráficas em Paris, obrigam o jornal *Le Figaro* a mudar sua manchete e se recusam a

---

[106] THE BLACK PANTHER (14 de junho de 1969 e 4 de outubro de 1969) em Philip S. FONER (org.). *The Black Panthers Speak*, pp. 179 e 169; Alice GAILLARD. *Les diggers: révolution et contre-culture à San Francisco (1966-1968)* (Paris, l'échappée, 2014, p. 73). Christopher HILL. *O mundo de ponta-cabeça: ideias radicais durante a Revolução Inglesa de 1640* (São Paulo, Companhia das Letras, 1991 [1975]).

imprimir um outro, *La Nation*, por seu conteúdo contrário à greve. E, "no caso talvez mais eloquente", em Saint-Nazaire, "os trabalhadores ocupam a planta e *durante dez dias* se recusam a submeter uma lista de demandas imediatas, apesar da constante pressão do aparelho sindical". *Chega de perder nossa vida para ganhá-la!*[107]

Localidades abertas e transformadas. A interrupção do trabalho se generaliza sem que as direções sindicais a tivessem chamado (a não ser por vinte e quatro horas, no dia 13) e se transforma numa das maiores greves gerais espontâneas da história (num país de cinquenta milhões de habitantes, dez milhões param o trabalho). No dia 20, o país está paralisado. Nos dias loucos de Maio, tudo e todos em ebulição. Ocupações em toda parte. Na Ópera, no Conselho Nacional de Pesquisa Científica e na Federação Francesa de Futebol, já que seu objetivo era "impedir que os simples amantes do futebol pudessem ter prazer com ele". Rádios e televisões. Estações de trem, lojas de departamento, hotéis, postos da alfândega. Comitês de ação secundarista contra as "escolas-quartéis". O Conselho de Nantes se encarrega da autogestão do direito das mulheres de disporem de seu próprio corpo. Bandeiras vermelhas (e pretas) tremulando. As dançarinas do Folies Bergères aderem aos protestos. Policiais anunciam que não serão mais usados para propósitos repressivos. O Banco da França não consegue mais imprimir notas por falta de trabalhadores. Ciclistas profissionais e jovens médicos e enfermeiros dos hospitais contestam. O Festival de Cinema de Cannes é cancelado.[108]

"Enfim se respira! Greve dos metalúrgicos". Assim Simone Weil inicia seu relato da experiência de uma onda anterior de ocupações, durante o governo da Frente Popular em 1936. A greve é uma alegria. A escritora, que foi operária na Renault, insiste nessa palavra, que chega a se repetir uma dúzia de vezes numa única página. Alegria logo ao entrar na fábrica, permitida por um sorridente operário; ao

---

107 Ernest MANDEL. "The lessons of May" (*New Left Review*, n. 52, pp. 9-31, nov-dez de 1968).
108 SOLIDARITY. *Paris: Maio de 68* (São Paulo: Conrad, 2002, p. 73); Lola MIESSEROFF. *Voyage en outre-gauche: paroles de francs-tireurs des années 68* (Paris, Libertalia, 2018, pp. 113 e 99).

estar com todos juntos, comendo, conversando, quando antes havia solidão de cada um enfurnado em sua máquina. Alegria ao ouvir música, cantos e risos em vez do estrondo impiedoso dos equipamentos; agora batem no ritmo humano (da respiração, das batidas do coração) e não na cadência do cronômetro. Alegria de passar na frente dos chefes de cabeça erguida.[109]

Subversão da normalidade e, ao mesmo tempo, um cuidado da vida cotidiana no 68. Em Saint-Dié, o comitê de greve recolhe o lixo usando os caminhões da prefeitura e, em Sarcelles, os lixeiros asseguram a coleta, mas informam a população sobre sua greve por meio de alto-falantes. Numa pequenina cidade, Bogny-sur-Meuse, trabalhadores do moinho o mantêm aberto e fazem conexão direta com as padarias para brecar qualquer tentativa de especulação. Os funcionários da Fnac em Lille se reúnem e se pronunciam pela "instauração da autogestão", enquanto, em Estrasburgo, o comitê estudantil proclama a autonomia da universidade e sua organização na forma de uma democracia direta. Um "normal excepcional"? Sade opunha à ordem não a desordem, mas a autonomia. Esse questionamento radical, expresso no dia a dia das greves e ocupações, em funções de manutenção das tarefas rotineiras, coordenação do abastecimento e organização da sua defesa, constitui pistas para outras vidas e relações de modo duradouro.[110]

Uma abertura do potencial criativo das pessoas, num contexto em que "é uma base que age, não é uma elite que pensa". Algo talvez inédito começou a movimentar-se, uma irrupção do impossível. A revolta se expande dos centros de produção industrial para ganhar os trabalhadores dos serviços. Produção e reprodução da vida social. Nenhuma região ou categoria escapa da correnteza subversiva. Em Maio, formam-se, também, os comitês de ação, grupos de até uma quinzena de pessoas, em sua maioria sem atuação política anterior, organizados por setor, bairro ou local de trabalho que apoiam as greves em curso.

---

[109] Simone WEIL. "A vida e a greve dos metalúrgicos" (10 de junho de 1936) em Ecléa BOSI (org.) *A condição operária e outros estudos sobre a opressão.* (São Paulo, Paz e Terra, 1996, p. 119).

[110] Ludivine BANTIGNY. *1968*, pp. 87, 88, 325, 326 e 336.

Sem uma ideologia unificadora, eleições internas ou adesão formal, constituíam-se em grupos de afinidade e plurais, misturando idades e origens sociais. No fim do mês, existiam quatrocentos e sessenta comitês só na região de Paris. Chega-se a pensar em conselhos de trinta pessoas, que depois se desdobrariam em outros por bairros, cidades, regiões e um nacional – eleitos com mandatos revogáveis e de duração limitada, com rotatividade para evitar a concentração e profissionalização.[111]

Uma criação política de Maio, sovietes do cotidiano? *Melhor a vida*. Busca da não separação entre vida e intervenção política, militância e dia a dia: uma "atmosfera específica engendrada pela infiltração da política na vida cotidiana das pessoas". *Reinventar a vida*. Um lema ultrapresente no teatro do Odéon ocupado remete também ao desejo de quebrar a divisão social – a "criação revolucionária é pensada como partilha na qual se revelam os talentos até então latentes, para todos e de todas as idades". O comitê que o toma destitui o prestigioso "Teatro da França", que deixa de sê-lo por um prazo ilimitado e se transforma em "local de encontro entre operários, estudantes e artistas; uma permanência revolucionária criadora e de encontro político ininterrupto". Abrir a cena. *Quando o parlamento vira um teatro burguês, todos os teatros burgueses devem se transformar em assembleias.*[112]

A Itália é possivelmente o lugar onde essa potência subversiva atinge picos, em seu intenso processo que perdura por uma década. Ocorrem mobilizações, inicialmente estudantis e depois operárias, na primavera de 1968, que culminam no *Outono Quente* do ano seguinte. *A fábrica é o nosso Vietnã*. Cinco milhões e meio de operários em greve (mais de um quarto da força de trabalho). O livro *Vogliamo tutto* [Nós queremos tudo], de Nanni Balestrini, artista múltiplo que viveu o movimento, é um romance símbolo dessa virada. Parte de uma literatura selvagem, presente em inúmeras revistas e jornais criados nesse período, é escrito a partir de uma entrevista feita com um jovem operário, Alfonso

---

111 Alain TOURAINE. *Le communisme utopique: le mouvement de mai 1968* (Paris: Editions du Seuil, 1972, p. 40); Kristin ROSS. *Maio de 68 e suas repercussões*, p. 109.
112 Nicolas DAUM. *Mai 68 raconté par des anonymes* (Paris: Éditions Amsterdam, 2008, p. 15. Ludivine Bantigny. *1968*, p. 302).

Natella, também militante de *Potere operaio* [Poder operário], que ele conheceu nas greves. Narra os dias ardentes na emblemática fábrica da Fiat em Mirafiori, onde havia sessenta mil trabalhadores concentrados. Em meio a essas paralisações, realizadas por fora dos sindicatos, uma obra literária como fogo da luta e (re)tomada de palavra.

Surgem novas reivindicações, como o aumento salarial igual para todos (cinco mil liras, naquele momento) e o fim das divisões por categoria e função, que se expressam em pujantes absenteísmo e oposição ao ritmo intenso da labuta. *Mais salário, menos trabalho.* Bem-estar rima com trabalhar menos e as demandas se centram nessa "palavra de ordem que inverte e pulveriza os planos dos patrões" e que vai se aprofundar e radicalizar com a intenção de "passar da luta pelo salário para a luta pelo poder". A recusa do trabalho como novo horizonte existencial; aí se situam as bases das primeiras experiências da autonomia e sua organização, que geram uma crise, mas, além disso, anunciam um programa de poder operário. *Tomemos essa riqueza, tomemos tudo.* Esse chamado indica uma percepção de gastança e destruição (por exemplo, com as bombas atômicas) da imensa riqueza que produzem os trabalhadores e também um entendimento do trabalho na forma de uma perda de tempo livre, fator de mal viver, comer e dormir. Não ir trabalhar liga-se a preservar sua existência e esse ambiente de questionamentos traz também o fim do mito da Fiat como lugar dos sonhos para uma geração anterior de trabalhadores, já que não é mais percebido como um trabalho diferente do de pedreiro, lavador de pratos ou mesmo estudante. Nas barricadas desse outono, a bandeira vermelha se ergue, ao lado de uma faixa com os dizeres *o que nós queremos: tudo*.[113]

As greves do fim da década conquistam aumentos, mas sobretudo indicam um ímpeto nascente. E um novo dissenso. Enquanto os sindicatos parecem se concentrar unicamente na questão salarial, os trabalhadores anseiam por redução de carga, das diferenças de salários, dos pagamentos por mérito, do bônus de produção e das

---

113 Nanni BALESTRINI. *Nous voulons tout* (Genebra, Entremonde, 2012 [1971], pp. 146 e 162).

despesas cotidianas e pela eliminação de fumaças tóxicas e condições insalubres. Apontam para demandas em direção à abolição do salário e do sistema de chefia, indo contra a hierarquia (questionamento dos "pequenos chefes" e medidores de cadência) e colocando a assembleia geral como instância decisória. O sindicato representava mais os operários qualificados e menos os da linha de montagem e colarinho branco (das áreas de secretaria, contabilidade ou engenharia). Os migrantes do sul da Itália antes fura-greves nas fábricas do norte industrializado agora se mostram subversivos. Uma nova classe trabalhadora? Em 1968, "trabalhadores da telecomunicação em Milão clamam por 'uma forma humana e antiautoritária de trabalhar que possibilite a valorização das capacidades profissionais'".[114]

No léxico *operaista*, a composição de classe é compreendida como análise da organização na fábrica – formas sociais, políticas e organizativas do proletariado, sua subjetividade em meio ao processo de produção. Isso passa pela contestação do sindicato, por seu papel de mediação nos acordos com o patronato, sendo parte da dinâmica capitalista como negociador do preço da força de trabalho e, além disso, instrumento de controle. A sociedade e seus locais de trabalho são vividos como locais de enfrentamento entre o trabalho e sua recusa. Negri propõe o conceito de "operário-massa" para dar conta dessas transformações, vinculando-o a um novo saber da classe. Condições tecnológicas e estrutura produtiva se ligam a um tipo de organização política e imaginário social. Nas primeiras décadas do século XX, assim, pipocam conselhos operários, indicando uma recomposição de classe a partir das condições materiais da fábrica antes do taylorismo. O operário qualificado e habilidoso, com espaço de autonomia produtiva e orgulhoso da função, reivindica a administração do trabalho. Uma modificação está se processando nos anos 1960, ao conjugar taylorismo e automatização, linha de montagem e elevado ritmo de trabalho, na forma de uma fábrica associal, na qual os trabalhadores enfrentam até dificuldade em se comunicar.

[114] George KATSIAFICAS. *The subversion of politics: european autonomous movements and the decolonization of everyday life* (AK Press, 2006, pp. 38, 39 e 44).

Aprofundamento e intensificação da organização despótica e repetições mecânicas que Chaplin eternizou em *Tempos modernos*.

Um piemontês criado no industrialismo, em geral mais velho, poderia ainda aceitar a contínua intensificação do labor, mas possivelmente um calabrês vindo do sol e do mar receberia isso como insuportável? Isso vai formando um caldo, com comportamentos antiprodutivos. Consolida-se a perspectiva da fábrica como prisão, que a inteligência operária sabota para respirar. Logo, o objetivo é o de passar o menor tempo possível nesse recinto, tateando espaços de liberdade e bem-estar. Opõem-se, nesses termos, à avaliação individual em função da produtividade que vai na linha da promoção individual e da concorrência entre operários, com seus salários variáveis. As aspirações buscam seu revés: igual remuneração, abolição das categorias e garantia do salário. E sua forma desrespeita as regras habituais das greves, ao apitar e interromper imediatamente o trabalho sem aviso prévio (*gato selvagem*), causando perplexidade nos sindicalistas das antigas.[115]

Nascem comitês dos trabalhadores, elegíveis mesmo sem filiação sindical, como em Porto Marghera, polo petroquímico próximo de Veneza, já em 1963, ou o Comitê Unitário de Base (CUB) da Pirelli Bicocca em Milão. O CUB Pirelli vem da primavera de 1968, conquistado após três dias de greve (e denunciado pelo sindicato). Buscam negar, desse modo, o "*poder de decisão*" do patrão, a respeito do ritmo do serviço ou dos limites da nocividade, o que envolve uma pesquisa para identificar precisamente onde se atualiza essa política da exploração e, a partir disso, formular suas reivindicações. *Salário desconectado da produtividade*. A divisão entre luta política (função dos partidos) e luta econômica (tarefa dos sindicatos) limita a potência do movimento e o CUB se propõe a "restituir à classe operária seu papel de sujeito" em ambas, compreendendo a "greve de luta" como "capacidade em mudar a correlação de forças na fábrica".[116]

---

115 Nanni BALESTRINI e Primo MORONI. *La horde d'or*, p. 133.
116 Nanni BALESTRINI e Primo MORONI. *La horde d'or*, p. 278; "CUB Pirelli" (1968) em Nanni BALESTRINI e Primo MORONI. *La horde d'or*, pp. 281-283 e 284.

Podemos situar essa transfiguração numa recusa das "instituições totais" e dos modelos políticos existentes. Rossana Rosanda percebe a presença e as conexões entre Marcuse e Marx, Bakunin e Rosa, Lenin (da espontaneidade operária) e Che, Reich e irmãos Jackson. Uma transformação de fundo dos desejos. Se antes "as 'necessidades' operárias podiam ser parecidas às 'necessidades' burguesas (mais salário, moradia, ajudas sociais, escolas...), as das novas 'massas' não o eram". A única forma na qual se reconhecia o movimento era "a democracia direta fundada no sistema das assembleias e mandato direto, provisório, vinculativo e revogável". Daí Rosa Luxemburgo, antes pouquíssimo conhecida, surgir, assim como são relembrados os conselhos de Gramsci ou da Comuna de Paris. Trata-se de uma opção anti-institucional, sem mediação, rompendo com determinados vocabulários e aparatos da esquerda do partido como guia ou da ditadura do proletariado, acima do movimento.[117]

Um documento precioso, redigido no contexto da insurreição de Porto Marghera em julho-agosto de 1970, retoma esses anseios. Coloca uma questão fundamental: os patrões exploram para enriquecer? Não! Evidentemente isso é uma parte, mas não o cerne. Agnelli, dono da Fiat, "deveria andar vestido de ouro, porém ele se contenta com um barco e um avião privado, o que um outro patrão com uma fábrica bem mais modesta do que a Fiat pode muito bem se permitir". O mais importante para ele se situa em conservar e aumentar seu poder, que, por sua vez, "coincide com o desenvolvimento e o crescimento do capitalismo: quer dizer, o capitalismo é uma potência impessoal e os capitalistas agem como seus funcionários". Os proprietários, desse modo, não são mais imprescindíveis para o sistema, um sinal disso se situando na Rússia, onde esse existe sem aqueles – atestado pelo lucro que lá prossegue. Mesmo supondo que sua distribuição seja mais justa, não era esse o desígnio da revolução, e sim sua superação. Inclusive isso se mostra na coação das pessoas para trabalhar, já que o interesse

---

117 Rossana ROSSANDA. "Éloge des groupusculaires" em Nanni BALESTRINI e Primo MORONI. *La horde d'or*, pp. 346-347.

capitalista significa "conservar essa relação de poder contra a classe trabalhadora", reforçando-a mais e mais.

É nesse âmbito que podemos compreender o uso das máquinas e as inovações – no controle do proletariado. A ciência captura a inovação operária e alimenta o sistema de máquinas, forma concreta do domínio sobre os trabalhadores. A linha de montagem nos anos 1920 é uma resposta à sublevação a partir de 1917 e seus conselhos operários, buscando golpear e extinguir essa experiência revolucionária. O progresso. Longe de ser neutro ou inelutável, os sindicatos, ao abraçarem essa concepção, defendem postos de trabalho em vez de batalhar pela redução do fardo. A proposta da classe deveria ser: trabalhemos pouco ou mesmo nada. Muitos trabalhando pouco e, desse jeito, o término do desemprego. Longe de serem *ludistas*, são críticos acerbos do uso das máquinas contra a classe. Esta deve se organizar para rechaçar esse mando político dos patrões, romper esse mecanismo e arrancar a redução (até o fim) do tempo de expediente. "'Fazer a revolução' se torna uma expressão tão inadequada quanto 'tomar o poder'", conclui o Comitê, pois o capital "se reproduz além da boa vontade de cada indivíduo; o problema da sua eliminação não está, portanto, na eliminação da propriedade privada, mas na destruição mesma da relação de produção, isto é, na destruição da necessidade de trabalhar para viver".[118]

Destruir o poder dos patrões entra na agenda e nas pretensões. No início dos anos 1970, nos momentos de pico, o absenteísmo em Mirafiori chega próximo aos trinta por cento, e um quinto dos operários (ou seja, 25 mil) costumam estar ausentes no mesmo momento. Após um certo refluxo, o processo aberto em 1968 encontra um desdobramento forte em 1973, com a ocupação dessa planta simbólica, que marca um deslocamento da luta da fábrica para a cidade. *Prendiamoci la città!* [Tomemos a cidade!]. As conquistas na usina eram concretas (dias de descanso, readequação salarial, redução das horas extras), mas havia um quero mais. No contexto econômico

---

[118] COMITATO OPERAIO DI PORTO MARGHERA. "Recusa do trabalho" (*Quaderni dell'organizzazione operaia, Porto Marghera*, n. 1, 1970). Disponível em: https://libcom.org/article/recusa-do-trabalho-comitato-operaio-di-porto-marghera.

global de princípio de crise (altas do petróleo, inflação e desemprego), ocorrem novas negociações na Fiat. No exato momento em que um acordo era anunciado, bandeiras vermelhas aparecem nas grades, surpreendendo todo mundo, inclusive os grupos extraparlamentares. Se, tanto em 1920 quanto em 1945, tratava-se de assumir o comando para fazer funcionar a manufatura, agora ninguém trabalha. Uma faixa com os dizeres *"aqui mandamos nós"* é erguida e ônibus queimam. Pela primeira vez – nem no intenso *Outono Quente* – ocorre um bloqueio total de Mirafiori; "durará 'apenas' três dias, mas é uma experiência que assinala uma transformação radical nas práticas e no imaginário revolucionário italiano".[119]

Piquetes e bloqueios atravessam e cortam os cruzamentos, transbordando a partir da maior e mais avançada fábrica. Uma transição: não mais participação, e sim poder; não mais dentro, mas fora da fábrica; não mais jovens migrantes do sul que puxam, mas da região de Turim e do Piemonte, formados nas lutas operárias anteriores e nas experiências coletivas nos bairros. A primeira saída desse proletariado jovem em ebulição, que vai se radicalizar nos anos seguintes e explosivos até 1977. O que jorra nesses dias em Mirafiori?

> Os gritos inarticulados, agora sem slogan nem ameaças e promessas, dos jovens operários com um lenço vermelho na testa (os primeiros *indiani metropolitani*), anunciavam o início de um novo ciclo para o movimento revolucionário na Itália. Sem ideologia progressista, sem fé no socialismo, sem o menor afeto pelo sistema democrático e tampouco sem nenhum respeito pelos mitos da revolução proletária. É com essa mudança de roteiro que se inicia o fenômeno político e cultural novo que será chamado de autonomia operária.[120]

Esse novo rumo é sentido pelos grupos; *Potere operaio*, por exemplo, vai se dissolver na sequência. A recusa do trabalho, elaborada desde

---

119 Marcello TARÌ. *Um piano nas barricadas: por uma história da Autonomia, Itália 1970* (São Paulo, Glac, n-1, 2019 [2011], p. 37).
120 Nanni BALESTRINI e Primo MORONI. *La horde d'or*, p. 410.

a década anterior, ganha radicalmente essa nova geração, sendo "o fundamento de suas perspectivas cultural, social e política". Em meio à reestruturação da produção, flexibilização do mercado de trabalho e precarização dos empregos (uma resposta às sublevações), uma nova cena composta por centenas de coletivos, comitês, assembleias e locais ocupados prolifera. Do operário-massa para o operário social. A auto-organização incorpora significados e práticas mais profundos e concretos, com a autoconstituição de comunidades proletárias solidárias e sua invenção de trocas, produção e vida alheias ao modo burguês (à propriedade privada, ao seu tempo aos seus valores). A autonomia no sentido primeiro, o de determinar suas regras, apontando para uma organização do básico cotidiano, isto é comer, dormir, conversar, se amar, criar juntos. Uma passagem. O poder operário já não rimava com tomada do aparelho estatal, mas agora ganha materialidade, e outras camadas com a "difusão de zonas liberadas nas quais se poderia criar uma forma de vida comunista: contra o Estado, sem transição socialista, sem delegar a ninguém, sem renunciar a nada no plano da satisfação *comum* dos desejos". Intensifica o título dessa seção – "o comunismo agora ou nunca".[121]

Essa efusão das lutas, das fábricas para os bairros, se manifesta em expropriações, autorreduções e ocupações. *O aluguel é um roubo sobre nosso salário*. A base da massificação dos autodescontos vem das lutas nos locais de trabalho, como no caso do transporte, iniciadas pela mobilização dos operários da Fiat, ainda em 1969, em sua disputa pelo tempo (e que nos remete ao questionário pensado por Marx, citado na parte precedente). A autorredução como parte da tomada da cidade: no bairro de San Basilio, em Roma, os funcionários que iam cortar a luz eram acompanhados pela tropa de choque. Em 1974, é praticada em duzentos e oitenta mil lares – no aluguel, transporte, gás ou eletricidade. Nesse ano de alta inflação e consequente corrosão do salário, donas de casa começam boicotes das lojas mais caras e um comitê dos preços se forma. Em certos

---

[121] Nanni BALESTRINI e PRIMO MORONI. *La horde d'or*, p. 498; Marcello TARÌ. *Um piano nas barricadas*, pp. 197 e 43.

momentos, supermercados são obrigados a dar descontos ou seus produtos são expropriados. Essas iniciativas integram um contrapoder se estendendo aos serviços públicos e privados de primeira necessidade numa imposição de "preços políticos".[122]

"O absenteísmo, a sabotagem, a coletivização", coloca Bifo, constituem "os microcomportamentos sintomáticos emergindo. O comunismo não é a síntese, a unificação desses comportamentos. Ele é sua recomposição transversal" e vive-se a "multiplicidade irredutível das tensões desejantes: essas tensões compõem e atra/vessam o sujeito em rebelião". Do *tomemos a cidade* ao *retomemos a vida*. A fábrica é a cidade inteira, a metrópole. Desponta um novo fermento com os estudantes-trabalhadores e as feministas, os desempregados e "marginais", os trabalhadores precarizados e a contracultura. Quarteirões e bairros inteiros são ocupados. Alternativas materiais imediatas, recordando a definição de Marx e Engels do comunismo suprimindo o presente estado das coisas. Territórios liberados, nos quais se conversa, organiza, troca, enfim, onde se vive o mundo transformado. *Lavoro zero, reddito intero/tutta la produzione all'automazione* [Trabalho zero, salário inteiro/toda a produção na automatização].[123]

Em Milão, em 1975-1976, nascem os *Circoli del Proletariato Giovanile* [Círculos do Proletariado Juvenil]. Estes, que viviam o tempo livre como tédio, vazio ou alienação, nos bancos das praças, em frente a estações de trem, fazem brotar esse experimento, fruto de debates coletivos sobre suas condições de vida. Tomam posse de lugares abandonados (fábricas, galpões, casas, apartamentos ou igrejas antigas) e inventam os centros sociais. Em meses, dezenas de lugares desse tipo, na periferia e no centro, se espraiam para outras cidades como Roma, Pádua e Bolonha. Desertando da família e do preço do aluguel, do trabalho, da escola e de tudo mais, organizam

---

[122] Yann COLLONGES e Pierre Georges RANDAL. *Les autoréductions: grèves d'usagers et luttes de classes en France et en Italie (1972-1976)* (Genebra, Entremonde, 2010 [1976], pp. 47, 98, 81 e 95).

[123] Franco BERARDI (Bifo). *Le ciel est enfin tombé sur la terre* (Paris, Seuil, 1978, p. 53); Karl MARX e Friedrich ENGELS. *A Ideologia Alemã* (São Paulo, Boitempo, 2007 [1845-1846]).

suas vidas autonomamente: nas práticas comunitárias e libertárias, nos encontros direto no território, na procura da felicidade coletiva subversiva. *O aluguel não se paga. As casas, nós as tomamos!*

Comunas urbanas, com jardins de infância, ambulatórios e consultórios autogeridos, redes de abastecimento e boas doses de autorreduções, reapropriando-se do mutualismo tradicional do movimento operário. Novos bairros, com controle de preços abusivos de especuladores, livres da polícia e pondo para correr os traficantes de heroína e fascistas. Rondas contra exploração de estabelecimentos e fábricas (fiscalizavam, por exemplo, as condições péssimas do trabalho informal). Paolo Pozzi, em livro escrito posteriormente na prisão, narra o clima em Milão numa indústria havia muito tempo abandonada e ocupada por operários e estudantes: "na Manufatura encontramos tudo: uma companhia de teatro cujo nome é Teatro Marginal, uma creche autogestionada [...] e dezenas de antigos escritórios para fazer reuniões". Muitos grupos diferentes a frequentam, são realizadas grandes festas no fim de semana e, nos dias antes das manifestações, seu nome ganha outro significado com a feitura em série de molotovs.[124]

Salários para todos. Milhares de jovens operários, estudantes e desempregados da periferia ocupam o centro para gozar (com autodesconto) do que foram sempre excluídos: cinemas, lojas de roupas e discos, restaurantes. Na sequência, migram para uma nova atividade: colocar um som, tocar e dançar em massa. Reunir-se e festejar, reapropriar-se da vida, ao tomar posse do tempo livre e enfrentar o tempo ocupado (trabalho). Em seu programa, *Rebelar-se, é a hora? Sim*, afirmam a centralidade da festa e do "nosso direito à vida, à felicidade, a um novo estar junto". Isso é articulado à ocupação de prédios para ter locais de encontros e trocas, fazer música e teatro, além de "inventar lugares que sejam uma alternativa à vida em família". São criados, também, "grupos de autoconsciência para nos conhecer melhor, enfrentar coletiva e politicamente nossos problemas"

---

[124] Paolo POZZI. *Insurrection* (Paris, Nautilus, 2010 [2007], p. 70).

e assembleias, por exemplo, sobre heroína para "construir juntos alternativa de vida e não de morte", sem esquecer as lutas e greves nas "fábricas para trabalhar menos e melhor". Esse conjunto indica, para os *Circoli*, "as coisas concretas que expressam nosso movimento. Eis nosso desejo de comunismo, compreendam: pão e rosas". Incubadoras de existências-lutas. Uma coordenação entre círculos vai se constituindo, sendo parte do fervo da autonomia, em sua atividade cooperativa, geral e total. Tal confluência, de amor e guerra, de festa e luta, e suas práticas de comunização compunham uma "espécie particular de entusiasmo que fazia com que todos, até mesmo os que estavam de fora, compreendessem que se estava no meio de uma revolução".[125]

A autonomia se configura como "menos um agrupamento de rádios, de grupos, de armas, de festas, de manifestações e de *squats*, do que uma certa intensidade na circulação de corpos entre todos esses pontos". Uma efervescência que ignora divisões estabelecidas entre divertimento e política, imaginação e luta. Os *indiani metropolitani* irrompem, em 1977, nesse clima de subversão da forma e do conteúdo, na não separabilidade entre "combate" e "performance". Autonomia criativa? No novo contexto de austeridade, militantes, artistas, feministas, jovens dos círculos, algo inspirados nos *spaghetti western* e nos *Yippies*, optam pelo lado dos vencidos, se pintando e vestindo como indígenas estadunidenses. Seu manifesto de março reivindica, assim, o uso de todos os prédios vazios para experimentos de alternativas à família; a liberação das drogas da vida (maconha, LSD, haxixe e peiote), inclusive para fazer frente às da morte (como heroína e cocaína); o fim dos zoológicos, articulado ao direito de regresso dos animais à sua terra natal; a demolição do memorial, em Roma, considerado sagrado pelos fascistas; a abolição de todas as prisões de jovens; e, por fim, a reabilitação, histórica e moral, do dinossauro Archeopterix, injustamente tomado por um ogro. No humor, uma (anti)política *dada*?[126]

---

[125] "Ribellarsi, è ora? Sì" em Nanni BALESTRINI e Primo MORONI. *La horde d'or*, p. 482; Marcello TARÌ. *Um piano nas barricadas*, p. 324.
[126] TIQQUN. *Isto não é um programa* (São Paulo, Glac, 2014 [2001]), pp. 93-94); George KATSIAFICAS. *The subversion of politics*, p. 50.

O *dada* propôs, em meio à carnificina da Primeira Guerra, romper a divisão entre arte e vida (e entre linguagem e revolução), mas ficou nas intenções ao não habitar o movimento proletário e vice-versa, pois esse colocou, muitas vezes, a produção cultural em termos instrumentais (e mecânicos) e de uma superestrutura determinada pelas relações de produção. Uma despotencialização, para Bifo, na segmentação entre fim da dominação de classe e metamorfose antropológica. O maoismo, por sua vez, significaria a organização "não mais como representação do sujeito-vanguarda, mas como capacidade de sintetizar necessidades e tendências presentes *na realidade material* dos comportamentos das massas". Eis o *mao-dadaísmo*, que a revista *A/traverso*, de Bolonha, inventa numa junção surpreendente e que conecta Artaud e os *Quaderni Rossi*, Lautréamont e Maiakovski, e reinventa a partida de xadrez entre Lenin e Tzara em Zurique durante aquele conflito mundial. Um maoísmo que "pouco ou nada tinha a ver com aquele 'real', mimetizado pelos micropartidos marxistas-leninistas na Europa" e mais com o Mao que teria dito "durante a Revolução Cultural: 'As minorias têm que ser respeitadas porque frequentemente a verdade está do seu lado'". Mao com Rimbaud, nesse movimento da autonomia, que, promíscuo, articulava "Marx e a antipsiquiatria, a Comuna de Paris e a contracultura norte-americana, o *operaismo* e o feminismo, confronta Lenin com Frank Zappa".[127]

Um ímpeto de reapropriação generalizada, isto é, "dos meios de viver-e-lutar", o que envolve uma "comunização das técnicas de combate, formação de grupos de autodefesa, armamento", mas, também, uma "reapropriação do comum: constituição de linguagem, de sintaxes, de meios de comunicação e de uma cultura autônomos". Mudar o mundo envolve, assim, necessariamente transformar a vida e a linguagem. Nessa abundante fecundidade, dúzias de jornais são lançados, assim como "estruturas intermediárias do movimento nas dezenas de livrarias, centros de documentação, circuitos de distribuição autogestionados e pequenas editoras originais e inventivas

---

[127] Franco BERARDI (Bifo). *Le ciel est enfin tombé sur la terre*, pp. 122-123; Marcello TARÌ. *Um piano nas barricadas*, pp. 258-259 e 67.

que surgem em meados da década". A mítica *A/traverso* chega a vinte mil exemplares e, se somando outras tantas, atingem trezentas mil unidades. Expressam o Movimento de 77 e sua transversalidade. A linguagem não é, argumenta a rádio Alice (também de Bolonha), "um meio para comunicar algo que estaria em outra parte", e sim "uma prática, um terreno absolutamente material, que modifica a realidade, a correlação de forças entre as classes, a forma das relações interpessoais, as condições de luta pelo poder".[128]

Fim de fevereiro de 1977, um novo contágio se produz e a tensão sobe. No país inteiro, até em pequenas cidades, escolas e universidades estão ocupadas. A resposta, estatal e da extrema direita, se aguça. Em Roma, fascistas atiram na frente de uma escola, ferindo dois estudantes. Como resposta, seus locais são incendiados. Em Pádua, a universidade está completamente bloqueada. Os enfrentamentos ganham em intensidade. Em 12 de março, em Milão, os vidros da sede (vazia) do patronato lombardo são estourados numa chuva de molotovs e tiros. Em Roma, no mesmo dia, "uma manifestação com mais de cem mil pessoas provenientes de toda a Itália, muitas das quais levando consigo armas de fogo, incendeia a capital" e árduos confrontos perduram por longas horas, noite adentro. Nenhum policial é morto nem gravemente ferido. No dia seguinte, em Bolonha (chamados pelo prefeito, do Partido Comunista Italiano, alegando estar em guerra), mil *carabinieri* pesadamente armados e acompanhados por tanques desocupam, primeiro, a região da universidade, depois os espaços coletivos do movimento, tudo quebrando e confiscando, e por fim chegam às casas de muitos militantes e dezenas são presos. No dia 14, a cidade permanece sob estado de sítio, buscando esmagar, como em Praga em 1968, essa primavera. Já na *cidade eterna*, manifestações são proibidas por duas semanas. Após esses intensos dias, a onda subversiva, contínua e em transformação, de uma década sucumbe aos golpes da polícia (a jovem Giorgiana Mais é assassinada em Roma em maio), do mercado, da mídia e do

---

[128] TIQQUN. *Isto não é um programa*, p. 73; Nanni BALESTRINI e Primo MORONI. *La horde d'or*, pp. 549, 552 e 553n.

Judiciário. Dois meses depois, em Milão, um policial será morto numa manifestação contra a repressão, o que afetará o movimento. No ano seguinte, o sequestro e assassinato do importante político democrata cristão Aldo Moro pelas Brigadas Vermelhas explicita a rendição de uma parte desse movimento ao militarismo.[129]

A isso se soma um inevitável estranhamento entre movimento operário e aparelho sindical, ligado ao PCI, já iniciado em 1962 com a greve e a revolta da Piazza Statuto, mas que engrena em 1968-1969 e se torna praticamente total em 1977. È *ora, è ora, lavora solo un'ora* [Já é a hora, já é a hora, trabalhe só uma hora]. A recusa do trabalho dinamita, como vimos, o papel do "bom operário"; o operário-massa, migrante vindo do sul, "já não quer ouvir falar em dedicar a vida inteira a um trabalho extenuante, repetitivo e, ainda por cima, socialmente inútil". Não por acaso, 77 é mais forte em Roma, Bolonha e Pádua, nas quais havia um proletariado mais difuso, o operário social (precarizado, dos serviços, das universidades, periferias e pequenas empresas), do que, por exemplo, em Milão e Turim, onde estavam trabalhadores mais estabelecidos. Decretos operários e ações diretas de libertação: o contrapoder nos territórios marca uma distância considerável com a até então hegemonia do pós-guerra, assim como as pautas de redução do tempo de trabalho e demandas de salário social e renda garantida. Isso leva a um choque violento e rechaço dessa figura do operário social (que, no entanto, indicava novas funções produtivas e novo tipo de extração de mais-valia). O PCI não compreende essa *"indisponibilidade cultural e política à exploração"* nem sua "percepção anticapitalista do tempo e da realidade". Pior, a combate para defender seus compromissos institucionais e de possível acesso futuro ao governo, apoiando, assim, a repressão estatal.[130]

77 revela "integralmente o que significava a inovação histórica de 68", num caso, único na Europa e talvez no mundo nessa escala, da *imaginação no poder*, na forma da "invenção de uma política de tipo novo, uma política de base, completamente transversal, o exercício

---

[129] Marcello TARÌ. *Um piano nas barricadas*, p. 331.
[130] Franco BERARDI (Bifo). *Le ciel est enfin tombé sur la terre*, pp. 40 e 166.

direto do contrapoder". 68 e 77 são ao mesmo tempo ligados e bastante diferentes. 68 declara e semeia e 77 floresce? Um contesta e outro se coloca como alternativa? As versões oficiais tendem a ver com bons olhos a primeira e sem pesar a aniquilação da segunda. Uma recuperada, outra incômoda e difícil de ser celebrada como a primeira. A bem-vista e a maldita. Em 1987, a editora Sugarco encomenda a Nanni Balestrini um livro por ocasião dos vinte anos de 68, proposta que ele desloca de modo a incorporar a longa vaga. Num momento em que predominava a diabolização do movimento (resumindo-o às mortes e Brigadas Vermelhas), esse magnífico livro, *L'orda d'oro* [A horda de ouro], composto por relatos, análises, panfletos e manifestos plurais, quebra o silêncio e questiona a condenação que havia sido normalizada nesses anos 1980, com seus milhares de presos, perseguidos e exilados. Nessa primeira iniciativa de memória desde o movimento, num momento em que até os livros da década anterior estavam fora de catálogo, uma reabertura do campo dos possíveis.[131]

mutação

Kristin Ross revisita os balanços de uma e duas décadas de Maio presentes em programas de televisão, artigos na imprensa e livros de memórias. Nota um nítido viés de colocar panos quentes, particularmente forte no vigésimo aniversário, no clima dos anos 1980, de neoliberalismo e da cruzada contra as políticas de igualdade. A autora capta uma tentativa de domesticar a disrupção, de levá-la para um campo do dominado e familiar. O evento segue incomodando, mas, diferentemente de outros episódios, Maio não foi deixado sob silêncio. Houve e há, ao contrário, uma proliferação de obras em diversos formatos e suportes, produzindo um discurso (e uma construção de realidade). Um enorme paradoxo no fato de um movimento de ruptura com "o domínio dos especialistas" seja, nos anos seguintes, objeto de um tipo de "conhecimento" de "autoridades autoproclamadas".

---

131 Toni NEGRI. "La défaite de 77" em Nanni BALESTRINI e Primo MORONI. *La horde d'or*, p. 588.

O pânico das classes dominantes é provocado pela "crise do funcionalismo" e seu rompimento da *regra do jogo* (título de um filme clássico de Jean Renoir, de 1939, sobre o lugar de cada um, de acordo com sua classe). O principal feito de Maio, a igualdade, se manifesta ao rechaçar a separação "entre trabalho manual e intelectual, recusar a qualificação profissional ou cultural como justificativa para hierarquias sociais e sistemas de representação política, recusar toda delegação, minar a especialização", ou seja, uma "ruptura violenta de papéis, lugares ou funções atribuídas". Por sua vez, um dos pontos que compõem esses exercícios de desmanche é a reiterada afirmação de que "seus efeitos foram puramente culturais". Em certos desenvolvimentos, o anticapitalismo se converte em capital "criativo" e "livre". 68 e as *startups*. Dialogando com Rancière, discutido na parte anterior, tal trabalho de memória é apreendido como um empreendimento policial, que diz, basicamente, que "nada aconteceu". Somente uma breve rebelião juvenil devido à superlotação das universidades, assim "como ratos ou outros animais quando são forçados a viver em densidade excessiva num espaço confinado", na analogia de Raymond Aron no calor dos episódios, "mobilizando um vocabulário animalizante subutilizado desde a época da Comuna de Paris".[132]

Do material riquíssimo recolhido no calor da hora (panfletos, materiais, cartazes) se destacam três alvos da algazarra de 68: capitalismo, imperialismo estadunidense e *gaullisme*. O exercício de falsificação histórica, no entanto, tira junho de maio, mês no qual muitas greves se mantêm. É tal o ímpeto dessa construção ideológica de domesticação que chega a reduzir o que pululou no país inteiro (e com repercussões mundiais) a Paris e, mais ainda, a um bairro (o *Quartier Latin*) e a um ator – o movimento estudantil. Ross, porém, argumenta que "a ideia principal de Maio era a união da contestação intelectual com a luta operária. Outra maneira de dizer isso é que a subjetividade política que emergiu em Maio era *relacional*, construída

---

132 Kristin ROSS. *Maio de 68 e suas repercussões*, pp. 42, 18, 113, 26 e 39.

em torno de uma polêmica de igualdade". Com a explosão, acontece uma sincronização de mundos e temporalidades bem distintas.[133]

A desmontagem se empenha em separar o encontro entre estudantes e operários, sendo, curiosamente uma obra coletiva, da Confederação Geral do Trabalho (CGT) a De Gaulle, passando pelo PCF e pelos aparelhos repressivos. Uma reação à ameaça concreta sentida nessas semanas: a igualdade trilhada como caminho (e não como objetivo abstrato e enganador), presente nas ruas e espaços inventados. O que temiam os poderosos? Não uma força buscando a (clássica) tomada do poder, mas a contestação violenta das suas práticas e ideais. No sentido oposto do esperado por quem a perpetrou, a repressão ao turbilhão inicial estudantil deu um empurrão para o encontro trabalhadores-estudantes. O distanciamento inicial – os universitários seriam filhinhos de papai e seus futuros patrões – começou a se dissolver (sem deixar de existir) após as barricadas e a resistência da noite do 10 de maio, da qual participam também jovens desempregados e trabalhadores. *O cassetete não distingue as cabeças dos estudantes das dos operários*. Tal onda de solidariedade se robustece, a partir do dia 13, com o contágio da desobediência na forma de uma enorme greve geral.

A ação dos estudantes tinha referência nas lutas operárias, ao levantar barricadas, ocupar universidades, usar determinadas faixas e bandeiras ou gritar *CRS=SS* (apontando os vínculos entre a polícia republicana e suas origens no período de dominação nazista e que vinha da greve dos mineiros reprimida no pós-guerra pela recém-criada Companhia Republicana de Segurança). Buscam costurar laços com a classe trabalhadora, a exemplo do Movimento 22 de Março, declarando, naquelas semanas, rejeitar "serem eruditos cortados da realidade social" e "usados em proveito da classe dirigente". Defendem, assim, o objetivo de "suprimir a separação entre trabalho de execução e trabalho de reflexão e organização", ou seja,

---

[133] Alain SCHNAPP e Pierre VIDAL-NAQUET. *Journal de la commune étudiante: textes et documents. Novembre 1967-Juin 1968* (Paris, Seuil, 1969); Kristin ROSS. *Maio de 68 e suas repercussões*, pp. 24 e 106.

"construir uma sociedade sem classes". *Os estudantes se recusam a virar os cães de guarda da burguesia.*[134]

Maio constitui uma "greve geral no sentido amplo, uma paralisação das formas de trabalho, autoridade e legitimidade da dominação". Os estudantes exercem um papel, como "minoria ativa", de "fermento permanente, impulsionando a ação sem pretender a direção". Esse estudante-disparador estará presente também no México e em tantas partes. O encontro, já existente em iniciativas anteriores de solidariedade e apoio a greves, passa a ganhar outro vulto durante a rebelião, abrindo disponibilidades novas e espaços concretos, a partir da suspensão do tempo normal do trabalho e da vida. O célebre exemplo das grades da Renault de Boulogne-Billancourt fechadas aos estudantes, num momento decisivo, não dá conta de outras situações na quais as trocas ocorrem e se multiplicam, como no *Comité d'Action Travailleurs-Étudiants* no bairro do Censier em Paris. Seus "locais centrais abertos a qualquer hora, os mimeógrafos, a mão de obra constantemente disponível para ligações, impressões, discussões" atraem forte presença de jovens trabalhadores por ser "um espaço distinto da vida sindical dentro das fábricas, onde podiam esbarrar contra proibições inexplicáveis, reticências, controles, vigilâncias e manobras de todo tipo".[135]

Isso é particularmente forte na Itália. Em 1967, começa a aparecer uma figura do estudante-proletário e iniciativas como no caso do, mencionado acima, Comitê da Pirelli. O CUB se torna uma organização de operários e estudantes aberta também a trabalhadores de outras fábricas e aos militantes. A isso vai se somar a conquista (inicialmente dos metalúrgicos e depois estendida a todos os operários), de 1972, das cento e cinquenta horas de formação por ano incluídas como parte do horário de trabalho e financiada pelos patrões. Muitos

---

134 Ludivine BANTIGNY. *1968*, pp. 149 e 50.
135 "Un entretien avec Jacques Rancière". *Le sabot, outil de liaison locale sur Rennes et ses environs*, n. 4, março de 2009; Jean-Paul SARTRE e Daniel COHN-BENDIT. "A ampliação do campo do possível" (20 de maio de 1968) em Sergio COHN e Heyk PIMENTA (orgs.). *Maio de 68*. Rio de Janeiro, Azougue, 2008 p. 29; Kristin ROSS. *Maio de 68 e suas repercussões*, p. 35.

pesquisadores se envolvem e dão aulas, numa "'experiência pedagógica do movimento' na qual operários e intelectuais, professores e alunos, tentam modificar sua relação com o saber e a autoridade sabida". Do outro lado, no Japão, na Escola de Medicina da Universidade de Todai, estudantes expressam o desejo de se tornarem "intelectuais proletários" e não "escravos do complexo tecnocrático-industrial".[136]

A reunião igualitária de Maio entre estudantes e trabalhadores significa também a conexão entre franceses e forasteiros, pois um em cada sete operários é argelino, havendo também significativo número de portugueses, espanhóis, marroquinos e tunisianos. Puxam um fio, presente antes em certo período da Revolução Francesa e sobretudo na Comuna de Paris, da abolição do estatuto de estrangeiros, ou seja, a defesa dos mesmos direitos (a greve, voto, manifestação, organização) para todos os trabalhadores. *Somos todos estrangeiros*. Na Sorbonne, se lê que, *pela primeira vez, os estrangeiros estão em sua casa na França*. 68 indica a entrada em cena do trabalhador imigrante, nas greves e também antes nos contatos com os universitários, já que o novo *campus* de Nanterre, onde se iniciam os distúrbios, é rodeado de favelas, habitadas por esses operários e suas famílias.

Pode-se compreender a ação estatal-governamental como de combate a essas composições. O primeiro-ministro (e futuro presidente) francês lembra, em suas memórias, a triste sagacidade em abafar o movimento. "Eu quis tratar o problema dos jovens separadamente", confessa Georges Pompidou. Essa dissociação é decisiva, desde o velho (e eficiente) ditado romano *divide et impera*. Desse modo, "cada grupo recairia nos confins de sua identidade 'sociológica', e ambos perderiam". As greves passam a ser consideradas como questão trabalhista-salarial e as reivindicações estudantis se atendo ao campo da educação. Dupla desconstrução dos elos, também no que toca à "violência" dos segundos comparados aos supostamente ordeiros e pacíficos operários. Algo nessa linha pode ser dito acerca da coalizão arco-íris [*rainbow coalition*],

---

[136] CUB PIRELLI em Nanni BALESTRINI e Primo MORONI, pp. 280-281; George KATSIAFICAS. *The imagination of the new left: a global analysis of 1968* (Cambridge, South End Press, 1987, p. 57).

nos EUA, e o susto provocado, por juntar Panteras e aliados, como os *Young Lords* (antiga gangue porto-riquenha dos anos 1950 que se tornou um movimento político em 1967 e agregou Organização a seu nome), os Boinas Marrons (jovens *chicanos*), os Young Patriots (jovens brancos), Guardas Vermelhos (compostos por sino-americanos) e o *American Indian Movement* (AIM), além de sindicatos.[137]

Parte, porém, desses distanciamentos eram internos ao movimento. Apesar da presença forte e majoritária de mulheres no BPP, como Kathleen Cleaver, secretária de comunicação, havia um certo *ethos* centrado no confronto físico e de proteção da comunidade pelos homens, essa pegada máscula se acentuando no contexto de uma terrível repressão. No âmbito do Maio francês, são inúmeros relatos de sexismo e misoginia e, a respeito do 68 mexicano, Susana Draper traz a surpresa "que de um momento profundamente democratizador predominem formas tão hierarquizadas de lembranças", havendo até mesmo um "monopólio masculino sobre a palavra".[138]

Baldwin dizia que "o poder do mundo branco é ameaçado cada vez que um negro se recusa a aceitar as definições do mundo branco". Isso ecoa Fanon afirmando que "a primeira coisa que o indígena aprende é ficar no seu lugar, não ultrapassar seus limites" e por isso seus sonhos são de ação, corrida, pulos, natação ou escaladas. O *momento 68*, como vimos, subverte a subordinação de uma multiplicidade de coletivos. O novo período do feminismo pode ser compreendido nesse contexto. Se esteve ausente em muitos sentidos, frutifica, no entanto, num cenário modificado e aberto por 68. *Lâche ton cul camarade* [Solte o rabo, camarada]. Logo nos anos posteriores, na França, o Movimento de Libertação das Mulheres (MLF, na sigla em francês) e a Frente Homossexual de Ação Revolucionária (FHAR) surgem e, nos EUA, o feminismo negro desabrocha e interpela decisivamente o movimento. No Brasil, o campo está mais bloqueado, mas (res)surgirá mais adiante, com

---

137 Kristin ROSS. *Maio de 68 e suas repercussões*, pp. 134, 135 e 100.
138 Stanley NELSON. *The Black Panther: Vanguard of Revolution* (Documentário, 2015); Susana DRAPER. *Mexico 1968*, p. 28 e 189.

inúmeras coletivas negras, na década seguinte (Nzinga, Aqualtune, Mãe Andressa, Maria Mulher). Na Itália, devido ao seu processo mais longo, o feminismo irrompe como um levante no levante, uma insurreição na insurreição. *Rivolta Femminile* é criado em Roma e Milão em 1970. Mariarosa Dalla Costa diz ter militado no *Potere Operaio* por uma questão de justiça e depois na *Lotta Feminista*, dissidência do *operaismo*, por razão de dignidade. Participará, ao lado de Silvia Federici, do *Collettivo Internazionale Femminista*, fundado em 1972 em Pádua, e depois se engajará na Campanha Internacional pelo salário doméstico.[139]

Brotam repentinamente, por todo o país, coletivos feministas com numerosos atos. No fim de 1975, em Roma, uma manifestação pró-aborto junta vinte mil mulheres e, no ano seguinte, várias são chamadas sob o mote de *retomar a noite*, com dez mil vestidas de bruxas e clamando por divórcio já (que era então proibido). *Tremam, tremam, as bruxas voltaram*. Marcam uma nova radicalidade ao reivindicarem uma destruição dos papéis habituais e convencionais de mãe, filha e da família como um todo. Surgem o "círculo das endemoniadas" em Milão e o "sabá" em Pádua, remetendo também ao estadunidense W.I.T.C.H., do fim dos anos 1960. Isso envolve coletivos autônomos homossexuais, que se organizam nas escolas e bairros e pautam, por sua vez, "que se autorreduza também a repressão, o medo e os complexos de culpa"; Mario Mieli será pioneiro com sua teoria revolucionária *queer*. Ações diretas contundentes são feitas, como numa empresa de moda que explorava trabalho das presas ou em firmas poluidoras. Distribuem materiais sobre saúde, reapropriação do corpo e salário doméstico, mas também organizam consultórios autogestionados de aborto livre e gratuito, além de rondas contra estupradores e o trabalho informal.[140]

---

139 James BALDWIN. "Down at the Cross: Letter from a Region in My Mind", p. 78; Frantz FANON. *Os condenados da terra*, p. 53; Mariléa de ALMEIDA. *Devir quilombo: antirracismo, afeto e política nas práticas de mulheres quilombolas* (São Paulo, Elefante, 2022, pp. 69-70n).

140 Marcello TARÌ. *Um piano nas barricadas*, pp. 191 e 196; Mario MIELI. *Towards a Gay Communism: elements of a Homosexual Critique* (Londres, Pluto Press, 2018 [1977]); Nanni

Lilith per il comunismo. Uma movimentação feminista que conversa com o *operaismo* e sua ruptura com as fábricas, patrões e sindicatos, mas a leva mais longe. Buscando criar um quadro de compreensão e ação que evite um feminismo submisso à classe, assim como seu oposto, a libertação das mulheres ganha outros contornos. Uma rica pauta de luta se liga a uma inovação teórica. O texto programático do pioneiro Gruppo Demau (demistificação do autoritarismo, inclusive patriarcal), do mesmo ano do clássico *Operai e Capitale* de Tronti, afirma a oposição à integração das mulheres na sociedade atual e sua busca de autonomia. Anuncia, assim, seu papel fundamental de mudança, pois "a força do homem reside em sua identificação com a cultura, a nossa em sua refutação". Alguns anos mais tarde, *Rivolta Femminile*, em seu manifesto inaugural, traz uma análise do cerne da "subsistência do capitalismo privado e estatal", isto é, do "trabalho doméstico não remunerado".[141]

A divisão do trabalho capitalista cria a família dita tradicional e o papel da dona de casa, destruindo os tipos de família, de produção e comunidades antes existentes. Ao concentrar a produção na fábrica e no escritório, destaca o homem da comunidade e o torna um trabalhador. O isolamento da mulher a esconde e isola, sendo "a outra área escondida da exploração capitalista, a outra fonte da mais-valia extraída". Apesar de a família ocupar o centro da produção social, o fato de o trabalho doméstico não ser remunerado oculta que se trata de trabalho, pois "se você não for pago por hora, com certos limites, ninguém liga quanto tempo você precisa para fazer seu trabalho". As mulheres vivem, assim, em condições pré-capitalistas (sem salário e frente ao roubo do não pagamento, se diz que o salário do homem bastaria).

Bagunçando concepções entre trabalhos ditos produtivo e improdutivo, coloca a discussão no âmbito da produção de pessoas, além das coisas, o útero sendo a fábrica decisiva, já que produz a mais

---

BALESTRINI. *Les invisibles* (Grenoble, Le monde à l'envers, 2019 [1987], pp. 183 e 209).
141 Gruppo DEMAU (Gruppo Demistificazione Autoritarismo – in seguito anche Patriarcale). *Manifesto programmatico* (Milão, 1966); RIVOLTA FEMMINILE. "Manifiesto" (1970) em Carla LONZI. *Escupamos sobre Hegel y otros escritos* (Buenos Aires, Tinta Limón, 2017 [1972], pp. 20 e 18).

importante mercadoria – o trabalhador. Descrever a produção básica dessa mercadoria particular é descrever o trabalho das mulheres. "Limpando, lavando, passando, fazendo e criando bebês, servindo aos homens física, sexual e emocionalmente": sem o trabalho gratuito das mulheres, os operários nem chegariam à fábrica. Existe não só uma diferença quantitativa mas também qualitativa, dado o tipo de mercadoria especial que se produz (a força de trabalho). Tal atividade é interminável não pela ausência de máquinas, mas por estar apartada. Nem o problema é parar de fazê-lo, mas sim o de quebrar o papel da dona de casa. Não faz sentido, dessa forma, reivindicar a igualdade salarial entre mulheres e homens sem tocar no trabalho doméstico. Daí as bandeiras de salário doméstico, creche vinte e quatro horas e pagamento igual.

Tampouco a questão se resolve somente com cantinas comunitárias, pois até a Fiat tem uma para seus trabalhadores. Garantir uma na vizinhança sem integrar essa demanda a uma prática de rechaço da organização e do tempo de trabalho dá margem para ser capturada. Tais formulações explicitam os enormes limites da análise do trabalho como ocorrendo unicamente na fábrica (onde inclusive as mulheres estão presentes) e, nessa perspectiva, a figura da dona de casa, central no papel feminino, inclui todas as mulheres, mesmo as que trabalham fora. A recusa do trabalho se amplia, incluindo o doméstico. Fugir da casa, unir-se a outras mulheres, ter tempo. Quebrar seu papel, pois a mulher "é a escrava de um escravo do salário", sendo que a sua condição nutre a dele. Não considerar isso e agir na chave da emancipação pelo trabalho levam à impotência sindical.[142]

Essa ebulição feminista exige alguns acertos de contas, já que "a civilização nos definiu como inferiores, a Igreja nos chamou de sexo, a psicanálise nos traiu, o marxismo nos vendeu a uma revolução hipotética". Nas irrupções, as mulheres combatem juntas, mas depois veem suas questões postergadas para outro momento supostamente mais propício. Lonzi coloca, nesse plano, que o proletariado conjuga características

---

142 Mariarosa DALLA COSTA e Selma JAMES. *The power of Women and the Subversion of the Community* (Londres, Falling Wall Press, 1975 [1972]).

revolucionárias frente ao capitalismo com outras, reformistas, no que toca ao sistema patriarcal. E compreende isso no contexto da filosofia de Hegel (por isso, o cuspe), já que a dialética homem-escravo é entre machos e nem pensa a possibilidade de libertação da mulher – a luta de classes vem daí e a repete nisso. As mulheres destroem a universalidade ilusória do homem, contrapondo a essas duas figuras: a "mulher que rechaça a família e o jovem que rechaça a guerra". Federici reflete, anos depois, sobre a existência de uma longa "guerra contra as mulheres", insistindo nos seus laços com as e os colonizados (pois convergem na imensa quantidade de trabalho não remunerado).[143]

"Querem reapropriar-se da vida?", perguntam as operárias da casa; "destruam, então, os patrões e as características capitalistas que estão em vocês [...], destruam-se como aspiradores inesgotáveis do nosso trabalho doméstico". A intervenção feminista impõe uma mudança de fundo, de existência. Bifo, presença-chave na rádio Alice e na *A/traverso*, propõe compreender o capitalismo para além da clássica divisão entre infraestrutura e superestrutura. Enuncia uma articulação entre modo de produção (lócus por excelência da luta de classes) e as várias camadas de comportamentos transgressivos. Trata-se de rejeitar a divisão mecânica entre "revolução de classe, liberação sexual e transformação criativa", já que é nessa interdependência que se torna possível configurar o "processo revolucionário como uma recomposição transversal dos níveis de existência, no interior de um processo de libertação do trabalho". Algo que, do outro lado do oceano, Zé Celso estava também formulando: "um trabalho de libertação, inclusive de si mesmo, no sentido de libertar a força de produção que todo mundo tem e, com a soma dessa força de produção, rebentar as relações de produção velhas que estão te reprimindo", constituindo assim "o movimento revolucionário".[144]

---

[143] RIVOLTA FEMMINILE. "Manifiesto" (1970) e Carla LONZI. "Escupamos sobre Hegel" (1970) em Carla LONZI. *Escupamos sobre Hegel y otros escritos*, pp. 19, 34 e 32; Silvia FEDERICI. *Calibã e a bruxa: mulheres, corpo e acumulação primitiva* (São Paulo, Elefante, 2017 [2004], p. 30).

[144] LE OPERAIE DELLA CASA. "Sul movimento maschile", Veneza, junho/julho de 1976; Franco BERARDI (Bifo). *Le ciel est enfin tombé sur la terre*, pp. 94-96; "A volta de

Maio reativa o clássico símbolo revolucionário francês, a barricada. Foi uma revolução? Seria um *détournement* na sua ideia? O capítulo francês de uma revolução mundial impulsionada pelo Terceiro Mundo? O primeiro movimento verdadeiramente global que veio de baixo? Uma revolução simbólica, da palavra? Revolução permanente pela soberania da vida? Ou, numa contraditória – e talvez boa para pensar – fórmula, muda tudo e nada muda? De Gaulle, então presidente, vence o duelo com apoio entusiástico da França conservadora e reacionária, o capitalismo segue, a vida volta ao normal... Mas será que voltou mesmo? 68 embaralha divisões entre fugaz/permanente, organização/espontaneidade, vitória/derrota, mudança/não-mudança. Remetendo à famosa resposta do duque de Liancourt à pergunta de Luís XVI, no dia 14 de julho de 1789, se se tratava de uma revolta – "Não, Senhor, isto é uma revolução" –, em Nanterre circulará uma nova versão – "Isto não é uma revolução, Senhor, é uma mutação".[145]

Conquistas sociais ou mudar a vida? Como o coloca Castoriadis, "sem nada instituir no sentido formal, deixam traços profundos na mentalidade e na vida efetiva das sociedades: foi, sem dúvidas, o caso da Comuna de Paris de 1871, foi, certamente, o caso dos movimentos dos anos 1960". Wallerstein, por sua vez, faz um paralelo com as revoluções de 1848 e 1905 que não levaram a uma tomada do poder ou das instituições, mas marcaram a emergência de novos valores, ideias e aspirações. Isso talvez dialogue com os significados da palavra revolução em outras línguas, como em árabe,

---

Zé Celso" (por Heloísa Buarque de Hollanda e Carlos Alberto M. Pereira) (1979) em Karina LOPES e Sergio COHN (orgs.). *Zé Celso Martinez Corrêa* (Rio de Janeiro, Azougue, 2008, p. 88).

145 Olgária MATOS. "1968: Paris toma a palavra" (2018) em Edgar MORIN, Claude LEFORT e Cornelius CASTORIADIS. *Maio de 68: a brecha*; "Les mouvements des années soixante" (*Pouvoirs*, n. 39, pp. 107-116, nov. de 1986); Tariq ALI. *O poder das barricadas*; Immanuel WALLERSTEIN. "1968, Revolution in the World System: theses and queries" em *Theory and Society*, XVIII, 4, julho de 1989; Michel de CERTEAU. *La prise de parole* (Paris: Seuil, 1994); Raoul Vaneigem. *A arte de viver para as novas gerações*; Edgar MORIN, Claude LEFORT e Cornelius CASTORIADIS. *Maio de 68: a brecha* (São Paulo, Autonomia Literária, 2018 [1968]); Hervé HAMON e Patrick ROMAN. *Génération* (Paris: Seuil, 1987).

na qual *thawra* diz respeito tanto ao levantar da poeira no deserto ou nascer do dia, ou em mandarim, *gé-mìng*, "transforma-vida" e seus afetos e paixões. Um novo espírito do tempo, que se relaciona com a ênfase nos elos entre exploração e hierarquia (o *Socialisme ou Barbarie* sendo pioneiro nessa pegada). As lutas de estudantes e operários (e em muitos países isso ganha outra potência com mais gente) questionam não somente o arbítrio das universidades e fábricas, mas todo um sistema que se baseia em obediência e ordem. Uma eclosão contra este como um todo. Algo que não faz sentido, vai dizer (e se contrapor) Raymond Aron, Tocqueville de 1968: as sociedades industriais só podem ser burocráticas, as alternativas sendo a vertente socialista (autoritária) ou liberal (livre).[146]

Compreender o *momento 68* numa chave existencial? É justamente um fio condutor de *L'Orda d'oro* [A horda de ouro], a partir do papel "pré-político" da subjetividade na experiência comum de insubmissão, proposto por Elvio Fachinelli. Essa precede a faceta política propriamente dita e não tem pertencimento teórico nítido ou ideológico prévio, mas ao atingir uma dimensão massiva embarca em "movimentos de revolta existencial". O psicanalista milanês capta antecipadamente esse ciclo subversivo focando no plano cultural (roupas, música, relação entre os sexos...), ou seja, o desenvolvimento da rebelião, na vida cotidiana, antes de sua generalização. Tal dimensão subjetiva indica a construção e maturação dos levantes – a gênese existencial de um movimento. A sublevação de uma nova geração e uma "nova sensibilidade". Político e existencial: quem separou um dia essas esferas? Desejos de novas vidas – uma frase indica bem essa característica, de 68, *um policial dorme em cada um de nós, temos que matá-lo*.[147]

---

146 Cornelius CASTORIADIS. "Les mouvements des années soixante" (*Pouvoirs*, n. 39, pp. 107-116, nov. de 1986); Immanuel WALLERSTEIN. "1968, Revolution in the World System: theses and queries"; Ludivine BANTIGNY. *Révolution* (Paris, Anamosa, 2019, p. 21); Raymond ARON. *La révolution introuvable: réflexions sur la Révolution de Mai* (Paris, Fayart, 1968).

147 *La horde d'or*, journal de traduction n. 1, entrevista com Nanni BALESTRINI e Sergio BIANCHI, setembro de 2008; Herbert MARCUSE. *Contrarrevolução e revolta* (Rio de Janeiro, Zahar, 1973 [1972], p. 63).

Deleuze e Guattari concebem o evento 68 como uma abertura do possível. Um devir revolucionário. Não se trata de um imaginário, mas de um real que aparece, surge – uma baforada de real em estado puro. Sua importância se situa em ser "um fenômeno de vidência, como se uma sociedade visse de repente o que ela continha de intolerável e visse também a possibilidade de uma outra coisa". Nesse sentido, "o possível não preexiste, ele é criado pelo acontecimento. É uma questão de vida. O evento inventa uma nova existência, produz uma nova subjetividade (novas relações com o corpo, o tempo da sexualidade, o meio, a cultura, o trabalho...)". O problema-chave foi, assim, de não estarmos à altura desse acontecimento, de ter predominado a tentativa, nos anos seguintes, de esmagamento em vez de nos dotarmos de novas instituições e subjetividades. Os parceiros Gilles-Félix propõem habitar o sucedido, "o rejuvenescer e o envelhecer ao mesmo tempo, passar por todos os seus componentes ou singularidades. Pode ser que nada mude ou pareça mudar na história, mas tudo muda no acontecimento e nós mudamos no acontecimento". Foucault, na Califórnia, vai dizer algo nessa toada; ao ser perguntado sobre a repercussão de 68 para ele, responde: "um efeito decisivo! Tornou meu trabalho possível".[148]

"Descobrir em que consiste a liberação é uma forma de liberar-se". Tendo vivido intensamente o período, Negri partilha que, "a revolução, nós a estávamos vivendo", e convoca Espinosa que nos indica "a possibilidade de viver a descoberta selvagem de territórios sempre novos do ser, territórios construídos pela inteligência e pela vontade ética". Esse momento produz(iu) um "alargamento do desejo, a vida como subversão" e nos diz que "a revolução é um pressuposto: não um abstrato projeto, mas uma tarefa prática, não uma escolha, mas uma necessidade. [...] A revolução é signo que torna ético o operar". Nos belos livros, reflete Proust, o que para

---

[148] Gilles DELEUZE e Félix GUATTARI. "Mai 68 n'a pas eu lieu". *Les nouvelles*, 3 a 9 de maio de 1984 e *Qu'est-ce que la philosophie?* (Paris, Éditions de Minuit, 1991, p. 106); Simeon WADE. *Foucault en Californie: un récit inédit* (Paris, Zones, 2021).

o escritor é a conclusão, para o leitor pode ser incitação. Por isso sentimos "que nossa sabedoria começa onde a do autor termina" e, de certo modo, "gostaríamos que ele nos desse respostas, quando tudo que ele pode fazer é suscitar desejos". *Fuck 68, fight now!*[149]

---

[149] Carla LONZI. "Premisa" (1973) em Carla LONZI. *Escupamos sobre Hegel y otros escritos*, p. 14; Antonio NEGRI. "Espinosa Subversivo" em *Espinosa subversivo e outros escritos* (Belo Horizonte, Autêntica, 2016 [2010], p. 127); Marcel PROUST. *Sur la lecture* (Paris, Actes Sud, 1993 [1905], p. 32).

AS AR
DE NA
GOVE

fogo

"Quando queremos que tudo mude, chamamos o fogo", poetiza Gaston Bachelard. Numa insurreição precursora do atual ciclo, em dezembro de 2008, após o assassinato do jovem militante anarquista Alexis Grigoropoulos no bairro Exarchia, de Atenas, tudo arde. Ruas, bancos, delegacias, lojas, numa onda de fogo e pedra que não poupa a árvore de natal da praça Syntagma e causa a retirada das forças policiais, cujo estoque de gás lacrimogêneo findou naquele dia. Imagem recorrente das sublevações e resposta a injustiças brutais, desde Canetti em Viena, presente logo na abertura, ou o Third Precinct (delegacia) de Minneapolis (e daí tantos pontos no território estadunidense) após o assassinato de George Floyd em 2020. No Egito, em janeiro de 2011, uma centena de postos e milhares de carros policiais e as sedes do partido governista queimam, assim como os ônibus depois de assassinatos nas comunidades e favelas brasileiras

TESO SER NADO

ou as estações de metrô e tanto mais no Chile em outubro de 2019. Em 1848, o dito populacho de Paris, em sua alegria, festiva e subversiva, adentra nos aposentos da realeza. Cada um/a senta no trono e depois o leva coletivamente em desfile até a praça da Bastilha, onde se procede ao incêndio – é imolado o símbolo do despotismo. *Gasolina neles*.[150]

"O cheiro do fogo" revela o cerne de Standing Rock (nos #NoDAPL *camps* que se opõem ao oleoduto subterrâneo com passagem prevista pelo leito do rio Missouri, que corta essa Reserva

---

[150] Gaston BACHELARD. *La psychanalyse du feu* (Paris, Gallimard, 1949, p. 55); COMITÊ INVISÍVEL. *Aos nossos amigos*; Maurizio GRIBAUDI e Michèle RIOT-SARCEY. *1848: la révolution oubliée* (Paris, La Découverte, 2009, pp. 51-55); TETO PRETO. *Gasolina*, faixa musical única, 2016.

Sioux, destruindo lugares sagrados, como o cemitério), o conecta às lutas ancestrais e cultiva o presente na cerimônia. Planejamento, cozinha, comida, canto, contação de histórias, além de aquentamento. *Oceti Sakowin* significa conselho do fogo e o cheiro que deixa nas pessoas, do qual se dizia antigamente de maneira preconceituosa "cheiro de índio". No extremo sul do continente, é também em volta do fogão (*kutral*), no centro da casa (*ruca*), onde tudo acontece: "o Mapuche nasce e cresce; é ali onde se desenvolve *sau mongen* (vida)" e também constitui política e disposição de luta – "não a partir da deliberação formal, mas da conversa. Não é convocada por organização nenhuma, nem é contínua ou sistemática; é episódica, intrafamiliar, entre redes de parentesco". Ou em trancaços ou ocupações sem-teto (ou sem-terra), "aquecida entre festas, fogueiras, combates e zonas de cumplicidade".[151]

Num discurso lendário, Frederick Douglass expõe, em seu aniversário, a hipocrisia de uma declaração de independência e dos grandes princípios políticos e de justiça do glorioso documento de liberdade que exclui uma parte significativa dos habitantes. Para reparar isso, prega a destruição da cruel *instituição peculiar*. "Não são de luzes que se necessita, mas de fogo; não um chuveiro gentil, mas um trovão. Precisamos da tempestade, do turbilhão e do terremoto", exclama o abolicionista. O fogo e a palavra zapatistas. A chama sagrada da luta como abertura de caminhos (de cura) e inspiração criativa, que marcam Canetti em suas experiências com as massas, tanto a sua ânsia de destruição quanto o fogo e seu fascínio, anunciando os "sons vitais de uma nova criatura".[152]

---

151 Nick ESTES. *Our history is the future: Standing Rock versus the Dakota Access Pipeline, and the Long Tradition of Indigenous Resistance* (Londres, Verso, 2019, p. 4); César Enrique PINEDA. *Arde el Wallmapu: autonomía, insubordinación y movimiento radical Mapuche em Chile* (México, Bajo Tierra Ediciones, 2018, p. 84); Alana MORAES. *Experimentações Baldias & Paixões de Retomada: vida e luta na cidade-acampamento*. Tese de doutorado (Antropologia Social, Museu Nacional, Universidade Federal do Rio de Janeiro, 2020, p. 390).

152 Frederick DOUGLASS. *What to the Slave Is the Fourth of July?* (discurso para 'The Rochester Ladies' Anti-Slavery Society), 5 de julho de 1852; Gloria Muñoz RAMÍREZ. *EZLN: el fuego y la palabra* (Buenos Aires, Tinta Limón, 2004, p. 279); Elias CANETTI. *Uma luz em meu ouvido*, p. 18).

destituição

esparsas?

Hirak em árabe significa pôr-se em movimento, e é como são conhecidas as manifestações que irrompem na Argélia a partir de 22 de fevereiro de 2019. Essas conseguem o feito de manter uma continuidade (interrompidas somente por certo período, pela pandemia) por mais de uma centena de sextas-feiras. Inicialmente contra a quinta reeleição de Bouteflika, vai ganhando vulto o sentimento de rechaço a todo o sistema de poder do país. A Argélia havia passado praticamente incólume pela primeira leva da "Primavera Árabe", mas é pega em cheio nesse momento. Além de *hirak*, *thawra* (revolução) e *hibba* (irrupção), compõem o vocabulário político de mais um surpreendente e imprevisível processo (às vezes chamado de revolução do sorriso) de expansão de horizontes.[153]

O que acontece entre o *momento 68* e o atual ciclo? As revoluções iraniana e nicaraguense de 1979 e uma série de transições latino-americanas, no Leste europeu e asiáticas (numa forte sequência entre 1986 e 1992: Filipinas, Coreia do Sul, Birmânia, Taiwan, Nepal, Bangladesh e Tailândia). *We want to riot, not to work* [Queremos nos amotinar, e não trabalhar]. Sublevações urbanas, como em Brixton, sul de Londres, em 1981 (e que se repetem em 1985 e dez anos mais tarde) ou de Los Angeles em 1992, após a absolvição dos policiais agressores de Rodney King. E, também, grandes greves metropolitanas, como a francesa (em 1995) e as sul-coreanas (em 1996-1997).[154]

Antes da queda do Muro de Berlim, ocorrida em novembro, as mobilizações (seguidas de massacres) do Caracazo e de Tiananmen, respectivamente em fevereiro e abril-junho de 1989, são sinais

---

[153] Jean-Pierre FILIU. *Algérie: la nouvelle indépendance* (Paris, Seuil, 2019, pp. 12-14).
[154] George KATSIAFICAS. *Asia's Unknown Uprisings, V. 2: People Power in the Philippines, Burma, Tibet, China, Taiwan, Bangladesh, Nepal, Thailand, and Indonesia, 1947-2009* (PM Press, 2013, pp. 2-8).

marcantes de uma transição do poder político-econômico. A Venezuela da fartura do petróleo não distribuída vive uma profunda crise econômica e da dívida externa. O governo recém-eleito adere ao programa de ajuste estrutural, dobrando o preço da gasolina e aumentando os dos serviços básicos (como luz, gás e transporte). Numa manhã, as pessoas indo trabalhar chegam ao terminal de Guarenas em Guatire, na periferia de Caracas, e ficam sabendo do novo valor, abusivo, das passagens. Em dia de fúria dos de baixo, a estrada é bloqueada, pneus e guaritas policiais queimam, barricadas são construídas e a cidade é tomada (em certas partes até a manhã do dia seguinte). Essa efervescência, que na capital dura cinco dias e não é puxada por nenhuma organização, vai ser abafada por uma fortíssima repressão das Forças Armadas e até hoje é ignorado o número de mortos (associações chegam a citar a estimativa de três mil). Uma "'economia moral' da multidão" se expressa, há séculos, nos motins da fome [*food riots*] e suas eclosões que buscam "fixar o preço" de produtos essenciais no Egito e na Tunísia (contexto de alta de alimentos), no 2013 brasileiro, nas revoltas da penúria em Moçambique (2008-2012), dos coletes amarelos ou no Equador e Chile de 2019 e que espreitam tantas pessoas no planeta no contexto da guerra na Ucrânia.[155]

Dezenas de dias depois do Caracazo, na China em transformação, que havia vivenciado uma rebelião no início do ano no Tibete, os protestos de trabalhadores, estudantes e desempregados duram semanas e indicam uma crítica tanto à nova quanto à velha era, ao reivindicar democracia e liberdade, mas também justiça social e igualdade. Serão interrompidos com a entrada do exército na praça da Paz Celestial, matando centenas. Nesse momento-chave da integração da China à ordem mundial, Wang Hui percebe em

---

[155] Margarita López MAYA. "The Venezuelan 'Caracazo' of 1989: Popular Protest and Institutional Weakness" (*Journal of Latin American Studies*, v. l. 35, n. 1, fevereiro de 2003); E. P. THOMPSON. *Costumes em comum: estudos sobre a cultura popular tradicional* (São Paulo, Companhia das Letras, 2017 [1991], pp. 204, 150 e 153); Luís de BRITO (org.). *Agora eles têm medo de nós: uma coletânea de textos sobre as revoltas populares em Moçambique (2008-2012)* (Maputo, IESE, 2017).

suas aspirações e preocupações um elo com Seattle, esse acontecimento inaugural do que veio a ser conhecido como movimento antiglobalização. Podemos situar como inspiração e origem imediata desse a disrupção zapatista de 1994 e o encontro intergaláctico contra o neoliberalismo e pela humanidade chamado dois anos depois. A Batalha de Seattle, em novembro de 1999 – com sua convergência internacional entre sindicalistas e ecologistas, anarquistas e movimentos negro e indígena e tantas mais –, marca a emergência do *demos* da globalização – até então assunto de poucos especialistas e dos poderosos. O inesperado bloqueio parcial do encontro da Organização Mundial do Comércio (OMC), que pretendia regular, aprovando na cidade-sede de Microsoft, Boeing, Starbucks (e depois Amazon), questões decisivas de propriedade intelectual, compras governamentais e regras comerciais, inaugura uma dinâmica de contracúpulas. Seattle, primeiro protesto global, transborda o aparato repressivo, mas a lição é rapidamente assimilada: as cidades seguintes armam esquemas fortíssimos de segurança. Em abril, a desobediência passa por Washington e em setembro de 2000 por Praga, ambas as vezes contra o Banco Mundial e o Fundo Monetário Internacional (FMI). Depois por várias outras mobilizações (como a de rechaço à Alca em Quebec) até o protesto em oposição ao G8 em Gênova em julho do ano seguinte, onde é assassinado e em seguida atropelado Carlo Giuliani. Esse trágico ocorrido e os atentados do Onze de Setembro, semanas depois, marcam uma virada securitária nas relações internacionais, bloqueando esse ímpeto democratizante e uma "vasta copesquisa sobre a ordem emergente global e suas instituições", mas cujos efeitos ainda ressoam.[156]

---

156 Wang HUI. *The End of the Revolution: China and the Limits of Modernity* (Londres, Verso, 2009, pp. 33-35); David GRAEBER. *Direct Action: an ethnography* (Oakland, AK Press, 2009); Alexander COCKBURN, Jeffrey ST. CLAIR e Allan SEKULA. *5 days that shook the world* (Londres, Verso, 2000, p. 9); Julia Ruiz di GIOVANNI. *As artes do impossível: protesto de rua no movimento antiglobalização* (São Paulo, Annablume, 2012); Michael HARDT e Antonio NEGRI. "Empire, Twenty Years On" (*New Left Review*, n. 120 nov/dez de 2019, p. 92).

Nesse período, a América Latina ferve e dá um certo tom geral do que estava por vir mundialmente, com a derrubada de três presidentes no Equador e as guerras da água e do gás na Bolívia, todas com forte protagonismo indígena. São revoltas antineoliberais em sequência continental, contra a austeridade e lideradas por novos atores sociais e políticos. *¡Que se vayan todos, que no quede ni un solo!* Em meio a uma crise terminal da paridade peso-dólar e o confisco do dinheiro da população, a insurreição nos dias 19 e 20 de dezembro de 2001 ignora a resposta instantânea do Executivo (decreto de estado de sítio) e derruba em poucos dias quatro presidentes. Um repúdio sem propostas concretas imediatas e sem busca de tomada do poder; sua "potência destituinte" deslegitima o sistema político. Nessa ação se formam outras vias de prática política e de mudanças, ampliando o campo de possibilidades e que vai se traduzir, igualmente, num "redescobrimento das potências populares" (à margem das organizações sindicais e partidárias): movimentos de desempregados e piqueteiros, experiências de autogestão nas fábricas e bairros, economia alternativa com escambo e redes de abastecimento. Nesse caso, mais uma vez, virada e fechamento se produzem com o assassinato dos militantes Darío Santillán e Maximiliano Kosteki alguns meses mais tarde. O 2001 argentino antecipa traços fortes do atual ciclo de protestos em seu "modo de composição entre pensamento e prática que estava na base da produção de linguagens e conceitos políticos também inovadores".[157]

E seu grito reaparece em Argel: *Yetnahaw gaâ!* [Caiam fora!], como antes clamado na Tunísia [*Dégage!*] e nessas outras versões um pouco distintas, mas que com ele conversam: do *lo llaman democracia y no lo es* [a chamam de democracia e não o é] do 15M ao *this is what democracy looks like* [é isso é que é democracia] dos protestos estadunidenses, passando pelo *Makache l'vote!* [sem voto!] novamente na

---

157 COLECTIVO SITUACIONES. *19 y 20: apuntes para el nuevo protagonismo social* (Buenos Aires, De mano en mano, 2002, pp. 12 e 42-43); Verónica GAGO. "Intelectuales, experiencia e investigación militante: avatares de un vínculo tenso" (*Nueva Sociedad*, n. 268, mar-abr de 2017, pp. 68 e 70).

Argélia e, antes, o *not in our name* [não em nosso nome] da oposição à guerra contra o terror do início do século. Uma sutil comunicação opera entre essas erupções, que "buscam modificar os limites do *status quo* e as narrativas pelas quais o compreendemos". Essa mobilização impõe no debate público estadunidense a questão das desigualdades (com o Occupy Wall Street) e depois a das violências policiais. Até entra em discussão a retirada de fundos das polícias (com os protestos pelas vidas negras). Isso se concretiza em pautas e lutas concretas, que se fortalecem nesses últimos anos, como o salário mínimo de quinze dólares por hora, um florescimento do movimento sindical em variados setores, ações diretas por justiça climática e o coletivo *Strike debt* acerca da questão decisiva do imenso endividamento e enfrentamento das instituições financeiras. No Estado Espanhol, o 15M escancara a incompletude da transição desde o fim da ditadura franquista e no Chile a total inadequação da Constituição pinochetista. Destravam o que estava interditado: seria uma destituição da democracia realmente existente? Levantes contra as mentiras e injustiças de governos aos quais se opõe essa onda de experimentos práticos de democracia.[158]

Foi o que sucedeu no Egito no primeiro mês de 2011. Algo se sacudia nos anos anteriores, com algumas greves, que suscitam apoios em variados setores (uma delas vai dar o nome ao Movimento 6 de Abril) e depois a mobilização frente ao horror da morte por espancamento de Khaled Said. Com o catalisador da mobilização tunisiana, o descontentamento retoma ousadia e chama um ato no dia de um feriado que homenageia a... polícia, inaugurando dezoito dias de exceção benjaminiana. Tudo se inverte na praça Tahrir (e no país): ali passam a ser garantidos os serviços que o eram antes, supostamente, nos prédios que a circundam; "na ilha-rotatória, as pessoas tomaram a praça designada às esculturas de bronze dos seus líderes fracassados. Uma cidade-tenda [...], uma 'república

---

[158] Jean-Pierre FILIU. *Algérie: la nouvelle indépendance*, p. 53; Benjamin ARDITI. "Las insurgencias no tienen un plan, ellas son el plan: performativos políticos y mediadores evanescentes en 2011" (*Debate feminista,* ano 23, n. 46, 2012, México, p. 160).

liberada'". O mundo de ponta-cabeça, no qual, "em vez de serem vigiados, cidadãos escrutinam o regime", resistindo aos ataques a camelo de partidários e mercenários de Mubarak e às bombas de gás e tiros das forças repressivas. Uma alegria de estar juntes cultivando e criando – um participante vai dizer que nunca em sua vida sentiu tanto amor quanto na praça, sendo os momentos mais felizes de sua vida. Novos seres surgem nesses dias, puxados pelos jovens, mas com pessoas de todas as condições, religiões e idades; um milhão vivendo outras existências, diz outra testemunha de um "poder do povo", ligando a Tahrir à Comuna de Paris.[159]

De Madagascar ao Quirguistão ou nos casos precursores (do atual ciclo) em Moçambique (2008), Islândia (2009) e Tailândia (2010): uma multiplicidade de revoltas, um fio nunca interrompido de irrupções numa lista infindável, indicando a balela ideológica de um suposto fim da história como trilha convergente geral para as democracias liberais. Só se pode pensar e propor algo assim ao se confinar a uma perspectiva interna do estado-capital-colonial e a seus desejos profundos. Por toda parte, esse discurso ruiu. Como dito numa convocatória zapatista, "o Poder se dedicou a nos fazer crer que estamos derrotados", e sobre essa mentira, construiu outra, de sua vitória; "o Poder escolheu a queda do Muro de Berlim como símbolo de sua onipotência e eternidade, [...] edificando um muro maior e mais forte: o muro da desesperança".[160]

ingovernável

Em 2007, o comitê invisível publica *A insurreição que vem*. Proféticos, elas virão. Sentem o que vinha por conta da influência direta (e vivida) de dois acontecimentos: o levante das periferias de 2005 e o

---

[159] Eyal WEIZMAN (com Blake FISHER e Samaneh MOAFI). *The Roundabout Revolutions*. Critical Spatial Practice 6 (Berlim, Stenberg Press, 2015, p. 44); Wael GHONIM. *Revolution 2.0: the power if the people is greater than the people in power* (Boston, Mariner Books, 2012, pp. 264 e 290); Alaa El ASWANY. *Chronique de la révolution égyptienne* (Paris, Actes Sud, 2011, pp. 17-19).

[160] Subcomandante Insurgente MARCOS. *A los asistentes al V Encuentro Europeo de Solidaridad con la Rebelión Zapatista* (30 de janeiro de 1996).

movimento contra o CPE (primeiro contrato de trabalho) no ano seguinte. Distintos e conectados, essa dupla fez tremer a República francesa e anuncia novos tempos de luta. Uma geração influenciada também pelas manifestações antiglobalização, ações diretas contra os transgênicos, movimentos de desempregados e combates contra a extrema direita. Um dos seus sinais se dá em 2002 quando o horrendo Jean-Marie Le Pen chega ao segundo turno: pululam atos muitas vezes noturnos, chamados de manifestações selvagens por não cumprirem o protocolo de pedir autorização e informar trajeto às autoridades.

O primeiro estalo ocorre no dia 27 de outubro de 2005, quando um grupo de jovens de Clichy-sous-Bois (periferia parisiense), voltando de um jogo de futebol, tem um mau encontro com a polícia: seis são detidos e três (que estão sem seus documentos) fogem. Quatro carros os cercam. Eles pulam um muro e adentram uma central elétrica. Dois (Zyed e Bouna) morrem eletrocutados e um (Muhittin) se queima. As periferias do país inteiro vão pegar fogo por vinte noites (mais de dez mil veículos e centenas de prédios, públicos e privados, atingidos) numa extensão inédita no espaço e no tempo (e também nos prejuízos materiais – duzentos e cinquenta milhões de euros). No auge, na noite do dia 6 para o 7 de novembro, mil e tantos carros são incendiados e quase trezentas cidades são afetadas.[161]

Chamas contra a vida ruim (desemprego, racismo, violências policiais) se expressam nos alvos da fúria dos jovens: automóveis, ginásios, escolas, empresas – os lugares de ascensão social, do emprego, da cultura e da educação. A revolta se propaga. No seu primeiro livro, um pouco mais de um ano depois, o comitê invisível vai celebrar essa irrupção de raiva, que manifesta a plena posse de um território, ao lograr se deslocar, proteger e atacar; ao segurar a rebelião por tantos dias. Anônima e noturna, com e sem máscaras e indicando um "modelo. Nenhum líder, nenhuma reivindicação, nenhuma organização, mas sim palavras, gestos, cumplicidades". A resposta imediata do governo? Ativar a islamofobia e decretar o

---

161 David DUFRESNE. *Maintien de l'ordre: enquête* (Paris, Fayard/Pluriel, 2013 [2007], p. 135).

estado de emergência, que possibilita recursos não mais usados na França desde a Guerra da Argélia, explicitando a ocupação contemporânea das periferias na chave colonial.[162]

O segundo episódio acontece alguns meses depois, na mobilização contra a lei proposta pelo governo como resposta à insurgência de novembro, de um contrato de trabalho com duração limitada para os que tem menos de vinte e seis anos. Logo, estudantes universitários e secundaristas, precarizados e desempregados se levantam, seguidos posteriormente por sindicatos e partidos de esquerda. Uma parte ocupa a simbólica (e situada no coração de Paris) Universidade Sorbonne no dia 8 de março, o que não ocorria desde 1968. São expulsos e confrontos ocorrem nas ruas numa intensidade inédita em duas décadas: duram várias noites, todo o bairro é cercado e vira um campo de guerra.

Manifestações gigantes tomam as principais cidades francesas e se sustentam nas duas semanas seguintes. O presidente Jacques Chirac renuncia então ao projeto. Da Bastilha onde estavam reunidos, jovens e demais, arranca um pequeno grupo e vão afluindo, espontaneamente, de vários cantos, deliberando continuamente sobre que caminho seguir e puxados por uma bandeira vermelha e preta. Uns três mil deambulam pelos pontos de poder estatal (prefeitura, Assembleia, Senado, Palácio da Justiça) e sobem para o norte da cidade quebrando algumas vitrines (bancos, agências de trabalho temporário, imobiliárias, fast-foods) e terminam na igreja do Sacré-Coeur na madrugada, depois de mais de seis horas de deriva e dezenas de quilômetros de percurso. Lá tentam arrombar a igreja símbolo do esmagamento da Comuna; não conseguem, mas deixam o recado: *viva a Comuna!*

Ambos marcam o contexto da emergência de uma nova geração, uma tentativa de destituição da esquerda então hegemônica, indo contra suas práticas (sindicais, partidárias, associativas) nas quais a manifestação virou instituição e teria perdido sua subversão, sendo integrada (e domesticada) à ordem política predominante. Nos protestos de 2016, uma emblemática faixa com os dizeres "*sejamos*

---

[162] COMITÊ INVISÍVEL, *A insurreição que vem*, p. 132.

ingovernáveis" – não se busca mais "aparecer" nem se fazer visível (para o poder, a mídia). De algum modo, seriam até *"antimanifestantes"*, ao se mascararem contra a repressão policial e judicial, mas sobretudo ao expressarem um "símbolo de ruptura que diz 'eu não quero mais aparecer nesse jogo político'". Não mais pensam-agem em reivindicações e nos "termos mutilantes do poder" e sim em ações diretas, ocupações, deserções – a comunidade como prática comum: *somos todos vândalos*, se inspirando nos *piqueteros* argentinos, nos confrontos de novembro nas periferias e nas insurgências na Argélia alguns meses antes e cujos efeitos reverberam nos anos seguintes.[163]

Não foi a manifestação que transbordou, é o transbordamento que se manifesta. Na primavera de 2016 ocorreu uma sequência de transbordamentos: na primeira convocação às ruas contra as mudanças na lei trabalhista do dia 9 de março (meio milhão vai às ruas), dos sindicatos pelos *youtubers* e depois das manifestações habituais pelo *cortège de tête* [linha de frente, como a *primera linea* chilena e equatoriana ou os *frontliners* estadunidenses] e pelo *nuit debout*. Na greve geral do dia 31, mais de um milhão se manifestam em mais de duzentas cidades. À frente da mobilização sindical em Paris, se forma um *black bloc* que consegue furar o bloqueio policial. Nessa noite, a imensa multidão chega à praça da República e ali se inicia o *nuit debout. Lei, trabalho: fim de ambos.*[164]

Apesar de um alto apoio da população aos protestos (mais de dois terçosda opinião), a retirada de direitos trabalhistas é aprovada – e isso via um decreto de exceção, ao passar por cima do Parlamento (mesmo com o governo tendo maioria). Algo se produziu naquelas semanas: uma confluência entre "autônomos mascarados, secundaristas determinados, anarquistas veteranos, estudantes motivados,

---

163 Joan HAGELSEN e Camille ZIUTHRE. "Le cortège de tête vu de l'intérieur ou la lutte hors cadre: entretien fictif de deux participants au 'cortège de tête' avec un interlocuteur imaginaire simplement curieux". (*Les Temps Modernes*, n. 691, nov-dez 2016, pp. 192 e 195); COMITÉ D'OCCUPATION DE LA SORBONNE EN EXIL. Communiqué n. 1 (Paris, 12 mar. 2006).

164 Alexis CUKIER e Davide Gallo LASSERE. "'Contre le loi Travail et son monde': autonomie et organisation dans le long mars français" (*Les Temps Modernes*, n. 691, nov-dez 2016, p. 127); Aléric de GANS. "Tous nos jours de tonnerre: témoignage sur la naissance du cortège de tête" (*Les Temps Modernes*, n. 691, p. 26).

feministas ofensivas, desempregados combativos, LGBTs em fusão, precarizados incansáveis, sindicalizados curiosos", além de "ferroviários entusiasmados, aposentados se divertindo e tantos que não saberia colocar uma etiqueta", esvaziando e atacando os "símbolos da violência capitalista [...], assim como preenchendo os muros com suas palavras de ordem políticas e poéticas" até meados de junho. Teria sido menos um movimento social e mais um conflito político, remetendo à 68, nas criações políticas que recusam os modos habituais de engajamento, militância, fazer política e que enfrentaram uma rude repressão. Os lugares se esvaziaram, mas os laços perduram.[165]

Qual um dos mais fortes símbolos do levante dos coletes amarelos no fim de 2018? As cabanas e barracas nas rotatórias, num elo óbvio com a ZAD (sobre a qual nos debruçamos abaixo) e suas construções inventivas. A sublevação abarca todo o país; praticamente nenhuma cidadezinha ou metrópole fica, em novembro, imune à *febre amarela* que percorre as pequenas e grandes rodovias e parte das mais de sessenta mil rotatórias (que já tinham sido tomadas em 2008 na Guiana e em 2009 em Guadalupe e na Martinicaa; um dos picos dessa vez foi na Ilha da Réunion, que viu sua economia paralisada durante uma semana). O que era o aparato de disciplina da circulação e fluxos se torna seu desfazer. No início de dezembro, o fogo se concentra na Paris burguesa, dos comércios de luxo, grandes hotéis e do poder, numa tomada da capital. Nesses dias, em Bordeaux, numa coluna um colete amarelo escreve, sob aplausos, *"não somos nada"* e numa outra, *"queremos tudo"*.[166]

Essa mobilização da dignidade marca um radical rechaço a um presidente que aprofundou o desmonte das proteções trabalhistas, ajudas sociais e despesas públicas, acabou com o imposto sobre as grandes fortunas e aliviou taxas dos patrões e que emitiu uma sequência de declarações ofensivas para os de baixo, chamados de preguiçosos,

---

[165] Valérie GÉRARD e Mathieu-Hô SIMONPOLI. "Des lieux et des liens" (*Les Temps Modernes*, n. 691, pp. 10-11); COMITÉ INVISIBLE. *Motim e Destituição: agora* (São Paulo. N-1, 2018. Edição utilizada, Paris, La fabrique, 2017, p. 60).

[166] Eyal WEIZMAN. *The Roundabout Revolutions* (Critical Space Practice 6, 2015, pp. 35); Jeremy HARDING. "Os manifestantes estão em pânico: o que querem os coletes amarelos?" (*Revista Piauí*, n. 151, abril de 2019).

arruaceiros, iletrados, refratários às mudanças... A isso respondeu o movimento com múltiplas inscrições em seus coletes amarelos e uma tenacidade de luta. *Não ao gotejamento de cima, sim à ebulição por baixo.* Tal disrupção é produzida por pessoas que não vinham ou não teriam tradição de se mobilizar, não estavam representadas pelas instituições (inclusive sindicatos) nem eram de categorias que costumam reivindicar. *Pessoas que não são nada devolvem os tiranos ao seu vazio.* Gente comum, muitos de meia-idade, que colocou o acessório obrigatório para os motoristas de carro, inicialmente num berro contra o aumento do preço dos combustíveis – *o dinheiro da ecologia está nos paraísos fiscais, não no bolso dos proletas!*

Um dos seus aspectos mais instigantes e intrigantes: não tem reivindicações – são mundos que se opõem. Como no movimento das praças, os coletes amarelos, "oriundos do interior profundo, de quem se diz serem todo ouvidos às sereias autoritárias do 'populismo', adotaram essa reivindicação de horizontalidade radical", pela qual são conhecidos os "jovens anarquistas românticos dos movimentos *Occupy* ou das *ZAD*". Continua Rancière: "não há negociação entre os iguais reunidos e os gestores do poder oligárquico. Isto significa que, só de causar medo a estes últimos, a reivindicação já triunfa", ademais de "sua vitória mostrar que o medo é irrisório em relação ao que a revolta 'quer' em seu desenvolvimento imanente: o fim do poder dos 'representantes', daqueles que pensam e agem para os outros". A desobediência política como cerne das revoltas contemporâneas no choque entre percepções-práticas de democracia – a oligárquica da "contagem de votos a favor e votos contra, em resposta a uma pergunta feita" ou sua subversão (e sentido forte): "a ação coletiva que declara e verifica a capacidade de qualquer um de formular as próprias questões".[167]

Frente ao temor despertado, são arrancadas conquistas de justiça fiscal e social (baixas de taxas, aumento de certas aposentadorias, bônus para baixos salários, aumento do salário mínimo); não tanto, mas bem mais do que os sindicatos conseguiram no último

---

[167] Jacques RANCIÈRE. "As virtudes do inexplicável: sobre os coletes amarelos" (traduzido por Clarissa Comin) (*AOC*, 8 de janeiro de 2019).

período. Os atos dos coletes amarelos expressam o mesmo rechaço da nova geração a respeito das regras rígidas de mais de um século, das manifestações francesas, com suas datas fixadas com bastante antecedência, formalizadas, com responsáveis legais e percurso negociado, serviço de ordem, panfletos, bandeiras, adesivos e slogans preparados. Essa tática vai desarmar inicialmente as forças policiais – que, apesar de seu grande número, armas e treinamento, foram tragadas pela maré amarela. As respostas estatais serão, porém, extremamente brutais no decorrer desse movimento.

Junho[168]

Um terremoto político sacode o Brasil no mês de junho de 2013. Milhões de pessoas – transbordando divisões, setores e áreas – tomam as ruas sem nenhuma coordenação centralizada. Fato inédito, chacoalha e transforma o país. A década precedente é marcada pela ascensão de dezenas de milhões e, no debate daquele momento, uns sustentavam a emergência de uma "nova classe média" (ou uma expansão da "classe C"); disputas também se davam nas ruas e não só nas instituições, o Brasil sendo exceção. Além de o conectar ao ciclo de revoltas globais, as Jornadas de Junho abrem um paralelo com 68 (Cidade do México, Dakar, Berkeley, Nanterre, Córdoba, Tóquio, Rio e São Paulo), se pensarmos no papel dos novos estudantes universitários: no Brasil seu número explode nos anos anteriores, constituindo um fermento para a revolta — novas possibilidades existenciais para esses jovens trabalhadores se confrontando com um muro. Em entrevista naquelas semanas, com a brasa ainda quente, Zé Celso situa a virada nos termos de uma retomada de "um espírito de aqui e agora, uma coisa que é '1968'. [...] Em duas semanas, o Brasil mudou. Tudo mudou, e tudo tem que mudar".[169]

---

[168] Retomo aqui reflexões, feitas "a quente" e detalhadas, presentes nos artigos seguidos publicados em espanhol e português na *Nueva Sociedad*, *Revista Política Latinoamericana*, *Revista Rosa* e em diversos escritos curtos.

[169] Marcio POCHMANN. *Nova classe média? O trabalho na base da pirâmide social brasileira* (São Paulo, Boitempo, 2013); Marcelo NERI. *A nova classe média: o lado brilhante da base da pirâmide* (São Paulo, Saraiva, 2012); Jessé SOUZA. *Os*

Essas lutas não são, porém, um raio em céu azul; têm uma história e uma memória. *Violência é a tarifa*. Uma das faíscas é a luta pelo transporte, com os tradicionais quebra-quebra de bondes nas cidades brasileiras por conta do aumento do preço da passagem. Na primeira metade dos anos 2000 desencadeiam-se as revoltas do Buzu em Salvador e as duas da Catraca em Florianópolis, dentre outras. Daí nasce o Movimento Passe Livre (MPL), influenciado pela experiência zapatista e pelo movimento antiglobalização. Em 2011 e 2012, outras mobilizações precedem a explosão, como o Fora Micarla em Natal, as greves selvagens dos barrageiros de Jirau e Santo Antônio e a ampla solidariedade com os Guarani e Kaiowá. Poucas semanas antes de estourarem nacionalmente, houve a ocupação indígena do plenário do Congresso, o Bloco de Lutas em Porto Alegre e as lutas pelo transporte em Goiânia e Natal, além da organização dos Comitês Populares da Copa. Havia, portanto, todo um caldo mais subterrâneo — de várias formas não visível para as lentes convencionais — que estava se desenvolvendo naquele período (em São Paulo, o churrascão da gente diferenciada, a marcha da liberdade e atos na periferia contra a alta das passagens).[170]

O medo, em geral suportado pelas pessoas comuns (por conta de sua vulnerabilidade permanente, em vários sentidos), vive uma mutação com o acontecimento: os poderes constituídos passam a senti-lo. Os donos do poder e do dinheiro, da Globo, da mídia e dos bancos, políticos graúdos, juízes, militares e agronegócio temeram naqueles dias. Isso revela uma verdade da democracia, a de que a potência é dos de baixo, que a cedem ao Estado, constituindo o contrato social. Esses momentos de disrupção — que são muito preciosos e cujos efeitos são perenes — mostram de quem é a força que não é exercida, e naquele momento

---

batalhadores brasileiros: nova classe média ou nova classe trabalhadora? (Belo Horizonte, UFMG, 2012); Hugo ALBUQUERQUE. "A ascensão selvagem da classe sem nome" (*O Descurvo*, 6 de setembro de 2012); "Entrevista com Zé Celso Martinez (por Daniel DOUEK)" (Centro de Pesquisa e Formação, SESC São Paulo, 12 de julho de 2013). Disponível em: https://centrodepesquisaeformacao.sescsp.org.br/noticias/entrevista-com-ze-celso-martinez.

[170] MOVIMENTO PASSE LIVRE – São Paulo. "Não começou em Salvador, não vai terminar em São Paulo" em Ermínia MARICATO e outros. *Cidades Rebeldes* (São Paulo, Boitempo, 2013).

passa a sê-lo. Daí vem a grande riqueza desses eventos, e não podemos esquecer dos *loucos dias* de junho (entre os dias 13 e 20 – entre a erupção e a diminuição das tarifas), quando tudo parecia fugir – e fugia – de qualquer controle, como, por exemplo, no dia 17, na tomada do teto do Congresso em Brasília e na Batalha da Alerj. *Amanhã vai ser maior.*

Acabou o amor, isso aqui vai virar uma Turquia. Num ambiente de insatisfação e combatividade crescentes, acentuadas pela presença da favela e periferia nas ruas, "o burburinho de rebelião tomava a cidade, trabalhadores desciam de seus escritórios, todos os explorados insatisfeitos formavam uma grande massa de pessoas com camisas na cara". Decidem ir rumo à Assembleia e Camila Jourdan narra essa noite, no Rio, na qual os guardas não aguentam a pressão da população com pedras e paus e recuam para dentro do prédio. É feita uma grande fogueira ao pé da escadaria e em torno da qual "as pessoas dançavam em êxtase", com forte presença indígena (a Aldeia Maracanã tinha sido violentamente desocupada em maio, sendo um fermento da revolta). Bancos e lojas na avenida Rio Branco são saqueados; "chocolates caros, joias, roupas levadas e partilhadas por aqueles que não têm acesso a este tipo de consumo. Sim, chocolate: a batalha da Alerj teve sabor de chocolate com cheiro de gás lacrimogêneo". Só com tiros de bala de verdade a polícia impede a entrada na sede do Legislativo naquela noite.[171]

Se a tarifa não baixar, a cidade vai parar. Em São Paulo, são sete atos em catorze dias contra o aumento de vinte centavos. No dia da virada (na quarta manifestação, dia 13 de junho), a insanidade se expressa no surpreendente e contundente apoio aos protestos com vandalismo por parte dos espectadores do programa do Datena. A tentativa do apresentador em reverter essa simpatia tem efeito contrário, pois, ao insistir na baderna, reforça nos espectadores esse sentimento de adesão. *Ah, eu quero mais, estou viciado na porra desse gás.* No Rio, o caveirão, símbolo maior da guerra contra pobres e favelados, é espetado e atravessado por barras de metal no dia 20, que contou possivelmente com um milhão nas ruas. Todo um mundo e uma ordem revirados.

---

171 Camila JOURDAN. *2013: memórias e resistências.* (Rio de Janeiro, Circuito, 2018, pp. 51-53).

O professor vale mais que o Neymar. No dia 19 de junho, em Fortaleza, dia de jogo do Brasil na Copa das Confederações, um protesto grande (que diminui, mas se repete nos dias seguintes), o mesmo ocorrendo em Belo Horizonte, onde nasce no dia 18 a Assembleia Popular Horizontal (APH), reunindo milhares embaixo do Viaduto Santa Tereza. Essa, no dia 29, ocupa a Câmara Municipal (com a pauta principal de abrir a "caixa-preta" do transporte), numa movimentação que acontece também em Porto Alegre, Salvador, São Luís, Belém e outras tantas.

A detonação abre um novo ciclo político e a partir daí todos os atores e setores da sociedade brasileira são obrigados a se reposicionar — isso vale para a direita, a esquerda e o centro, as empresas, bancos e agronegócio, os movimentos indígenas e negros; todos são interpelados por 2013. Para o bem ou para o mal, é o fim do momento que o país estava vivendo. Acabou a estabilidade, dizem os protestos, e esse término significa o aguçamento do conflito distributivo, por conta da dificuldade de continuar o processo de diminuição das desigualdades sem tocar em certos interesses materiais do andar de cima. A *mágica* do lulismo (de distribuir para os pobres sem tomar dos ricos) encontra aí seu limite. Um paradoxo desse em sua moderação e na ausência das "reformas estruturais" situa-se no fato de constituir uma espécie de reviravolta simbólica e concreta. Uma expansão das possibilidades de vida e das perspectivas de luta, com uma série de políticas sociais (Bolsa Família, cotas e expansão da universidade pública, universalização da luz), econômicas (aumento do salário mínimo, créditos rural e popular), culturais (do "do-in antropológico"), mecanismos de participação e os novos vínculos com o mundo (não mais aceitação de um lugar marcado e subordinado no concerto global e fomento das relações Sul-Sul, integração regional e renovadas alianças). Essas políticas catalisam e inclusive mudam o eleitorado petista até hoje, com o realinhamento eleitoral e conquista do apoio dos mais pobres, sobretudo no Nordeste.[172]

---

[172] Gilberto GIL. *Discurso de posse no Ministério da Cultura*, 1º de janeiro de 2003; André SINGER. *Os sentidos do Lulismo: reforma gradual e pacto conservador*. (São Paulo, Companhia das Letras, 2012).

O auge desse projeto se situa no fim do governo Lula. Com sua altíssima popularidade, elege a sucessora e garante para o Brasil a sede das Olimpíadas e da Copa. É justamente no contexto do que seria um tipo de coroação que os protestos põem a nu fortes fragilidades desse processo de mudanças: uma democracia de baixa escala (violência, participação limitada, repressão às manifestações, genocídio da juventude negra, etnocídio dos povos indígenas) com suas alianças contraditórias e o poder, nada democrático, de grandes empresas e bancos. A aposta num Brasil poderoso conecta o apoio aos chamados campeões nacionais e à realização desses grandes eventos. Entre, de um lado, fomentar megaempresas com dinheiro dos bancos públicos e lhes dar projeção internacional e, por outro, financiar a acolhida de competições empresariais-esportivas, com remoções de comunidades, gentrificação das cidades e do esporte e investimentos duvidosos. E, também, seu fiasco, seja nas telecomunicações (recuperação judicial da empresa Oi), na concentração no mercado de carnes (JBS Friboi e seu primeiro lugar mundial como processadora de alimentos), seja na falência do Grupo X de Eike Batista, para a primeira, e a falta de legado substantivo para a população no que toca à segunda. Isso ganha outro relevo com a irrupção. *Não vai ter Copa!*

O filme *Martírio* mostra implacavelmente a conivência (e até adesão) dos governos petistas a importantes setores econômicos que estão à frente da destruição ambiental e dos modos de vida menores. A crítica ao desenvolvimentismo está presente nos protestos, como nas referências a Belo Monte. As conquistas dos chamados governos progressistas (o combate às desigualdades sociais e étnico-raciais, a emergência de novos sujeitos e a tentativa de formação de um bloco regional) só foram possíveis por conta dos movimentos mencionados acima – são suas origens diretas. A América do Sul foi, nesse início de século, um dos laboratórios políticos mais férteis do planeta e suas dificuldades se relacionam diretamente ao fato de não conseguir aprofundar essas mudanças despertadas. Um nó do dito progressismo sul-americano se percebe no símbolo coletivo e na conexão Belo Monte-Tipnis-Yasuní--Vaca Muerta: nessas quatro decisões políticas cruciais, os governos desistiram de criar vias alternativas para afirmar o caminho habitual, um pouco mais à esquerda. A construção da hidrelétrica no Brasil, a abertura da estrada num parque na Bolívia, o início da exploração de petróleo numa reserva no Equador e do gás de xisto no sul argentino convergem em rumos monoculturais, levando a uma perda decisiva para as possibilidades de transformação das vidas coletivas.[173]

Nas ruas brasileiras em 2013, nessa "revolta dos governados contra os governantes", podiam ser observadas demandas nitidamente provenientes do lado dos de baixo: contra a máfia das empresas de ônibus (serviços ruins e preços altos, sem transparência em relação aos custos e lucros), violências policiais (a outra faísca do dia 13 em São Paulo) com os gritos de *cadê o Amarildo?* e *não acabou, tem que acabar. Eu quero o fim da polícia militar* no Rio e em todo país, e por melhorias profundas na educação e saúde públicas. Essas pautas se fortalecem depois das enormes manifestações. Tinham, contudo, sido deixadas de lado pela esquerda no governo (apesar da proposta de tarifa zero nos transportes ser, por exemplo, uma formulação de origem no PT, na gestão da Luiza Erundina na prefeitura de São Paulo). Isso vale também para questões muito caras, por exemplo, aos movimentos negro, indígena e transfeminista, ignoradas em geral pela sociedade como um todo e em boa parte pela esquerda, como a guerra às drogas e a determinadas pessoas e coletividades. Em 2013, "o alvo da revolta popular eram os agentes da sua opressão diária: ônibus; agências de bancos; Palácios dos Poderes; Assembleias Legislativas; veículos do monopólio da mídia manipuladora; viaturas policiais". Revoltas, permanentes e ininterruptas, ganham maior visibilidade; assim como os aumentos nos transportes foram revogados em mais de cem cidades, era possível reivindicar e ganhar em outros campos.[174]

As comportas se abrem, ou melhor, são abertas. O número de greves dispara segundo o Dieese: de menos de mil em 2012 para

---

173 Vicent CARELLI, *Martírio*, 2016.
174 Rodrigo NUNES. *Do transe à vertigem: ensaios sobre bolsonarismo e um mundo em transição.* (São Paulo, Ubu, 2022, p. 167); Camila JOURDAN. *2013*, p. 111.

mais de duas mil em 2013 (o maior número desde o início da contagem nos anos 1980), abrangendo setores geralmente menos propensos às paralisações, como a indústria da alimentação, segurança ou limpeza urbana. Guilherme Boulos conta que o MTST não estava dando conta dos anseios de ocupação que tomaram as periferias paulistas naquelas semanas. *A verdade é dura, a Globo apoiou a ditadura*. No Rio, que continuará mobilizado por meses (durante a Jornada Mundial da Juventude, no Ocupa Cabral e na greve dos professores), após um ataque a um prédio da emissora, o jornal *O Globo* publica uma autocrítica acerca do apoio das Organizações Globo ao golpe civil-militar de 1964. A Aldeia Maracanã não vira um estacionamento e segue em resistência. Junho mostra uma série de caminhos e abre espaço para novas práticas e alianças políticas: as greves dos garis no Rio e uma presença Guarani Mbya de muito mais contundência em São Paulo, numa multiplicação de atos de repercussão e inspiração desde então. Tingindo de vermelho o Monumento às Bandeiras, trancando a Rodovia dos Bandeirantes, ocupando por vinte e quatro horas o escritório da Presidência ou, em particular, retomando a antiga aldeia Kalipety, nessa *tekoa* onde hoje a cidade vive um dos seus mais belos experimentos cosmopolíticos, de cultivos agrícolas e políticos.[175]

As duas ondas de ocupações secundaristas – em 2015 e no ano seguinte, em vários estados – constituem parte dessas sementes. Uma cena expressa novas subjetividades que afloram: um estudante negro bem jovem interpela um policial do dobro do seu tamanho e que pegou o cadeado que representava o controle da Escola Estadual Raul Fonseca por parte dos alunos. Depois de uma breve discussão, ele pergunta ao PM se ele tem um mandado. Não, ele não o possui. O menino lhe diz, então, de forma firme e decidida, para se retirar. O que aconteceu no Brasil para podermos ver essa cena? O estudante do ensino fundamental de uma escola da

---

[175] SAG-DIEESE. "Balanço das greves em 2013". *Estudos e Pesquisas*, n. 79, dezembro de 2015; Lucas Keese dos SANTOS. *A esquiva do Xondaro: movimento e ação política entre os Guarani Mbya*. (São Paulo, Elefante, 2021, p. 257).

periferia da maior cidade do país campeão da escravidão não tem mais medo, e o fim desse episódio (com a saída do policial) seria inimaginável até pouco tempo atrás.[176]

No que poderia ser uma piada (ruim) foucaultiana, conta-se que nos anos 1980 o governo estadual de São Paulo pensou em transformar a Escola Estadual Pilar Garcia Vidal Dona, na zona leste, num presídio. A mobilização da comunidade a salvou desse destino. Dizer que a escola é uma prisão faz sentido (trancas mil, hierarquias sem sentido, autoritarismos variados, diretores-carcereiros), se atém a uma denúncia importante, mas impotente. Além disso, quase todos os setores políticos e sociais no Brasil seriam a favor da educação, esta sendo um grande consenso nacional, ainda que um entendimento um tanto oco. A força pragmática e a ação dos estudantes desestabilizam isso tudo e abrem brechas para pensarmos e mudarmos essas questões para valer. *Acabou a paz, isto aqui vai virar o Chile!* As escolas ocupadas mudam essa chave, com sua apropriação simbólica e concreta. Uma escola tornada viva, com a descoberta dos espaços fechados, sujos, abandonados. O ato de plantar, organizar debates, ver e fazer cinema e teatro, música e dança, tapar buracos, consertar chuveiros, encontrar livros (!), bolas, jogos e materiais diversos escondidos ativa todo um potencial. Cuidado de si e dos outros. Uma nova escola, a escola de luta, como prefiguração de sua reinvenção (ou que nem escola seja mais). Essas experimentações dialogam com algo presente, em diferentes intensidades, nas revoltas das praças mundo afora. *Quando quebra queima.* Ao assumir sua auto-organização, as ocupações traçam linhas de libertação e protótipos de uma autogestão dessa nova vida compartilhada nas quais novos corpos pulam os muros da escola.[177]

---

176 A cena pode ser vista no vídeo hospedado no seguinte endereço: https://www.facebook.com/ColetivoDAR/videos/996255803770932/.

177 Martha Kiss PERRONE e Fábio ZUKER. "Por que ocupamos..." (*Nossa Voz*, n. 1017, agosto de 2016); Lincoln SECCO. "Secundaristas" (*Blog da Boitempo*, 24 de maio de 2016); GRUPO CONTRAFILÉ, SECUNDARISTAS DE LUTA E AMIGOS. *A Batalha do Vivo*, 2016; Peter Pál PELBART. *Carta aberta aos secundaristas* (São Paulo, n-1, 2016); Antonia M. CAMPOS, Jonas MEDEIROS e Márcio M. RIBEIRO. *Escolas de luta* (São Paulo,

Por uma vida sem catracas. Zé Celso logo pesca a dimensão subversiva dos vinte centavos e da proposta geral do MPL como "uma metáfora para o passe livre de tudo, inclusive do teatro". E encara os protestos como um coro; não "os coros de musical americano, de levantar a perna na hora certa. São coros como o futebol, de indivíduos que jogam, que entram em contato com o público". Invocando Artaud e um panteão do teatro, diz "incentivar o poder humano neles, de se autocoroarem. De cada pessoa emanar o seu poder. Teatro é democracia direta. Instantanérrima". Em contraposição a "todas as catracas, as jaulas, as coisas que fecham, você tem que ir driblando, driblando, driblando para emergir, dar o que você sabe e receber dos que sabem, dos que estão sabendo agora". Um dos cernes desse "junho que está sendo" é uma crítica aos representantes em geral, em todas as esferas – uma nova sensibilidade estética-política. Fazer das diferenças possibilidades de influências mútuas: manifesta essa outra coletividade também um esboço de um novo corpo político? As mudanças passam a ser compreendidas menos como projetos de crescimento progressivo (com demandas "mais realistas", isto é, menos imaginativas e mais convencionais) e mais como ação de, por fora, romper a "camisa de força da política institucional".[178]

Por que esse caldo deu por ora mais em oportunidades perdidas? Pensando, primeiro, no polo da esquerda, que acabou tornando-se mais – digamos – comportada, conduzido pelo PT, mas que abrange outras organizações como a CUT, o MST e os movimentos feminista e negro mais vinculados ao ciclo de lutas que se inicia no período final da ditadura. O partido controla, em 2013, os executivos com dois dos orçamentos públicos mais importantes (da União e da maior cidade do

---

Veneta, 2016); Ines BUSHATSKY. "Quando Quebra Queima (coletivA ocupação): a irrupção do sujeito político coletivo" (*Sala Preta*, v. 18 n. 2, 2018).

[178] "Entrevista com Zé Celso MARTINEZ (por Daniel DOUEK)" (Centro de Pesquisa e Formação, SESC São Paulo), 12 de julho de 2013; Alana MORAES, Bernardo GUTIÉRREZ, Henrique PARRA, Hugo ALBUQUERQUE, Jean TIBLE e Salvador SCHAVELZON. "Junho está sendo" em Alana MORAES e outros. *Junho: potência das ruas e das redes* (São Paulo, FES, 2014); José Celso Martinez CORRÊA. "Balbucio grávido de arte política" (*Blog do Zé Celso*, 1º de setembro de 2015); David GRAEBER. "A hora dos 99%?" (*O Estado de S. Paulo*, 31 de janeiro de 2015).

país). Seus quadros à frente dessas administrações, contudo, se ativeram a perspectivas tecnocráticas. A "estratégia da pinça" de combinar posições institucionais e construção do poder popular já estava desequilibrada no início dos anos 1990 e a primeira só se reforça, a ponto de se tornar a única vertente, sem a tensão com a segunda. O prefeito Fernando Haddad se opôs a Junho, o que é curioso, pois sua campanha à prefeitura no ano anterior falava de um tempo novo e este poderia se conectar com o que emergiu com mais contundência, mas o espírito não reconheceu o corpo encarnando nas ruas e o rejeitou. Dilma Rousseff, como presidente, propôs cinco pactos (sendo um deles o importante programa Mais Médicos e outro a "responsabilidade fiscal" – austeridade numa hora dessas?) e fez um gesto interessante (e talvez inédito nesse ciclo global), ao receber alguns manifestantes no Palácio. No entanto, como disseram militantes do MPL ao fim da reunião, não houve real conversa nem intenção de levar em conta o que tinha sido proposto nas ruas. Apesar da insatisfação crescente e alta, Dilma será até reeleita no ano seguinte, pois a oposição, representada no segundo turno por Aécio Neves, apresentou um projeto pré-Junho e até pré-lulismo.[179]

No fundo, passada a tempestade mais imediata, o mundo petista tocou a vida. As consequências foram trágicas para o movimento, para o partido e para o país. Esse desencontro não estava dado, se levarmos em conta que essas entidades vêm dos "novos personagens que entraram em cena", ou seja, da extraordinária mobilização a partir do fim dos anos 1970 em que trabalhadores em movimento – com suas greves e assembleias em estádio de futebol e em tantos espaços – impedem uma transição para a democracia representativa negociada somente por cima, pelos de sempre nessa grande tradição nacional. Os anos 1980, tratados por muitos economistas – de direita e esquerda – como "década perdida", são, ao contrário, um fervo de experiências de auto-organização, no bojo das quais se formam organizações importantes e que inspiram a esquerda mundial (além do partido, os movimentos sindical, popular e camponês). Uma de suas principais

---

179 Juarez GUIMARÃES. "A estratégia da pinça" (*Teoria e Debate*, 1º de dezembro de 1990).

características, reforçada pela luta contra o arbítrio, se situa numa "atitude de profunda desconfiança em toda institucionalização que escapa do controle direto das pessoas implicadas e uma igualmente profunda valorização da autonomia de cada movimento", nas quais as concepções-práticas de autoconstrução são chave, assim como "o repúdio à forma instituída da prática política, encarada como manipulação" ao que se opõe uma "vontade de serem 'sujeitos da própria história', tomando nas mãos as decisões que afetam suas condições de existência". Seu resultado? O alargar da "própria noção da política, pois politizaram múltiplas esferas do seu cotidiano".[180]

Esse conjunto emergente, subversivo, pode ser compreendido como uma retomada de 68. *Greve na fábrica contra o arrocho da ditadura*. Nesse ano forte também no Brasil, as greves de Osasco e Contagem, nascidas no chão de fábrica e elegendo comissões, desafiam a ditadura e sua intervenção anterior nos sindicatos. Essa cede e os grevistas conquistam um abono de dez por cento para todos os trabalhadores (não incorporado ao salário, mas generalizado nacionalmente). Se expressa, também, no incêndio do palanque montado pelo governador biônico na praça da Sé em São Paulo no dia 1º de maio e na "sexta-feira sangrenta" de 21 de junho no Rio, na qual uma revolta popular enfrenta, com paus, pedras e todos os tipos de objetos encontrados a mão, a polícia em batalhas campais que duraram cerca de dez horas (evento possivelmente inédito em todo o período militar), com a polícia militar (e depois a política) atirando. É um tempo, assim, de levante estudantil, popular e cultural, que é rapidamente interrompido, com o AI-5 do dia 13 de dezembro. Parte dessa onda é pouco a pouco retomada pelo *silencioso* trabalho de formiguinha de militantes na clandestinidade (como o da Oposição Sindical Metalúrgica de São Paulo, do Movimento Custo de Vida e tantas outras). E será contemporâneo a expressões da contracultura

---

[180] Marco Aurélio GARCIA. "São Bernardo: A (auto)construção de um movimento operário" (*Desvios*, n. 1, 11/1982, pp. 10-27); Eder SADER. *Quando novos personagens entraram em cena: experiências, falas e lutas dos trabalhadores da Grande São Paulo 1970-1980* (Rio de Janeiro, Paz e Terra, 1988).

e outras subversões; os anos 1970 contam, em seu início, com a aparição dos Dzi Croquetes, grupo *sui generis*, de antropofágico espírito de devoração, bagunçando padrões arraigados de gênero e, alguns anos mais tarde, iniciativas como o jornal Lampião (presente em todas as bancas), os grupos Lésbico Feminista (LF), Somos – Grupo de Afirmação Homossexual e Grupo Gay da Bahia.[181]

Voltando a 2013, o PT não soube ganhar; contribuiu decisivamente, mas não foi capaz de se despir da perspectiva estatal e de aprofundar as conquistas nem quando as ruas apontaram para isso e mudaram a correlação de forças. Mais: talvez tenha provocado um curto-circuito ao promover novas subjetividades e não ir mais a fundo, abrindo flanco para a reação. O outro polo, de uma esquerda autônoma, incluindo dezenas de organizações e sensibilidades, infelizmente, tampouco deu conta das aberturas de Junho. O MPL, uma de suas expressões, incendiou o Brasil, pautou um tema fundamental para a classe trabalhadora, conseguiu sua inclusão como direito social na Constituição e, sobretudo, ajudou na eclosão de um novo imaginário político radical, mas não logrou articular a luta contra a catraca do transporte para as outras cercas que assolam a sociedade. Tampouco conseguiu aproveitar aquele momento para dialogar com a população de forma mais continuada, no sentido de construir novas conexões e fomentar organizações do cotidiano (mas essa talvez seja "cobrança" demasiada para um conjunto de pequenos coletivos de poucas dezenas de pessoas?). Muitas pessoas, sobretudo após o dia 13 de junho, participam pela primeira vez em manifestações e mobilizam argumentos despolitizados sobre a corrupção, moralistas sobre a "violência" (o *Jornal Nacional* do dia 20 de junho impressiona pela quantidade de vezes em

---

[181] Waldemar ROSSI. "Contando a nossa história: a construção dessa cidade" em Elias STEIN (org.). *Quando os trabalhadores se tornam classe: a construção da riqueza na Cidade de São Paulo* (São Paulo, IIEP, 2016); Zuenir VENTURA. *1968: o ano que não terminou: a aventura de uma geração*. (Rio de Janeiro, Nova Fronteira, 1988, pp. 134-135); João Silvério TREVISAN. *Devassos no paraíso: a homossexualidade no Brasil, da Colônia à atualidade* (São Paulo, Objetiva, 2018 (4. ed.), p. 273); Edward MCRAE. "Identidades homossexuais e movimentos sociais urbanos no Brasil da 'Abertura'" em James N. GREEN e outros (orgs.). *História do Movimento LGBT no Brasil* (São Paulo, Alameda, 2018. p. 91).

que os apresentadores insistem na suposta oposição entre manifestantes pacíficos majoritários e vândalos minoritários) e símbolos verde-e-amarelos capturáveis. O documentário *Com vandalismo*, do Coletivo Nigéria, retrata esse processo em Fortaleza, mas não é justamente o papel de quem quer transformar convencer e ganhar mais gente?

De alguma forma, as esquerdas se surpreendem com 2013 e essas brechas perdidas são trágicas e abrem espaços para a extrema direita (lembremos de Walter Benjamin falando do fascismo como resultado de uma revolução fracassada). Cinco anos depois, um candidato que celebra a máquina de morte (repudiada nas manifestações daquele ano) é eleito, num processo cheio de ilegalidades (golpe, prisão de Lula) e se colocando demagogicamente como alheio a um sistema político em convulsão e com baixa legitimidade. Na medida em que a política institucional não leva em conta o evento de 2013, sua crise se aguça e vamos nos aproximando do sinistro cenário. Junho, em seu questionamento dos representantes, abriu um novo ciclo político e as esquerdas (mais afins às plurais mensagens das ruas) não souberam aproveitar as novas fissuras: a estratégia aberta pela disrupção não encontrou a virtude tática das organizações. A fundação oportunista do Movimento Brasil Livre (MBL) copia a sonoridade do MPL, roubando, de alguma forma, uma sigla e um símbolo, assim como o Vem pra Rua. Ambos, no âmbito da (extrema) direita, tentam corresponder a esse anseio.

Vivíamos então um recorde de eleições presidenciais seguidas e com isso uma certa estabilidade política e um certo crescimento econômico com distribuição de renda. Para os indicadores do governo petista, assim, tudo caminhava bem (com desemprego baixo e salários em alta). Porém, como no *momento 68* nos países mais ricos, e contra determinadas expectativas conservadoras, melhores condições de vida geram mais lutas, e não acomodamento. Junho passa a ser – curiosamente, tanto para a extrema direita quanto para parte da esquerda, ainda que com sinais invertidos – o marco inicial de uma onda conservadora. Não adianta, todavia, culpar a Globo e os conservadores (ou ainda os EUA) que disputaram os rumos dos protestos, depois de terem apoiado sua repressão. As manifestações posteriores contra Dilma se iniciam logo após a contestação do resultado de 2014 pelo candidato derrotado e se fortificam nos dois anos seguintes, levando ao impeachment. Qualquer pessoa pode perceber, porém, que se trata de outro público, bem mais rico, velho e branco que o de 2013. Surpreendentemente, uma direita que não encarava a rua havia décadas soube melhor se posicionar após a explosão, enquanto para as esquerdas, ou, ao menos para parte delas, 2013 talvez tenha ficado como um tipo de trauma.

O que clama 2013, processo brasileiro de um fenômeno global, quase uma década depois? Que demandas impossíveis não o são, pois movimentos podem parar e tomar a cidade, interpelando a sociedade e arrancando conquistas do poder. A tarifa de um serviço essencial foi diminuída, foi pautada a prioridade do transporte público e se discutiu a *utopia* da tarifa zero, além de ter sido colocada em xeque a polícia (por pouco tempo). Como em tantos pontos do planeta nessa última década, "o que 2013 tinha de inegociável, invendável, a fenda que abriu no sistema apontando para um outro modo de vida, pois é isso que ele tem de poderoso". Trata-se de "um momento em que a imaginação política se destrava" e revira o país: "inverteu-se a equação – insanidade é o que está à frente de todos, da prepotência da Fifa à megalomania neodesenvolvimentista!". Nesse sentido, "a violência da reação conservadora que se abateu sobre o conjunto da sociedade brasileira talvez seja uma resposta àquilo que de mais indomável irrompeu naquelas jornadas multitudinárias". E o que parece ser uma *derrota*... O massacre de Tlatelolco adiou o fim do regime do PRI, mas seu tempo chegou. A primavera de Praga é invadida por meio milhão de soldados que extinguem o experimento do "socialismo com rosto humano", mas talvez marque, também, o começo do fim da URSS. Ou ainda na perspectiva de longa duração zapatista, ao anunciar a viagem à Europa: "iremos dizer ao povo da Espanha [...] que não nos conquistaram".[182]

---

[182] Camila JOURDAN. *2013*, p. 25; Peter Pál PELBART. *Ensaios do assombro* (São Paulo, n-1, 2019, pp. 111, 113 e 125); Mark KURLANSKY. *1968: o ano que abalou o mundo* (Rio de Janeiro, José Olympio, 2005); CCRI-EZLN. "Uma montanha em alto-mar"

Camus, como vimos, na sua meditação sobre a revolta, exalta "sua força de amor e recusa sem delongas da injustiça", sua doação total, ausência de cálculo e plena generosidade. 2013 merecia e merece desabrochar, de modo a "não atropelar o tempo próprio da imaginação criadora, para evitar o risco de interromper a germinação de um mundo". Baldwin, em outro contexto, fala do perigo de não nos contaminarmos com o acontecimento, pois "toda tentativa que nós faríamos para nos opor a essas explosões de energia levaria a assinar nossa sentença de morte". Poderia estar falando do Brasil recente? Do desperdício de uma força coletiva dessas revoltas que "devotam o poder à impotência"? Destituí-lo envolve não somente "vencê-lo na rua, desmantelar seus aparelhos, incendiar seus símbolos", mas sobretudo "privá-lo de seu fundamento", isto é, "mandá-lo por terra"; sigamos essa trilha.[183]

tendotá puakapy

68 na Turtle Island

Nos EUA, 68 marca um "renascimento" dos movimentos *Native American*. Nesse ano, é criado, por militantes Ojibwe (como Dennis Banks, Clyde e Vernon Bellecourt e Patricia Bellanger), o American Indian Movement (AIM). Começa como uma patrulha comunitária nas ruas de Minneapolis, inspirada pelo BPP, logo depois monta escolas para indígenas urbanos sobre sua história e cultura (*survival schools*), além de compor a Coalizão Arco-Íris. Uma nova geração de ativistas formula um *red power* e novas táticas de confrontos, com ações espetaculares. No fim de 1969, a Ilha de Alcatraz, onde havia uma famosa prisão abandonada,

---

em Mariana LACERDA e Peter Pál PELBART (orgs.). *Uma baleia na montanha* (São Paulo, n-1, 2021, p. 282).

183 Albert CAMUS. *L'homme révolté*, p. 379; Suely ROLNIK. *Esferas da insurreição: notas para uma vida não cafetinada* (São Paulo, n-1 edições, 2018, p. 196); James BALDWIN. "Down at the Cross: letter from a region in my mind" em *The Fire Next Time* (Londres, Michael Joseph, 1963, p. 99); COMITÊ INVISÍVEL. *Aos nossos amigos*, pp. 89-90.

é ocupada. Puxada por LaNada Means (War Jack), estudante Shoshone-Bannock, e Richard Oakes, militante Mohawk, essa perdura por dezenove meses. Lá se colocam como "Indians of All Tribes", reivindicam uma grande aliança pan-indígena e propõem sua transformação em uma universidade indígena nessa ilha que já havia sido reivindicada, cinco anos antes, por um grupo Lakota por pertencer ao povo Ohlone.

Em novembro de 1972, o prédio do órgão governamental *Bureau of Indian Affairs* na capital é tomado e, em março do ano seguinte, é a vez de um entreposto comercial em Wounded Knee, na Dakota do Sul, onde havia ocorrido um massacre (de mais de uma centena de Sioux) em 1890. A AIM clama por uma investigação sobre a violação dos tratados indígenas e a má gestão do BIA. Por setenta e um dias, torna-se um território indígena autônomo e projeta mundialmente a AIM, suscitando apoios. Um ano depois, em Standing Rock, reúnem-se cinco mil participantes de quase cem povos para a Primeira Conferência dos Tratados Internacionais, onde se forma um Conselho e nasce o objetivo de reconhecimento como povos soberanos pelas instâncias internacionais. Um documento, conhecido como Os vinte pontos, é apresentado à ONU em 1977 por uma delegação de anciões de vários povos ameríndios e será uma base para a Declaração dos Direitos dos Povos Indígenas, aprovada em 2007.

Essa emergência traz também um fundamental deslocamento. Vine Deloria considera que as minorias (negros, mexicanos ou indígenas) entram no arcabouço constitucional estadunidense não como indivíduos, mas numa chave coletiva – e é nesse plano que se deve dar a luta. De um ponto de vista dos *Native Americans*, o teólogo e historiador Standing Rock Sioux argumenta que os direitos civis significam assimilação pela sociedade colonial e, nesse âmbito, critica a campanha pelos pobres de Martin Luther King, pois as más condições de vida são parte de uma configuração mais ampla, a saber, o colonialismo. Sua solução não pode se situar em programas governamentais, mas sim em autodeterminação. Em meados dos anos 1960, em audiência no Senado, Deloria vai propor encarar os povos indígenas não como "vestígios do passado, mas laboratórios do futuro". Do anti para o contracolonial?[184]

profecia

No primeiro número da revista *Amauta*, fundada por José Carlos Mariátegui nos anos 1920, a capa é desenhada pelo pintor indigenista José Sabogal e o texto que a inaugura – "Tempestade nos Andes", de Luis Eduardo Valcárcel – profetiza que a revolução peruana virá dos Andes, no encontro entre a rebeldia indígena latente e o Lenin que não tardará a surgir. Mariátegui inspira-se nas vidas-lutas indígenas e propõe seu socialismo indo-americano. Essa aspiração, apesar de muitos estranhamentos e até oposições, vive confluências como nas lutas Kaiowá e Guarani: *tekojoja* [justiça, a partir de *teko* (modo de ser) e *joja* (igual, simétrico)] é associado a socialismo, nas palavras do cacique da retomada tekoha Pacurity, Sr. Bonifácio. Marx e América Indígena, eis o propósito subversivo mariateguiano: quais os sentidos, hoje, da aposta no que ele chama de "tendência natural dos indígenas para o comunismo"?[185]

Interpelada pelas mobilizações ameríndias dos últimos anos, Marisol de la Cadena defende que "o aparecimento de seres-terra em protestos sociais evidencia um momento de ruptura da política moderna e uma indigeneidade emergente". Esse levante questiona as concepções políticas habituais (inclusive da esquerda) e escancara a histórica exclusão dos povos indígenas dessas. Em Bagua, no norte amazônico peruano, em meio a um chamado para greve geral em junho de 2009, confrontos com as forças policiais levam a mais de

---

[184] Nick ESTES. *Our history is the future*, pp. 183, 194, 198, 201, 202, 181, 175-178 e 174; Antonio Bispo dos SANTOS. *Colonização, quilombos: modos e significações* (Brasília, UnB, 2015).

[185] Rodrigo Montoya ROJAS. "Prólogo à edição brasileira" em José Carlos MARIÁTEGUI. *Sete ensaios de interpretação da realidade peruana* (São Paulo: Expressão Popular/Clacso, 2008); Bruno Martins MORAIS. *Do corpo ao pó: crônicas da territorialidade Kaiowá e Guarani nas adjacências da morte* (São Paulo, Elefante, 2017, p. 206); José Carlos MARIÁTEGUI. *Sete ensaios de interpretação da realidade peruana* [1928], p. 35.

trinta mortos. Alberto Pizango, do povo Shawi e então à frente da Aidesep, principal organização de direitos indígenas do país, narra os acontecimentos desse dia. Alan García, presidente do Peru, decreta o estado de emergência e, em resposta, os povos indígenas decidem pelo estado de insurgência em suas terras. A mobilização se inicia no começo de abril e se estende até junho. Apesar disso, no dia 4, os parlamentares mantêm os decretos. Pizango pede, então, para os manifestantes se retirarem, suspendendo a concentração e orientando um retorno às comunidades para avaliar o que fazer. Combinam de partir no dia seguinte, às nove horas da manhã. A polícia, no entanto, mantém a operação de desapropriação e ataca (à bala e bomba) na madrugada, principiando um confronto com manifestantes (inclusive mulheres e crianças), que resistem com paus e pedras. Alguns dias após a tragédia, o decreto que permitiria a entrada de petroleiras na Amazônia peruana é anulado.[186]

A antropóloga peruana lembra então de conversas com Nazario Turpo, *pampamisayoq* (especialista em rituais) Quechua, em manifestação anterior em Cuzco contra a mineração. Contra o quê os dois estavam se opondo? Ambos se colocam contra o extrativismo e sua destruição dos pastos e campos onde são criadas alpacas e ovelhas (das quais os indígenas vendem a carne e a lã) no distante povoado de Pacchanta. No entanto, diz Nazario, há um outro ponto: Ausangate (uma montanha-ser-terra) não permitiria a mina em Sinakara (outra montanha, situada no mesmo complexo); a exploração despertaria sua ira e isso poderia matar pessoas. Para evitar essa fúria, seria prudente não mexer com ela, o que se reforça por conta das novas técnicas de extração que causam a destruição total das montanhas (quando antes eram traçados túneis que não as suprimiam).

Outras tensas situações de terras cobiçadas pelos apóstolos do desenvolvimentismo mobilizam argumentos semelhantes na região (por exemplo, do Cerro Quilish como montanha sagrada

---

[186] Marisol de la CADENA. "Cosmopolítica indígena nos Andes: reflexões conceituais para além da 'política'" (*Maloca: Revista de Estudos Indígenas*, v. 2, 2019 [2010], p. 4); Alberto PIZANGO. "Estado de Insurgência" (*Piseagrama*, n. 13, 2019).

contra um projeto de mina de ouro). Nesses contextos não funcionam as distinções rígidas entre natureza e cultura, que fundam as compreensões predominantes. Essa sublevação indígena em curso e "a presença de seres-terra reivindicando um lugar na política" questionam o monopólio de certa ciência para definir o que é natureza e os entendimentos oficiais-estatais sobre a política, e com isso o despem de sua pretensa universalidade. Planeta comum e mundos incomuns?

O *ayllu* [terra comunal] vê, igualmente, seu entendimento mudado, assim como a concepção de local e os elos com seus habitantes. O professor Quecha Justo Oxa o define como "o espaço dinâmico onde a comunidade dos seres que existem no mundo vive; isso inclui humanos, plantas, animais, montanhas, rios, chuva etc. Todos são relacionados como uma família". Importa, nesse sentido, "lembrar que esse lugar não é de onde somos, é o que somos. Por exemplo, eu não sou de Huantura, eu sou Huantura". Se existe uma convergência em recuperar a terra, o significado desta indica como havia e há um desentendimento entre concepções marxistas e indígenas. Se ambos valorizam o *ayllu* como elemento fundamental, os primeiros pensam em um território como base do comunismo Inca (para Mariátegui), mas para os segundos a terra não se desvincula das suas coordenadas sócio-cosmológicas, sendo habitada por pessoas e outros seres, constituindo radicalmente outras subjetividades.[187]

Defesa do espaço sócio-natural e oposição à voracidade capitalista se articulam, mas também – e sobretudo – manifestam um modo de vida. De la Cadena traz as palavras de Leni, liderança AwajunWampi, que ao falar do rio diz estar se referindo aos "irmãos que matam nossa sede, que nos banham, que cuidam das nossas necessidades". Por isso, "não usamos o rio como esgoto; um irmão não pode esfaquear outro irmão". Daí sua oposição às empresas transnacionais que se "importam apenas em se beneficiar economicamente, em acumular fortuna. Não entendemos por que o governo quer arriscar nossa vida

---

[187] Marisol de la CADENA. "Cosmopolítica indígena nos Andes", pp. 14 e 22.

com esses decretos". Confrontos entre mundos, parte de uma longa guerra colonial ininterrupta nas Américas.[188]

Essa perspectiva atravessa, de distintas formas, os povos indígenas do continente. Ailton Krenak conta que seu povo chama o rio Doce (destruído após um dos maiores crimes ambientais da história brasileira, a ruptura das barragens da Vale) de Watu (avô), sendo um parente e não um bem a ser explorado. Tal percepção está presente na oposição à extração de petróleo no campo de Vaca Muerta na Argentina. Para os Mapuche, seus territórios "não são 'recursos', mas vidas que fazem o *Ixofijmogen* [conjunto de todas as vidas] do qual somos parte, e não proprietários". E, igualmente, nas lutas camponesas no Istmo de Juchitán em Oaxaca, no México, que "rejeitaram a instalação de moinhos de vento que transformariam a relação entre ar, pássaros, água do oceano, peixes e pessoas". Isso também se faz presente nas falas de Máxima, uma "guardiã das lagoas" no norte dos Andes peruanos, e na defesa de seus habitantes contra um projeto de mineração (para extração de cobre e ouro) que drenaria várias lagoas. Ela explica ser "impossível haver uma separação em seu estar-com-a-terra, como elas estão juntas, como compõem com as culturas, chuva, solo, animais – entidades que fazem/são a relação". De la Cadena pergunta os motivos de ela ter ficado lá, ao que ela responde:

> o que posso ser se não sou isso? [E a palavra "lugar" não é proferida – em vez disso, os pés estão pisoteados.] Isto é quem eu sou, como posso ir? Eu morreria [a palavra "aqui" não é pronunciada] quem eu sou, com os meus ossos que irei [uma vez mais "aqui" não é pronunciado] como eu sou agora.[189]

Tais existências-lutas explicam a força e contundência da oposição a esses enormes projetos de infraestrutura e que se expressam, de diversos

---

188 Marisol de la CADENA. "Natureza incomum: histórias do antropo-cego" (*Revista do Instituto de Estudos Brasileiros*, n. 69, abril de 2018, pp. 97-98).
189 Ailton KRENAK. *Ideias para adiar o fim do mundo* (São Paulo, Companhia das Letras, 2019, p. 40); Marisol de la CADENA. "Natureza incomum: histórias do antropo-cego" (pp. 106, 108 e 109).

modos, em tantos povos ameríndios. Para Davi Kopenawa, "a gente das águas são os filhos, genros, filhas e noras de *Tëpërësiki*, o sogro de *Omama*, que lhe trouxe as plantas que cultivamos em nossas roças". São, também, "os donos da floresta e dos cursos d'água. Parecem com humanos, têm mulheres e filhos, mas vivem no fundo dos rios, onde são multidões". A poluição e os maus-tratos aos rios e águas são uma questão política e cósmica, material e espiritual. Por sua vez, Alberto Pizango defende que "a terra não nos pertence. O território não necessita de nós. Mas nós, sim, temos necessidade da terra". Mesmo com as mudanças climáticas em curso, "continuamos poluindo e destruindo. Quando vamos aprender com as plantas? O ser humano não produz os próprios alimentos, mas as plantas, sim. E quando elas se alimentam, não poluem de volta". Fios que se conectam, mas sempre remetem a situações locais particulares, essas narrativas expondo, em diferentes registros, uma política envolvendo "não apenas um rio, também uma pessoa; não apenas água universal, também água local; não apenas montanhas, também seres da terra; não só terra, também *Ixofijmogen*".[190]

Terra comum habitada contra a propriedade privada, apropriação, expropriação, extração e exploração capitalistas. A aposta de Mariátegui ganha inesperados contornos. Uma oposição a esse modo de produção se faz presente (possivelmente um comunismo também), mas tudo isso adquire significados outros nessas batalhas existenciais. O capitalismo como uma guerra de ocupação contra os povos frente ao qual se contrapõe um anticapitalismo com fertilidade cósmica; se "as lutas revolucionárias do passado lutavam pela emancipação do trabalho em relação ao capital, somos desafiados a não só imaginar, mas reivindicar a emancipação da terra. Para que a terra viva, o capitalismo deve morrer", defende Nick Estes, ecoando, ao seu modo, o discurso célebre de Russel Means, veterano do AIM.[191]

---

[190] Davi KOPENAWA e Bruce ALBERT. *A queda do céu: palavras de um xamã Yanomami* (São Paulo, Companhia das Letras, 2015 [2010], pp. 519-520); Alberto PIZANGO. "Estado de Insurgência" (*Piseagrama*, n. 13, 2019); Marisol de la CADENA. "Natureza incomum: histórias do antropo-cego", p. 111.

[191] Nick ESTES. *Our history is the future*, p. 256; Russel MEANS. "Para a América viver, é preciso que a Europa morra" (*Cadernos de Leitura n. 99*, Belo Horizonte, Chão da Feira, 2020 [1980]).

Essas décadas do fim dos anos 1960 aos 1980 são marcadas por uma sublevação ameríndia, do Canadá (com a Warrior Society e as associações de mulheres Indian Rights for Indian Women e Native Women's Association of Canada) ao Equador (a Ecuarunari se forma em 1972 e catorze anos depois a Confederación de las Nacionalidades Indigenas de Ecuador – Conaie), passando por Chiapas, onde ocorre, em 1974, o Primeiro Congresso Indígena. Na Bolívia, emerge, em 1968, o Movimiento Nacional Túpac Katari e, em 1973, o Manifesto de Tiwanaku abre citando Inca Yupanqui – um povo que oprime outro povo não pode ser livre, dizem, lembrando uma clássica formulação dos parceiros Marx-Engels e também dos movimentos internacionalistas. Sete anos mais tarde, nasce a Federación Nacional de Mujeres Campesinas Bartolina Sisa. No caso brasileiro, Ailton Krenak percebe "uma descoberta do Brasil pelos brancos em 1500, e depois uma descoberta do Brasil pelos índios na década de 1970 e 1980. A que está valendo é essa última", pois "os índios descobriram que, apesar de eles serem simbolicamente os donos do Brasil, eles não têm lugar nenhum para viver nesse país". Assembleias e organizações indígenas brotam desde o fim dos anos 1970 (ao lado de uma série de iniciativas indigenistas), como os encontros de 1974 com algumas lideranças e indigenistas católicos na Missão Anchieta de Diamantino (MT) e de vinte e quatro povos (e aliados) em Altamira em 1989, convocados pelos Kayapó, visando impedir a construção de hidrelétricas no rio Xingu, uma delas tragicamente se efetivando nesse nosso século (chamada de Belo Monte).[192]

Uma forte referência desse período se encontra nas *colocações* dos seringueiros no Acre, nas quais os trabalhadores da floresta se opõem ao ultraexplorador sistema do *barracão*. Uma organização

---

[192] Ailton KRENAK. "Eu e minhas circunstâncias" (por Sergio COHN, dezembro de 2013) em Sergio COHN (org.) *Encontros* (Rio de Janeiro, Azougue, 2015, p. 248); Rubens VALENTE. *Os fuzis e as flechas: história de sangue e resistência indígena na ditadura* (São Paulo, Companhia das Letras, 2017, p. 239); Spensy K. PIMENTEL. "Aty Guasu, as grandes assembleias kaiowa e guarani: os indígenas de Mato Grosso do Sul e a luta pela redemocratização do país" em Graciela CHAMORRO e Isabelle COMBÈS (org.). *Povos indígenas em Mato Grosso do Sul: história, cultura e transformações sociais* (Dourados, Editora UFGD, 2015).

comunitária de "manejo agroextrativista autossustentado" frente às "relações sociais de patronagem" que vai desaguar na criação política das reservas extrativistas no fim dos anos 1980 (terras da União com usufruto perpétuo), consolidando os laços cooperativos. Isso se expressa, igualmente, na criação da Aliança dos Povos da Floresta, reunindo seringueiros e sindicalistas revolucionários com lideranças indígenas. Esses trabalhadores, extremamente pobres, explorados e maltratados, "foram humanizados pela floresta, [...] aprenderam a viver com o povo indígena, aprenderam os hábitos, aprenderam costumes com o povo indígena", desde a organização política (rejeição da propriedade privada) à alimentação na floresta (coleta, caça) e formas de organização social e de parentesco. Davi Kopenawa fala de Chico Mendes como um branco que, tendo crescido na selva, "se recusava a derrubar e queimar as árvores. Se contentava, para viver, de extrair somente um pouco de seiva. Tinha tomado amizade pela floresta e admirava sua beleza". Isso se expressa também na perspectiva dos seringueiros de rios "habitados por caboclinhos e por seres encantados", de "regras estritas de reciprocidade" na relação com vizinhos, mas também com os animais da mata.[193]

O que os conectou, além da vida na mata? A luta, o movimento! Os povos indígenas, ao retomarem suas terras, indicaram "para os seringueiros que eles estavam do outro lado do rio, que entre os seringueiros e os índios havia o patrão. Quando os seringueiros conseguiram suprimir o patrão, eles se encontraram com os índios". Nessa caminhada, se formula, também, a alternativa aos lotes individuais como forma de organização das áreas dos seringueiros: são criadas as reservas extrativistas (um tipo de reforma agrária na Amazônia, sem desmatar). Constitui-se, assim, um direito à

---

[193] Mauro ALMEIDA. "As colocações: forma social, sistema tecnológico, unidade de recursos naturais" em *Caipora e outros conflitos ontológicos* (São Paulo, Ubu, 2021, pp. 66 e 70); Ailton KRENAK. "A Aliança dos Povos da Floresta" (entrevista de A. KRENAK e Osmarino AMÂNCIO, por Beto RICARDO e André VILLAS BOAS, 10 de maio de 1989) em Sergio COHN (org.). *Encontros*, p. 53; Davi KOPENAWA e Bruce ALBERT. *A queda do céu*, p. 521; Mauro ALMEIDA. "Direitos à floresta e ambientalismo: seringueiros e suas lutas" em *Caipora e outros conflitos ontológicos*, pp. 114 e 120.

terra, mas sem propriedade individual. Nem uma nem outra. Exerceu-se nisso uma influência direta das populações indígenas, que "nunca aceitaram ser proprietárias de seus territórios. Você habita aquele lugar, o defende e protege. Mas você não o defende como propriedade, e sim como habitat".[194]

Michel Foucault, refletindo sobre a Revolução Iraniana em curso no fim da década de 1970, propõe que desejar transformar uma situação envolve "mudarmos a nós mesmos", ambos os movimentos sendo "completamente solidários, e é esse 'devir-outro' que está no coração da vontade revolucionária". Dialogando com essa ideia, sugere-se aqui pensar o atual ciclo de lutas global na chave de um devir-indígena. Isso significa, como colocado na seção *no princípio...*, pensar, ao lado dos povos indígenas, a sobreposição de fins de mundo presentes hoje. Liga-se, também, a apreender o chamado universo como pluriverso, sendo um "espaço multinatural de coexistência dos planos de imanência traçados pelos inumeráveis coletivos que o percorrem e animam". Percorrer sendas na direção de "aprender com povos menores, que resistem em um mundo empobrecido que não é mais o seu. Voltar a ser índio é impossível, mas devir índio sim".[195]

A irrupção zapatista de 1994 pode ser compreendida nesses termos. Deslocando-se para o norte, se realiza a profecia feita no primeiro número da *Amauta* e citada acima? Sim (uma vanguarda ativou uma insurreição indígena) e não (isso só foi possível por sua desistência da missão original). O então subcomandante Marcos conta a chegada em 1983 às montanhas chiapanecas de um grupo extremamente reduzido que compunha então o Exército Zapatista de Libertação Nacional (EZLN): eram seis, metade *mestiza* e metade indígena. Em troca das aulas de história, os moradores locais os ensinam a viver nas

---

[194] Ailton KRENAK. "A Aliança dos Povos da Floresta" (entrevista de A. KRENAK e Osmarino AMÂNCIO por Beto RICARDO e André VILLAS BOAS, 10 de maio de 1989) e "Receber sonhos" (por Alípio FREIRE e Eugênio BUCCI, *Tendências e Debates*, 1º de julho de 1989) em Sergio COHN (org.). *Encontros*, pp. 57 e 108.

[195] Michel FOUCAULT. *O enigma da revolta: entrevistas inéditas sobre a Revolução Iraniana* (São Paulo, n-1 edições, 2019 [1979], p. 26); Déborah DANOWSKI e Eduardo VIVEIROS DE CASTRO. *Há mundo por vir?* (Cultura e Barbárie/Instituto Socioambiental, Florianópolis, 2014, p. 157).

montanhas, como andar, encontrar caça e pontos de água, conhecer os animais. Eles superam certas barreiras – para quem vinha da cidade, a falta de intimidade com o novo meio e desconfianças – e, ao se incorporarem ao terreno e se fundirem à montanha, estabelecem e consolidam as relações com as comunidades, num ambiente de isolamento (só conseguiam captar algumas rádios de ondas curtas). Estando recolhidos nos morros, num setor não habitado que era o lugar dos mortos, fantasmas e tantas histórias da floresta de Lacandona, o grupo foi penetrando nesse mundo; adentram a bruma e se transformam.

Em 1986 seu tamanho dobra, chegando a uma dúzia de membros (sendo um só *mestizo;* depois, mais dois chegariam). Os indígenas do EZLN voltam então, de tempo em tempo, para suas comunidades e fazem um trabalho político, lento, de falar com os parentes e se expandem pouco a pouco. Desde o início, o grupo guerrilheiro, ao contrário de certa tradição, define um crescimento militar proporcional ao político e que seus recursos viriam das próprias comunidades (o que contribui para se proteger do radar dos serviços de segurança governamentais). Nesse mesmo ano, acabam se instalando em uma comunidade, no fundo da floresta, com as armas, sendo o primeiro lugar "tomado" pela guerrilha. Não chegam da cidade, mas do monte: certo respeito é conquistado, pois viviam ainda pior que os camponeses do pedaço, que começam a ouvi-los. Daí, conta Marcos, "começamos a falar, a lançar nossos discursos políticos", de acordo com seu bom repertório marxista-leninista, isto é, citando o "imperialismo", a "crise social", a "correlação de forças" e a "conjuntura". Ao questionar se tinham sido entendidos, ouvem como resposta: "não compreendemos suas palavras, busque outras... suas palavras são muito duras".

Isso provocou uma mudança nos guerrilheiros, obrigados a aprender a falar com a população e sobretudo a ouvi-la. Não era somente uma questão de comunicação entre línguas (o castelhano e as indígenas), mas sobretudo de mundos: tudo tinha sentidos diferentes. Acontece então uma tradução (com ajuda do mítico personagem do velho Antonio) num sentido amplo, os ideais igualitários (socialistas/comunistas) sendo digeridos e enriquecidos por elementos éticos – a revolução se liga a uma palavra-chave local, dignidade, e se torna sua razão de existir como projeto. "Éramos muito quadrados", diz Marcos, relatando uma mutação: "'vocês são o quê? Marxistas, leninistas, castristas, maoistas? Ou o quê?' Não sei, não sei mesmo. Somos o produto de uma hibridação ou de uma confrontação, que nós, felizmente, acho, perdemos...". É interessante como essa formulação conversa com o entendimento do poeta-filósofo martinicano Édouard Glissant da *créolisation* [crioulização], "nasceu de uma derrota, que ela refez positivamente, como a maioria dos sopros épicos tentaram concretizar no mundo, depois das catástrofes e vitórias duvidosas".

A partir desse momento, foram entrando mais jovens indígenas no EZLN, as comunidades ajudando, alimentando e guardando o segredo. Em troca, eles as protegiam das ameaças das milícias dos proprietários de terra e de possíveis incursões da polícia ou do exército. Produz-se uma longa preparação e conspiração clandestina envolvendo milhares de pessoas, famílias inteiras, homens, mulheres, crianças, velhos, que "acabam decidindo se estruturar num governo autônomo. Várias comunidades se organizam num tipo de governo paralelo e formam seus 'comitês'", fazendo trabalhos coletivos e comprando, aos poucos, armas: "esse exército não recebe suas armas do exterior, se arma sozinho; é por isso que o desarmamento é impensável: cada um ganhou sua arma com seu trabalho, seu dinheiro". Em menos de um ano, entre 1988 e 1989, o EZLN passa de oitenta para mais de mil combatentes, concomitante a uma situação política mexicana de repressão, fraude eleitoral, ameaça de expulsão de suas terras (contrarreforma agrária) e negociação de um acordo de livre comércio com os EUA e o Canadá (o Nafta).

Os diversos comitês comunitários criam e se reúnem em uma nova instância, um comitê geral, e dizem: queremos lutar! *¡Ya basta!* O comando militar responde que as circunstâncias são desfavoráveis, com o fim da URSS, a derrota eleitoral na Nicarágua, o término da guerrilha em El Salvador e na Guatemala, o "período especial" de Cuba, além de a luta armada, o socialismo e a revolução serem agora pouco populares. Eles retrucam que não querem saber, que estão morrendo, e sugerem – já que o comando deve fazer o que o povo quer – perguntar às comunidades. O resultado? Milhares indicam o desejo de iniciar a guerra em outubro de 1992, marcando os cinco séculos de colonização. No dia 12 de outubro, dez mil indígenas em silêncio tomam a capital de Chiapas e derrubam a estátua do conquistador. Em janeiro de 1993, o EZLN passa o comando para o comitê, que define o início das operações. Marcos, chefe militar, pede um prazo para organizar, já que a estrutura militar era de defesa das comunidades (a pedido delas) e o ataque às cidades era um tipo de sonho distante. A preparação toma o ano inteiro, daí o levante no dia 1º de janeiro de 1994, data de entrada em vigor do Nafta, em quatro cidades, reivindicando paz, justiça e democracia – contra o olvido histórico dos povos indígenas por parte do México oficial. Os confrontos duram somente duas semanas e desde então vem sendo construída uma experiência de autogoverno (juntas de bom governo, caracoles) que inspira movimentos no mundo todo. A revolução canibalizada?[196]

terra habitada
habitar a terra

Mni Wiconi [água é vida]. Numa posição antípoda, ergue-se um bilionário projeto de gasoduto (o Dakota Access Pipeline, DAPL), atravessando terras indígenas e o *Mni Sose* [rio Missouri] e cortando quatro estados dos EUA (Dakota do Norte, Dakota do Sul, Iowa e Illinois). Esse projeto de transportar petróleo bruto por aproximadamente três mil quilômetros suscita uma forte oposição principalmente dos Sioux, mas também de ambientalistas e camponeses brancos. No contexto do gás de xisto [*fracking*] em alta nos EUA, trata-se de uma contundente ameaça à água da reserva indígena de Standing Rock e fomenta a reformação, inédita em um século (ou sete gerações),

---

[196] Subcomandante Insurgente MARCOS. "La véridique légende du sous-commandant Marcos" (entrevista a Tessa BRISAC e Carmen CASTILLO, *Chimères: revue des schizoanalyses*, 1995, pp. 40-42); Subcomandante Insurgente MARCOS e Yvon LE BOT. *Le rêve zapatiste* (Paris, Seuil, 1997, pp. 111, 116, 118, 128-129); Édouard Glissant. *La cohée du Lamentin (Poétique V)* (Paris, Gallimard, 2005, p. 75).

da confederação Oceti Sakowin Oyate (o povo do conselho dos sete fogos), congregando nações que falam Dakota, Nakota e Lakota.

A região, denominada *He Sapa* [Colinas Pretas], é o cerne do cosmos Lakota, de onde veio da terra vermelha e deu a primeira respirada a humanidade (*Oyate Luta*, Povo Vermelho). Se *He Sapa* é o coração do mundo, *Mni Sose* é sua aorta, pois a água, animada e com agência, é viva e dá vida. O DAPL é definido como *Zuzeca Sapa* [serpente preta] por espraiar destruição e morte, e havia sido objeto de profecia tanto do desastre potencial quanto da resistência e ressurgimento dos manifestantes, os Protetores da Água [*Water Protectors*]. A célebre vitória Sioux sobre o general Custer, no século XIX, foi antecipada por um sonho (e visão) de Touro Sentado. Não se trata, hoje, para Nick Estes, somente da oposição ao gasoduto (e, mais amplamente, ao sistema capitalista), mas de uma mobilização pela vida, pois, de acordo com o conceito da filosofia Lakota e Dakota, de *Mitakuye Oyasin*, todos estamos ligados. Uma perspectiva da água?

Se as leis garantem uma personalidade jurídica às corporações, por sua vez, os "Protetores da Água personificam a água e constituem parentesco com a água, aplicando uma lei própria. Se a água, uma parente, não é protegida, então o rio [*Mni Sose*] não é livre nem o é seu povo [*Mni Oyate*, Povo da Água]". Ser um bom parente (*Wotakuye*) é se relacionar, encontrar e cuidar de *Unci Maka* [avó terra]. Daí o papel da *reza*, do ato de fumar o cachimbo sagrado (*Canupa*), fazer oferenda de tabaco, organizar cerimônias e compor e tocar músicas para humanos e não humanos. Ao contrário de uma reza que se destinaria a um outro mundo, a um Deus silencioso, essa comunicação Sioux se endereça aos ancestrais, animais e humanos, e à água e ao rio, aqui mesmo; "um mundo que transborda de vida e de vidas, presentes e passadas". Standing Rock como "um verdadeiro portal entre mundos". A profecia é vivida como diagnóstico do tempo, guia da ação e caminhos de libertação. Algo como uma teoria revolucionária, na qual a nova geração tem forte papel no movimento #NoDAPL dos quentes meses de abril a julho de 2016. O acampamento *Oceti Sakowin* virou a décima maior cidade de Dakota do

Norte, com pelo menos dez mil pessoas, e expressou, concretamente, uma justiça indígena em iniciativas, garantindo, para a comunidade toda, comida, educação, saúde, ajuda jurídica e segurança (ao que muitas das reservas nos EUA não têm acesso, nem os mais pobres) – e na ausência de prisões e Forças Armadas estatais.

O historiador Lower Brulé pesquisa uma "história das relações – entre *Oceti Sakowin*, *Mni Sose* e os EUA como poder de ocupação", estudando o que caracteriza como dois irmãos gêmeos, capitalismo e colonialismo. *Don't frack my mother*, cantam Sean Lennon e Yoko Ono. Uma movimentação transnacional emerge, operando da ponta norte ao extremo sul do continente, passando por praticamente todos os países, na resistência às investidas capitalistas, autoritarismos estatais e dos ditos projetos de infraestrutura: os Mi'kmaq contra as petroleiras, as mulheres do Idle No More (juntando First Nation, Métis e Inuit com aliadas não indígenas) e o acampamento Unist'ot'en contra gasodutos que querem rasgar a América do Norte e em defesa do território Wet'suwet'en no Canadá, Belo Monte no Brasil, Yasuní no Equador, além dos exemplos citados acima e muitos outros que podem compor um longo levantamento, incluindo, como vimos, o setor de mineração, que destrói sítios sagrados, mundos e formas de vida.[197]

Entrelaçamentos humanos e não humanos se manifestam nas confrontações a esses planos. Espíritos que lutam. O demiurgo *Omama* fixa suas palavras nos corpos Yanomami. "No silêncio da floresta, nós, xamãs, bebemos o pó das árvores *yãkoana hi*, que é o alimento dos *xapiri*. Estes então levam nossa imagem para o tempo do sonho", narra Davi Kopenawa; "por isso somos capazes de ouvir seus cantos e contemplar suas danças de apresentação enquanto dormimos. Essa é nossa escola, onde aprendemos as coisas de verdade". Ao dançarem para os xamãs, os *xapiri* expandem seus pensamentos, transmitem sabedoria e indicam outra via de pesquisa: não as das

---

197 Nick ESTES. *Our history is the future*, pp. 2, 71, 8, 14, 256 e 252; Robert HURLEY. "Dans le Dakota, les Sioux s'organisent contre la fracturation hydraulique" (*Lundimatin*, 14 de novembro de 2016).

"peles de imagens" [livros], mas o ouvir da mata e dos cantos. A floresta como cerne do mundo, "a carne e a pele de nossa terra, que é o dorso do antigo céu *Hutukara* caído no primeiro tempo". A esfera onírica é, assim fundante dessa formação xâmanica: "sonhamos com tudo aquilo que queremos conhecer. Quando bebemos o pó de *yãkoana*, primeiro vemos o pai do ouro e dos minérios no fundo da terra, envolto pelas volutas pegajosas de suas fumaças de epidemia". Não se trata do sonhar ao qual costumamos nos referir, pois nesse "sonho dos espíritos" (*xapiri pë në mari*), os xamãs (*xapirithë pë*, "gente espírito") assumem um "estado de fantasma" (*a në porepë*) e se tornam, com a *yãkoana,* espectros, percorrendo longas distâncias, em vários sentidos, para o tempo mítico.[198]

Kopenawa vai também definir os espíritos *xapiri* como "um tipo de médico: trabalhando, curando e espantando espírito mau. Também chamando a riqueza da terra. O povo precisa da riqueza da terra: caça, peixe, chuva, verão...". Isso envolve um estudo profundo, o aprendizado na/da floresta, parte de uma formação político-cósmica. Krenak vai opor uma concepção de sonho como "abdicar da realidade, renunciar ao sentido prático da vida" à outra, na qual "não veria sentido na vida se não fosse informado por sonhos, nos quais buscar os cantos, a cura, a inspiração e mesmo a resolução de questões práticas" cujas "escolhas não se consegue fazer fora do sonho, mas que ali estão abertas como possibilidades". O sonho, então, se apresenta "como uma disciplina relacionada à formação, à cosmovisão, à tradição de diferentes povos que têm no sonho um caminho de aprendizado, de autoconhecimento sobre a vida, e a aplicação desse conhecimento". Num universo capitalista no qual falta tempo para dormir e descansar, onde o sono se torna até parte de uma indústria da saúde, sua perspectiva como cura, oráculo e premonição, trabalho sobre si e visões oníricas – experimentar como caminho de sobrevivência e invenção de conexões.[199]

---

[198] Davi KOPENAWA e Bruce ALBERT. *A queda do céu*, pp. 76, 332, 335, 357, 371 e 678n.
[199] Davi KOPENAWA. "Fala, Kopenawa! Sem floresta não tem história" (entrevista a Carlos M. DIAS JR. e Stelio MARRAS. *Mana* 25[1], 2019, p. 240); Ailton KRENAK. *Ideias*

A liderança Yanomami mescla "mitos e relatos de sonhos, visões e profecias xamânicas, discursos e exortações, autoetnografia e antropologia comparativa" e costura uma crítica da insanidade capitalista a partir da mata. A pesquisa, um fio presente ao longo de toda essa reflexão, se compreende nesses termos. Desde as montanhas, valiosas por serem casas de ancestrais e de cujo topo os *xapiri* saem para as terras baixas, onde encontram alimentos. Quando os xamãs consomem *yãkoana*, alimento deles, os chamam para dançar. Sem esses espíritos (que transmitem, orientam e ensinam), os Yanomami permaneceriam ignorantes e sem memória, como os brancos, e não se engajariam na defesa da selva. Isso envolve, assim, uma crítica da ciência branca, do seu modo de conhecimento, já que "apenas quem toma *yãkoana* pode de fato conhecer a floresta. Nossos antigos faziam dançar todos esses espíritos desde o primeiro tempo". Uma outra distinção se apresenta, na forma de uma certa "abertura de espírito". Os brancos fixam sem cessar e fazem circular os "desenhos de suas falas colados em peles de papel", porém, "estudam apenas seu próprio pensamento e, assim, só conhecem o que já está dentro deles mesmos" e ignoram "as imagens dos seres do primeiro tempo, por isso não podem conhecê-las de fato". Não conseguem "ver *Hutukarari*, o espírito do céu, nem *Xiwãripo*, o do caos. Tampouco veem as imagens dos ancestrais animais *yarori*, nem as dos espíritos da floresta, *urihinari*", atendo-se a um pensamento "esfumaçado [...], no meio dos motores e das máquinas".

A lei e o governo se compreendem como as palavras de *Omama* e dos *xapiri*, criando curto-circuitos entre material e espiritual em suas formas convencionais: os xamãs, após tomarem *yãkoana*, fazem os *xapiri* (na forma de pessoas minúsculas, cobertos de pinturas cerimoniais e intensamente coloridos e luminosos) que eles adquiriram em sua iniciação descerem, cantarem e dançarem. Essa festa cerimonial é imprescindível para defender a floresta viva e para manter seu fluxo de vida e dos espíritos de todos os seres que a povoam: árvores, folhas,

para adiar o fim do mundo, pp. 52-53; Sidarta RIBEIRO. *O oráculo da noite: a história e a ciência do sonho* (São Paulo, Companhia das Letras, 2019).

caça, peixes, abelhas, tartarugas, lagartos, lesmas. "Os espíritos *xapiri* são os verdadeiros donos da natureza e não os seres humanos", coloca Kopenawa. Uma outra concepção do político se encarna, pelas palavras do demiurgo e dos espíritos, no tempo dos sonhos, que se demarca radicalmente dos brancos cujos sonhos não voam, pois "só sonham com eles mesmos. Seu pensamento permanece obstruído e eles dormem como antas ou jabutis. Por isso não conseguem entender nossas palavras", que vêm das "multidões de xapiri como habitantes da floresta".[200]

Isso se reflete nas práticas de muitos povos, como na agência política dos encantados, junto aos Tupinambá, no Sul da Bahia. A terra habitada pela qual lutam, na serra do Padeiro, é morada dos encantados e dos antepassados, seus reais donos, e "na qual os indígenas estão autorizados a viver e da qual estão destinados a cuidar". Domínios territoriais de entidades que se associam "às pedras (como nos casos dos caboclos Laje Grande e Lasca da Pedra), à mata (Sultão das Matas), aos ventos (os Ventanias), às águas (Mãe d'Água)". As retomadas, profetizadas por antigos, e demandas dos encantados (transmitidas quando baixam, durante cerimônias) envolvem recuperar, também, "*cemitérios velhos*, cobertos pelo mato, identificáveis apenas pelos mais velhos ou pela presença de touceiras de crote, um vegetal de folhas verdes e roxas, [...] que se costuma plantar sobre túmulos". Os caboclos clamam, assim, pela mobilização política, dão uma perspectiva histórica sobre o povo Tupinambá e seu território e oferecem também uma série de orientações táticas e informações. Glicéria conta, por exemplo, que disseram para "*construir uma outra aldeia* para dar descanso a essas pessoas que foram assassinadas inocentemente". Já no contexto de uma ação, bastante violenta, com farto gás lacrimogêneo, da Polícia Federal em outubro de 2008, descobriram "por *inspiração* dos encantados que a capeba, vegetal abundante na região, neutraliza os efeitos do gás, quando esfregada sobre a pele". Em outro episódio das retomadas, os Pataxó Hã-Hã-Hãe "desarmam" policiais com cânticos e ritos coletivos.

---

200 Davi KOPENAWA e Bruce ALBERT. *A queda do céu*, pp. 118, 330, 455, 459, 461, 390 e 476.

O período em que estudou em Santa Cruz Cabrália, território próximo dos Pataxó, foi muito inspirador para Babau. Além de participar da histórica marcha dos quinhentos anos da suposta descoberta do Brasil, no local simbólico de Porto Seguro, se empenhou na organização, e diz ter recebido, naquele momento, "um chamado dos encantados para retornar, para se tornarem visíveis e lutarem pela terra". Dessa forma, "o fato de os Tupinambá terem 'se apresentado ao Brasil' [leram uma carta aberta à sociedade brasileira] no dia de um grande ataque, isto é, da intensa repressão contra os indígenas levada a cabo pela Polícia Militar da Bahia, revestia-se, para ele, de muito significado". Luta, aqui, rima com criatividade cósmica – caminham juntas. "Nunca se aprendeu tanto canto em tão pouco tempo na história nossa", diz o cacique, acrescentando que o encantado Marombá "se manifestou na aldeia pela primeira vez em maio de 2012, na noite em que se comemorava a decisão do STF quanto à nulidade dos títulos de propriedade distribuídos sobre o território Pataxó hã-hã-hãe".[201]

Um número significativo de mobilizações contemporâneas dos povos indígenas expressa a compreensão de viver num território cosmopolítico (de humanos, espíritos, animais, plantas), como na tomada, pelos Guarani, em 2016, do escritório da Presidência da República em São Paulo. Por algo como seis horas seguidas, cantam e rezam, "transmutando o lugar em *opy*, com o piso de mármore pouco a pouco virando terra batida por meio das pisadas constantes de seus canto-danças". Cantam não para o poder nem para seus mediadores, mas "porque era aquilo que os fortalecia, porque era aquilo que poderia ajudá-los a conseguir o objetivo da demarcação. Cantavam porque assim a potência de suas divindades poderia ser eficaz sobre o mundo dos *juruá*" [brancos]. Ao fim de décadas de reivindicação e graças à pressão mais forte nos últimos anos sobre o Ministério da Justiça, onde estava parado o processo, "a portaria

---

201 Daniela Fernandes ALARCON. *O retorno da terra: as retomadas na aldeia Tupinambá da Serra do Padeiro, Sul da Bahia* (São Paulo, Elefante, 2019, pp. 58, 270, 355, 299, 296, 297, 338, 313, 324, 331 e 309-310); Mayá. *A escola da reconquista* (Arataca, Teia dos Povos, 2021, pp. 78-80).

declaratória da Terra Indígena Tenondé Porã, passo mais significativo no processo de demarcação, foi finalmente assinada".[202]

Esses imbrincamentos são contudentes também para os Guarani e Kaoiwá, manifestados pelos "*Jeroky Guasu* (Grandes Rituais) e *Aty Guasu* (Grande Assembleia)", compreendidos "pelas lideranças políticas e espirituais" como constituindo "encontros/reuniões e como movimentos fundamentais para a manutenção e a manifestação do *ore ava reko* ('nosso modo de ser e viver')", que se fortaleceram a partir do final da década de 1970 em sua luta pelos *tekoha*. Essa retomada das terras envolve também a necessidade de recuperar "o modo antigo de encaminhar a resolução dos problemas, cantando e dançando para pedir a benção e o apoio dos deuses, orientando o movimento de luta pela terra de acordo com as instruções recebidas no processo de diálogo xamânico com essas entidades". Tal perspectiva encarna também uma oposição entre a cerca com arame farpado e fio elétrico dos brancos e outra, constituída pela reza – "o índio vai rezando, o fogo vai acendendo, você não vê, mas é fogo. E pode chover que não apaga! Aí vai andando ao redor da roça, rezando, pondo fogo no chão. A reza que gruda no chão, essa é a cerca do índio".[203]

A gigantesca habilidade de sobrevivência diante da catástrofe de séculos dos Tupinambá da serra do Padeiro revela uma composição afroindígena. O culto aos encantados se inicia com um menino cuja mãe era nativa e o pai, do sertão baiano. Ele é levado à Mãe Menininha do Gantois, sua parente distante, por conta de insanas e dolorosas crises. A babalorixá dirá, porém, que nada pode fazer

---

[202] Lucas Keese dos SANTOS. *A esquiva do Xondaro*, p. 273.
[203] Tonico Benites KAIOWÁ. "Ore ava reko: luta dos Guarani e Kaiowa para manutenção de seu modo de viver" em Dominique TILKIN GALLOIS e Valéria MACEDO (orgs.). *Nas redes Guarani: saberes, tradições e transformações* (São Paulo, Hedra, 2018, p. 65) e *Rojeroky hina ha roike jevy tekohape (Rezando e lutando): o movimento histórico dos Aty Guasu dos Ava Kaiowá e dos Ava Guarani pela recuperação de seus tekoha* (Tese de Doutorado em Antropologia Social, Museu Nacional, UFRJ, 2014, p. 191); Spensy K. PIMENTEL. "Novas terras sem males: a luta *guarani-kaiowa* pelos *tekoha*" em Dominique TILKIN GALLOIS e Valéria MACEDO (orgs.). *Nas redes Guarani*, pp. 54-55; Bruno Martins MORAIS. *Do corpo ao pó*, p. 303.

para curá-lo, pois ele já possui essa dádiva e seu caminho seria justamente o de se ocupar das pessoas. Surge o "primeiro pajé Tupinambá". Seu trabalho é feito primeiro em si mesmo e logo abarca a comunidade; "em seus sonhos, descobre pessoas com o mesmo dom, capazes de acolher os encantados, e dá início a seu culto. Começa a acolher um encantado específico, o Caboclo Tupinambá, que avisa que 'essa terra vai voltar a ser uma aldeia indígena', e anuncia a missão de retomada do território indígena". *Amefricanidade*.[204]

Conta-se que Toussaint Louverture tinha conhecimento, transmitido por seu pai, das plantas medicinais e que se aliava ao clima da ilha, organizando ataques espetaculares durante tempestades, com seus trovões e raios apavorando seus inimigos. O sobrenome que adota se liga a uma divindade. *Papa Legba, ouvri barrié pour moins!* [Papa Legba, abra o portão para mim!]. Abrimento do destino e das possibilidades, essa insurreição de 1791 é preparada por dois encontros: o de lideranças dos escravizados de uma centena de plantações e o célebre ritual religioso de Bois-Caïman. C.L.R. James narra a épica Revolução Haitiana e salienta o papel do vodu como "meio de conspiração. Apesar de todas as proibições, os escravizados viajavam quilômetros para cantar, dançar, praticar os seus ritos e conversar; e então, desde a Revolução, escutar as novidades políticas e traçar os seus planos". Achille Mbembe conversa com o intelectual e militante de Trindade e Tobago, ao pôr em paralelo as criações artística e religiosa, profundamente influentes na prática política e que constituíram, "para as comunidades cuja história foi durante muito tempo a do aviltamento e da humilhação", um tipo de "última proteção contra as forças da desumanização e da morte". Segundo o pensador camaronês, para a criação de espaços e projetos coletivos, deve haver uma restituição e reparação dos que sofreram "processos de abstração e coisificação", não somente no sentido econômico,

---

[204] Marcio GOLDMAN. "'Quinhentos anos de contato': por uma teoria etnográfica da (contra)mestiçagem" (*Mana*, v. 21, n. 3, 2015, pp. 655-656); Lélia GONZALEZ. "A categoria político-cultural da Amefricanidade" em *Primavera para as rosas negras: Lélia Gonzalez em primeira pessoa...* (Diáspora Africana, União dos Coletivos Pan-Africanistas, 2018).

mas de "juntar novamente as partes que lhes foram amputadas, a reparação dos laços quebrados", tratando, dessa forma, das "lesões e talhos que impedem de fazer comunidade". Destaca, assim, o papel "da arte e do religioso" para fazer "renascer à vida e [...] reconduzir a festa". Uma vital exuberância das criações religiosas e políticas, artísticas e existenciais: festa-luta?[205]

Mariátegui, ao tentar situar Marx em seu espaço e tempo contemporâneos, diz que ele "não está presente, em espírito, em todos os seus supostos discípulos e herdeiros", e traça uma linha: "os que o continuaram não foram os pedantes professores alemães da teoria da mais-valia, incapazes de acrescentar qualquer coisa à doutrina, só dedicados a limitá-la, a estereotipá-la". Ao contrário, "foram, antes, os revolucionários tachados de heresia, como Georges Sorel – outro agonizante, diria Unamuno –, que ousaram enriquecer e desenvolver as consequências da ideia marxista" com acentos místicos e espirituais. Nesse sentido, "o 'materialismo histórico' é muito menos materialista do que comumente se pensa". Retrabalha, assim, de modo criativo os vínculos entre "matéria" e "espírito", entre "materialismo" e "idealismo", pois "o materialismo socialista contém todas as possibilidades de ascensão espiritual, ética e filosófica. E nunca nos sentimos mais veemente, eficaz e religiosamente idealistas do que ao firmar bem a ideia e os pés na matéria".[206]

Podemos perceber possíveis ecos por vir da fé revolucionária da Teologia da Libertação ("a política elevada à altura da religião e a religião elevada à altura da política"), numa paixão que contamina, afeta, desloca, transforma sua compreensão da política. Mariátegui chega a formular um socialismo de "caráter religioso, místico, metafísico". Na contramão de um marxismo predominante e – digamos – oficial,

---

[205] Sudhir HAZAREESINGH. *O maior revolucionário das Américas*, pp. 43, 112, 63 e 72; C.L.R. JAMES. *Os jacobinos negros: Toussaint L'Ouverture e a revolução de São Domingos* (São Paulo, Boitempo, 2000 [1938], p. 91); Achille MBEMBE. *Critique de la raison nègre* (Paris, La Découverte, 2013, p. 249).

[206] José Carlos MARIÁTEGUI. "A agonia do cristianismo, de Dom Miguel de Unamuno" (1926) e "Aniversário e balanço" (1928) em Michael LÖWY (org.). *Por um socialismo indo-americano: ensaios escolhidos* (Rio de Janeiro: UFRJ, 2005, pp. 176 e 121).

destaca o sentimento em detrimento da doutrina, clama por uma "nova fé da vida", uma "fé combativa". Uma perspectiva messiânica do mito revolucionário, que move a história. Esses vasos comunicantes entre política e religião, Mariátegui os toma de Sorel (que influenciará, também, Walter Benjamin) em sua defesa, no início do século XX, de "que a experiência histórica dos últimos lustros comprovou que os atuais mitos revolucionários ou sociais podem ocupar a consciência dos homens com a mesma plenitude que os antigos mitos religiosos". Tais vínculos se aproximam dos mundos ameríndios nos quais as esferas de organização política e de produção ritual são porosas.[207]

O papel da espiritualidade nas revoltas terá, em outro contexto, um interlocutor talvez surpreendente. Pensando a partir de sua experiência iraniana (que será brutalmente desviada para outras concepções, políticas e religiosas, como trágica e belamente o mostra Marjane Satrapi em *Persépolis*) e influenciado pela leitura recente de *Princípio esperança*, de Ernst Bloch, Michel Foucault vai definir a espiritualidade como "essa prática pela qual o homem é deslocado, transformado, transtornado, até a renúncia da sua própria individualidade, da sua própria posição de sujeito". Trata-se de "não mais ser sujeito como se foi até agora, sujeito em relação a um poder político, mas sujeito de um saber, sujeito de uma experiência, sujeito também de uma crença". Essa transformação, "essa possibilidade de se insurgir a si mesmo a partir da posição do sujeito que lhe foi fixado por um poder político, um poder religioso, um dogma, uma crença, um hábito, uma estrutura social, é a espiritualidade, isto é, tornar-se outro do que se é, outro do que si mesmo", concluindo que "todas as grandes reviravoltas políticas, sociais e culturais só puderam efetivamente ter lugar na história a partir de um movimento que foi um movimento de espiritualidade". Em toques nitidamente mariateguianos (muito provavelmente sem ter tido contato com o *Amauta*),

---

207 Michael LÖWY. "Mística revolucionária: José Carlos Mariátegui e a religião" (*Estudos Avançados*, 19(55), 2005, p. 107); José Carlos MARIÁTEGUI. "Duas concepções da vida" (1930), "O homem e o mito" (1925) e "Aniversário e balanço" (1928) em Michael LÖWY (org.). *Por um socialismo indo-americano*, pp. 54-55, 57 e 189.

o filósofo francês pensa que a Revolução Russa foi preparada, no século XIX, "fundamentalmente [por] um movimento espiritual; será que a grande onda de entusiasmo que produziu esse fenômeno, que em seguida foi retomada pelos bolcheviques, não foi em suas raízes algo de profundamente espiritual [...]?".[208]

Marx está onde muitos não esperavam? Isso é primordial para combater sua domesticação na forma de um marxismo que acreditou e acredita (paradoxalmente) na burguesia, na sua ciência para a produção de conhecimento, no seu Estado para transformar as relações sociais, na concepção de uma natureza exterior e num sujeito universal depurado. Essas escolhas causaram, e causam, uma tremenda perda de potencial revolucionário, bloqueando alianças e cumplicidades, ricas e fundamentais. Mariátegui se empenha por um marxismo vivo, isto é, aberto à contaminação e à "convocação material de forças" e a seus outros materialismos e mundos. Marx mesmo, nos seus *Cadernos etnológicos* (que o pensador-militante peruano não pôde conhecer), transcreveu detalhadamente as cerimônias e os ritos do Conselho iroquês, cujas práticas políticas envolviam uma forma-confederação e autonomias locais, além de encontro, deliberação e criação coletivas em volta do fogo e do célebre cachimbo da paz. Imaginemos um Marx na floresta tomando *yãkoãna*, conectando-se a um antigo protocolo de pesquisa (princípio de autocobaia) e sobretudo aos conhecimentos ancestrais de cura e conhecimento, ainda mais atual num universo capitalista que adoece as pessoas e o planeta. Nelson Rodrigues, numa de suas sarcásticas tiradas, provoca: "o brasileiro, inclusive o nosso ateu, é um homem de fé. Conheço vários marxistas que são, ao mesmo tempo, macumbeiros. E um povo que pode conciliar Marx e Exu está salvo, e, repito, automaticamente salvo". Penso que devemos levá-la a sério. Marx e Exu. Marx, Xangô ("garantia da continuidade da coletividade") e todo o panteão yorùbá nágò.[209]

---

[208] Marjane SATRAPI. *Persépolis* (São Paulo, Companhia das Letras, 2007 [2000-2004]); Michel FOUCAULT. *O enigma da revolta*, pp. 21 e 26.

[209] Antonin ARTAUD. "Secrets éternels de la culture" (1936) em *Oeuvres* (Paris, Gallimard, 2004); Lawrence KRADER (org.). *The Ethnological Notebooks of Karl Marx: Studies of Morgan, Phear, Maine, Lubbock* (2 ed., Assen, Van Gorcum, 1974); Paul

puxando a fila

Os Tupinambá de Olivença dizem que, "pelas ações de recuperação, o território vem sendo curado", regenerando vegetação e laços sócio-cósmicos de uma terra adoecida. Já Kopenawa se indigna com a morte trazida por mercadorias, máquinas e epidemias, que vêm de *Yoasi* (irmão mau de *Omama*), e situa sua vocação xamânica num desejo de cuidar dos Yanomami, os *xapiri* sendo "os médicos de nossos antigos, desde sempre". Cura de quê? Um rechaço à enfermidade capitalista a partir da fertilidade da floresta e de sua riqueza, numa crítica contundente à mercadoria e ao povo por ela fascinado. O xamã opõe, assim, o dinheiro que não traz alegria nem alimenta às coisas da floresta, os "verdadeiros bens", isto é, o que a compõe (águas, peixes, caças, frutos, árvores). As palavras da mata reiteram a importância da generosidade no trato, inclusive como caminho para amainar o apetite branco por sua destruição. Davi conta que, nos ritos funerários, "quando queimamos os ossos de um homem pródigo, qualquer que tenha sido a causa de seu falecimento, somos especialmente cuidadosos com os ossos de suas mãos". Sua preciosidade se liga ao fato de elas servirem para distribuir abundantemente coisas e comidas. Nesse sentido, "olhar para os dedos após sua morte nos enche de tristeza e saudade. Por isso prestamos muita atenção para não perder nenhum pedacinho durante a cremação". Frente à sovinice capitalista, uma exaltação das pessoas generosas (essas é que são lembradas) – há uma ênfase na partilha, remetendo à definição de política de Oswald de Andrade como "ciência da distribuição".[210]

B. PRECIADO. *Testo Junkie: sexo, drogas e biopolítica na era farmacopornográfica* (São Paulo, n-1, 2018 [2008]); Nelson RODRIGUES. *Flor de obsessão: as mil melhores frases de Nelson Rodrigues* (org. Ruy CASTRO, São Paulo, Companhia das Letras, 1997); Edson CARDOSO, no Encontro de Organização e Ação Política (realização: #pelavidapordireitos #somosmaioria #povonegroperiferia, 23 de fevereiro de 2019).
210 Daniela Fernandes ALARCON. *O retorno da terra* (São Paulo, Elefante, 2019, p. 360); Davi KOPENAWA e Bruce ALBERT. *A queda do céu*, pp. 83, 175, 176, 217, 410, 413, 417, 418 e 420; Oswald de ANDRADE. "Manifesto Antropófago" (1928) em *Obras Completas VI Do Pau-Brasil à Antropofagia e às Utopias* (Rio de Janeiro, Civilização Brasileira, 1970, p. 18).

Refletindo sobre o político para os Araweté, Viveiros de Castro os percebe como "refratários a qualquer forma de 'coletivismo' e de comando, em que as pessoas se recusam a seguir as outras, preferindo ostentar uma independência obstinada". Conta sua experiência no que parecia um caos, no qual era "sempre muito difícil determinar o momento inicial de qualquer ação coletiva: tudo parecia ser deixado para a última hora, ninguém se dispunha a começar coisa alguma". Dessa forma, "é exatamente pelo fato de a ação coletiva ser, aos olhos Araweté, ao mesmo tempo uma necessidade e um problema, que a noção de *tenotã mõ*, 'líder', designa uma posição onipresente mas discreta, difícil mas indispensável". Figura-chave do "concerto coletivo", *tenotã mõ* significa a pessoa "que encabeça uma fila indiana na mata, a família que primeiro sai da aldeia para excursionar na estação chuvosa. O líder Araweté é, assim, o que começa, não o que comanda; é o que segue à frente, não o que fica no meio".[211]

Spensy Pimentel relata ímpeto semelhante Kaiowá, para ir à caça, abrir uma roça, chamar uma conversa ou ir a uma reunião com agentes estatais, ocupar alguma terra ou fazer uma festa. São "muito ciosos a respeito de quem inicia uma ação, de quem vai 'tomar a frente', a iniciativa para realizar algo, seja no âmbito familiar ou no grupo local". O *tendotá* é "o termo Kaiowá que designa a pessoa que vai à frente, que inicia uma ação. Encontrei mesmo quem me traduzisse política por *tendotá puakapy*, ou seja, assunto de *tendotá*". Quem puxa provoca, põe em movimento. Propõe-se pensar nesses termos as lutas-criações ameríndias nas últimas décadas, "puxando" as rebeliões em geral. Uma influência que vem de tempo, desde o moicano anarquista aos *indiani metropolitani*, passando por inúmeros grupos e pela influência nos movimentos igualitários; como dizia Oswald, "sem nós, a Europa não teria sequer a sua pobre declaração dos direitos do homem".[212]

---

211 Eduardo VIVEIROS DE CASTRO, Camila de CAUX e Guilherme Orlandini HEURICH. *Araweté: um povo tupi da Amazônia* (São Paulo, Edições Sesc, 2017, p. 79).
212 Spensy K. PIMENTEL. *Elementos para uma teoria política Kaiowá e Guarani* (Tese de doutorado em Antropologia Social, Universidade de São Paulo, 2012, p. 128);

Kopenawa apresenta seu povo como "os moradores da floresta" e tal elaboração ecoa em uma série de iniciativas contemporâneas, tanto o "movimento das praças", a partir da virada 2010-2011, e sua forma-ocupação no coração das urbes, quanto – e sobretudo – certas articulações mais perenes, como a ZAD (zona a defender) de Notre-Dame-des-Landes (NDDL), que derrotou o projeto de aeroporto no oeste francês e o No TAV no vale de Susa no norte italiano, combatendo um projeto de linha de trem de alta velocidade que quer rasgar o vale onde já existem estradas e linha de trem. Em sua primeira grande manifestação em 1996, os No TAV se autointitulam os "indígenas do vale", pois tal "projeto representa a extinção do seu modo de vida". Por sua vez, os habitantes da ZAD se denominam povo da lama (*peuple de boue*, que tem a mesma sonoridade de *debout*, povo em pé, levantado), que pode ser associada à declaração zapatista ao início da histórica marcha saindo do sudoeste mexicano em direção ao Zócalo na capital em 2001: somos a cor da terra, numa imagem também mobilizada por Dona Damiana, histórica resistente, acampando em beira de rodovia em Dourados (MS): "essa terra aqui é vermelha, escura".[213]

Davi, ao refletir na e com a floresta, insiste na sua inteligência e também na capacidade de pensar e se defender com os *xapiri*, que a protegem e contêm os ataques destrutivos. Sua situação, no entanto, é delicada e crescentemente precária e frágil. Os *zadistes* de NDDL dialogam com essa perspectiva e uma emblemática faixa à frente dos seus atos a reflete. *Nós somos a floresta que se defende* inverte uma percepção de dentro/fora e sujeito/objeto (de defender a floresta) de certas concepções ecológicas. O *bocage* usa os corpos militantes para se proteger. Expressa, assim, imaginários-práticas de política-natureza

---

Oswald de ANDRADE. "Manifesto Antropófago" (1928) em *Obras Completas VI Do Pau-Brasil à Antropofagia e às Utopia*, p. 14.
213 Davi KOPENAWA e Bruce ALBERT. *A queda do céu*, p. 557; COLLECTIF MAUVAISE TROUPE. *Contrées: histoires croisées de la ZAD de NDDL et de la lutte No Tav dans le Val Susa* (Paris, L'éclat, 2016, pp. 57 e 109); EZLN. *Palavras del EZLN en el Zócalo de la Ciudad de México* (comunicado de 11 de março de 2001); Bruno Martins MORAIS. *Do corpo ao pó*, p. 263.

(não mais dissociadas): habitar a terra, tramar os elos e o que está atado "às pessoas, ambientes, campos, sebes, bosques, casas, plantas, bichos", isto é, "estar em retomada, em potência sobre nossos espaços". Luta-floresta, oposta a uma perspectiva reacionária pela terra, pois "sua consistência é a vida partilhada que se inventa na luta" coletiva. Uma recomposição de mundos; o tritão, anfíbio morador dos lagos e símbolo da ZAD, é cuidado, celebrado e inclusive encenado nas manifestações. *Tritons crété-e-s contre béton armé* [tritões com moicano contra o concreto armado].[214]

    Os parceiros Deleuze e Guattari defendem que "pensar não é nem um fio estendido entre um sujeito e um objeto, nem uma revolução de um em volta do outro. Pensar se faz mais na relação com o território e com a terra". A oposição entre modo de vida e sistema político-econômico parte de um chão e desse solo. O intelectual Dene (*Yellowknives*) Glen Sean Coulthard pensa a história colonial canadense mais em termos de despossessão territorial (de uma terra compreendida em termos relacionais e de reciprocidade com outros elementos – na língua Weledeh de Dogrib, *dè* [terra] abarca "pessoas e animais, pedras e árvores, lagos e rios") do que a também presente – ainda que em menor grau – proletarização (exploração do trabalho indígena). Pensa Marx nesses termos e retoma o conceito de modo de produção, compreendendo-o em sentido mais amplo, que envolve dois processos inter-relacionados: a tecnologia e os recursos para a produção, mas também as formas de pensamento e relações sociais – "*ambas condições e condicionadas pelas forças produtivas*". Marx mesmo o teria empregado, em *A ideologia alemã*, como análogo a "modo de vida". Coulthard percebe, assim, as reivindicações contemporâneas dos povos ameríndios no Canadá por suas terras em sua relação com a "responsabilidade coletiva, a autoridade não hierárquica, a posse comunal e o apoio mútuo", que os sustentam "econômica, espiritual, social e politicamente". O capitalismo e seu

---

[214] "Aux révolté-es de Notre-Dame-des-Landes", escrito por ocupantes da ZAD; Alessandro PIGNOCCHI, *La recomposition des mondes*. (Paris, Seuil, 2019); ASARADURA. *Notes de voyage contre le TAV*, p. 10.

universo; esse, diz Rancière, é "mais que um poder, é um mundo e é o mundo no qual vivemos, (...) o ar que respiramos e a teia que nos liga". Sugere, nesse âmbito, que o caminho para lhe sobreviver passa por consolidar "formas de dissidência subjetiva e de organização da vida à distância do mundo dominante". São esses "presentes que criam os futuros e o que é vital hoje é o desenvolvimento de todas as formas de secessão em relação aos modos de percepção, pensamento, vida e comunidade propostos pelas lógicas desiguais". Essas indicam um "esforço para lhes permitir se encontrar e produzir a potência acentuada de um mundo de igualdade".[215]

A floresta emerge como inspiração, sendo compreendida como "um povo que se insurge, uma defesa que se organiza, imaginários que se intensificam". Davi compreende a ecologia como toda uma população: humanos, *xapiri*, animais, árvores, vento, sol, chuva, peixes; em suma, "é tudo o que veio à existência na floresta (...), tudo o que ainda não tem cerca". Coloca, assim, a questão decisiva dos cercamentos, condição do surgimento do capitalismo. A destruição que esses causam não se situa unicamente no meio de vida e subsistência de muitos povos, mas principalmente numa "inteligência coletiva concreta, ligada a esse comum do qual todos dependiam", numa riqueza partilhada de criações coletivas. Sua expropriação, contemporânea à caça às bruxas, não é somente material, mas ética, da vida e suas condições, dos vínculos existenciais costurados, do território constituído pela "tessitura mesma dos elos".[216]

Essa "tomada da dianteira" dos povos ameríndios se manifesta, com contundência, no Chile de hoje, que vive nas semanas de outubro

---

[215] Gilles DELEUZE e Félix GUATTARI. *Qu'est-ce que la philosophie?* (Paris, Éditions de Minuit, 1991, p. 82); Glen Sean COULTHARD. *Red skin, white masks: rejecting the colonial politics of recognition.* (Minneapolis, University of Minnesota Press, 2014, pp. 12-13, 60-61 e 65); Jacques RANCIÈRE. *En quel temps vivons-nous? Conversation avec Eric Hazan* (Paris, La fabrique, 2017, pp. 54 e 59).

[216] Jean-Baptiste VIDALOU. *Être forêts: habiter des territoires en lutte* (Paris, La Découverte, 2017, p. 13); Davi KOPENAWA e Bruce ALBERT. *A queda do céu*, p. 480; Isabelle STENGERS. *Au temps des catastrophes: résister à la barbarie qui vient* (Paris, La Découverte, 2009, p. 108); ASARADURA. *Notes de voyage contre le TAV: été 2011-printemps 2015* (s/e, 2015, p. 10).

de 2019 o maior protesto de sua história, no qual estudantes, pessoas comuns e tantas rebeldias rechaçam vigorosamente o seu sistema político-econômico, com passeatas, atos, saques, incêndios de estações de metrô, supermercados e lojas. Tais mobilizações ocorrem no que era o "país modelo" da ordem econômica dominante, com suas políticas (desde 1973) e Constituição (de 1980) elaboradas no contexto da Guerra Fria, tendo forte influência da Escola de Chicago. A explosão contra as continuidades após o fim da ditadura de Pinochet e seu todo privatizante (não transformado pelos sucessivos governos) vinha amadurecendo nos últimos anos, desde o *mochilazo* dos secundaristas reunindo dezenas de milhares em 2001, que é retomado no *pingüinazo* em 2006 com mais de um milhão, passando pelos universitários em 2011 e a *marea feminista* em 2018. Podemos, porém, situar a primeira grande mobilização contra essa nova governança (agora, *democrática*) no levante Mapuche [Gente da Terra] do dia 1º de dezembro de 1997 em Lumaco pela defesa de suas terras contra os planos da empresa florestal Bosques Arauco. Constituiu, assim, com ações diretas e *recuperación* de territórios ancestrais, a primeira faísca, e é significativo que, nesses protestos massivos de 2019, uma novidade se faça notar: a farta presença da *Wenüfoye* [bandeira Mapuche] e a derrubada de estátuas de colonizadores. *Não voltaremos à normalidade, porque a normalidade era o problema.*[217]

Esse espírito-prática se mostra, igualmente, como vimos antes, nas mobilizações quase simultâneas puxadas pelo movimento indígena no Equador contra as medidas de austeridade e que bloqueiam o país. E se produz, também, no início desse século na Bolívia, com as guerras da água e do gás, e depois no Brasil, com a tomada indígena do Congresso em abril anunciando o Junho brasileiro semanas depois, no qual foi forte a presença da Teko Haw Maraká'nà (Aldeia Maracanã, ocupando desde 2006 o antigo Museu do Índio do

---

[217] Gabriel Salazar VERGARA. "El 'reventón social' en Chile: Una mirada histórica" (*Nueva Sociedad*, outubro de 2019); César Enrique PINEDA. *Arde el Wallmapu: autonomía, insubordinación y movimiento radical Mapuche en Chile* (México, Bajo Tierra Ediciones, 2018).

Rio). Tais eventos inspiram, também, as novas movimentações por justiça climática, com notável protagonismo juvenil nos *Fridays for Future* (organizando greves climáticas e recusas em ir à escola, que começaram com a mobilização multirracial de jovens californianos e posteriormente ganharam a forma de dias globais nos últimos anos) ou o *Extinction Rebellion*, que brota na Grã-Bretanha ao ocupar em abril de 2019 cinco pontos de Londres para pautar a questão do aquecimento global e que se disseminou em vários países.[218]

Essa inspiração se articula com um tipo de "internacionalismo" indígena. Kopenawa usa em português "mundo inteiro" como tradução de *urihi a pree*, grande terra-floresta, e as atividades xamânicas protegem a terra toda, tanto para indígenas quanto não indígenas. *Omama* criou, multiplicou e espraiou *xapiri* não unicamente nas terras Yanomami, mas por toda parte, pois "o vento lá não sopra sem razão e a chuva não cai sozinha". Esses mais longínquos são magníficos e poderosos, enquanto os que deixou para os Yanomami são "mais fracos e menos sagazes do que os que levou consigo para a terra dos brancos, onde são tão numerosos quanto na nossa". Os brancos, no entanto, esqueceram e perderam o conhecimento sobre os espíritos que lá habitam (e até os antecedem naquele espaço) e não os percebem mais.

Davi conta, em particular, um episódio em Paris, ao olhar a Torre Eiffel:

> apesar de ninguém saber, essa construção é em tudo semelhante à imagem das casas de nossos *xapiri*, cercada por todos os lados de inúmeros caminhos luminosos. É verdade! Aquela claridade cintilante é a do metal dos espíritos! Os brancos daquela terra devem ter capturado a luz dos seres-raio *yãpirari* para prendê-la nessa antena! Ao observá-la, eu pensava: "*Hou!* Esses forasteiros ignoram as palavras dos espíritos, mas, apesar disso, sem querer, imitaram suas casas!". Isso me deixou confuso. Porém, apesar da semelhança, a luz

---

218 Maristella SVAMPA. "¿Hacia dónde van los movimientos por la justicia climática?" (*Nueva Sociedad*, n. 286, março/abril de 2020, p. 119).

daquela casa de ferro parecia sem vida. Não saía dela nenhum som. Se fosse viva, como uma verdadeira casa de espíritos, ouviríamos brotar de sua luminosidade o sibilar incessante dos cantos dos seus habitantes. Seu cintilar propagaria as vozes ao longe. Mas não era o caso. Ela ficava inerte e silenciosa. Foi apenas durante o tempo do sonho, fazendo dançar sua imagem, que pude ouvir a voz dos espíritos dos antigos brancos e das mulheres estrangeiras *waikayoma*, cobertas de miçangas, que moram em sua terra.

Daí se pergunta se os antepassados dos franceses conheciam esses espíritos e, a partir da sua experiência de viagens internacionais, conta como conheceu outros *xapiri* de distantes terras, que fogem das cidades enfumaçadas e vivem nas altas montanhas frescas nas quais "seus topos são cobertos de uma brancura tão brilhante quanto um monte de penugem luminosa" e onde se refugiaram depois de tanto tempo sem serem chamados. O xamã Yanomami percorreu em sonho esses locais onde moram os "espíritos dos ancestrais brancos", conta ter sentido vertigem ao chegar perto da sua morada e ter ouvido deles indicações para lidar com os brancos com "energia e coragem". "Não se deixe enganar por vagas mentiras! Eles têm que defender a floresta de fato!", disseram. Quando foi a Nova York participar de encontro na ONU, narra outro acontecimento, no qual é acordado e espantado por

> estalos e estrondos surdos do céu, que pareciam começar a se mover pesadamente sobre a cidade. Então, acordei sobressaltado e me levantei. Fiquei um tempo sem me mover, de pé, me segurando para não gritar de pavor. Mais uma vez, pensei: "*Hou!* Esta é uma outra terra, não posso me deixar levar pelo medo, ou os brancos vão achar que enlouqueci!". Aos poucos, fui tentando me acalmar. Depois, o barulho do céu parou, mas eu comecei a ouvir a voz de sua imagem, que os xamãs nomeiam *Hutukarari*. Ela me dizia: "*Ma!* Não é nada! Fiz isso para testar sua vigilância! Às vezes faço o mesmo para que os brancos me ouçam, mas não adianta nada! Só os habitantes da floresta mantêm os ouvidos abertos, pois sabem virar espíritos com

a *yãkoana*. Os dos brancos ficam sempre fechados. Por mais que eu tente assustá-los para alertá-los, eles permanecem surdos como troncos de árvore! Mas você me ouviu, isso é bom!

"Só poderemos nos tornar brancos no dia em que eles mesmos se transformarem em Yanomami", pontua o xamã. Significaria compor uma bruxaria em comum? Os celtas – que habitavam partes do oeste europeu, onde esteve Kopenawa – possuíam a figura do druida, formado por *dru* (relativo a carvalho) e *uid* (de conhecimento, saber). Seriam então magos, grandes sábios do carvalho, cujo visco se costumava consumir e cujos pés abrigavam ritos. Dizem que temiam, como nas histórias em quadrinhos de Asterix, que o céu (sustentado pelas árvores) caísse sobre as suas cabeças, num perturbador paralelo com os Yanomami.[219]

A ativista antiglobalização e bruxa neopagã Starhawk propõe pensar a magia como movimento político. Citando Dion Fortune, uma ocultista do início do século passado, trabalha-a como "a arte de modificar a consciência de acordo com a vontade", abarcando variadas esferas da imaginação. Elabora, assim, um elo decisivo com a ideia-prática de transformação, pois "implica que o mundo é dinâmico e fluido, e não estático. E ela fala de 'vontade': uma intenção humana focada que tem um impacto no mundo em torno de nós". Daí emerge "uma boa definição para a ação política. Buscar mudanças políticas profundas não abrange apenas mudar quem detém o poder, embora isso seja bastante importante", pois "também implica o modo como concebemos o nosso poder e como mudamos a consciência que permitiu que tantos danos ocorressem e tivessem continuidade". Bruxa emerge como um nome "genérico" de uma multidão de saberes, formas de estar juntos e de comunicação entre mundos (humano e não humano). Reage, igualmente, a um empobrecimento político e existencial moderno, já que "a perseguição às Bruxas nos deixou um legado que cortou nossa sensibilidade em relação a uma Terra viva", tornando

---

219 Davi KOPENAWA e Bruce ALBERT. *A queda do céu*, pp. 664, 217, 400, 121, 425, 401, 424, 432 e 75; Filippo Lourenço OLIVIERI. *Os druidas* (São Paulo, Perspectiva, 2014, pp. 126, 36 e 76).

"escutar a Terra" algo suspeito, perigoso ou até ridículo. Continua Starhawk, propondo "como seria ter uma ciência na qual (...) nos permitíssemos abraçar novamente algumas das visões de mundo indígenas e, ao mesmo tempo, somar a elas alguns dos nossos modos atuais de entender como comprovar rigorosamente nosso conhecimento".[220]

Como colocado antes, o EZLN viveu uma transição do ímpeto de doutrinar e mostrar a verdade para o de compreender e se transformar com as resistências históricas das coletividades indígenas. Desse choque político-cultural vai nascer uma criação exuberante (mesclando Teologia da Libertação, militantes marxistas e organização autônoma ameríndia e camponesa) que vai influenciar muitos movimentos, indígenas e não indígenas, no mundo todo. Esse imaginário político produz uma inversão dos vetores políticos habituais com o *mandar obedecendo* (assim como o *caminhar perguntando*), condições para *uma revolução que faça possível a revolução*. Uma articulação indígena, local, nacional, internacional e intergaláctica das sociedades contra o Estado. No convite para o Encontro Intercontinental pela Humanidade e contra o Neoliberalismo, o subcomandante apresenta o zapatismo como uma fuga das ideologias políticas, receitas, linhas, consignas, táticas ou estratégias; esse "não é, não existe. Só serve, como servem as pontes, para cruzar de um lado para outro. Logo, no zapatismo cabem todos, todos os que querem cruzar de um lado para outro (…), o zapatismo não é de ninguém e, portanto, é de todos".[221]

Na América do Norte, em 1680, um oficial do rei da França volta ao forte onde havia deixado parte das tropas, mas "seus" homens não haviam somente desertado, destruído as instalações e roubado as mercadorias, como deixaram também inscritas umas palavras de despedida: "somos todos selvagens". Política selvagem?[222]

---

220 STARHAWK. "Magia, visão e ação" (*Revista do Instituto de Estudos Brasileiros*, n. 69, abr. 2018, pp. 55 e 59).
221 Gloria Muñoz RAMÍREZ. *EZLN: el fuego y la palabra*, pp. 155 e 209; EJÉRCITO ZAPATISTA DE LIBERACIÓN NACIONAL. *Invitación al Encuentro Intercontinental por la Humanidad y contra el Neoliberalismo* (9 de junho de 1996).
222 Francis DUPUIS-DÉRI e Benjamin PILLET. "Anarcho-indigénisme: invitation à l'écoute et à la complicité" em *L'anarcho-indigénisme* (Montreal, Lux, 2019, pp. 14-15).

comunas

autogoverno indígena

"Es la tierra que nos comuna" enuncia Floriberto Díaz, liderança e pensador Ayuuk (Mixe). Autonomias que partem do solo, na busca-luta dos Guarani pela *tekoha* (território cosmopolítico da boa vida) ou na contundente resposta de Davi Kopenawa ao general, ministro da Casa Militar, que oferecia informações sobre atividades agrícolas: "desejo obter a demarcação de nosso território". O fio da emergência indígena das últimas décadas, no Brasil e no continente. Pululam tanto retomadas – como as Tupinambá, desde 2004 no sul da Bahia (mais de vinte e duas fazendas), inspiradas em anteriores (Xokó em Sergipe e Kiriri no norte baiano na virada dos anos 1970 para os 1980) – quanto autodemarcações, desde as dos Kulina, Kaxinawá e Apinajé três décadas atrás às mais recentes dos Munduruku, Tupinambá, Borari e Arapium no Pará ou dos Kaingang no Sul. Diante da inação estatal – a despeito dos compromissos da Constituição de 1988 – e das invasões de madeireiros e garimpeiros, criam-se políticas de defesa territorial, vigilância e de educação e saúde, como no Conselho de Gestão Ka'apor no Maranhão.[223]

Você está em território zapatista em rebeldia, aqui o povo manda e o governo obedece! Nessas múltiplas lutas por autodeterminação, a zapatista talvez seja hoje a mais paradigmática de um ímpeto político fundante. A autonomia – reivindicação que parte dos diálogos com o governo no fim do primeiro ano da irrupção, passando pelos Acordos de San Andrés, assinados dois anos depois, até a quebra de

---

[223] Floriberto DÍAZ. "Comunalidad: más allá de la democracia" e "Comunidad y comunalidad" em Sofía ROBLES e Rafael CARDOSO (orgs.). *Floriberto Díaz. Escrito. Comunalidad, energía viva del pensamiento mixe* (México, UNAM, 2007, p. 26); Davi KOPENAWA e Bruce ALBERT. *A queda do céu*, p. 376; Daniela Fernandes ALARCON. *O retorno da terra*, pp. 19, 62 e 42; Fabio ZUKER. "A autodemarcação da Terra Indígena Tupinambá no Baixo Tapajós" em *Vida e morte de uma Baleia-Minke no interior do Pará e outras histórias da Amazônia* (São Paulo, Publication Studio, 2019); Fábio ALKMIN. "A autonomia indígena em defesa da Amazônia" (*Le Monde Diplomatique Brasil*, 9 de maio de 2020); Luísa Pontes MOLINA. *Terra, luta, vida: autodemarcações indígenas e afirmação da diferença* (Dissertação de Mestrado em Antropologia Social, Universidade de Brasília, 2017, p. 81).

compromisso por parte do Estado em 2001 – vai se radicalizar e se aprofundar. As *aguacalientes*, "espaços de interlocução entre as zonas rebeldes e a sociedade civil", viram caracóis em 2003. Nascem também as Juntas de Bom Governo e três dezenas de Municípios Autônomos Rebeldes Zapatistas (Marez), cuja composição, paritária entre mulheres e homens, vem de eleição em assembleia, com mandatos de três anos, permanentemente revogáveis e isentos de remuneração. Outras funções, como as de professores, promotores de saúde, segurança, informação, são igualmente rotativas e sem soldo.

As Juntas de Bom Governo articulam a interdependência entre as comunidades, além de se ocuparem da mediação de conflitos, gestão financeira, acompanhamento, capacitação e planejamento, assim como das "relações externas". No revés da clássica tomada do poder do Estado, das guerrilhas e partidos, uma lógica e propósito distintos – a de fortalecer as comunidades, sua política, democracia, solidariedade e economia, produção de vida, em suma, sua autonomia na prática. O autogoverno finca presença em certas formulações do pensamento político, como de Thomas Jefferson, que, no contexto da Independência estadunidense, o considera como o direito mais precioso (ainda que não para toda pessoa habitando os EUA). Tal perspectiva, entretanto, vai, segundo Joëlle Zask, sumir com o predomínio avassalador do sistema representativo, ao qual ela, influenciada por John Dewey, contrapõe, em sua atual e brutal crise, o autogoverno como experiência e experimentação.[224]

linhagens

Das suas visitas a uma prisão na Pensilvânia, em atividades militantes pela abolição da pena de morte, veio a inspiração para estudar um certo tipo de embarcação. O pesquisador da história desde baixo

---

[224] Cassio BRANCALEONE. *Teoria social, democracia e autonomia: uma interpretação da experiência de autogoverno zapatista* (Rio de Janeiro, Azougue, 2015, pp. 282 e 285); Fábio M. ALKMIN. *Por uma geografia da autonomia: a experiência de autonomia territorial zapatista em Chiapas, México* (São Paulo, Humanitas, 2017, pp. 143-145 e 162-163); Joëlle ZASK. "Retour sur la notion perdue d'autogouvernement" (*Sens public*, 2019).

(não dos "grandes homens", mas das pessoas comuns) encontra lá o ex-Pantera Negra Mumia Abu-Jamal, encarcerado havia quatro décadas por um crime que não cometeu, e conversa longamente com esse preso político sobre história. Nessas trocas, se consolidam a percepção de um sistema de terror, seu vínculo estreito com questões de raça e o papel-chave do navio negreiro. O horror, o inferno. Marcus Rediker narra os participantes dessa tragédia, da *passagem do meio* pela qual foram transportadas mais de doze milhões de pessoas, das quais quase dois milhões morreram e foram jogadas ao mar e comidas por tubarões que seguiam os navios.

Nessa nau, subsistia o governo mais despótico, um autoritarismo atroz, conjugado a disciplina brutal e violência total. A combinação, estranha e poderosa, de máquina de guerra, prisão móvel e fábrica produzia tanto escravizados-trabalhadores quanto a raça. Dois avanços tecnológicos (a fundição e os primeiros canhões e as velas em vez de remos) favorecem a conquista de novas terras, a expropriação e exploração de milhões, além das rotas de longa distância. Com o desenvolvimento das vias marítimas e da construção naval, o comércio privado floresce, sua infraestrutura e logística sendo garantidas por financiamentos estatais. O *guineaman* é o pivô de todo o sistema de progresso capitalista, que se conjuga com outra instituição fundadora da escravidão: a *plantation* [plantação], uma grande fábrica com seu moderno proletariado, como classicamente colocado por C.L.R. James. Rediker propõe ver esse terrível processo e seu auge no século XVIII, desde o ponto de vista do navio negreiro e seus milhares de capitães, centenas de milhares de marinheiros maltrapilhos e milhões de escravizados quase nus.

Em tais embarcações – que chegavam a valer, na moeda de hoje, cerca de dois milhões de dólares – o capitão possui um poder de vida ou morte. Nesse reino próprio, um "inferno particular" fora da sociedade e suas instituições tradicionais, ele está permanentemente atento em evitar três acontecimentos que significariam o fiasco do empreendimento: acidente, motins e mortandade descontrolada (seja por epidemias, seja por suicídios). Manter vivo o prisioneiro-trabalhador, mas comportado: um poder pelo terror, sendo dependente de crueldades e sofrimentos. Fazer reinar uma disciplina de ferro para lidar com o temor constante, de todo governo, da insurreição – nesse caso, das pessoas escravizadas que podiam ficar seis meses no navio, até completar a "carga", e depois de seis a dez semanas de travessia. No navio negreiro se situava o cerne do sistema político-econômico e da unificação da economia mundial. Suas viagens tinham início nos cafés de Liverpool, cidade escravocrata onde se reuniam mercadores de escravizados e donos do dinheiro.

Uma das tarefas mais difíceis dessa empresa era a de encontrar trabalhadores para a missão de embarcar nesse extenso trajeto. Recrutadores inescrupulosos rondavam as regiões portuárias e suas tabernas, pois os marinheiros, em geral, só aceitavam esse trabalho quando muito endividados, presos ou sem nenhum dinheiro. Trocavam, assim, a prisão em terra por uma em mar, a jornada representando o preço de sua futura liberdade. Uma masmorra flutuante para marinheiros e cativos em seu sistema institucionalizado de terror. Os primeiros enfrentavam martírio e punições e lutavam contra esses e outros maus-tratos. Sendo parte da classe trabalhadora, teriam até inspirado a palavra para greve em inglês (*strike* vindo de *struck* [bater] nas velas). Essa experiência coletiva de trabalho e os conflitos entre capitão e equipagem, entretanto, se atenuavam com o embarque dos escravizados nas costas africanas e durante a travessia. De marinheiros a carcereiros, assumindo novas (e sinistras) funções – alimentação forçada, chicotadas, estupros... Ao aportar por aqui, esses trabalhadores tornavam-se inúteis e não raro eram abandonados doentes.

Para o ator, autor e abolicionista James Stanfield, as Luzes não se iniciam com um filósofo escocês ou um membro do parlamento, mas com o encontro entre marinheiros e escravizados. Dois avessos do horrendo navio negreiro existiam, nos mares e nas matas, nos barcos piratas e nos quilombos. Uma dessas embarcações selvagens vai se chamar *maroon* e, num outro episódio, em 1721, amotinados tomam o controle do navio *Gambia Castle* da West African Company, içam a bandeira preta e o rebatizam *Delivery* [Libertação]. Uma nau se tornava pirata via rebelião ou, mais frequentemente, com a adesão da equipagem quando capturada. O mundo ao revés: nessa época de guerras pelo controle dos mares, rotas e territórios, de alto enriquecimento de poucos e de enormes transformações comerciais desde o fim do século XVII, as comunidades piratas figuram como um contraponto – liberdade em era de escravidão, república em tempos monárquicos e democracia em meio a despotismos.[225]

Tais experiências brotam no Oceano Índico (como em Madagascar, onde teria se estabelecido a mítica Libertália) e depois no Caribe (Bahamas, Bermudas), América do Norte e oeste africano (Serra Leoa). Se o corsário pode ser compreendido como um mercenário, armado de capitais privados para pilhar navios dos inimigos, isso muda em 1698-1699 quando a Inglaterra proíbe a pirataria. Motins prejudicam o tráfico negreiro (diversos navios são capturados) e entre 1715 e 1728 o transporte marítimo não cresce, numa estagnação entre dois períodos fortes de crescimento. A gravidade da questão faz as potências rivais cooperarem e, na Inglaterra, para fazer frente a esse Atlântico incontrolável, em dez anos (entre 1716 e 1726), mais de quatrocentos piratas são enforcados. O fim da pirataria abre espaço para o domínio do capital europeu sobre o comércio internacional. Trata-se, no discurso oficial, de limpar o mar dessa escória, inclusive com uma campanha que acabou nos deixando até hoje com uma forte imagem dos piratas, que ocupavam lugares perigosos e distantes dos centros de autoridade, não acolhedores para as principais instituições da vida moderna, como a Igreja, a família e o trabalho.

Os marinheiros-piratas mostram, porém, nesse mesmo momento histórico, uma espantosa criatividade. Diante das más condições de trabalho (comida ruim, doenças, castigos, espaço exíguo, salário baixo), surge a tomada dos meios de produção e a autogestão num "igualitarismo brutal e improvisado, mas eficaz". Manifestam, assim, um coletivismo e um antiautoritarismo, possivelmente influenciados

---

[225] Marcus REDIKER. *Navio negreiro: uma história humana* (São Paulo, Companhia das Letras, 2011 [2007], pp. 13-23, 68-73, 228-231, 277-279, 286, 317, 378-381 e 205); C.L.R. JAMES. *Os jacobinos negros*.

pelas utopias de igualdade camponesas e dos radicais ingleses (como quacres, anabatistas, *levellers*) de meados do século XVII. Um estar juntos dos párias – antigos condenados, prostitutas, devedores, vagabundos, escravizados, migrantes... – imaginando-fazendo o reverso da norma: profanação da sagrada propriedade; reivindicação de um novo lugar (os mares) e bandeira (preta, plurinacional) frente aos nacionalismos emergentes e concorrentes; furor destrutivo e jovialidade, violência e bebedeiras, alegria e luxúria, carnavalizando com música e dança, ou seja, existindo como antítese do modo padrão de vida puritano. Em suma, vilania total desses desertores do trabalho, sociedade, família, coroa e pátria em suas construções multirraciais e multiculturais – *banditti of all nations* [bandidos de todas as nações]. Liberam os escravizados das embarcações apreendidas e contam com a participação de algumas mulheres, como Mary Read e Anne Bonny, que teriam influenciado Delacroix em seu famoso quadro da personagem Marianne, encarnando a liberdade guiando o povo.

Ao capturarem um navio, perguntam aos trabalhadores como agiam e se comportavam os comandantes com eles. Em caso de tratamentos justos, são poupados. Mas, se queixas se fazem ouvir, de chicotadas e outras, matam. Rediker mostra como são formuladas, nessas zonas piratas, soluções concretas para dilemas e desafios da época: o que fazer com hierarquias, concentração de poder, desigualdades e tirania? Cada navio pirata funciona segundo um acordo enxuto, aprovado por todos no início da viagem ou na eleição do novo capitão. Qualquer um pode ser eleito e sua autoridade é limitada – deve responder ao coletivo, come a mesma comida e não tem cabine exclusiva. Sua autoridade na hora do combate é, no entanto, inquestionável. Também são eleitos um quartel-mestre (contrabalança do capitão e guardião da tradição pirata) e suboficiais, que podem, como o chefe, ser destituídos (e até executados) por covardia, crueldade ou por se recusarem a capturar e pilhar navios. Qual a maior autoridade? O conselho comum, que reúne regularmente todos, com reuniões abertas e debates, de acordo com um antigo costume marítimo que se perdeu. À moda Robin Hood, tomar dos ricos e distribuir o butim (quase) igualitariamente: o capitão e o quartel-mestre ficam com uma e meia ou duas partes, outros oficiais entre uma e uma e meia e os demais com uma. Em caminho oposto ao da Marinha Real Britânica, o salário é abolido, pois todos são sócios. Antecipam, ademais, uma ideia moderna: seguridade social. Os famosos pano, gancho e perna de madeira são parte de um certo folclore até hoje, mas indicam as atividades penosas para o corpo. Daí a preocupação com a saúde. Desse modo, parte do tesouro vai para um fundo comum destinado aos com deficiência permanente. O navio pirata como um mundo ao revés, com regras e costumes alternativos, ética de justiça e camaradagem e, igualmente, perspectivas (apesar de breves, no tempo) de abundância de dinheiro, comida e bebida.[226]

Uma outra inversão do funesto navio, bem mais longeva, se desenha no autogoverno quilombola. O antagonismo permanente contra o escravismo se expressava de múltiplas formas – no corpo mole no trabalho, quebra de ferramentas e incêndio nas plantações, suicídio e depressão/banzo, infanticídio e abortos, assassinato e envenenamento dos mestres e, sobretudo, na fuga, tanto individual quanto coletiva. A escravidão era uma instituição nacional, assim como, igualmente, a luta dos seus oponentes. A presença dos quilombos abarca, assim, todo o território brasileiro, desde o século XVI (as primeiras notícias são de 1559) até a abolição, numa "empolgante história da liberdade" em sertões, florestas e cidades. Um "movimento amplo e permanente", onipresente no continente, chamado, dependendo do país, de *palenque, cimarronaje, cumbe, maroon, bush negroes* ou *grand marronage*. Seu nome vem de *kilombo*, da sociedade guerreira Ovimbundo. Em banto, significa acampamento ou fortaleza, mas o poder português produz outra definição. O rei, ao responder à consulta do Conselho Ultramarino em 1740, o designa como "toda habitação de negros fugidos que passem de cinco, em parte despovoada, ainda que não tenham ranchos nem se achem pilões neles". Nessa longa história, o quilombo constitui a "unidade básica de resistência do escravo",

---

[226] Marcus REDIKER. *Villains of All Nations: Atlantic Pirates in the Golden Age* (Londres, Verso, 2004, pp. 209, 42, 57, 19, 107-109, 116-117, 119-122, 127, 173, 205 e 242).

elemento permanente de desgaste do regime servil, pairando sempre como uma sombra para os senhores.[227]

"A maior tentativa de autogoverno dos negros fora do continente africano", segundo Clóvis Moura; "o primeiro governo de africanos livres nas terras do Novo Mundo", para Abdias do Nascimento. Palmares: a mais contundente manifestação de rebeldia, ao perdurar por perto de um século e alcançar o tamanho de Portugal, juntando duas dezenas de milhares de sublevados. Seus fundadores e participantes souberam aproveitar a ocupação batava de Pernambuco, de 1629 a 1654, e o baixo preço do açúcar, que desorganizam os poderes coloniais. Visto tanto por portugueses quanto por holandeses como ameaça, essa antítese do sistema escravocrata, por sua existência e seu próprio exemplo, clamava pela desobediência e significava um "constante chamamento". E, na prática, "pôs em questão a estrutura colonial inteira: o exército, o sistema de posse da terra dos patriarcas portugueses, ou seja, o latifúndio, assim como desafiou o poder todo-poderoso da Igreja Católica", além de resistir "a vinte e sete guerras de destruição lançadas pelos portugueses e holandeses". Estando em terras férteis, mas de difícil acesso, constituía, ademais, um empreendimento de fartura, com sua produção agrícola e economia alternativas e comunitárias, de pequenos roçados com propriedade comum, mas também artesanato, fundições e oficinas de cerâmicas e madeiras.[228]

Clóvis Moura enfatiza a dificuldade de conseguir uma "visão interna" de Palmares. Seria um governo centralizado? Uma monarquia eletiva? Um projeto restauracionista, sendo um "pedaço da África transplantado para o Nordeste brasileiro" e um "Estado negro à

---

[227] João José REIS e Flávio dos Santos GOMES. "Uma história da liberdade" em João José REIS e Flávio dos Santos GOMES (orgs.). *Liberdade por um fio: história dos quilombos no Brasil* (São Paulo, Companhia das Letras, 1996, p. 9); Abdias NASCIMENTO. *O quilombismo: documentos de uma militância pan-africanista* (São Paulo, Perspectiva, 2019 [1980], p. 281); Clóvis MOURA. *Rebeliões da Senzala: quilombos – insurreições – guerrilhas* (São Paulo, Anita Garibaldi, 2014 [1959], pp. 55, 403, 216 e 163).

[228] Clóvis MOURA. *Rebeliões da Senzala*, p. 304; Abdias NASCIMENTO. *O quilombismo*, p. 69; Edison CARNEIRO. *O Quilombo dos Palmares* (Rio de Janeiro, Civilização Brasileira, 1966 [1946], pp. 5 e 70).

semelhança dos muitos que existiam na África, no século XVII"? Boa parte das fontes provêm de escritos de militares e autoridades, holandesas e portuguesas, para quem o sistema monárquico era a referência política e imaginativa. Já para os historiadores do século XX, os modelos africanos eram influentes. Richard Price ressalta, da mesma forma, o fato de sabermos pouco sobre Palmares. Parte, contudo, de suas pesquisas na sociedade quilombola dos Saramaka, no atual Suriname, distante dele mais de dois mil quilômetros e até hoje semi-independente. Os relatos antigos do poder acerca dos Saramaka lembram os de Palmares, e o historiador argumenta que sua suposta centralização lhe parece exagerada, pois percebe um contraste radical entre os documentos dos brancos e relatos orais Saramaka. A autoridade política seria, de fato, bem mais dispersa, com líderes rivais das várias comunidades, além de existir estratégias de não revelar os nomes das lideranças, muitas das quais eram ignoradas pelos colonizadores. Para o também etnólogo, as "palavras escritas pelos seus inimigos mortais" retratam um "sistema quase monárquico que fazia sentido" para eles. Palmares pode ser compreendido, ao contrário, como uma confederação de quilombos. Essa perspectiva conflui com as intuições de Benjamin Péret, que veio morar no Brasil em dois momentos do século passado e escreveu um texto pioneiro sobre o Quilombo. Positivando a fuga, fuçando arquivos e escritos, descreve os chefes de mocambos e um rei eleitos, tendo um conselho ativo. "Pra quê Estado se não há diferenciação e a terra é lavrada em comum?", pergunta o surrealista, que defende não haver, pelo menos até as expedições holandesas, necessidade de instituir uma autoridade acima de outras. Com o cerco a Palmares, isso muda, sendo sua única chance de vitória o apoio de uma sublevação escrava generalizada.[229]

[229] Clóvis MOURA. *Rebeliões da Senzala*, p. 398; Edison CARNEIRO. *O Quilombo dos Palmares*, pp. 2 e 4; Richard PRICE. "Palmares como poderia ter sido" em João José REIS e Flávio dos Santos GOMES (orgs.). *Liberdade por um fio*, pp. 52-55; Clóvis MOURA. *Os quilombos e a rebelião negra* (São Paulo, Dandara, 2022 [1981], p. 46); Benjamin PÉRET. *Que foi o quilombo de Palmares?* (Porto Alegre, UFRGS, 2002 [1956], pp. 116 e 127).

Em detrimento dos relatos oficiais e sua insistência na guerra, a etnografia de Price junto aos Saramaka traz outros elementos, se aproximando da "paz quilombola" proposta por Beatriz Nascimento, tais como estratégias de dissimulação, interações com vizinhos, organização doméstica e a presença religiosa, animista, da Mãe das Águas e outras divindades conhecidas como *apúkus*, habitantes da floresta. Coletividades afro-americanas também presentes em Palmares, onde falavam um português com formas africanas que os brancos não entendiam. Sua composição, por africanos multiétnicos, negros e mestiços, judeus e mouros, era um "exemplo de democracia racial que nunca existiu no Brasil fora das unidades quilombolas". Além disso, estudos arqueológicos atestam uma maior presença indígena do que usualmente pensado. Palmares congregava vários marginais e heréticos, como Canudos depois – frente ao partido dos proprietários, a posse da terra onde se encontravam camponeses, foragidos, libertos e indígenas Kiriri. Se Euclides deixa de lado o assunto da escravidão ao tratar do arraial, tanto Beatriz Nascimento quanto Clóvis Moura levantam esse ponto. O conselheiro peregrina, com suas roupas simples, no período anterior e posterior à abolição, por regiões de fazendas e quilombos. Ambos percebem o líder, agitador e organizador como abolicionista – por isso a fama de lunático, místico e messiânico? Conectando pontos, um surpreendente texto de Machado de Assis associa os "partidários do Conselheiro" aos "piratas românticos, [que] sacudiram as sandálias à porta da civilização e saíram à vida livre".[230]

---

[230] Beatriz NASCIMENTO. "Quilombos: mudança social ou conservantismo?" (1978) em Alex RATTS (org.). *Uma história feita por mãos negras* (Rio de Janeiro, Zahar, 2021, p. 133); Richard PRICE. "Palmares como poderia ter sido", p. 57; Edison CARNEIRO. *O quilombo dos Palmares*, p. 29; Clóvis MOURA. *Quilombos: resistência ao escravismo* (São Paulo, Ática, 1987, p. 37); Pedro Paulo de Abreu FUNARI. "A arqueologia de Palmares: sua contribuição para o conhecimento da história da cultura afro-americana" em João José REIS & Flávio dos Santos GOMES (orgs.). *Liberdade por um fio*, 1996, p. 31; Beatriz NASCIMENTO. "O movimento de Antônio Conselheiro e o abolicionismo: uma visão de história regional (1981)" em *Uma história feita por mãos negras*, 2021; Clóvis MOURA. *Sociologia política da guerra camponesa de Canudos: da destruição do Belo Monte ao aparecimento do MST* (São Paulo, Expressão Popular, 2000, pp. 33, 64, 65 e. 70); Machado de ASSIS. "Canções de Piratas" em *A Semana* (*Gazeta de Notícias*, 22 de julho de 1894).

Sintomaticamente, tanto Edison Carneiro (em 1946) quanto Décio Freitas (em 1971) publicam seus livros sobre o famoso quilombo primeiro em espanhol. Essas e mais outras compõem uma obra coletiva, na qual *Rebeliões da senzala*, de 1959, tem um papel decisivo para mudar a chave do negro supostamente submisso. Moura começa essa pesquisa em 1948 e a conclui em 1952, mas publica somente sete anos mais tarde, por uma editora pequena (a Zumbi). As dificuldades se relacionam com uma então bizarra abordagem segundo a qual os escravizados não haviam combatido a escravidão. "O único lugar onde os negros não se rebelaram é nos livros dos historiadores capitalistas", coloca contundentemente C.L.R. James. "O quilombola como termo *ativo* e *dinâmico*" – o historiador piauiense salienta que até 1850 a luta se atinha aos escravizados. Enquanto a instituição escravista era sólida, nada. Isso muda com a abolição do tráfico, aí os apoios começam e se formam os primeiros clubes, como o Caifases em São Paulo, Cupim em Pernambuco ou Bastilhas no Rio. No entanto, insiste Moura, mesmo os chamados abolicionistas (salvo poucas exceções) pregavam seu fim lento e gradual, por temerem, como Nabuco, uma "vingança bárbara e selvagem".[231]

Quilombos vencidos, mas presentes e inspiradores. E vivos – exemplos da "contracultura afro-periférica paulistana evocada aqui são canções, poemas, vídeos, discursos, grafites, agrupamentos (saraus e ocupações culturais) que esporadicamente se firmam ou circulam em quilombos intermitentes". Palavra onipresente hoje no movimento negro, já em 1927 é fundado o Centro Cívico Palmares (seus líderes participam da Frente Negra Brasileira na década seguinte). Num escopo mais amplo, Abdias compreende o indissociável elo entre a "exigência vital dos africanos escravizados, no esforço de resgatar sua liberdade e dignidade através da fuga ao cativeiro e da organização de uma sociedade livre" e "modelos

---

[231] Clóvis MOURA. *Rebeliões da Senzala*, p. 56 e 398; C.L.R. JAMES. "A revolução e o negro" (1939) em C.L.R. JAMES, Leon TROTSKI e George BREITMAN. *A revolução e o negro* (São Paulo, Iskra, 2015, p. 22); Clóvis MOURA. *Os quilombos e a rebelião negra*, p. 94.

de organização permitidos ou tolerados, frequentemente com ostensivas finalidades religiosas (católicas), recreativas, beneficentes, esportivas, culturais ou de auxílio mútuo". Terreiros, afoxés, escolas de samba, maltas de capoeira e tantas associações constituem "quilombos legalizados pela sociedade dominante" e formam uma unidade com os outros – encontros de várias formas de fuga e resistência. Eis o quilombismo, como "complexo de significações" e "*praxis* afro-brasileira" em compreensão que dialoga diretamente com a de Beatriz Nascimento, de "um local onde a liberdade era praticada, onde os laços étnicos e ancestrais eram revigorados".[232]

O que é a comuna? É o que acontece "quando seres se encontram, se entendem e decidem caminhar juntos", coloca o comitê invisível. Toma corpo quando se despem os indivíduos e passam a conspirar-fazer coletivamente; uma greve, ocupação, quilombo, rádio, jornal, peça ou tantas outras iniciativas, grupos e núcleos. Graeber situa "a verdadeira origem do espírito democrático nesses espaços de improvisação". O frequente relato de sua invenção na Grécia antiga é uma prática habitual dos ricos e poderosos, de "se apropriar dos frutos do trabalho de outras pessoas". O antropólogo contrapõe a essa percepção a "crença que seres humanos são fundamentalmente iguais e devem gerir seus assuntos coletivos de forma igualitária", sua ampla distribuição pelo planeta sendo "tão antiga quanto a inteligência humana".[233]

Um ponto decisivo, nesse âmbito, está no entrelaçamento entre lutas libertárias e anticoloniais. O massacre ordenado pela burguesia francesa da emergência operária (dos *canuts* em Lyon em 1831

---

[232] Salloma SALOMÃO. "Sampa Negra 2 – Periferia, contracultura e antirracismo" (*SampaMundi – Quebrada Sul*, ano 1, número 1, 2018, p. 128); Abdias NASCIMENTO. *O quilombismo*, pp. 281-282; Petrônio DOMINGUES. "Associativismo negro" em Lilia M. SCHWARCZ e Flávio GOMES (orgs.). *Dicionário da escravidão e da liberdade* (São Paulo, Companhia das Letras, 2018, p. 113); Beatriz NASCIMENTO. "Historiografia do Quilombo" (1977) e "O conceito de Quilombo e a resistência cultural negra" (1985) em *Possibilidade nos dias de destruição (intelectual e quilombola)* (org. União dos Coletivos Pan-Africanistas, Diáspora Africana, Editora Filhos da África, 2018).
[233] COMITÊ INVISÍVEL. *A insurreição que vem*, p. 116; David GRAEBER. *Um projeto de democracia: uma história, uma crise, um movimento* (São Paulo, Paz e Terra, 2015 [2013], pp. 205-207).

e em 1834) coincide com a conquista da Argélia. Em 1848 se dá o contexto de escândalos a respeito do orçamento de uma guerra que já durava dezessete anos. Depois desse novo esmagamento, centenas são deportados para lá. Os anos 1870 são marcados por uma dupla tensão, de "movimentos ou acontecimentos *espaciais*" decisivos. Essa década, por um lado, marca um ambiente favorável à expansão colonial, com a velocidade das estradas de ferro atando pontos antes inacessíveis, em coordenadas sistemáticas e numa movimentação geopolítica consoante com o imaginário da linha reta de Haussmann. A reação, por outro, vai qualificar a Comuna de "Paris no poder dos pretos" e os *communards* de "selvagens, um anel no nariz, tatuados de vermelho, fazendo a dança do escalpe sobre os destroços enfumaçados da Sociedade", explicitando a guerra civil (e o aniquilamento, cá e lá). Uma categoria racial englobando operários, animais, selvagens e bárbaros que Rimbaud vai reivindicar e positivar como vínculo político concreto.[234]

vive la commune!

Esse é um grito-chamado ecoando nesse século e meio depois do gesto subversivo que tanto marcou e inspirou gerações e gerações de sonhadores-fazedores. Tal saudação abria e encerrava as reuniões populares que estavam fervilhando a partir de 1868 na França, quando o Segundo Império relaxa um pouco suas leis repressivas e abranda a censura. Embora os sindicatos fossem proibidos, a partir da década de 1860 cai o delito de coalizão e são permitidas as associações de trabalhadores. Vai se formando um corpo coletivo contestatário, em greves (legalizadas em 1864), em restaurantes em regime de cooperativa, sociedades de consumo, produção e de crédito e, também, em espaços como salões de danças, sala de concertos e armazéns onde se juntavam multidões ávidas por rebelião. Nesses clubes, fermento como os banquetes dos anos 1840, as "colmeias

---

[234] Maurizio GRIBAUDI e Michèle RIOT-SARCEY. *1848*, pp. 14-15; Kristin ROSS. *Rimbaud, la Commune de Paris et l'invention de l'histoire spatiale* (Paris, Les Prairies Ordinaires, 2013 [1988], pp. 16 e 206).

zumbidoras" espraiam a ideia de uma comuna social nas *classes perigosas*. A polícia (e seus numerosos espiões) sempre estudiosa das sementes da oposição vai acompanhar isso de perto e um fervoroso adversário da Comuna vai chamar as reuniões públicas de "*Collège de France da insurreição*", percebendo essa escola de elaboração coletiva desobediente. Quando o clima parisiense esquenta para valer, o governo proíbe e fecha todos os clubes no dia 22 de janeiro de 1871.[235]

No início de março, num contexto de derrota e rendição dos governantes, os batalhões da guarda nacional se agitam: organizam um encontro, elegem uma comissão executiva, pensam numa estrutura federativa e levantam a bandeira de defesa da República. Muitas armas estavam em Paris, que havia vivido cinco meses de cerco e penúrias, e o governo envia dez mil soldados aos bairros operários para retomá-las. Na madrugada do dia 18 de março de 1871, o exército estava recolhendo os canhões que defenderiam a cidade na guerra contra a Prússia – era perigoso deixá-los com a população em convulsão. As mulheres de Montmartre se jogam nas armas dos soldados que não se mexem. O general das tropas ordena fogo nelas. Um suboficial grita mais alto para levantarem as armas e é obedecido (será fuzilado por Versalhes meses depois). A revolução brota, com sua embriaguez que tudo pode mudar e deslocar.[236]

Daí se encarna um dos mais fantásticos experimentos políticos de igualdade e dignidade – um conjunto de atos de destituição do Estado e suas instituições burocráticas por homens e mulheres *comuns*. Anônimos revolucionários, um messias coletivo composto por trabalhadores vindos do interior atraídos pelo *progresso*, artesãos em grande número, operários e mulheres, vagabundos e artistas. Um movimento produz novas condições, relações, afetos e subjetividades e libera e potencializa as capacidades. O mundo invertido como em todos os processos revolucionários, nos quais as hierarquias são

---

[235] John MERRIMAN. *A Comuna de Paris: 1871 origens e massacre* (Rio de Janeiro, Anfiteatro, 2015 [2014], pp. 22-23); Kristin ROSS. *Luxo comunal: o imaginário político da Comuna de Paris*. (São Paulo, Autonomia Literária, 2021 [2015]).

[236] Louise MICHEL. *La commune* (Paris, La Découverte, 2015 [1898], pp. 178 e 266).

subvertidas e as ruas e a cidade tomadas – "pode-se amar uma cidade, [...] reconhecer suas casas e suas ruas nas mais remotas ou mais caras memórias; mas apenas na hora da revolta a cidade é sentida verdadeiramente como a *própria* cidade".[237]

Antítese do Império, o autogoverno da classe operária. Seu principal trunfo? Sua "existência em ato" constituindo a "forma política enfim encontrada para a emancipação do trabalho". Não decreta nem proclama o fim do Estado e dos capitalistas, mas agencia ambos com medidas concretas importantíssimas que ali se esboçaram. Moratória das dívidas e retomada dos objetos com os credores, congelamento dos aluguéis e das expulsões. Fim do trabalho noturno penoso dos padeiros, eleição e mandatos revogáveis com salários de operários para todos os cargos públicos, com separação da Igreja do Estado (e os bens das congregações socializados). Fábricas e oficinas abandonadas transformadas em cooperativas, fim do exército permanente, queima das guilhotinas e derrubada da coluna Vendôme. Casamento livre e adoção (pela Comuna) das crianças não reconhecidas, educação obrigatória e gratuita para todos (com operários-professores), além de cursos noturnos e salas de leituras em hospitais e creches nos bairros proletários. Uma efervescência cultural se produz naqueles setenta e dois dias, com atrizes e atores tomando posse dos teatros e abrindo-os a todos e os muros se tornando falantes como depois em 1968 e em 2016-2020. Gustave Courbet, ideólogo da derrubada da coluna (e que pagará caro por isso após a semana sangrenta de repressão feroz e vingativa), e tantos outros criam uma federação de artistas – por uma arte livre, sem tutela. A Associação Internacional dos Trabalhadores (AIT) vai insistir em sua análise do experimento comunardo que seu grande feito foi sua concretude, indicando ser possível tudo mudar – para Kropotkin, "do espírito coletivo", do "coração de um povo inteiro", anunciou-se "uma ideia nova, chamada a transformar-se no ponto de partida das revoluções futuras".[238]

---

[237] Furio JESI. *Spartakus*, p. 72.
[238] Karl MARX. "The Civil War in France" em *Writings on the Paris Commune*, p. 76; Pierre KROPOTKINE. *La Commune suivi de La Commune de Paris* (L'Altiplano, 2008 [1880-1882], p. 34).

O governo autoritário abandona a cidade, deixando para trás inclusive os doentes nos hospitais. Nas suas poucas dez semanas, a Comuna sustenta as infraestruturas da vida e rompe, assim, os limites entre o político, o cultural, o social e o econômico, numa proposta geral, total, de uma nova presença. Esse corpo político se opõe à dominação monárquica e de classe, mas, sobretudo, se constitui de modo positivo a partir da deliberação e tomada de decisões não mais secretas e sim abertas à criação coletiva. Em 1967, a mítica editora Maspero publica o clássico *História da Comuna de 1871* de um *communard* que se dedicou mais de duas décadas a uma monumental contrapesquisa (para desmontar as mentiras do poder – seu livro será proibido por um bom tempo). Em 1968, outro momento de "febre de fé, de devoção, de esperança", era impossível encontrar um exemplar nas livrarias em ebulição, todos já vendidos e lidos com entusiasmo. Esses anos vão marcar uma volta do interesse pela Comuna, inclusive por influência dos surrealistas e situacionistas, em facetas que recordam aquelas semanas intempestivas de 1871: a fusão entre política e cotidiano, militância e vida, o prazer das novas amizades e cumplicidades nos gestos anti-hierárquicos de associação e cooperação.[239]

Um pensamento comunardo, no evento em si e nas duas décadas seguintes, desabrocha. O acontecimento transformou alguns de seus atores e apoiadores, como Élisée Reclus e Paul Lafargue, mas também Marx, Kropotkin e William Morris. Ross não parte em busca de lições da história, mas de que modos essa experiência se insere no presente e nas suas lutas. Percebe, nesse sentido, a sagacidade do conceito de "luxo comunal", proposto no manifesto da Federação dos Artistas de Paris, escrito por Eugène Pottier, artesão e autor da *Internacional* (composta nas semanas posteriores à Comuna). Esse apelo do dia 13 de abril defende uma partilha igualitária não somente das coisas, mas também das nossas melhores habilidades, destacando as artes decorativas e os ofícios como marcenaria, cerâmica,

---

[239] Prosper-Olivier LISSAGARAY. *Histoire de la Commune de 1871* (Paris, La Découverte, 2000 [1896], p. 200); Kristin ROSS. *Maio de 68 e suas repercussões*.

costura, carpintaria, rendaria, gravuras, pinturas, esculturas, sapataria, alfaiataria, cozinha e tantos saberes de artistas-operários. Uma beleza coletiva para todo mundo, de dimensão estética nas vidas cotidianas e não mais nos circuitos e apropriações elitistas e fechados. Uma aposta no fazer compartilhado e na relação com a matéria, o trabalho livre, ou melhor, a atividade liberta.[240]

Esse enfrentamento com as divisões hierárquicas e dominações é, também, uma sublevação contra as barreiras nacionais – a "Comuna anexou a França à classe trabalhadora de todo o mundo". Os membros da AIT eram bem ativos nos clubes citados acima, fomentando um clima internacionalista e anticolonial. Uma das ações mais conhecidas da Comuna vai ser, como vimos, a destruição da coluna da praça Vendôme (feita com a fundição de canhões de guerras russos e austríacos), símbolo da celebração de uma França imperial e militarista e da opressão de outros povos. Seu novo nome após a demolição? Praça Internacional. A categoria de estrangeiros é abolida, todos sendo agora cidadãos. Seu engajamento é significativo e, dos mais de trinta mil detidos, perto de dois mil não são franceses (mas de belgas, italianos e suíços, um punhado de americanos, turcos e... brasileiros). Isso se concretiza, igualmente, na presença-chave dos poloneses Dombrowski e de Wroblewski (um oficial da insurreição polonesa de 1863) na direção das operações de defesa militar, do judeu húngaro Leo Frankel (membro da AIT) na comissão do trabalho e da russa Élisabeth Dmitrieff, uma das fundadoras da União das Mulheres pela Defesa de Paris.[241]

Essa organização é fundada a partir de um *Apelo às cidadãs* que se inicia nomeando o verdadeiro inimigo – não o estrangeiro invasor, mas os franceses assassinos do povo e da liberdade. A União vai se dedicar a cuidar dos feridos com ambulâncias e comitês por bairros, além de distribuir marmitas revolucionárias. Essa iniciativa será um

---

[240] Kristin ROSS. *Luxo comunal*, p. 77)
[241] Karl MARX. "The Civil War in France" em *Writings on the Paris Commune*, p. 80; Mathieu LÉONARD. *L'émancipation des travailleurs: une histoire de la Première Internationale* (Paris, La fabrique, 2011, p. 243).

dos principais órgãos da Comuna e vai responder a anseios fortes do período anterior, formulados nas reuniões populares desde 1868 e na Sociedade para a Afirmação dos Direitos das Mulheres, acerca do trabalho das mulheres e salários mais dignos, direito ao divórcio e escolas primárias democráticas para as meninas. Naqueles dias inebriantes, um grupo majoritariamente feminino leva uma guilhotina ao pé da estátua de Voltaire e a queima; na sequência, todas serão jogadas no fogo.

A Comuna, apesar dos limites apontados (por não ter se coordenado bem militarmente nem ter atacado logo no início Versalhes, além de não ter tomado todo o dinheiro do Banco da França), encanta Marx e Bakunin, proudhonianos e blanquistas. Uma confluência das águas subversivas na proposição posterior de um "comunismo anarquista" e sua bagunça das divisões entre perspectivas em conflito. Quando numa conversa imaginada, durante a Comuna, Marx cobra do *communard* Eugène Varlin uma definição sobre sua "doutrina socialista", esse lhe responde ser "apenas uma humilde abelha operária fazendo seu mel com muitas flores" (Proudhon, mas também Fourier, Bakunin ou o próprio Marx), seu comunismo antiautoritário (ou socialismo coletivista) sendo mais condizente com o nome da cantina popular que ajudou a fundar – a marmita. Ross percorre a onda de choque da Comuna, que produz transformações em lutadores-intelectuais, afetados por esse acontecimento e, cada um, com seu tempero, vai elaborar a aposta por uma "transformação baseada numa vasta federação voluntária de associações livres em nível local". Sabiamente conecta a insurreição numa das "capitais do mundo" com o interesse aguçado dos pensadores ligados à Comuna (Reclus, Marx, Morris e Kropotkin) pela organização coletiva da terra em tantos povos e até em coletividades não humanas. O *mir* russo, pescadores e camponeses islandeses, os iroqueses da América da Norte, o apoio mútuo como chave dos mundos animal, vegetal e humano, o elo entre Louise Michel e outros deportados com os Kanak na Nova Caledônia.[242]

---

[242] Kristin ROSS. *Luxo comunal*, p. 159; Michael LÖWY e Olivier BESANCENOT. *O aderno azul de Jenny: a visita de Marx à Comuna de Paris* (São Paulo, Boitempo, 2021,

Isso nos situa num dos planos mais significativos de hoje – conjugar organização territorial e laços solidários, afetivos e efetivos, transnacionais, o que já estava presente nas críticas ao isolamento que deixava vulneráveis tanto a Comuna de Paris (nos seus vínculos com o campo) quanto as comunas rurais russas (apontadas por Bakunin e que influencia Marx). William Morris, em *Notícias de lugar nenhum*, imagina a derrubada da coluna de Nelson, monumento nacionalista na Trafalgar Square em Londres, e sua substituição por um pomar, com damasqueiros. O prático e o belo, o útil e o poético nas artes de não ser governado. "Partamos da abundância". Não do luxo vazio, destrutivo, medíocre e monocultural capitalista, mas do luxo comunal da riqueza existencial dos povos da terra (e também da água, montanha, vento...) em luta, nas Américas e no planeta. A comuna como "*organização da fecundidade*", pelo prazer das lutas-vidas-criações; como poetizado por Oswald, composto por Waly, cantado por Gil e encenado pelo Oficina e por tantas, a felicidade guerreira.[243]

A Comuna de Paris se inspira da Comuna revolucionária de 1792, da autonomia territorial da Idade Média, mas também das experiências no campo, como, no caso da Península Ibérica, do *município* e suas decisões em assembleias abertas e uso coletivo das terras comunais. Numa perspectiva mais ampla, a forma-comuna e sua presença irrestrita. Isso envolve, igualmente, processos de intensa fertilidade política, nos quais se destacam pessoas comuns, como o papel dos barbeiros na Catalunha dos anos 1930 e dos sapateiros europeus no século XIX, insistindo no exercício concreto das liberdades democráticas. Como vimos logo acima, atravessa os séculos uma extensa linhagem de autogoverno, cujos experimentos estão presentes em vários momentos-chave da nossa história (global). De acordo com Daniel Guérin, a Revolução Francesa não foi somente uma revolução

---

pp. 83-84); Louise MICHEL. *Tomada de posse* (São Paulo, sobinfluencia e Autonomia Literária, 2021 [1890]).

[243] William MORRIS. *Notícias de lugar nenhum: ou uma época de tranquilidade* (São Paulo, Perseu Abramo e Expressão Popular, 2021 [1890]); Denise Ferreira da SILVA (comunicação pessoal, agosto de 2020); COMITÊ INVISÍVEL. *Aos nossos amigos*.

burguesa, já que formas de poder popular espontâneas, criadas pelas massas, irrompem. De um ponto de vista objetivo, essa seria um dos berços da democracia burguesa; no entanto, tomando-a subjetivamente, indica a presença da democracia "de tipo comunal", encarnando um "episódio da revolução *tout court*, contendo um embrião da revolução proletária". Os *enragés* [raivosos] vão defender pautas igualitárias e mandatos imperativos e seu nome será retomado por um grupo em Nanterre em 1968. Num movimento similar – e contemporâneo – à revolução copernicana anunciada por Pierre Clastres (e, ao que parece, sem comunicação entre eles), o militante-pesquisador herético encara a democracia parlamentar como "criação artificial e antinatural", oposta à democracia direta e total. Se a primeira é uma invenção tardia, a segunda, que os *sans-culottes* mobilizam, "está na natureza das coisas" e se encontra por toda parte, da Pnyx de Atenas às tribos germânicas. É, porém, capturada e deformada pelos ideólogos burgueses, numa operação que substitui "a soberania direta do povo à de uma assembleia de notáveis".[244]

Nessa mesma tônica, Graeber pensa nas Declaração de Independência e Constituição estadunidenses, nas quais não há referência à democracia (o sistema de Madison, Hamilton e Adams visa afastar e controlar seus perigos, compreendidos pejorativamente como anarquia), e expõe uma contradição: esses pais fundadores só chegaram lá por conta de uma revolução feita por pessoas praticando uma democracia. Na França e na Inglaterra, reis fundam parlamentos sem mencionar Atenas ou a representação política e sim convocando senhores do reinado: um democrata ateniense perguntaria onde está a ágora. Tal oposição pode ser compreendida, na elaboração de Benjamin Constant, entre a democracia dos antigos e a dos modernos. Numa, se decide sobre tudo (guerra e a paz, leis e julgamentos,

---

[244] Francis DUPUIS-DÉRI. *La peur du peuple*, p. 67; George ORWELL. *Homage to Catalonia* (Londres, Penguin, 2000 [1938]); Eric HOBSBAWM e Joan W. SCOTT. "Sapateiros politizados" (1980) em *Pessoas extraordinárias: resistência, rebelião e jazz* (Rio de Janeiro, Paz e Terra, 2016); Daniel GUÉRIN. *La Révolution française et nous* (Paris, Maspero, 1976 [1944]), pp. 27-28 e 101-102); Pierre CLASTRES. "Copérnico e os selvagens" (1969) em *Sociedade contra o Estado* (São Paulo, Cosac Naify, 2003).

contas e gestão) na praça pública. A outra vê sua soberania restringida ou até suspensa, sendo exercida somente pontualmente. Trata-se de um confronto entre formas e concepções de liberdade, a dos antigos com sua "participação ativa e constante" e a dos modernos, da "pacata independência privada". O sistema representativo, que tem sua preferência, se encaixa nesses termos, de se aliviar de algo que não pode ou não quer fazer – uma "procuração dada a um certo número de homens pela massa do povo".[245]

As irrupções seriam, assim, uma retomada da exigente "democracia dos antigos"? Um vasto fio se ativa a cada erupção, em todo processo de auto-organização, conectando, nos casos ditos clássicos, as *mobs* e *associations* estadunidenses, *clubs* franceses e *sovietes* russos. Manifestam, para Negri, uma "ruptura da hierarquia do poder existente, da ordem social antiga e, ao mesmo tempo, da estruturação do processo revolucionário como processo de constituição de uma nova subjetividade. Tais são a juventude e a essência da política". Hannah Arendt, por sua vez, vai pensá-las como "tesouro perdido" da "tradição revolucionária", ligando criações políticas presentes em "todas as revoluções genuínas ao longo dos séculos XIX e XX", nas quais essas sempre "brotavam como órgãos espontâneos do povo, não só de fora de todos os partidos revolucionários, mas também de maneira inesperada para eles e seus dirigentes". Esses "ato de fundação" e "forma de governo inteiramente nova" acabaram, todavia, sendo "completamente negligenciadas por políticos, historiadores, teóricos políticos e, mais importante, pela própria tradição revolucionária". A filósofa acaba, todavia, se envolvendo numa estranha incongruência na medida em que celebra tais conselhos mas os limita à política, compreendida como distinta do social e do econômico – ao assumir essa posição, se engaja numa dinâmica que os debilita decisivamente.[246]

---

245 David GRAEBER. *Um projeto de democracia*, p. 200; Francis DUPUIS-DÉRI. *La peur du peuple*, p. 178; Benjamin CONSTANt. *De la liberté des Anciens comparée à celle des Modernes*, Discurso no Ateneu real em Paris, 1819.
246 Antonio NEGRI. *O poder constituinte*, p. 219; Hannah Arendt. *Sobre a revolução*. (São Paulo, Companhia das Letras, 2013 [1963], pp. 313, 314 e 283-284).

Esses organismos estão no cerne de variadas viradas, em que poderíamos ter tomado radicalmente outros rumos. Na ascensão, em 1905 e 1917, da democracia direta na forma de conselhos de operários, camponeses e soldados e no começo do fim da revolução, com o esmagamento dos marinheiros de Kronstadt, das experiências de Nestor Makhno e os seus na Ucrânia e dos próprios sovietes. Na Alemanha de 1918-1919, sobre a qual Sebastian Haffner, um liberal que sai da Alemanha por não poder exercer seu ofício de advogado no período nazista, narra a tragédia de uma "revolução social-democrata derrubada pelos líderes social-democratas". No exato oposto ao *aqui e agora* do *momento 68*, a otimista e positivista confiança no progresso (linear) e no futuro, numa revolução para um amanhã que nunca chega. Em meio a um clima efervescente da iminente derrota imperial na Primeira Guerra Mundial, um motim de marinheiros da frota de alto-mar no norte forma um conselho, iça a bandeira vermelha e desencadeia a revolução no país todo. Entre os dias 4 e 10 de novembro, por obra espontânea dos trabalhadores e soldados comuns (principalmente social-democratas), a Alemanha deixa de ser uma ditadura militar e se transforma numa república de conselhos (dez mil se formam rapidamente em empresas, quartéis, navios). Não toca na propriedade privada, pois seu ímpeto não era socialista ou comunista, mas republicano e pacifista. Delegados revolucionários das grandes fábricas de Berlim instalam-se no Reichstag e formam um parlamento revolucionário, mas esse contrapoder em curso será desmanchado por Friedrich Ebert com palavras naquele momento, e em janeiro com armas, ao ocorrer nova explosão, e posteriormente integrados, na nova república de maneira subordinada na forma de comitês de empresa como apêndices do sindicato.

A liderança social-democrata combaterá sem piedade o que percebe como *wilde Sozialismus* [socialismo selvagem] nessa multiplicação dos conselhos. Formam-se, nesse contexto, os pré-nazistas *Freikorps*, que executarão Rosa Luxemburgo e Karl Liebknecht. Esse duo, preso e acossado, pouco participou diretamente desse levante, mas simbolizava a revolução, ao reconhecer o jogo falso desses anos e corajosamente clamando contra. Weimar nasce dessa guerra civil e Hitler não está longe. A "paixão pela ordem" do chanceler Ebert assim como sua crença na burguesia e nos militares fecham esse caminho subversivo e o abrem à reação. Haffner vê uma Alemanha doente devido às revoluções traídas e negadas. Poderíamos dizer algo semelhante da Espanha ao pensar nas suas comunas rurais e urbanas dos anos 1930 e do Chile dos *cordones industriales* do início da década de 1970.[247]

chão e terra

A comuna é reencenada de diferentes modos e reivindicada por tantas partes, como na Comuna de Morelos na década de 1910 no México, na República Soviética da Hungria em 1919, naquela fundada por operários e camponeses em Guangzhou (Cantão) em 1927, nas Comunas de Saigon (em 1945) e de Xangai (em 1967), ou ainda a de Gwangju, em 1980, primeiro passo para dar fim à ditadura sul-coreana, cuja derrubada é conquistada sete anos depois. E, naquele século, uma greve de professores reprimida se torna a Assembleia Popular dos Povos de Oaxaca (APPO) e toma posse da cidade por meses em 2006. Na onda dos *occupy*, a Oakland Commune em 2011, depois a emblemática Comuna Internacionalista de Rojava a partir de 2012 ou a praça da República rebatizada efemeramente de Praça da Comuna em Paris em 2016 nos dias de *nuit debout*. O que liga essas experiências? Tudo é posto em xeque e nada mais funciona como habitualmente. Daí uma tomada em mãos e retomada dos gestos simples e decisivos da vida coletiva não subordinada, sua

---

[247] Oskar ANWEILER. *The Soviets: The Russian Workers, Peasants, and Soldiers Councils, 1905-1921* (Pantheon Books, 1975); Sebastian HAFFNER. *A Revolução Alemã (1918-1919)* (São Paulo, Expressão Popular, 2018 [1969], pp. 28 e 317); Charles REEVE. *Le socialisme sauvage: essai sur l'auto-organisation et la démocratie directe dans les luttes de 1789 à nos jours* (Paris, L'échappée, 2018, pp. 95 e 113); Martin COMACK. *Wild Socialism: workers' councils in Revolutionary Berlin, 1918-21* (Lanham, University Press of America, 2012, p. 5); Diego Abad de SANTILLÁN. *Organismo econômico da revolução: a autogestão na Revolução Espanhola* (São Paulo, Brasiliense, 1980); Franck GAUDICHAUD. *Poder popular y cordones industriales: testimonios sobre el movimiento popular urbano, 1970-1973* (Santiago, LOM Ediciones, 2004).

transformação e auto-organização por pessoas comuns. Essas forças insurgentes se arriscam e enfrentam, em condições extremamente desiguais, os aparatos policiais, para defender tais formas de estar no mundo, ocupando praças, ruas e locais variados, urbanos e rurais.

O que produzem essas eclosões? Nesses espaços vivos, as infraestruturas da autonomia se inventam. Um cultivo de comunidades onde dormir, acolher quem chega, se reunir, cozinhar e comer, guerrear e festejar, plantar e se cuidar, se defender e se proteger, se informar e comunicar, montar barracas e se encarregar do lixo, pichar/pintar muros. No exercício dessas necessidades básicas – e com suas ferramentas elementares – é forjado o avesso das "novas figuras da subjetividade" (do endividado, midiatizado, securitizado e representado). Algo que pode ser apreendido, igualmente, nos termos de que "já somos comunistas quando trabalhamos num projeto comum, já somos anarquistas quando encontramos soluções aos problemas sem recorrer aos advogados e à polícia, somos todos revolucionários quando criamos algo verdadeiramente novo". Essa onda de "insurreições democráticas" retoma o *aqui e agora* abordado em *momento 68* e isso se liga à afirmação igualitária da política em oposição à "lógica supostamente natural da dominação", nesses momentos de interrupção do seu bom funcionamento. Existe uma outra cartografia mundial que percorre comunas, comunidades e uma miríade de retomadas por toda parte, inclusive nas Américas (territórios indígenas, assentamentos e ocupações rurais e urbanas, terreiros e quilombos, escolas livres, articulações mil, teatros e locais culturais). Essa suspensão da normalidade se vincula a outra temporalidade: mesmo sendo curta em muitos casos (dias, semanas, meses), reverberam e inspiram na *longa duração*.[248]

Nessa leva recente, uma iniciativa das mais fecundas se localiza na ZAD de Notre-Dame-des-Landes no Oeste francês, *détournement* de

---

[248] Michael HARDT e Antonio NEGRI. *Declaração: isto não é um* manifesto (São Paulo, n-1, 2014 [2012], p. 21); David GRAEBER. "Préface" em Jade LINDGAARD (org.). Éloge *des mauvaises herbes: ce que nous devons à la ZAD* (Les Liens qui Libèrent, 2018, p. 13); Jacques RANCIÈRE. *O desentendimento*, pp. 51 e 110.

uma categoria da administração pública (Zone d'Aménagement Différé, de 1974, do início do projeto de construção do aeroporto) para outro significado totalmente diferente: zona a defender (ZAD). Isso numa região onde 68 foi bem forte (com uma aliança camponeses--operários-estudantes e a Commune de Nantes), com certa tradição anarco-sindicalista – do movimento dos Camponeses Trabalhadores (e sua oposição ao conservadorismo rural) – e de desobediência bretã, situada no bocage das bruxarias. A ZAD começa em 2009, no contexto de retomada do projeto do aeroporto por parte do Estado, com uma carta de moradores da área que circula durante um acampamento do clima, convidando as pessoas a ocupar a terra e instalações – somente um território habitado poderia ser defendido. De zona para construção de um megaprojeto de infraestrutura transforma-se num espaço de experimentação, um laboratório de lutas-criações, onde existem hoje dezenas do que chamam de "lugares de vidas" (onde moram e fazem suas atividades cotidianas mais de uma centena de pessoas).

Uma inspiração forte vem da luta do Larzac, mais ao sul, em que é derrotada a decisão do Estado francês de ampliar um campo militar numa zona agrícola relativamente pobre e isolada. Os agricultores se revoltam e uma confluência se produz nesse pós-68, entre uma centena de agricultores tradiças e aliados, uma parte sendo de pessoas que vão lá se instalar para viver nos espaços que o exército buscava tomar para si. Em 1973, um festival de solidariedade junta mais de cem mil pessoas, parte de uma década de lutas, com subidas até Paris com ovelhas para dentro do tribunal até a conquista em 1981. *Gardarem lo Larzac* [Protegeremos o Larzac]. A vitória coletiva vai se acentuar com a posse, garantida em 1985, para a Sociedade Civil das Terras do Larzac. Esta gestão compartilhada da terra inspira a proposta da ZAD (que não conseguiu, por ora, garantir isso) nesse território, palco de mobilizações antiglobalização, inclusive a célebre desmontagem de uma lanchonete do McDonald's em agosto de 1999.

Na área de mil e tantos hectares da ZAD, novos laços concretos são costurados. Produção de comida (frutas e legumes, criação de vacas e cabras) e cultivo de ervas medicinais, sua distribuição não mercantil (contramercado semanal na ZAD e para grevistas, ocupações de migrantes e refeitórios populares) e venda dos excedentes. Compartilhamento de internet, rádio pirata, estúdio de gravação, shows e projeções. Autodefesa (da polícia e justiça) e caixa antirrepressão. Bibliotecas, leituras e debates coletivos. Forja, painéis solares e construção coletiva de galpões, cabanas e banheiros secos. Acupuntura, colheita de cogumelos, oficina de fabricação de macarrão e empréstimo de tratores. Assembleias e criação de uma justiça comunal. E um farol no local exato onde seria a torre de controle do aeroporto, indicando a oposição frontal dos projetos em disputa e num belo exemplo do que Kristin Ross chamou de "luxo comunal" ao estudar a Comuna de Paris e que repetiu ao vivenciar a ZAD. A renúncia, por parte do Estado, em 2018, em destruir aquela região socionatural (de bio e sócio-pluralidade) para erguer um aeroporto em seu lugar indica a vitória de uma aliança virtuosa entre luta feroz e experimentação concreta, numa composição entre velhos camponeses (sua coluna vertebral), opositores legalistas do projeto, naturalistas, associações, anticapitalistas, ecologistas, anarcos, alternativos, antiautoritários, não violentos, palhaços, veganos, pastores, militantes, autônomos, fazedores de queijos, padeiros, lenhadores, artesãos, bibliotecários, herboristas, carpinteiros, músicos. Esse arranjo heteróclito opera um deslocamento; radicais que plantam e fazem pão cultivam um cotidiano junto com os antigos campesinos.[249]

Essa forma-ZAD tem ecoado: combatendo o nuclear (principal elemento da matriz energética francesa) e seus tão duradouros dejetos em Bure, no bairro das Lentillères de Dijon, e contra uma série de grandes projetos inúteis. *ZAD por toda parte.* Contra o (poder) nacional (estatal), por baixo e por cima, para dentro e para fora. *spinozad*. Num país de tradição política extremamente centralista, práticas de secessão e fragmentação – não para sair do mundo, mas,

---

[249] Jeanne FAVRET-SAADA. *Les mots, la mort, les sorts* (Paris, Gallimard, 1985); HABITANTES DA ZAD. *Tomar a terra* (São Paulo, Glac, 2021 [verão de 2019, Notre-Dame-des-Landes]; Jade LINDGAARD (org.). *Éloge des mauvaises herbes: ce que nous devons à la ZAD* (Les Liens qui Libèrent, 2018).

seu oposto, multiplicar a circulação, inclusive na tradição internacionalista da Comuna inaugural: na ZAD, militantes bascos ergueram a *Ambazada*, uma cabana intergaláctica e espaço de encontros. Na primeira metade da década de 2010, período de maior calmaria social na França, essa cumpriu um papel fundamental de inspiração de autonomia política (e existencial), sobretudo (mas não somente) em sua região e na cidade grande mais próxima, Nantes, onde os conflitos têm sido fortes, em particular a partir de 2016. Daí o Estado ter falado da ZAD como "território perdido da República" e um quisto a ser removido, enquanto um senador numa carta aberta ao então presidente em 2015 dizia que ou o Estado evacua a ZAD ou é esta que vai evacuar o Estado, e que, mais tarde, dirá no contexto dos atos iniciais dos coletes amarelos que foi na ZAD que nasceu essa autorização de quebra-quebra – a Champs-Elysées (avenida rica e símbolo do país e sua capital) tomada, é, para ele, a ZAD lá, com sua destruição, vandalismo e policiais atacados.[250]

Ativo participante da República dos Conselhos da Bavária em 1919, o poeta e anarquista Gustav Landauer encara o Estado como estado, ou seja, uma relação. Isso o leva a pensar não tanto na clássica concepção de destruição do Estado pela revolução e mais no desfazer dos atuais elos, substituindo-os por outros, mais livres e iguais. As pessoas vivem (ou não) relações estatais, e ultrapassá-las significa construir outras. E isso se relaciona, para o místico e revolucionário, com a atualização e a reconstrução de algo que esteve sempre presente: a comunidade, que se opõe à atomização e ao isolamento dos indivíduos. Tais coletividade orgânica e espírito comum não existem sem a terra e, desse modo, "o combate do socialismo é um combate pelo solo". O capitalismo somente existe pelo fato de as "massas serem sem-terra" e a revolução se sintoniza com uma grande transformação no regime da propriedade fundiária, na qual o chão "volta a ser

---

[250] Josep RAFANELL I ORRA. *Fragmenter le monde: contribution à la commune en cours* (Paris, éditions divergences, 2017); COMITÉ INVISIBLE. *Motim e destituição* (Edição utilizada, Paris, La fabrique, 2017, p. 42); COLLECTIF MAUVAISE TROUPE. *Contrées*, p. 301.

o portador da vida comum e da obra comum", o que irrompe igualmente em discurso emblemático de Malcolm – "a revolução é baseada na terra. A terra é base da liberdade, da justiça e da igualdade".[251]

Habitantes da ZAD contrapõem, nesse plano, comunização à coletivização e nacionalização, e comunas rurais aragonesas e zapatistas aos processos de transformação russo e chinês. A comunização não pode ser outorgada pelo Estado nem por decreto; é partilha em ato, pois "o comum não se impõe, mas emerge em experiências e solidariedades que se tecem no longo curso". Pode-se assentar esse debate numa linhagem de revoltas camponesas, como as da Alemanha-Suíça em 1524-1526. Um texto desse período, intitulado *À assembleia do campesinato do comum*, cita as santas escrituras e fala de "governo comunal" e assembleia dos camponeses, pois "nada torna mais forte e liga melhor juntos os homens do comum". Parte de uma ampla história pouco conhecida, isto é, "a saga da revolta", diz Starhawk, uma epopeia para além das dos reis e suas conquistas. Para a bruxa neopagã, "para cada senhor que se proclamava mestre de seu feudo, para cada especulador que tomava posse de uma parcela de terra comum, pessoas do comum resistiam" e habitavam, por mil anos ou mais, bosques e florestas. A militante da permacultura compreende a ZAD e outros espaços afins, no âmbito dessa tradição subversiva e sua "forma nova – e muito antiga – de estar na terra". Tal concepção conversa diretamente com a de *comunalidad*, sobre a qual reflete Floriberto Díaz, elencando suas cinco características fundamentais nas comunidades mesoamericanas: terra de todos, assembleia e consenso para tomada de decisões, exercício partilhado (e sem remuneração) das funções de gestão, trabalho coletivo (*tequio*) e ritos compartilhados. Traços presentes em tantos territórios libertos, planeta afora, dos povos da terra no que talvez dialogue com a proposta de intercomunalismo revolucionário de Huey Newton. Como colocado num contexto bem diferente, "todas as artes produziram suas maravilhas: a arte de

---

[251] Martin BUBER. *O socialismo utópico* (São Paulo, Perspectiva, 1971, pp. 65 e 74); Malcolm X. "Mensagem às bases" (10 de novembro de 1963) em George BREITMAN (org.). *Malcolm X fala* (São Paulo, Ubu, 2021 [1965], p. 29).

governar quase só produziu monstros". *As artes de não ser governado*.[252]

"A era das revoluções não terminou. 2011 mostra isso", aposta Graeber. O que significa? Se o entendimento clássico de revolução rimou, por bastante tempo, com a tomada do poder por uma força de transformação (da política e economia, da sociedade e cultura), dialogando com Immanuel Wallerstein, o antropólogo compreende-as como mudanças a respeito dos pressupostos elementares sobre política. O que se entende por política se altera, globalmente, nesses processos revolucionários. Perspectivas antes extremamente minoritárias viram, rapidamente, senso comum – participação das pessoas, políticas de igualdade, novos sujeitos coletivos. As revoluções estadunidense, francesa, haitiana, chinesa, russa, mexicana ou cubana ocorreram nesses países, mas, igualmente, no planeta como um todo, influenciando e inspirando, em distintas intensidades, outros pontos. Outras, como as de 1848 ou de 1968, ocorrem quase simultaneamente em dezenas de países. Um deslocamento também se produz ao imaginá-la na pegada do feminismo ou do abolicionismo como movimentos que causam profundas mutações morais – demoradas, por fora do sistema político formal, com ações diretas e engrossando o caldo político-cultural, mas cujos efeitos são duradouros.[253]

Estaria, esse ciclo, operando algo assim, desse vulto? Suas limitações não são poucas (efemeridade, inconstância, efetividade) e as dificuldades de inventar, concretamente, novas comunidades políticas, suas infraestruturas afetivas e regras comuns, na contracorrente total da máquina estado-capital-colonial e seus valores individualistas, são imensas. Além disso, em tantas partes onde houve erupção,

---

[252] HABITANTES DA ZAD. *Tomar a terra*, p. 83; Francis DUPUIS-DÉRI. *La peur du peuple*, p. 81; STARHAWK. "Échapper à la zone de mort" em Jade LINDGAARD (org.). *Éloge des mauvaises herbes*, pp. 125-126; Floriberto DÍAZ. "Comunidad y comunalidad" em Sofía ROBLES e Rafael CARDOSO (orgs.). *Floriberto Díaz. Escrito. Comunalidad, energía viva del pensamiento mixe* (México, UNAM, 2007); Huey Newton. *Revolutionary Intercommunalism* (Boston College, 18 de novembro de 1970); SAINT-JUST. *Discours sur la Constitution de France* (pronunciado na Convenção nacional, 24 de abril de 1793); James C. SCOTT. *The art of not being governed: an anarchist history of upland southeast Asia* (EUA, Yale University Press, 2009).

[253] David GRAEBER. *Um projeto de democracia*, p. 331.

a contrarrevolução aparentemente está levando a melhor. No emblemático caso egípcio, dois presidentes são derrubados, mas chega um terceiro, das mesmas Forças Armadas do primeiro, também a principal força política e econômica do país. Massacres seguem ocorrendo. A inércia, no entanto, foi quebrada e "quando dizemos 'a revolução fracassou' estamos deixando de lado algo fundamental", ainda que insuficiente, como a explosão de humor e imaginação dos cartazes feitos a mão, do colorido dos murais e sobretudo das relações ali construídas e das possibilidades, apostando numa mudança nas pessoas que dará frutos. *Sabemos o caminho de volta à praça Tahrir.*

Na *Politica Operaia* dos intensos anos italianos se dizia que a insurreição precede a organização, o que Rosa Luxemburgo já formulava a seu modo logo após 1905: "é do turbilhão e da tormenta, do fogo e das cinzas da greve de massas, das lutas de rua, levantam-se como a Vênus do mar: jovens, frescos, fortes e vivos" – os agenciamentos coletivos da revolução. É necessário, desse modo, levar em conta, como apontado acima por Baldwin, um certo tempo de maturação e experimentação, tentativas e erros para novos equívocos e mais tentativas. Talvez um dos objetivos da repressão se localize exatamente nesse terreno: impedir os desdobramentos efetivos desse momento criativo. Daí vale tudo como "solução contrarrevolucionária", a aposta na extrema direita inclusive (e sobretudo?). Em tantos casos emblemáticos recentes, se efetua, assim, um "desvio da contestação" da última década de austeridade e das três passadas, numa direção fascistizante. Esta sequestra a revolta, ao servir aos interesses capitalistas, seja Trump com Wall Street, seja nos anos 1930 os regimes nazifascistas com o grande capital. Essa disputa é chave, já que um ponto particularmente forte desse ciclo de protestos está em sua abertura de fendas no "realismo capitalista" então reinante. Verónica Gago propõe, a partir da explosão feminista argentina, uma "soberania da assembleia", que envolve uma "chamada a dar-nos tempo, porque é na assembleia que se produz tempo político para pensar". Essa reunião dos corpos num espaço comum de escuta e decisão, deliberação e criação. Inteligência coletiva em ação, um conhecimento prático coletivo, que "se move entre saber e não saber o que fazer. Ou diria de outro modo: *quando não se sabe o que fazer, se chama uma assembleia*".[254]

Como transformar? Não sabemos. Essas insurreições, porém, apresentam três facetas fundantes: explosão, vida e movimento. Essa última, *"mongu'e* (movimentar-se)" é uma das traduções para política dos Guarani-Kaiowá. A primeira abre espaços que estavam totalmente travados, a irrupção como passo primeiro. E a exuberância das práticas-imaginações e lutas-criações, para além de seus limites, indica algum existente promissor. Qualquer projeto de reviravolta depende de intensificar e consolidar sulcos, esboços, embriões e experiências presentes. Nesses levantes urbanos e rurais, antigos dilemas estão sendo trabalhados em caminhos-perguntas-práticas de "não mais opor construção e destruição, positividade e negatividade, habitar e combater, destituir e constituir", novo e velho. Seria aqui mais um aspecto de um devir-indígena das lutas? Nos mundos ameríndios, "tudo é um e outro, tudo é diferença. Tudo é dois, porque tudo é relação com o outro e dois é a condição, necessária e suficiente, da relação". São, assim, inseparáveis o termo e sua contraposição nesse "dualismo em perpétuo desequilíbrio". Na onda dessa década, percebem-se composições entre diferenças, tensão entre pares e alternância entre polos: deliberação coletivas e irrupção nas ruas, pragmático e radical, horizontal e vertical, local e global, dispersão e unificação, ruptura e construção, espontaneidade e organização. Ingredientes de uma política das mesclas, de uma autonomia transversal. Num boletim da Oposição Sindical Metalúrgica de São Paulo de 1978, pode-se ler: "o movimento não

---

[254] Wiam EL-TAMAMI. "Egipto (I): Entre el miedo y el desafío, un país en movimiento" (*Revista Alexia*, 8 de novembro de 2016); Antonio NEGRI. *Historia de un comunista*, p. 400; Rosa LUXEMBURGO. "Greve de massas, partido e sindicatos" (1906) em Isabel LOUREIRO (org.). *Rosa Luxemburgo (textos escolhidos I)* (São Paulo, Unesp, 2017, p. 291); Mikkel Bolt RASMUSSEN. *La contre-révolution de Trump* (Paris, Divergences, 2019, pp. 6-7 e 98); Daniel GUÉRIN. *Fascisme et grand capital* (Paris, Libertalia, 2014 [1945]); Mark FISCHER. *Realismo capitalista: é mais fácil imaginar o fim do mundo do que o fim do capitalismo?* (São Paulo, Autonomia Literária, 2020 [2009]); Verónica GAGO. *La potencia feminista: o el deseo de cambiarlo todo* (Buenos Aires, Tinta Limón, 2019, pp. 164-165).

foi 'espontâneo', embora a propagação deste possa ser chamada de 'natural'". A revolução é sempre uma surpresa, mas é, a cada vez, chamada – como dito por participantes do longo 68-77 italiano, *não esperávamos a revolta, mas a organizamos*.[255]

---

[255] Spensy K. PIMENTEL. *Elementos para uma teoria política Kaiowá e Guarani*, p. 135); HABITANTES DA ZAD. *Tomar a terra*, p. 93; Beatriz PERRONE-MOISÉS. "Extraits de philosophie politique amérindienne" em Miguel ABENSOUR e Anne KUPIEC (orgs.). *Cahier Clastres* (Paris, Sens & Tonka, 2011, p. 188); Claude LÉVI-STRAUSS. "Un autre regard" em *L'Homme*, (1993, tome 33 n. 126-128, p. 8); Murilo LEAL. *Cinco razões para se conhecer ou recordar a saga da Oposição Sindical Metalúrgica de São Paulo (OSM-SP)* (São Paulo, IIEP, 2021, p. 21).

PODE
REPR

medo

Não temos mais medo era o que se ouvia naqueles dias na praça Tahrir. Novos corpos-espíritos. Espinosa insiste na esperança e no "forte ato de imaginação" como bases da política e da multidão livres, contrapondo-os ao seu medo quando subjugada. É nessa pegada que Bifo compreende o movimento italiano que culmina em 77, situando sua *"forma libertadora da organização"* na simpatia, que liberta da fascinação do poder e ativa sua força, baseada no "im-poder" das massas. Eis o "sentido último de 68, da onda mundial da revolução cultural, da luta operária igualitária. É o conceito de organização como transversalidade simpática, que propõe *Alice*". Se "a revolução consiste em construir a força que não pode ser absorvida pelo capital", seu movimento causa contramovimento; para "o poder sentir-se verdadeiramente ameaçado é preciso que de alguma maneira sinta a presença de um outro poder – ou, mais precisamente, de uma outra energia – que não consiga definir e consequentemente não consiga controlar". *Onda negra, medo branco*.[256]

---

[256] Baruch de ESPINOSA. *Tratado político*, p. 45; Franco BERARDI (Bifo). *Le ciel est enfin tombé sur la terre*, p. 107; Toni NEGRI. "Autonomia e Organização" (assembleia na Casa do Povo) em Homero SANTIAGO, Jean TIBLE e Vera TELLES. *Negri no Trópico*

E/É
SSÃO

Greta Thunberg interpela os participantes do Fórum Econômico Mundial de 2019, desejando que eles entrem em pânico e que sintam o medo que ela vive todos os dias. Eis uma disputa-chave da política: os de baixo têm medo, mas também causam temor. O que está presente no imaginário da turba e do populacho – receio e pavor, numa larga tradição de preservar a ordem de influências turbulentas. Controle e autoridade nelas, para impedir as eclosões ou, caso não surta efeito, esmagar. Para J.-B. Clément, autor da célebre música

23º26'14" (São Paulo, Autonomia Literária, n-1, Editora da Cidade, 2017, p. 262); James BALDWIN. *E pelas praças não terá nome*, p. 67; Celia Maria Marinho de AZEVEDO. *Onda negra, medo branco: o negro no imaginário das elites – século XIX* (São Paulo, Annablume, 2004 [1987]).

Le temps des cerises [O tempo das cerejas] e um dos defensores da última barricada da Comuna de Paris, "a germinação extraordinária das novas ideias surpreendeu e causou terror, o cheiro da pólvora comprometeu sua digestão; eles foram pegos de vertigem e não nos perdoarão". A sinistra semana sangrenta ceifa dezenas de milhares de vidas em sua reação despótica. Os meios que não foram empregados na guerra contra a Prússia o serão contra a Comuna (a verdadeira inimiga), que se encontrava cercada, na parte norte e leste pelos prussianos e na sul e oeste por Versalhes – uma aliança de classe sem falhas (como no caso de Palmares, combatida por Portugal com meios que não eram usados contra a Holanda). "Paris foi cortada na faca", diz Louise Michel, usando uma imagem da caça, que Euclides também evoca sobre Canudos – "a degolação era, por isto, infinitamente mais prática, dizia-se nuamente". Voltando à Comuna, "escrever esse livro", argumenta a professora, "é reviver os dias terríveis nos quais a liberdade passou raspando na gente e fugiu do abatedouro".[257]

Frente à insubmissão permanente, sempre renovada, o velho espectro das bruxas é retomado – as mulheres, particularmente ativas naquelas semanas, vão ser chamadas de *pétroleuses* [incendiárias] por conta do seu querosene para queimar a cidade e a ordem. Figura inventada, mas com sua eficácia repressiva e no imaginário assombrado da classe dominante, qualquer mulher pobre era automaticamente uma *pétroleuse*, mesmo carregando leite, um cesto ou o que fosse. Outra figura forte, que em seu tempo foi associada também às feiticeiras por sua desobediência, ao ser perguntada no fim da vida sobre sua compreensão de liberdade, Nina Simone responde não ter medo.[258]

---

[257] Louise MICHEL. *La commune* (Paris, La Découverte, 2015 [1898], pp. 233 e 42); Euclides da CUNHA. *Os sertões* (Rio de Janeiro, Francisco Alves, 2000 [1901], p. 478).

[258] A declaração é extraída do documentário de Peter RODIS, lançado em 1968: *Nina: An Historical Perspective*. A citação está disponível e pode ser assistida em: https://www.youtube.com/watch?v=Si5uW6cnyG4.

contrarrevolução

reação

O medo intimidante e paralisante como aposta da repressão frente ao estouro da rebelião. No *momento 68*, em diferentes pontos, uma resposta violenta e "mal calibrada" pelo poder a atos ou reivindicações locais provoca a eclosão, seja na Cidade do México, no maio francês e na Polônia (ou, no atual ciclo, em Sidi Bouzid e no junho brasileiro). Em todos os casos – e de diversas formas – o turbilhão terá um contragolpe imediato e contundente. A polícia como instituição fundamental e reveladora do poder, de sua forma de governar. Howard Zinn define o mau encontro com essa como "uma experiência educacional única" e estima em talvez cem mil a quantidade de presos nos atos daqueles anos (tanto pelos direitos civis quanto contra a guerra). Só num determinado dia em Washington, treze mil foram detidos e milhares em outros como em Birmingham.[259]

Esses anos 1960 e 1970 são marcados, nos EUA, pelo programa de contrainteligência (Cointelpro, na sigla em inglês) do serviço de inteligência interna (FBI, na sigla em inglês). Informantes infiltram todas as organizações de contestação, do American Indian Movement (AIM) e do Partido Comunista aos Panteras Negras, estudantes contra a guerra e lideranças do movimento pelos direitos civis. Em relatório interno, é explicitado seu objetivo de expor, descredibilizar, aniquilar ou pelo menos neutralizar determinados alvos e seus membros e apoiadores, numa iniciativa do aparelho de Estado interrompida em 1971, após vazar para a imprensa. Encontros e conversas triviais são acompanhados, dando munição para chantagear, atiçar conflitos e interferir nas disputas internas. No momento da morte de Malcolm X, um dos principais integrantes da equipe de segurança da Organização da

---

[259] Howard ZINN. *Você não pode ser neutro num trem em movimento*, p. 181.

Unidade Afro-Americana (OAAU) e um dos seus guarda-costas eram do Departamento de Polícia de Nova York, ciente então de todas suas movimentações.[260]

Quando, para além da integração e separação, caminhavam para a revolução, esse virtuoso e conflituoso processo é interrompido por meio dessa estratégia de assassinatos seletivos. Em cinco anos, três figuras grandiosas e emblemáticas do movimento são alvos fatais: Medgar Evers (da Associação Nacional para o Progresso das Pessoas de Cor, NAACP) em 1963; Malcolm dois anos mais tarde; e King, três anos depois. Nenhum chega aos quarenta anos de idade. Todos com distintas posições e trajetórias, mas perigosos para o poder; essa funesta sequência será a motivação do roteiro não terminado de Baldwin (amigo dos três) e base do documentário de Raoul Peck, *Eu não sou seu negro*. Trata-se de uma fortíssima ofensiva de um Estado graúdo – Eldrige Cleaver escapa de uma tentativa dois dias após o assassinato do pastor e dezenas de panteras são presos, exilados e executados nos meses seguintes (Bobby Hutton aos dezessete anos em Oakland e Fred Hampton em Chicago). Em fianças, o BPP, que era para Edgar Hoover (diretor do FBI) a maior ameaça à segurança interna, gasta em dois anos duzentos mil dólares. Como dito por Baldwin sobre a eliminação de Malcolm X, "aquela morte foi ditada pela conspiração mais bem-sucedida na história do mundo, e seu nome é supremacia branca".[261]

No México, o movimento reprimido em duas escolas preparatórias em julho de 1968 toma vulto, meio milhão manifestam no fim do mês seguinte e uma efervescência se produz numa greve estudantil de mais de cem dias. Batem, porém, em um muro de quase unanimidade da mídia (imprensa, TV, rádio) controlada ferreamente por

---

260 Nick ESTES. *Our history is the future*, p. 193; Manning MARABLE. *Malcolm X: uma vida de reinvenções* (São Paulo, Companhia das Letras, 2013 [2011], pp. 122, 161 e 469).
261 Charles R. GARRY. "The persecution of the Black Panther Party" em Philip S. FONER (org.). *The Black Panthers Speak* (Chicago, Haymarket, 2014 [1970], p. 257); James BALDWIN. *E pelas praças não terá nome*, p. 85; Raoul PECK. *Eu não sou seu negro*, 2016.

um governo que negava qualquer diálogo público proposto pelos estudantes. Um participante vai dizer: "nós, como estávamos loucos, exigíamos transparência. A única oferecida foi dos seus atos repressores". Isso se concretiza nos dez mil soldados contra seiscentos estudantes desarmados ocupando a Unam em setembro e em escolas logo na sequência. Daí é chamado um ato na praça Tlatelolco, onde ocorre o massacre de 2 de outubro. Nunca saberemos ao certo, como tantas vezes, mas estima-se em quatrocentos o número de mortos, jogados no Golfo do México, e dois mil presos. Um verdadeiro sacrifício de jovens pelo poder autoritário. O escritor José Revueltas, que, como vimos acima, havia se mudado para a universidade para viver integralmente a sublevação, é condenado a dezesseis anos de cadeia (o que por sua idade avançada e estado de saúde é ainda mais cruel). Para o regime do longevo PRI (Partido Revolucionario Institucional), 68 configura em si um ato criminoso, refletido pela célebre frase do presidente ("não há presos políticos no México"), que pode ser compreendida literalmente, já que "a dissidência era, ela mesma, naturalizada como crime contra a propriedade [do governo e do Estado] sobre a linguagem e sobre o modo de compreender a política".[262]

Na França, há, por um lado, uma resposta "suave", com a reforma das universidades, que muda sua estrutura extremamente centralizada e autoritária, incorporando certos princípios de autonomia, participação e interdisciplinaridade, inclusive com a criação da mítica Universidade de Vincennes. Ou a reformulação dos programas escolares do Ensino Médio e do acesso à universidade, a redução da maioridade para dezoito anos e uma reforma das prisões. Por outro, se desdobra uma réplica "pura e dura": o governo desliga, em meados de maio, os transmissores de ondas curtas inviabilizando a difusão direta via rádio. Na continuidade das greves em junho (que mobilizam um milhão ainda), se dão os mais graves enfrentamentos, com a morte de um operário (Gilles Tautin, afogado) na Renault depois de uma intervenção (que arranca com fúria as bandeiras vermelhas)

[262] Paco Ignacio TAIBO II. *68*, pp. 78, 86 e 101; Susana DRAPER. *Mexico 1968*, pp. 112-113 e 175.

e mais dois em confrontos com policiais em Sochaux, que põem Paris sob fogo e barricadas de novo. Daí é baixado o pacote repressivo de 12 de junho, com proibição de manifestações (por dezoito meses!) e de onze grupos ou organizações (entre elas, o Movimento 22 de março, disparador de Maio), das quais alguns membros são presos, além da deportação de duzentos estrangeiros, depuração na televisão pública e proibição de filmes sobre 68.[263]

Na Itália em ebulição, é aguçada a repressão. Se condenações já eram numerosas (entre outubro de 1966 e junho de 1968, dez mil), isso adquire outra dimensão com a chamada *estratégia da tensão* por parte do Estado, na qual o conflito toma altíssima intensidade. As explosões na Piazza Fontana em Milão, no fim de 1969, matam dezessete pessoas e ferem dezenas, abrindo uma série de atentados (em trens, praças, estações) nos anos vindouros, com uma centena de vítimas. A polícia nesse primeiro caso tenta inculpar anarquistas, mas logo se revela sua origem e investigações posteriores explicitam seus elos com a democracia cristã, os serviços secretos e as Forças Armadas. *O Estado massacra* é o título de um livro, importante documento, publicado anonimamente, com um milhão de exemplares vendidos, fruto de uma pesquisa militante. O Judiciário mobiliza uma legislação fascista (não revogada até então) contra a liberdade de expressão e associação, atingindo militantes de várias organizações, e novas leis contra a "delinquência juvenil" apertam ainda mais o cerco no decorrer da década. A polícia é autorizada a usar armas de fogo contra protestos desarmados se a ordem pública estiver ameaçada, além de medidas como identificações arbitrárias, aumento da prisão preventiva, punição à ocultação do rosto, larga definição de arma imprópria e coquetéis molotovs considerados arma de guerra. Leis especiais para anos de chumbo são criadas, e nesse contexto é assassinado, odiosamente, Pier Paolo Pasolini, que nunca deixou de apontar certa permanência do fascismo.[264]

---

263 Kristin ROSS. *Maio de 68 e suas repercussões*, p. 143.
264 Nanni BALESTRINI e Primo MORONI. *La horde d'or: la grande vague, révolutionnaire et créative, politique et existencielle (Italie 1968-1977)* (Paris, l'éclat, 2017 [1997],

No pico de 1977, logo depois do março em Bolonha, as instituições judiciária, policial e midiática protagonizam uma *caça às bruxas*, "atribuindo ao movimento uma estrutura organizacional que ele nunca teve". Uma projeção clássica do poder, como vimos, em *as artes...*, no caso de Palmares e dos Saramaka. São, assim, detidos manifestantes e militantes, mas também participantes em geral do movimento – das rádios, revistas, livrarias, editoras e gravadoras, ou seja, o ecossistema rebelde. Bifo conta a chegada, à Rádio Alice, às onze da noite de policiais com armas na mão e vestindo coletes à prova de balas. Prendem cinco pessoas, destroem todo o equipamento e lacram a sede (e depois reviram casas dos acusados). O aparato se volta contra a *cultura*, por 77 atravessar essas dimensões vitais, em cruzamentos estudante-trabalhador-precário-intelectual e sua tomada das palavras, signos e imaginários como terreno da luta concreta. "Quando a cultura", diz o Coletivo de redação da Rádio Alice, "vira possibilidade de comunicar a transformação da existência e não se limita mais a uma representação imóvel da realidade cadavérica, ela cai na seara do Ministério do Interior [da Justiça]". Tais confluências político-culturais expressam, igualmente, uma dissonância decisiva frente a certo consenso do sistema, do compromisso histórico sendo negociado (pelos partidos Comunista e Democrata-Cristão) e suas consequências na forma de contenção de salários, repressão das lutas e, num plano mais geral, de conformismo cultural.[265]

Em Pádua, grandes operações policiais tomam por alvo algumas pessoas de maior projeção pública e o Instituto de Ciências Políticas vai ser incriminado, levando à prisão, em abril de 1979, de Negri (a importante editora Feltrinelli vai chegar a queimar os livros publicados coletivamente). Parte de uma nova – e gigante – onda repressiva, com acusações de insurreição armada contra o Estado: por meio de tribunais de exceção, quarenta mil são acusados, quinze mil encarcerados

---

pp. 320, 321 e 330); Marcello TARÌ. *Um piano nas barricadas,* pp. 121-122.
[265] Franco BERARDI (Bifo). *Le ciel est enfin tombé sur la terre,* p. 160; Nanni BALESTRINI e Primo MORONI. *La horde d'or,* p. 552.

e seis mil condenados (somando milhares de anos de cadeia). O combate à máfia nos anos 1980 mantém e estende a legislação de urgência contra a "subversão política". São ativados métodos de oposição ao crime organizado, na figura dos "arrependidos", restrição dos direitos de defesa, isolamento e prisões especiais. Tal legislação de urgência, ao contrário da primeira fase (de 1969 a 1973), é consentida por praticamente toda a esfera política representada no Parlamento. O Partido Comunista Italiano (PCI) faz uma nítida escolha pela "possibilidade de chegar 'ao poder' em troca do Estado policial". Muitos à frente dessas investigações sobre a autonomia compõem a organização de juízes próximos do PCI (*magistratura democrática*) e é em nome da defesa da democracia e da segurança pública que são adotados os novos instrumentos jurídicos, como a noção de "associação com finalidade de terrorismo e subversão da ordem". Um partido, no fim das contas, "orgânico ao poder capitalista".[266]

A sublevação múltipla e singular "*chocou-se frontalmente com o poder político* que geria a produção social. Foi assim que 1968 revelou a natureza revolucionária do movimento. A política tradicional estava *totalmente defasada* e incompatível" com essa transformação subjetiva em curso. Dessa forma, "só conseguiu apreendê-lo *do exterior*, em termos de bloqueio, de repressão e, em última análise, de recuperação e de reestruturação autárquica. Mas com esse menosprezo e essa denegação, ela apenas revelou sua impotência". Como na Itália mais tarde, o Partido Comunista (PCF) tinha muita força na França paralisada de maio-junho de 68. Com a infraestrutura básica toda (eletricidade e energia, correios e telefonia, trens e transporte) sob controle dos sindicatos ligados à Confederação Geral do Trabalho (CGT), possibilidades de ruptura se colocam. O PCF e a CGT param o país, mas não o governo, pois não quiseram arriscar, sua tática sendo, num contexto de Guerra Fria, a de acumular forças. Com certa simpatia pela política externa não alinhada, tal atitude não deixa de ser intrigante, pois agiu frente ao governo *gaulliste*

---

266 Nanni BALESTRINI e Primo MORONI. *La horde d'or*, pp. 21, 612, 537 e 367; Franco BERARDI (Bifo). *Le ciel est enfin tombé sur la terre*, p. 136.

como em 1936 em relação à Frente Popular (coalizão de esquerda), no qual foram conquistados importantes direitos sociais em seu período inicial. Nesse momento irruptivo, suas palavras-chave são ordem, sangue frio, calma, autoridade e disciplina, e quando De Gaulle lança medidas repressoras, silêncio. Embora em condições distintas (uma explosão rápida e outra mais longa e profunda), o apoio dos dois partidos comunistas ao sistema é notável e essa adesão marca, para ambos, um veloz declínio.[267]

Se 77 esboça novas relações, igualitárias, de transformação das existências e linguagens e de recusa da competitividade, toda essa efervescência é, porém, sucedida pelos anos de inverno dos 1980, do individualismo à moda Reagan/Thatcher, desemprego e desagregação. O punk nasce nesse ano berrando contra isso que estava por ganhar força (*no future* podendo ser compreendido pelo estreitamento das perspectivas, mas também por um clamor por mudanças já, um aqui e agora do *do it yourself* [faça você mesmo] – The Clash × Sex Pistols?). A resposta do poder envolve uma retomada do mando capitalista, numa contrarrevolução; "literalmente, uma *revolução para trás*". Uma ordem pós-fordista dos anos 1980 e 1990, com transformações de mentalidades, comportamentos e senso comum. "O golpe de gênio da contrarrevolução", coloca Paolo Virno, "é de ter sabido transformar em condições profissionais, em ingredientes da produção de mais-valia, em fermento do novo ciclo de desenvolvimento capitalista, as disposições coletivas" intransigentemente antagonistas. Desse modo, "o neoliberalismo italiano dos anos 1980 é um tipo de 77 invertido". Novas tecnologias, flexibilização de direitos, reforço do papel do conhecimento e... crise da democracia representativa. A emergência de uma nova composição de classe, em tempo de reconversão industrial e choque do petróleo, opera uma antecipação. Como em outros momentos, de particular conflitividade, a organização produtiva por vir é anunciada por lutas – como os perigosos vagabundos ingleses do

---

[267] Antonio NEGRI e Félix GUATTARI. *As verdades nômades: por novos espaços de liberdade* (São Paulo, Politeia, 2017 [1985], pp. 23-24); Ludivine BANTIGNY. *1968*, p. 115).

século XVIII, expulsos dos campos e prestes a adentrarem as fábricas, ou as lutas dos operários pouco qualificados estadunidenses no início do século XX, logo antes da virada taylorista e fordista. A reação se expressa já em 68 (em artigo coincidentemente publicado no exato dia do AI-5 no Brasil) na fórmula da "tragédia dos comuns", na qual ações individuais egoístas promoveriam o bem comum, enquanto a "liberdade nos comuns traz ruína para todos" em argumento de promoção de uma solução privatista, nessa antiga disputa entre cercas e comuns.[268]

contramovimento

A vitória bolchevique em 1917 põe na mão dos revolucionários "todo o mecanismo da polícia política mais moderna, mais poderosa, mais aguerrida". Alguns anos depois, Victor Serge apreende esse material da Okhrana e destaca sua obstinação: mesmo após a aniquilação de um grupo anarco-comunista chamado *Os comunardos*, finalizam o álbum que lhes era dedicado, de "estudo científico do movimento revolucionário". O escritor libertário, ao se debruçar sobre a documentação, compreende que "o objetivo imediato da polícia é muito mais de conhecer do que reprimir. Conhecer para reprimir na hora escolhida, na medida desejada ou até mesmo integralmente". Conhecemos hoje várias rebeliões graças ao afinco do conhecimento repressivo. O magnífico livro de João José Reis sobre o levante dos malês em Salvador é fruto da "qualidade e quantidade" dos documentos produzidos "pela pena dos escrivães de polícia" e suas centenas de interrogatórios, compondo essa história dos dominados a partir desse material dos dominantes.[269]

---

[268] Franco BERARDI (Bifo). *Le ciel est enfin tombé sur la terre*, p. 166; Paolo VIRNO. "Do you remember counterrevolution?" em Nanni BALESTRINI e Primo MORONI. *La horde d'or*, pp. 595-598; Garrett HARDIN. "The Tragedy of the Commons" (*Science*, vol. 162, 13/12/68).

[269] Victor SERGE. *Ce que tout révolutionnaire doit savoir de la répression: un roman révolutionnaire* (Paris, La Découverte, 2009 [1921-1925], pp. 13, 49 e 71); João José REIS. *Rebelião escrava no Brasil: a história do levante dos malês 1835* (São Paulo, Companhia das Letras, 2003 [3. ed.], p. 10)

Tal tradição repressiva de pesquisa se desdobra, nos EUA, nos elos entre a Rand Corporation e o Pentágono. Tido como um *think tank* pioneiro, essa empresa, criada no âmbito da Força Aérea estadunidense, desempenha um papel-chave no desenvolvimento das práticas de contrainsurgência, sobre as quais promove, em 1962, um simpósio. Encomenda, na sequência, as memórias do oficial francês David Galula e as publica como relatório confidencial no ano seguinte, com sugestivo título: "Pacificação na Argélia 1956-1958". São relatórios da Rand que constituem os *Pentagon Papers*, revelando, no início dos anos 1970, ao público que, apesar da evidência de que os estadunidenses não tinham condições de ganhar, seu governo prosseguia com a Guerra no Vietnã. Sua influência permanece até hoje e surpreende e impressiona um estudo sobre os zapatistas de 1998 (com versões preliminares em 1996). Trata-se de uma descrição minuciosa do levante e de suas causas, origens e transformações, citando vários autores de esquerda. Enfatiza o caráter decisivo da solidariedade internacional, da transição de um discurso socialista para um indígena, de setores da Igreja e aliados mexicanos e, sobretudo, aponta um novo modo de conflito. "Organização, e saber como organizar", propõe o livro, "sempre foi uma fonte de poder" e, nesse âmbito, "a forma rede está virando rapidamente uma nova fonte de poder – como a hierarquia foi por muito tempo". Refletem, assim, sobre a experiência chiapaneca e generalizam um paradigma emergente, de guerra de redes [*net war*].[270]

O maio francês é, como muitas sublevações, uma "oportunidade de experimentar novas práticas policiais". Funcionários tiram fotos dos grandes atos de helicópteros e de mais perto por agentes jovens infiltrados, para uma identificação mais precisa de alguns, e recolhem para arquivo todo o material encontrado (cartazes, panfletos, fotos de

---

[270] Mathieu RIGOUSTE. *L'ennemi intérieur: la généalogie coloniale et militaire de l'ordre sécuritaire dans la France contemporaine* (Paris, La Découverte, 2016, p. 38); Bernard HARCOURT. *A contrarrevolução: como o governo entrou em guerra contra os próprios cidadãos* (São Paulo, Glac, 2021. Edição utilizada, Nova Iorque, Basic Books, 2018, p. 192); David RONFELDT e outros. *The Zapatista Social Netwar* (RAND Corporation, 1998).

frases pichadas nas paredes...) ao entrarem nas fábricas, universidades, colégios ou casas. De novo, conhecer e reprimir. O ministro do Interior confere especial importância aos folhetos e busca controlar "assiduamente o que poderia ser dito sobre Maio daquele ponto em diante, tanto nas ruas quanto na imprensa".[271]

Como as lentes conservadoras leem 68? Nos EUA (e em países do "capitalismo avançado"), diagnósticos da situação convergem a respeito das dificuldades dos de cima. Pensam, então, em medidas para reverter esse quadro, como, por exemplo, no relatório de 1975 para a Comissão Trilateral (associação de cidadãos influentes da Europa Ocidental, Japão e EUA), elaborado por três pesquisadores orgânicos do poder. Para eles, predomina um ceticismo quanto às instituições e lideranças políticas, com sistemas políticos sobrecarregados por reivindicações, configurando um desafio aos representantes. Samuel Huntington, ao analisar esse fenômeno, primeiro saúda a "renovação dramática do espírito democrático na América" e destaca como a participação política aumenta em toda a década de 1960 (menos o voto), com marchas, protestos, demonstrações e causas, com reflexos inclusive institucionais, na maior incidência no Congresso e assembleias estaduais. Tal expansão reflete "os bem maiores níveis de autoconsciência de negros, indígenas, *chicanos*, estudantes e mulheres", situando-os numa tradição política estadunidense de oposição à concentração de poder. Em marcada lucidez, percebe a volta da primazia da igualdade como objetivo e do aspecto central que essa está assumindo no debate público geral do momento.

Só que essa vitalidade da democracia, prossegue o documento, produz um incremento substancial na atividade governamental e, ao mesmo tempo, uma queda considerável na sua autoridade. As múltiplas demandas geram dúvidas e incerteza sobre a solvência, tanto financeira quanto política, do governo, ambas se alimentando mutuamente. Isso, por sua vez, reforça esse questionamento generalizado,

---

[271] Philippe ARTIÈRES e Emmanuelle GIRY (orgs.). *68: les archives du pouvoir* (Paris, L'iconoclaste e Les Archives nationales, 2018, p. 201); Kristin ROSS. *Maio de 68 e suas repercussões*, p. 91.

do governo federal ao Congresso e da Suprema Corte aos militares, empresas, sindicatos, universidades e religiões. A inflação é outro resultado direto, que aguça as já presentes dificuldades das burocracias para responder aos anseios. Além disso, nas agora "ingovernáveis democracias", Huntington salienta a influência (e ameaça não desprezível) dos intelectuais, pois suas críticas à corrupção e ao capitalismo estão formando uma "cultura antagonista" nos estudantes, pesquisadores e setores da comunicação, sacando, assim, legitimidade dos poderes.

A chave estaria, para o cientista político, no equilíbrio entre poder e liberdade e, citando James Madison e *O federalista*, indica um grande desafio: o governo deve ser capaz de controlar os governados e então deve controlar a si mesmo. Se alguns defendem a solução ser democratizar mais a própria democracia, sugere que isso seria jogar óleo no fogo – há um "excesso de democracia" e esta necessita ser moderada. Por um lado, o estadunidense advoga pela necessidade da *expertise*, experiência e talentos – uma universidade ou exército mais democrático não os faz melhores, argumenta, sugerindo que um modelo de decisão mais autoritário seria mais eficaz. Por outro, o bom funcionamento de um governo "requer medidas de apatia e não envolvimento de alguns indivíduos e grupos" e os novos participantes e a extensão de suas petições trazem um perigo para o sistema, já que "menos marginalidade de um grupo deve ser substituída por mais comedimento de todos" os outros e assim a "democracia vai ter vida mais longa se for mais balanceada". Estaria Huntington alinhado com Benjamin Constant na orientação de uma menor dedicação à "vida pública"?[272]

O medo realmente tinha mudado de lado. Paralelos com a véspera da Revolução Russa ou da Reforma Protestante abundam em escritos de pesquisadores ligados a essa esfera, estudados por Grégoire Chamayou. Essa "insubmissão generalizada" surpreende após os anos 1950 de trabalhadores supostamente domesticados. A agitação envolve operárias e operários em luta contra a disciplina da fábrica e o autoritarismo dos

---

[272] Michel CROZIER, Samuel P. HUNTINGTON e Joji WATANUKI. *The crisis of democracy: report on the governability of democracies to the Trilateral Commission* (Nova Iorque, University Press, 1975, pp. 61-62, 64, 74-75, 63, 113-114).

chefes. Mais da metade dos trabalhadores não qualificados mudam de trabalho antes de concluir o primeiro ano e muitos nem voltam para pegar o dinheiro após o primeiro contato com a linha de montagem. Na General Motors, um em cada vinte trabalhadores se ausenta cotidianamente e às segundas e sextas esse número dobra. Em 1970, não somente dois milhões e meio de trabalhadores entram em greve, como radicalizam suas formas, com ondas de sabotagem. Uma capa da revista *Newsweek*, nesses anos, chega a perguntar "quem quer trabalhar". Antes, em 1969, seis padres católicos conseguem entrar na Dow Chemical (fornecedora de napalm), pegam material e o jogam pela janela. Depois, penduram retratos de camponeses e crianças vietnamitas queimadas e espalham sangue no escritório. Democratização e difusão da educação, para vozes afins ao poder, geram um coquetel explosivo de crença na possibilidade de uma transformação social e uma "empatia excessiva" pelos não privilegiados. Tal "classe intelectual ampliada" (universitários, jornalistas, professores, trabalhadores sociais, funcionários públicos), relativamente massificada e degenerada, demoniza o *business* e os defensores da "livre empresa" julgam, assim, viver "um ataque de grande envergadura". Nunca as instituições foram tão criticadas: uma guerra está em curso e a estamos perdendo, dizem, indicando uma profunda crise de confiança do patronato.

Como fazer frente à indisciplina massiva e à ingovernabilidade? Como restaurar os *bons comportamentos*? O filósofo francês analisa as elaborações dos defensores dos interesses do empresariado em livros e relatórios vinculados ao mundo dos negócios. Faz, desse modo, uma história desde cima, do ponto de vista das classes dominantes dos EUA, epicentro dessa remobilização intelectual e política. A partir da constatação alarmista, traçam novos plano, discurso e tecnologia política para reconquistar uma sociedade em ebulição. A crise, como apresentada logo acima, compreende-se por governos demasiadamente permeáveis a certos grupos de pressão, levando a uma inflação das expectativas sociais e espiral de reivindicações. Seus três pilares se situam no engajamento keynesiano pelo pleno emprego, nas medidas de proteção social e na força sindical. A desobediência operária é fruto dessa mescla e seu remédio, o de apertar os parafusos e recriar insegurança social; em suma, reativar o temor numa geração que parece o haver perdido. Nixon provoca uma recessão no início dos 1970 para esfriar tudo isso, ao que vêm se somar os choques do petróleo e o término do padrão-ouro para o dólar, marcando o fim de certo arranjo social-democrata do pós-Segunda Guerra. Seu cerne se encontra numa nova arte de governar o trabalho, promovendo formas inovadoras de *management*, aumento da cadência, ataque aos sindicatos (cuja posição é paradoxal, pois, por um lado, são fortes demais e abusam, mas, por outro, enfrentam, também, uma perda de autoridade e tampouco conseguem segurar suas bases em termos considerados razoáveis) e rechaço das regulações das empresas.

Esse momento gera reflexões sobre a democracia na sua vertente econômica, nas quais as firmas são apreendidas como bastião da tirania, poupado das conquistas do último século – os trabalhadores veem, assim, suspensos direitos e liberdades no horário de trabalho. Em 1974, é lançado um boicote à Nestlé, após ativistas britânicos publicarem *The Baby killer* acerca das suas campanhas agressivas de propaganda, influenciando a substituição, em países pobres, do leite materno pelo da empresa, em pó. Surpreendem-se os poderosos: como pequenos grupos, mal financiados e perto do esgotamento, conseguem ameaçar impérios econômicos? Os dirigentes empresariais devem, assim, não simplesmente administrar, mas pensar e agir politicamente: emerge uma doutrina contra-ativista de empresa. Rafael Pagan, antigo militar, situa um aspecto decisivo no fato desses ativistas saberem que estão numa batalha política enquanto o *business* o ignora e propõe uma reação, ao "combater ativismo com ativismo", inspirado por leituras de Clausewitz, mas também de Sun Tzu. A partir de uma tipologia dos militantes (radicais antissistema, oportunistas querendo visibilidade, idealistas – ingênuos e sinceros – e pragmáticos que não almejam mudanças fortes), o conselheiro empresarial define a estratégia de cooptar os pragmáticos, reeducar os idealistas e, dessa forma, isolar os radicais, fazendo-os perderem legitimidade, já que sua força se deve à conexão com os mais brandos.

Outro aspecto notável que o ex-membro do serviço secreto sublinha é o da interação entre ativistas e acadêmicos, que se inicia na esfera intelectual (com artigos, livros, aulas e seminários) e alcança, depois, mais ampla disseminação na mídia – as condições estão então maduras para a ação política. O *business*, defende Pagan, por desprezar os debates universitários, estaria se prejudicando, e recomenda uma mudança de atitude. Isso se materializa no financiamento de pesquisadores, compra de opiniões científicas e espalhamento de dúvidas a respeito das críticas dos movimentos (sobre efeitos nocivos de sua produção e produtos para a saúde, por exemplo). A Monsanto será uma das primeiras a se engajar nisso, via que expressa uma ofensiva contra uma fonte das hostilidades (as universidades), cortando verbas privadas e criando novas instituições, *think tanks*, como o Fórum Econômico de Davos e a Comissão Trilateral do início dos anos 1970. Outra tática elaborada está no chamamento a um (suposto) diálogo e suas infindáveis reuniões, que, ao mesmo tempo, distraem e permitem saber melhor (e tentar desarmar) as reivindicações por vir. Enfim, também datam desse pacote as concepções de responsabilidade social e propagandas, como aquela que gera repulsa em Milton Friedman ao ver uma empresa de petróleo falando de meio ambiente e não assumir mais que visa ao lucro e somente isso.

guerra

Claus Offe resume a virada. Se no fim dos anos 1960 a esquerda diz basta e declara ser insuportável o presente, uma década depois são seus adversários que mostram a combatividade que esse sentimento inspira, indica o sociólogo alemão. O Chile vai ser o golpe inaugural, no qual economistas neoliberais se engajam, preparando seu programa (um livro espesso, apelidado de tijolo) para uma transição liberal completa. Friedman encontra Pinochet em 1975, e Friedrich Hayek, em visita ao país dois anos mais tarde, avalia haver uma maior liberdade que no período anterior. Ao retornar, no início dos 1980, em entrevista ao jornal *El Mercurio*, insiste o economista: "prefiro um ditador liberal a um governo democrático não liberal", pois o valor absoluto é a *liberdade* (econômica, no sentido de livre disposição de sua propriedade) e não a democracia. O contrário do liberalismo é, assim, o totalitarismo e o oposto da democracia, o autoritarismo. Logo, naquele momento, não há regime totalitário na América do Sul, pois o que existia na forma de uma democracia totalitária (de Salvador Allende) foi derrubado. Explicita-se a indicação de limitar a democracia, já presente, como vimos, em Huntington, e em 1944 na compreensão de Hayek de que a "democracia ilimitada" (isto é, para ele, a representativa) leva ao Estado totalitário.

Retoma-se, aí, a crítica pré-nazi da democracia: formou-se um Estado total, que intervém em todos os domínios da vida, diz Carl Schmitt numa conferência para uma organização patronal, em novembro de 1932 (ou seja, algumas semanas antes da chegada de Hitler ao governo). Opõe, desse modo, um Estado total a um outro, o da política democrática. Esta confunde Estado e sociedade, enquanto a autoritária os distingue. A primeira defende um Estado total quantitativo e a segunda, um qualitativo. O jurista social-democrata Herman Heller logo percebe o que está emergindo: um liberalismo autoritário, advogando um Estado forte (com os vulneráveis) e fraco (com os poderosos). Uma boa e velha política de classe. Somente, continua Schmitt, um Estado forte pode despolitizar, e essa análise ecoa em vários autores como Von Mises, Hayek ou Schumpeter em suas denúncias da democracia representativa. O ostracismo dessa perspectiva no pós-guerra se reverte quando chega a crise dos 1960 e se reinventa na cruzada contra o déficit, ou, mais precisamente, contra as políticas distributivas. Uma batalha violenta para destruir as conquistas que estavam promovendo o caos. Não por acaso, a formulação de Schmitt, "um Estado forte e uma economia sã", é reconvocada com Thatcher e uma nova direita pregando a autonomia do governo privado, que "deve ser ingovernável para melhor governar os outros", numa ampla gama de sinistros aliados (Hayek envia bilhete para Salazar com sua proposta de constituição e defende a África do Sul do *apartheid*). Tais atitudes já anunciam a pegada racista, sexista e heteronormativa que foi se reforçando.[273]

[273] Grégoire CHAMAYOU. *La société ingouvernable: une généalogie du libéralisme autoritaire* (Paris, La fabrique, 2018, pp. 81, 23-30, 115, 75-76, 119-125, 209-212, 218-224,

"A sociedade moderna que, até 1968, ia de sucesso em sucesso, e estava convencida de que era amada, teve que renunciar desde então a seus sonhos", coloca Debord. "Ela prefere ser temida. Ela sabe bem que 'seu ar de inocência não voltará mais'". O *momento 68* marca essa transição e o Chile é fundamental nessa guerra renovada, formula Naomi Klein, vinculando choque econômico e tortura para quebra de resistências. Uma *tabula rasa* para um reinício, num paralelo com experimentos psiquiátricos acerca de procedimentos para desfazer e apagar mentes defeituosas e reconstruir novas personalidades. Essa desorganização da noção de tempo e espaço ganha concretude no Chile de Pinochet. É preciso eliminar tudo o que estava fermentando no processo de transformação chileno (*cordones industriales*, comitês comunais, reforma agrária, efervescência cultural) e seu potencial de contaminação em outros países (tanto vizinhos quanto mais distantes), também presente na ótica francesa de considerar a guerrilha argelina como um "câncer" e a população como um "órgão gangrenado", sendo o papel do exército o de cirurgião, imagem-doutrina narrada no belo filme *Z* de Costa-Gravas sobre o golpe militar dos coronéis na Grécia em 1967.[274]

A França colonial chamava suas operações guerreiras de "pacificação" e "manutenção da ordem" nos seus "departamentos" argelinos, ecoando discursos ainda contemporâneos. Fanon insiste nos inerentes elos entre colonialismo e tortura, pois não há regime desse tipo sem a possibilidade de massacrar. "O policial que tortura", dessa forma, "não infringe nenhuma lei. Seus atos se situam no quadro da instituição colonialista. Ao torturar, ele manifesta uma real fidelidade ao sistema". Noção que Ta-Nehisi Coates retoma ao escrever para seu filho no contexto atual estadunidense, advertindo-o

---

228-234 e 246); Carl SCHMITT e Hermann HELLER. *Du libéralisme autoritaire.* (Paris, La Découverte, 2020 [1932]).

[274] Guy DEBORD. "Comentários sobre a sociedade do espectáculo" em *A sociedade do espectáculo* (São Paulo, Boitempo, 2007 [1967]. Edição utilizada, Paris, Gallimard, 1992 [1988], p. 110); COSTA-GRAVAS, *Z*, 1969; Naomi KLEIN. *A doutrina do choque: a ascensão do capitalismo de desastre* (Rio de Janeiro, Record, 2008); Mathieu RIGOUSTE. *L'ennemi intérieur: la généalogie coloniale et militaire de l'ordre sécuritaire dans la France contemporaine* (Paris, La Découverte, 2016, p. 54).

que "os departamentos de polícia de seu país foram munidos da autoridade para destruir seu corpo", não por serem particularmente maus, mas para "cumprir os caprichos de nosso país, interpretando corretamente sua herança e seu legado". Voltando à Argélia, os números desse conflito são chocantes: para uma população de nove milhões, fontes situam entre trezentos e quinhentos mil vítimas, além de cerca de dois milhões encarcerados em campos. Tal guerra vai ser cenário de uma inovação, nesse pós-Segunda Guerra, em termos de confronto e também políticos – a contrainsurgência. Enfrentando guerrilhas e combatentes irregulares e não convencionais, essa se desenvolve com os franceses na então Indochina e depois na Argélia (onde se aprofunda o tenebroso laboratório de limpeza civilizacional dos muçulmanos) e com os estadunidenses, na continuidade da Guerra do Vietnã.[275]

Conectado ao que vimos antes, há uma leitura de Mao (e Che) sobre o fator decisivo do apoio popular para a vitória de uma força mais fraca militarmente, já que é política a batalha decisiva (ganhar a população); o exército não pode existir sem o povo. Isso passa a valer, para os EUA, também dentro do seu território. Os ditos inimigos internos tornam-se alvos da Cointelpro, isto é, principalmente nos anos 1950 o Partido Comunista e nos 1960 o BPP. Dentro e fora simultâneos, na convergência do "interesse da paz pública", como apontado por Baldwin. Os "Panteras Negras", dizia o escritor, "estão sendo assassinados em suas camas por uma polícia zelosa e responsável. E para um policial, qualquer negro, especialmente um jovem negro", assim como mulheres e crianças, são integrantes ou aliados da organização; "exatamente como uma aldeia no Vietnã, onde a população inteira" é considerada *Viet Cong*.[276]

---

[275] Jean-Pierre FILIU. *Algérie: la nouvelle indépendance* (Paris, Seuil, 2019, p. 40); Frantz FANON. "L'Algérie face aux tortionnaires français" (1957) em *Pour la révolution africaine: écrits politiques* (Paris, La Découverte, 2006 [1964], pp. 73 e 79); Ta-Nehisi COATES. *Entre o mundo e eu* (Rio de Janeiro, Objetiva, 2015, p. 18); Elaine MOKHTEFI. *Alger, capitale de la révolution: de Fanon aux Black Panthers* (Paris, La fabrique, 2019, p. 34).

[276] Mathieu RIGOUSTE. *L'ennemi intérieur*, pp. 27 e 30; James BALDWIN. *E pelas praças não terá nome*, p. 93.

Quem deixa isso acontecer com os outros vai acabar vendo isso chegar para si. Harcourt percebe nos EUA contemporâneo a contrarrevolução como novo paradigma de governo, testado antes fora. Vindo da Guerra Fria, adquire forma mais acabada com a guerra global ao terror, durante a presidência de George W. Bush, concluindo a transição de uma compreensão dos campos de batalha de larga escala para outro, de modelo contrainsurgente. Suas táticas são "refinadas, legalizadas e sistematizadas", tudo de acordo com a lei, via "consultas sem fim com advogados governamentais, argumentos legais extremamente técnicos e longos memorandos legais". Se com Bush há uma ênfase na tortura (um preso chega a ser afogado quase duzentas vezes, além de outras práticas imorais), detenção infinita em Guantánamo e escutas ilícitas, com Obama são os ataques com drones e a vigilância total de milhões e milhões de cidadãos pela Agência de Segurança Nacional (NSA, na sigla em inglês). Na medida em que se torna interna, tal virada se acentua com a militarização das forças policiais nas ruas, agora "armadas, vestidas, treinadas como soldados", o que está evidente nos protestos dos últimos anos. Um aspecto, no entanto, se sobressai nessas décadas de contrainsurgência: seu fiasco na Argélia e no Vietnã, em seu início, e hoje no Iraque e Afeganistão: sinais?[277]

luta criminosa

aqui começa o Brasil

Uma placa em Clevelândia, no extremo norte, diz: aqui começa o Brasil. Eis uma boa imagem de um longo fio da história do país, se pensarmos na prisão política no Oiapoque, nesse campo de concentração para onde eram levados para morrer militantes, principalmente anarcossindicalistas do Rio e de São Paulo, nas agitadas primeiras décadas do século passado. Uma trajetória contínua. Palmares é esmagada depois de muitas tentativas, engajando senhores de engenho, Igreja, bandeirantes, mercenários, portugueses e

---

[277] Bernard HARCOURT. *A contrarrevolução* (São Paulo, Glac, 2021. Edição utilizada, Nova Iorque, Basic Books, 2018, pp. 17, 20, 176, 14, 203 e 110).

holandeses. Em Belo Monte, o maldito, diabólico e irracional arraial mobiliza metade do contingente do Exército, cinco generais e o ministro da Guerra na recém-proclamada República. Um massacre de fundação. Canudos é queimada, vinte e cinco mil perecem na segunda maior cidade da Bahia, muitos são degolados em nome da civilização e outros destruídos pela ponta tecnológica dos canhões Krupp (cuja empresa será ativa no âmbito do nazismo, mais tarde). Essa expedição militar "não era uma campanha, era uma charqueada. Não era uma ação severa das leis, era a vingança".[278]

Por conta da Lei do Ventre Livre, em 1871, o Gabinete de Rio Branco é acusado de governo comunista – seu governo "desfraldou as velas por um oceano onde voga também o navio pirata denominado 'A Internacional'", numa curiosa imagem que conecta pontos abordados anteriormente. A famosa frase atribuída a Washington Luís – do assunto social como questão de polícia – ainda vigora? *Sobrevivendo no inferno*. Certamente na inconformidade até hoje da Marinha com a bravura do almirante negro João Cândido. Nos sumiços do militante Honestino Guimarães, raptado pelos policiais numa megaoperação na Universidade de Brasília no início da ditadura, e de Chico Mendes, no começo da chamada redemocratização. Cabras marcados para morrer. E, também, nos massacres dos anos 1990, já no período dito democrático, do Carandiru (mais violenta ação no sistema prisional brasileiro), das crianças da igreja Candelária e a chacina de vinte e uma pessoas em Vigário Geral aos sem-terra em Eldorado do Carajás. Ou na explosão dos homicídios cometidos pela polícia (nas grandes cidades) a partir do fim dos 1970, "expressão inequívoca" de um modelo gestado na "ditadura empresarial-militar de 1964", articulando grupos de extermínio vindo do aparato policial, financiamento por grupos econômicos e apoio de políticos. Associação antioperária, antipopulação. Ocorre uma transição do combate à guerrilha, na qual os "policiais militares que haviam participado do Destacamento de Operações de Informação – Centro

---

[278] Joana BARROS, Gustavo PRIETO e Caio MARINHO. *Sertão, sertões: repensando contradições, reconstruindo veredas* (São Paulo, Elefante, 2019); Euclides da CUNHA. *Os sertões*, p. 478.

de Operações de Defesa Interna (Doi-Codi)" mantêm as "técnicas de repressão no combate ao crime comum. A simulação de tiroteios para justificar assassinatos era uma dessas técnicas", agora contra os "bandidos" e suspeitos "de praticar crimes comuns, como roubos e furtos, e era normalmente negro, jovem, pobre e morador de periferia". Nessa extensa e trágica linha, uma verdade do Estado brasileiro?[279]

cenas do Rio

cena 1

Em meio às manifestações nacionais de junho de 2013, um milhão de pessoas protestam no Centro no dia 20. Quatro dias depois, ocorre uma manifestação pela redução da tarifa de ônibus em Bonsucesso, zona norte. Um pequeno grupo assalta alguns manifestantes na avenida Brasil e entra no Complexo da Maré. O Choque, que seguia a passeata, vai atrás e chama o Batalhão de Operações Policiais Especiais (Bope). Ao entrar na favela Nova Holanda, às oito da noite, o comandante é baleado e morre imediatamente. Inicia-se, uma hora depois, uma operação policial com armas de guerra (caveirão, helicóptero e fuzis). Mais uma "vingança", durante toda a madrugada, na qual, num clima de terror, casas das favelas da região são invadidas, dezenas de moradores feridos e nove mortos. As cenas dos crimes foram todas desfeitas, cápsulas e corpos recolhidos antes de a perícia chegar. Uma semana depois, dia 1º de julho, milhares se reúnem em ato repudiando o massacre e suas execuções sumárias e recorrentes.[280]

---

[279] Clóvis MOURA. *Rebeliões da senzala: quilombos – insurreições – guerrilhas* (São Paulo, Anita Garibaldi, 2014 [1959], p. 88); RACIONAIS MC'S. *Sobrevivendo no inferno* (São Paulo, Cosa Nostra, álbum musical, 1997); José Cláudio Souza ALVES. *Dos barões ao extermínio: uma história da violência na Baixada Fluminense* (Rio de Janeiro, Consequência, 2020 [2. ed.], pp. 12-13); Conselho do Projeto Memória da OSM-SP. *Investigação operária: empresários, militares e pelegos contra os trabalhadores* (São Paulo, IIEP, 2017); Bruno Paes MANSO. "Vera Lúcia dos Santos" em André CARAMANTE (org.). *Mães de Maio: dez anos dos crimes de maio de 2006* (São Paulo, Editora nós por nós, 2016, pp. 75-76); Cecília Coimbra. *Fragmentos de memórias malditas: Invenção de si e de mundos* (São Paulo, n-1, 2021).

[280] Eliane BRUM. "Também somos o chumbo das balas" (*Revista Época*, 3 de julho de 2013); Consuelo Dieguez. "Os invisíveis: a noite de terror, os mortos e os sobreviventes da Maré depois da operação do Bope" (*Piauí*, n. 83, agosto de 2013).

cena 2

28 de novembro de 2015, noite de sábado. Um grupo de seis amigos de infância (de 16 a 25 anos) vai a um show no Parque Madureira, na zona norte, e depois segue de carro e em uma moto à procura de uma lanchonete. Estavam comemorando o primeiro salário (como auxiliar de supermercado) que um deles tinha acabado de receber. Em seu caminho, no bairro da Lagartixa, quatro policiais esperavam por traficantes que teriam roubado, em Costa Barros, uma carga de uma empresa onde um outro policial fazia um bico de segurança privada. Descarregam fuzis e revólveres no carro que passava. Não perguntam nada. E, apesar dos gestos dos jovens, disparam. Wilton, Wesley, Cleiton, Carlos Eduardo e Roberto morrem na hora. O que estava na moto consegue escapar ao acelerar e levar somente um tiro no para-choque. Cento e onze disparos (oitenta e um de fuzil e trinta de pistola). Sessenta e três atingiram o carro e quarenta, os jovens. Os policiais teriam, de acordo com testemunha, sorrido após o fuzilamento.[281]

cena 3

7 de abril de 2019. Nesse domingo, um casal, seu filho, afilhada e o pai/sogro estão indo para um chá de bebê e passam por uma área militar no bairro de Guadalupe, zona norte. O músico Evaldo Rosa dos Santos é atingido por nove tiros. O carro onde estavam sofreu sessenta e dois disparos, do total de 257 tiros de fuzil e pistola disparados por nove militares. O catador Luciano Macedo tenta socorrer a família e toma três tiros (morrerá dias depois no hospital). O carro teria sido confundido com outro, usado por supostos criminosos. A viúva de Evaldo, a enfermeira Luciana Oliveira, relatou que os executores debocharam quando ela os chamou de assassinos.[282]

---

[281] Jorge ROJAS. "As vítimas silenciosas de Costa Barros" (*Pública*, 28 de novembro de 2016); Maria MAZZEI. "PMs sorriram após fuzilar cinco em Costa Barros, diz testemunha" (*Record*, 4 de dezembro de 2015); Cassiano Martines BOVO. "3 anos da Chacina de Costa Barros: 5 jovens mortos, 111 tiros" (*Justificando*, 9 de novembro de 2018).

[282] Flávia MARTINELLI. "Um mês dos 80 tiros: perdi meu melhor amigo, meu amor e amante, diz viúva" (*Uol*, 8 de maio de 2019); Gabriel SABÓIA. "Músico fuzilado no

Em todos esses episódios, as autoridades expressam reações de tímidas a escandalosas e a não responsabilização dos executores predomina. Tais acontecimentos – que não constituem exceções, se colocados em uma obra de ficção (romance, peça, filme), – poderiam ser percebidos como episódios exagerados, fruto de uma perspectiva posicionada demais. O que pensar e sentir de um país cujo Estado assassina dessa forma seus cidadãos, nessas situações? No qual o pacto mínimo do chamado contrato social (direito à vida) é desrespeitado desse modo? Como chamar um Estado cujos agentes disparam contra civis de um helicóptero ou de veículos blindados como prática "normal", "correta" ou até celebrada? Uma hipótese para compreender o momento do país é pensá-lo como parte de uma guerra colonial cujas cenas acima situam o quadro: forças policiais e armadas invadindo territórios e oprimindo suas populações, que nos aproximam de situações que vivem Iraque, Síria, Líbia ou Palestina em suas guerras de ocupação. Não é novo, já que o Brasil se assenta nisso, no genocídio e na escravidão, e nunca encarou verdadeiramente esse abismo ético e existencial.[283]

"Eu também vivo no tempo da escravidão, o que significa que estou vivendo no futuro criado por ela", sugere Saidiya Hartman, como também Kleber Mendonça em *O som ao redor*. Pensando nesse contexto brasileiro – mas poderia se tratar também do estadunidense? –, Florestan Fernandes vincula democracia à igualdade racial. Por isso ainda estamos lutando por ela, e os movimentos negros são pioneiros ao colocar "em questão os fundamentos democráticos da ordem existente". Como disse Oswald de Andrade, ao contrário dos EUA, aqui foi o Sul escravocrata que ganhou a guerra civil (não declarada) e, por isso, Florestan prega uma segunda abolição. Após a derrota na guerra de secessão, milhares vieram se abrigar no Brasil, onde a peculiar instituição era mais respeitada. Seus descendentes organizam

---

Rio foi atingido pelas costas por 9 disparos feitos por militares" (*Folha de S.Paulo*, 1º de maio de 2019).
[283] José CÍCERO. "'Caveirão voador' é usado como plataforma de tiro, dizem moradores" (*Pública*, 18 de abril de 2019).

uma festa confederada anualmente numa cidade do interior de São Paulo, mas não são racistas nem defendem a escravidão – só o Estado mínimo. Uma sociedade que recalca seu passado escravocrata e tenta, assim, esquecê-lo. Se o Brasil possui um *continuum* de massacres contra pobres, pretos, indígenas e outros, esses personagens de uma guerra ininterrompida contra os corpos coletivos dissidentes chegaram (ou melhor, retornaram) ao governo federal com Bolsonaro. A agenda da morte é o elo (explícito) entre as distintas ações e iniciativas do governo numa lista quase sem fim: corte inicial das políticas de solidariedade, liberação geral de agrotóxicos, desmonte das políticas ambientais e estouro do desmatamento, oposição à demarcação de terras indígenas, destruição das premiadas políticas de DST-Aids, ampliação da posse e porte de armas, intenções punitivistas num país que já embarcou no encarceramento em massa, ao que veio se somar a gestão genocida da pandemia.[284]

Junho, em sua disrupção, coloca esse aparato implacável em xeque. O sumiço e assassinato de Amarildo Dias de Souza, pedreiro e morador da Rocinha, assume uma fortíssima repercussão. As lutas indígenas, como vimos, anunciam a rebelião, inclusive na batalha contra a hidrelétrica de Belo Monte. A costumeira repressão é, nesse momento, veementemente contestada; gritos pelo fim da Polícia Militar ecoam em toda parte. O assassinato de Marielle Franco, nos marcos da intervenção militar no Rio, no dia 14 de março de 2018, pode ser lido como uma tentativa de encerrar aquilo que tinha se aberto, ao tirar a vida de um símbolo encarnado das novas subjetividades emergentes. Alguns meses depois, e cinco anos após a explosão, um candidato que celebra essa máquina de morte é eleito, num processo cheio de ilegalidades (golpe de 2016, prisão de Lula)

---

[284] Saidiya HARTMAN. *Perder a mãe: uma jornada pela rota atlântica da escravidão* (Rio de Janeiro, Bazar do Tempo, 2021 [2007], p. 168); Kleber MENDONÇA FILHO, *O som ao redor*, 2012; Florestan FERNANDES. *Significado do protesto negro* (São Paulo, Expressão Popular e Fundação Perseu Abramo, 2017 [1989], pp. 41, 52 e 63); Oswald de ANDRADE. "Aqui foi o Sul que venceu" (1944) em *Ponta de lança* (São Paulo, Globo, 1991); Jordan BRASHER. "Brazil's long, strange love affair with the Confederacy ignites racial tension" (*The conversation*, 6 de maio de 2019); Tadeu BREDA (org.). *Bolsonaro genocida* (São Paulo, Elefante, 2021).

e se colocando demagogicamente como alheio a um sistema político em convulsão. Ao não tratar de forma mais contundente nossas chagas coloniais (genocídio dos jovens negros, etnocídio dos povos ameríndios e desigualdades imorais), essas pendências de justiça que perpassam todas as gerações desde o início do que chamamos Brasil, isso se volta contra o processo político-criativo que estava em curso. Nunca acertamos as contas com essas desgraças, e as regiões mais violentas de um país que o é extremamente passam a ter uma importância ainda mais crucial e apontam para uma nacionalização de suas trágicas situações: a Baixada Fluminense e o oeste do Rio com suas milícias, o Pará e a Amazônia em chamas e o Mato Grosso do Sul e a matança nunca cessada. Esse Estado, de menos de três milhões de habitantes, teve dois ministros no início do governo Bolsonaro, ambos ligados a posições anti-indígenas, compondo uma medonha mescla com a influência miliciana e latifundiária escancaradas.

O desencontro trabalhado na parte anterior, entre o PT e os protestos e seus desdobramentos, se torna ainda mais agudo. Uma ampla reação se articula e o Estado brasileiro fortalece "todos os seus instrumentos para reprimir e silenciar vozes dissonantes". Mecanismos são aprimorados a partir do acontecimento e os poderes Executivo, Legislativo e Judiciário convergem e colaboram na agenda estatal coercitiva, no contexto dos grandes eventos, ocupações secundaristas e crises política e econômica. Novas armas (mais sofisticadas e variadas) e táticas (como o envelopamento), filmagem e vigilância, infiltração (como no caso Balta Nunes, do Exército) e articulação federativa. No Congresso, rapidamente aparecem dezenas de projetos de lei, buscando legislar sobre bloqueio de vias públicas, desordem em local público, ocupação de repartição pública, uso de máscaras, porte de fogos de artifício e regulamentação do direito de manifestação. Seguem uma linha de aumentos de penas, tipificação de novos crimes e endurecimento de sanções para os já existentes e se expressam com nitidez na lei antiterrorismo, aprovada no momento final do governo Dilma. O Judiciário, por sua vez, cumpre também seu papel. Além de não atuar como controle externo das polícias, certas decisões jogam a culpa nos profissionais que sofreram graves lesões ao cobrir os atos, acentuando sua criminalização, como no caso do fotógrafo Sérgio Silva (um da centena de jornalistas agredidos ou feridos naquelas semanas). Ele é o responsável por ter perdido um olho, segundo o juiz Olavo Zampol Júnior, ao se colocar "entre a polícia e os manifestantes". Uma série de outros casos apresentam "denúncias com bases inconsistentes" e condenações injustas de manifestantes, como no caso de duas dezenas de militantes no Rio na véspera da final da Copa ou, em 2013, quando uma grande operação das polícias (militar e civil) é montada para dar um fim ao Ocupa Câmara em outubro. Quem estava nas escadarias da Câmara Municipal é preso e enquadrado na lei de organizações criminosas (!), recém-aprovada pelo Congresso.[285]

Esse conjunto evidencia ações concertadas para restringir o fundante direito ao protesto. O governo federal não freou tal processo, ao contrário, participou ativamente. Em meio às manifestações contra a Copa ou mesmo em 2013, a Força Nacional de Segurança é oferecida aos estados e não foram levadas em conta as vozes críticas a esse processo repressor. Não brecar essa máquina foi um tremendo erro. O Brasil figura nas primeiras posições nos dados de execuções de militantes (ao lado de México, Colômbia e Filipinas), numa certa política público-privada de assassinatos seletivos (sobretudo nas questões ligadas à terra) de pessoas-chave para termos um país (e um planeta) com dignidade para todo mundo. Desmontar esse aparato repressivo deveria ser uma tarefa fundamental de qualquer governo que busque transformações, mas quando o MPL pauta, na reunião no Palácio do Planalto com a presidenta no calor das manifestações, a questão da regulamentação das armas menos letais: silêncio.

Conta-se que um importante dirigente petista, com forte atuação na área dos direitos humanos e condenado no caso do Mensalão, teria sido interpelado por um preso, após sua chegada à cadeia

---

[285] ARTIGO 19 BRASIL. *5 anos de Junho de 2013: como os três poderes intensificaram sua articulação e sofisticaram os mecanismos de restrição ao direito de protesto nos últimos 5 anos* (2018); Sérgio SILVA e Tadeu BREDA. *Memória ocular: cenas de um Estado que cega* (São Paulo, Elefante, 2018, pp. 145-146); Igor MENDES. *A pequena prisão* (São Paulo, n-1, 2017, p. 43).

em novembro de 2013: você, com experiência no cárcere e depois deputado por duas décadas, o que fez para melhorar as condições de vida dos presos? *Por igualdade racial*. O que teria acontecido se o PT tivesse levado a sério a bandeira levantada pelo Movimento Negro Unificado (MNU) nas escadarias do Teatro Municipal – em ato público contra o racismo em plena ditadura, por conta da morte de Robson Silveira da Luz, no dia 7 de julho de 1978 em São Paulo – de que "todo preso é preso político"? Apesar das reivindicações e pressões do movimento, nunca se considerou urgente encarar o extermínio dos jovens negros. Alguns setores apontaram propostas para enfrentar essa epidemia de assassinatos, mas tiveram pouco eco. Ao contrário, trilhou-se o caminho de uma maior militarização, com uma banalização progressiva, desde meados dos 1990, das operações de GLO (Garantia da Lei e da Ordem), que marcam os governos da redemocratização, assim como a brutal expansão do sistema carcerário. Longe de se contrapor, o Brasil de Lula manteve a tendência do encarceramento em massa e "a grande permanência que atravessa o sentido de nosso sistema jurídico-penal". A Lei de Drogas de 2006 visou diminuir a pena dos consumidores (e aumentar a dos traficantes), mas ao não especificar a quantidade de cada droga que diferenciaria um do outro fez com que a decisão coubesse ao delegado ou ao juiz num país estruturado pelo racismo. Resultado? Explosão do número de presos e presas. *Contra o terrorismo de Estado – memória e verdade, justiça e liberdade*. Em algum momento teremos que fazer as comissões da verdade do *período democrático*, como as Mães de Acari e de Maio propõem. Tal ímpeto securitário acabou tragicamente se voltando contra o próprio partido e sua principal liderança. A justiça de exceção, que se manifesta continuamente no país, atingiu Lula (antes de ser cancelada, após o desmascaramento da arrogante e ilegal operação Lava Jato) em sua absurda condenação a uma pena de uma década por um imóvel que ele não possui e que visitou apenas uma vez.[286]

[286] Ennio BRAUNS, Gevanilda SANTOS e José Adão de OLIVEIRA (orgs.). *Movimento Negro Unificado: a resistência nas ruas*. (São Paulo, Fundação Perseu Abramo e

Rafael Braga é o único condenado dos protestos de 2013, que teve milhares de detidos e dezenas de processados. Jovem catador negro, foi preso no dia da maior manifestação no Rio (20 de junho) por portar duas garrafas de plástico com produtos desinfetantes, que para os policiais eram coquetéis-molotov (!). Rafael foi condenado a mais de cinco anos de prisão por estar portando esses produtos *perigosos*. Depois de conseguir, devido à progressão da pena, sair da prisão com tornozeleira eletrônica, a PM o acusou, em outro episódio, de tráfico, imputando-lhe porte de drogas. Foi condenado a onze anos de prisão, mas sua defesa conseguiu prisão domiciliar, por ele ter contraído tuberculose na cadeia, e estão recorrendo para impedir mais essa brutal injustiça. "Como foi possível condená-lo?", pergunta Isaac Palma Brandão, evocando-o como preso político e apontando a Súmula 70 na qual a versão dos policiais é suficiente para comprovar o crime e sustentar a condenação. Cenas de um racismo arraigado e impiedoso. No fim do século XVIII, Tiradentes – que era dono de seis escravizados – é condenado pelo poder a uma "morte natural para sempre", ou seja, lhe é negado o rito fúnebre cristão, o que era comum ocorrer com os cativos fugitivos. Sua cabeça fica fincada na praça principal de Vila Rica, o que igualmente acontecia aos quilombolas capturados. Certas conexões não feitas acabam acontecendo triste e tragicamente na repressão?[287]

Todo um tecido de vidas, de formas de existir e habitar as vias, vielas e aldeias se formou nos últimos anos, com os desdobramentos das lutas contra a ditadura, conquistas da redemocratização e aberturas dos anos 2000. Territórios libertos, às vezes mais fugazes, outros mais duradouros – sempre importantes. Marchas, grupos, associações, festas, hortas, ocupações, ações e criações mil constituem

---

Sesc, 2020, p. 102]; Adalton MARQUES. *Humanizar e expandir: uma genealogia da segurança pública em São Paulo* (São Paulo, IBCCRIM, 2018); Vera Malaguti BATISTA. *A questão criminal no Brasil contemporâneo* (São Paulo, Oficina de Imaginação Política, 2016, p. 8).

[287] Isaac Palma BRANDÃO. *A presença do racismo no caso Rafael Braga* (São Paulo, Recriar, 2019, pp. 114 e 120); Lucas-FIGUEIREDO. *O Tiradentes: Uma biografia de Joaquim José da Silva Xavier* (São Paulo, Companhia das Letras, 2018, pp. 364 e 367).

a irrupção singular de novas subjetividades – preta, LGBTQIA+, trabalhadora, periférica, feminista, indígena, múltiplas – que despertam medo. A resposta fascistizante pode ser lida como uma peculiar contrarrevolução, desencadeada pelo temor da exuberância vital dos corpos livres, insubmissos, não domesticados. Daí as reações identitárias (branca, masculina, heteronormativa) que pululam e os ataques constantes às principais esferas de atuação (cultura e educação) dessas emergências e discursos de ódios contra pessoas e coletivos fora das normas. Deleuze, ao trabalhar Espinosa, celebra sua filosofia da vida, que se distancia de tudo o que nos separa dessa e o que a envenena com as categorias de Bem e Mal e sobretudo o ódio, "incluindo o ódio voltado contra si mesmo, a culpa". É curioso notar que Bolsonaro vem do vale do Ribeira, território mais pobre de São Paulo, onde a Mata Atlântica foi menos desmatada e com forte presença quilombola, indígena e camponesa. Um ódio de si mesmo? Isso se conjuga aos setores (crianças, adolescentes, mulheres) que o governo Bolsonaro, na figura da pastora Damares Alves, diz querer proteger – vitimizando-os – para, então, mantê-los subordinados. Para Espinosa-Deleuze, "a tristeza serve à tirania e à opressão" e gera impotência – ao contrário da alegria, que ativa.[288]

repressão

A soberania é popular? Uma rebelião a expressa? As *forças da ordem*, no entanto, a sufocam em nome dessa mesma soberania. Quem, então, a encarna? Na concepção predominante, parece haver a compreensão de que quem se rebela não respeita certas instituições e se coloca assim na ilegalidade (são, na superfície ou no fundo, criminosos) e, assim, tal repressão seria legítima. Estudantes e operários mobilizados na praça Tiananmen em junho de 1989 são qualificados de *bao tu* [bandidos] e *huai ren* [homens maus], que atacam "as nobres tropas", obrigadas a responder e abrir fogo. Curiosamente, trata-se da

---

[288] Gilles DELEUZE. *Spinoza: philosophie pratique* (Paris, Les Éditions de Minuit, 1981, pp. 39 e 76).

mesma forma pela qual o regime de Chiang Kai-shek chamava os comunistas maoistas em seu tempo de levantamento: o clássico vocabulário do poder. Essa coerência do lugar de mando situa um quadro mais geral, de um outro paradoxo nosso. Enquanto as democracias se aproximam de regimes policiais, a "maioria dos regimes policiais desse tempo ostentam orgulhosamente o título de 'democracia'". Paul Preciado julga perceber nisso uma "virada histórica", na "emergência de uma 'democracia' autoritária e repressiva", que quebra a lei para impor reformas conservadoras (austeridade e militarização).[289]

Seattle expressa um ponto desse aguçamento. No dia 30 de novembro de 1999, num piscar de olhos, a cidade se transforma numa *"free-fire zone for cops"* [zona de tiro liberado para os policiais], na qual todo mundo (manifestante ou simplesmente passante) é potencialmente alvo. Logo a venda de máscaras de gás e a sua posse são proibidas (esse decreto é quase imediatamente emendado para permitir seu uso por policiais e militares). "É atordoante a experiência de como rapidamente uma cidade pode se tornar um estado policial", relatam dois participantes desses dias. A declaração de emergência cívica por parte do prefeito é ratificada após uma semana pelo conselho da cidade. A partir daí, as seguidas mobilizações antiglobalização contam com significativos esquemas e gigantesca mobilização de tropa (com milhares a cada cúpula) e alto número (centenas, às vezes milhares) de detenções (o ato contra a guerra no Iraque em San Francisco marca o maior número da história da cidade) e pegada antiterrorista. Os movimentos como laboratório experimental para os sistemas repressivos, como vimos.[290]

---

[289] Francis DUPUIS-DÉRI. *La peur du peuple: agoraphobie et agoraphilie politiques* (Montreal, Lux, 2016, p. 171); Harrison E. SALISBURY. *Tiananmen Diary: thirteen in June* (Boston, Little, Brown and Company, 1989, pp. 140 e 147); COMITÊ INVISÍVEL. *Aos nossos amigos*; Paul B. PRECIADO. "Démocrates contre la démocratie" (*Libération*, 27 de outubro de 2017).

[290] Alexander COCKBURN, Jeffrey St. CLAIR e Allan SEKULA. *5 days that shook the world* (Londres, Verso, 2000, pp. 31-32); Francis DUPUIS-DÉRI. "Postface: la répression policière, encore et toujours" em Victor SERGE. *Ce que tout révolutionnaire doit savoir de la répression: un roman révolutionnaire* (Paris, La Découverte, 2009, pp. 108-109 e 116).

É marcante a presença de um armamento centenário, cuja trajetória é bastante representativa dessa movimentação coercitiva. Anna Feigenbaum aponta o ano de 2011 como o dos protestos e... do gás lacrimogêneo. Só nos vinte primeiros dias do Gezi Park, em Istambul, cento e trinta mil latas são usadas (e centenas de pessoas machucadas), o que corresponderia ao estoque de um ano "habitual". A partir da irrupção desse ciclo de protestos globais, suas vendas triplicam, sendo hoje um mercado de um trilhão e meio de dólares e em franca expansão, no qual o Brasil figura com destaque. A empresa Condor, sediada na Baixada Fluminense, é uma das mais fortes do setor, o que se reforça com o boom devido aos grandes eventos aqui ocorridos. É marcante a imagem de um manifestante mostrando o *made in Brazil* das latas durante um sangrento esmagamento da revolta no Bahrein em 2012, cena que se repete em Istambul no ano seguinte.[291]

Essa arma (não letal para a empresa ou menos letal, segundo ativistas) causa uma das mortes de 2013. Cleonice Vieira de Moraes estava varrendo as ruas de Belém quando foi – ao lado de todo mundo que estava na região da prefeitura onde ocorria o protesto naquele 20 de junho – atingida pelas bombas de gás disparadas pela polícia. A gari passou mal, foi levada ao pronto-socorro e teve paradas cardiorrespiratórias provocadas pela inalação do gás. Não resistiu e faleceu no dia seguinte. Essa arma é criada para lidar com civis desarmados, supostamente evitando mortes, mas com nítida intenção de desmoralizar, machucar, ferir e punir os rebeldes. Dizem e insistem as companhias que são seguras, mas mencionam situações ideais que não correspondem à realidade concreta das operações nas ruas e qualquer ocorrência é tratada como uso incorreto ou acidente.

Esse pouco mais de um século de uso é marcado por polêmicas, desde o início da França contra a Alemanha e depois vice-versa na Primeira Guerra Mundial, e é logo objeto de tratado internacional

---

[291] Anna FEIGENBAUM. *Tear Gas: From the Battlefields of WWI to the Streets of Today* (Londres, Verso, 2017, pp. 3, 141, 14, 30 e 148); Natalia VIANA e Daniel SANTINI. "Brasil, produtor e exportador de armas" (*Agência Pública*, 27 de janeiro de 2012); Natalia VIANA e Bruno FONSECA. "Bomba brasileira na pele turca" (*Agência Pública*, 5 de junho de 2013).

proibindo o uso de armas químicas, sendo consideradas desumanas até na guerra. Para vencer essas barreiras, é montada uma grande operação de relações públicas, com anúncios de "solução de segurança" para ladrões, presidiários e... manifestantes, além de discursos de que se trata de uma forma inofensiva de lidar com o dissenso. Tenta-se construir uma "imagem ética de controle da multidão" e tal solução entusiasma setores estadunidenses, num ambiente de empolgação do momento por equipamentos químicos, sendo percebida como arma "civilizada" e "desenvolvida". Um personagem importante dessas operações, general Fries, é conhecido por constantes referências à supremacia branca. A crise dos anos 1930 surge, então, como oportunidade de uso, dadas as insatisfações populares. É, assim, empregada no início dessa década nos EUA, em Hamburgo contra uma greve e em Viena contra comunistas. No Império britânico, sua experimentação se dá em contexto colonial – tensões na Índia, Nigéria, África do Sul e Palestina, e, nos 1960, na Irlanda do Norte. O xerife de Selma em 1965 orienta as tropas: peguem esses "malditos crioulos. E pegue também esses malditos crioulos brancos". É nesse período que sua utilização se generaliza, nos protestos por igualdade racial nos EUA, no maio parisiense, no Vietnã para tirar os vietcongues dos seus esconderijos ou, ainda, nos lançamentos por helicóptero nos estudantes brancos de Berkeley quando Ronald Reagan era governador da Califórnia. E isso se reforça nos anos 1970 – municiam polícias locais, desde o Pentágono, e se tornam figuras carimbadas dos protestos contemporâneos mundo afora.[292]

No *momento 68*, essa questão decisiva está onipresente. Os movimentos negros estadunidenses convergem na pauta do fim da brutalidade policial, causadora das mortes, de King a Malcolm, passando pela NAACP ou ainda os Panteras Negras. Estes pregam armas e autodefesa e todos fora da prisão por não terem recebido julgamento justo e imparcial. Nas reivindicações do movimento estudantil mexicano, seus seis pontos trazem essa temática: liberdade

---

292 Anna FEIGENBAUM. *Tear Gas*, pp. 59, 34, 134, 97, 16, 22-23, 26-29, 47, 50, 99, 60, 74, 69-70, 84 e 92.

para os presos políticos, fim do delito de "dissolução social" encarcerando a dissidência política (uma reunião de cinco pessoas basta para isso), fim dos *granaderos* e destituição dos chefes da polícia, responsabilização da repressão e indenização aos feridos e às famílias dos mortos. Sua presença é igualmente marcante no presente ciclo: o levante egípcio ocorre em 25 de janeiro, dia da polícia desde 2009 e que Mubarak celebrava, e num país no qual a polícia pode, de acordo com a lei, pegar o celular e olhar, e que conta atualmente com seis dezenas de milhares de presos políticos. *ACAB*.[293]

No presente momento de exacerbação das desigualdades em suas múltiplas facetas, os que se levantam contra esse estado de coisas enfrentam um brutal e sutil muro, como no tratamento como "ameaça terrorista", por parte das agências de inteligência (colaborando secretamente sobre o tema com empresas privadas). A intensa conflitividade enfrenta um pesado contramovimento, numa escalada global. Na França, esse processo perpassa, nesse início de século, diversos partidos e presidentes: Chirac e Sarkozy (direita mais tradicional/social e renovada/securitária), Hollande ("socialista", centro) e Macron (nova direita). Isso se explicita nos momentos que abordamos na parte precedente. A periferia estoura em 2005 após jovens filhos de migrantes morrerem durante uma perseguição da polícia (vejam a piora notável de uma situação já crítica, do filme *O ódio*, de Mathieu Kassovitz [1995], para *Os miseráveis*, de Ladj Ly, de 2019). Na mobilização estudantil meses depois, as penas por degradação de patrimônio são bem maiores que as habituais, inclusive com penas de prisão (onde antes eram aplicadas multas). Réus primários são qualificados como "vândalos que causam prejuízos graves à democracia" e ocorrem cinco mil detenções (um recorde) com um sexto de condenados (sobretudo na fase ascendente, depois foram mais clementes), configurando uma "justiça de exceção" em sua criminalização da luta e participação em protestos.[294]

---

[293] Greco Hernández RAMÍREZ. *La noche interminable Tlatelolco 2/10/68* (México, Siglo XXI, 2018, p. 46).
[294] Alex S. VITALE. *The end of policing* (Londres, Verso, 2017, p. 211); David DUFRESNE. *Maintien de l'ordre: enquête* (Paris, Fayard/Pluriel, 2013 [2007], p. 219).

Outro momento de inflexão se situa no episódio de Tarnac. O livro *A insurreição que vem* é, num fato sem precedentes, colocado na íntegra como peça de um processo por terrorismo. Alain Bauer (antigo membro do Partido Socialista, que se aproximou de Sarkozy e tem sido consultor de presidentes e ministros) vai encomendar, em 2007, quarenta exemplares, dizendo apreciar o estilo; para ele, "o primeiro texto libertário de qualidade desde os anos 1970, um tipo de texto precursor". Desde 2006, os serviços de inteligência franceses estavam atentos à radicalização das lutas e ao que eles vão chamar, nas palavras da ministra do Interior, de "ultraesquerda" ou "setor anarco-autônomo". É esse o contexto da operação midiático-policial de novembro de 2008, na qual vão construir um inimigo interno, ao associar a sabotagem em linhas de trem (para brecá-los) a um grupo que se estabeleceu no vilarejo de Tarnac. Dez pessoas são presas, acusadas de organizar esse ato que teria sido antes teorizado no livro.[295]

O que eles estavam atacando, qual era o alvo da repressão e desse estardalhaço criado sem provas e que resultou, anos depois, na absolvição de todos? Uma hipótese é que talvez não tenham sido nem o livro nem o suposto ato, mas uma articulação local e uma perspectiva política. O cerne da atuação do grupo se situava no *magasin général* – uma mescla de mercearia, bar, restaurante, tabacaria, local de música e encontros de velhos camponeses e jovens militantes, num lugar histórico do comunismo rural, apoio mútuo popular e resistência à autoridade central. Não um refúgio, mas a construção de outras relações. Algo semelhante, como vimos, ocorre, com um maior fôlego e extensão, na ZAD, que vai viver (e vencer) uma violentíssima Operação César de expulsão em 2012 com mil e quinhentos agentes. *Zadistes* e apoiadores vão resistir, fazendo o Estado recuar para não causar vítimas fatais, o que se repetirá logo após a desistência estatal do projeto de aeroporto em 2018 com novo ataque de madrugada por mais de dois mil policiais, no qual quatro tanques e onze mil granadas são usadas. Novamente,

---

[295] David DUFRESNE. *Tarnac, magasin général* (Paris, Fayard/Pluriel, 2013, p. 87).

um recuo governamental, mas sempre deixando marcas fundas de destruição, indicando a vontade de aniquilar essa experiência e sua intenção de romper os elos – cotidianos e subversivos – criados.[296]

Depois dos atentados de novembro de 2015 em Paris, o estado de emergência é decretado e será prorrogado até sua incorporação à Constituição no início do governo Macron, tendo permitido buscas policiais na casa de famílias muçulmanas e de militantes sem autorização judicial e a proibição de manifestações por certo período. Isso se soma à tentativa de lei retirando a nacionalidade francesa para certos cidadãos considerados indesejados, ao assassinato de Rémi Fraisse numa desocupação e ao uso de bombas e balas de borracha que muitos países da União Europeia proíbem. Elementos de uma virada securitária, com o antiterrorismo como norte da política que vem se formando nas últimas décadas e cuja origem se situa no controle das periferias. *Polícia por toda parte, justiça em nenhum lugar.* Em plena efervescência amarela (dezembro de 2018), um episódio significativo ocorre, quando um colégio é ocupado contra uma reforma das escolas numa quebrada não muito longe de Paris. A intervenção é abjeta: uma centena e meia de estudantes são detidos, obrigados a se ajoelhar e colocar as mãos na cabeça, ameaçados por policiais armados. Um deles filma e ouve-se uma voz de outro dizendo "eis uma sala bem-comportada". Um inquérito posterior afirma que as forças da ordem não cometeram nenhum erro. *Todo mundo detesta a polícia.* Numa distância considerável da famosa frase do chefe da polícia de 68 dizendo que "bater numa pessoa no chão é bater em si mesmo", o Estado, buscando abafar a efusão amarela, usou seu aparato repressivo (com cachorros, cavalos, tanques leves, helicópteros, revistas e bloqueios de bairros inteiros, perseguição a jornalistas, unidade policial à paisana – a mesma do filme *Os miseráveis*, uma criação de inspiração colonial) e provocou números chocantes de uma dúzia de mortos, vinte e quatro pessoas

---

[296] John JORDAN. "Les communs d'une culture de résistance" em Jade LINDGAARD (org.). *Éloge des mauvaises herbes: ce que nous devons à la ZAD* (Les Liens qui Libèrent, 2018, p. 44).

que perderam um olho, cinco que perderam uma mão e mais de dez mil detidas. Nenhum policial foi, por ora, condenado. *Os coletes amarelos contra a justiça de classe.*

A resposta do presidente? "Não falem de repressão ou violências policiais, essas palavras são inaceitáveis num Estado de direito". Uma lei "antivândalos" é aprovada em abril de 2019; no discurso oficial, se trata de uma lei pela liberdade de manifestar. *Mentiras de Estado*. A pauta extrema vem sendo crescentemente incorporada, nas últimas décadas, pelo sistema político: caça aos ciganos e sem-documentos (nos anos 1990, aprovam uma lei tipificando delito de hospitalidade para quem desse teto ou ajuda a imigrantes considerados irregulares). Essas iniciativas racistas são antes "uma lógica estatal e não uma paixão popular". Sarkozy organizou debates oficiais sobre a "identidade nacional" e agora Macron fala de "separatismo islâmico". Isso tudo num contexto de aumento das desigualdades. A extrema direita já ganhou? Como compreender esse recrudescimento? Trata-se de uma crise de regime e legitimidade? Os poderes estão confiando mais na repressão que na representação? Para alguns, "isso parece uma lei da física. Quanto mais a ordem social perde crédito, mais ela arma sua polícia. Mais as instituições se retraem, mais elas avançam com vigilantes". O declínio da crença revela a força nua?[297]

As guerras imperiais francesas constituem um "laboratório da ordem securitária", indicando o início de uma "'guerra dentro da população'" e de um "sistema de contrainsurreição industrial e racionalizada, fundada sobre a designação, caça e destruição públicas das figuras do inimigo interno", que se expandem para evitar todo e qualquer questionamento. Esse ímpeto se desdobra após a Independência argelina, nos "bairros norte-africanos", protótipos e tradução dessa doutrina. Trata-se de uma "segregação endocolonial baseada em situação de enclave e assédio permanente" por

---

[297] Jacques RANCIÈRE. "Racisme, une passion d'en haut" (2011) em Jacques RANCIÈRE. *Les trente inglorieuses: scenes* politiques (Paris, La fabrique, 2022, p. 60); David DUFRESNE. *Dernière sommation* (Paris, Grasset, 2019, p. 132); COMITÉ INVISIBLE. *Motim e Destituição* (Edição utilizada, Paris, La fabrique, 2017, p. 109).

parte de uma polícia muitas vezes "socializada pela experiência da guerra", seja como contingente na Argélia, seja na vigilância de "populações 'suspeitas' (comunistas e colonizadas)" na metrópole. São páginas cruéis de sua história, com a morte de argelinos em Paris em dois episódios: seis em julho de 1953 e dezenas (talvez mais de uma centena) em 1961, jogados no Sena pelas forças policiais, como apontado pelo incansável historiador autônomo Maurice Rajsfus. A lei sobre associação criminosa, usada a partir dos anos 1950 contra os independentistas, é agora empregada contra os ditos terroristas, mas igualmente contra os militantes políticos, como ocorreu no caso de Tarnac. Aliás, a mesma ministra que liderou a perseguição nesse vilarejo sugeriu enviar granadas lacrimogêneas para a polícia tunisiana no contexto da revolta contra o ditador Ben Ali, que a havia recebido logo antes em suas férias. Esse escândalo culmina em sua demissão. As chamadas democracias e ditaduras convergindo nas doutrinas anti-insurrecionais? Quando uma nova geração volta a falar de revolução, seria o revés da securitização colonial uma chave de libertação?[298]

encarceramento

Outro fundamento contemporâneo é revelado pela prisão. Sua realidade opressiva provocou um efeito nítido na retórica de Malcolm, usando-a como metáfora para a condição do negro nos EUA: uma grande cadeia racista sendo o presidente estadunidense "apenas outro diretor [de prisão]". Revueltas coloca a questão, a partir de seu mergulho na Unam e no México em ebulição: "como pode acontecer a liberação numa sociedade-cárcere?"[299]

---

[298] Mathieu RIGOUSTE. *Les marchands de peur: la bande à Bauer et l'idéologie sécuritaire* (Paris, Libertalia, 2013, p. 14); Mathieu RIGOUSTE. *La domination policière: une violence industrielle* (Paris, La fabrique, 2012, pp. 25 e 31); Raphaël KEMPF. *Ennemis d'État: les lois scélérates, des anarchistes aux terroristes* (Paris, La fabrique, 2019, p. 84); COLLECTIF MAUVAISE TROUPE. *Constellations: trajectoires révolutionnaires du jeune 21e siècle* (Paris, l'éclat, 2014).

[299] Manning MARABLE. *Malcolm X: uma vida de reinvenções* (São Paulo, Companhia das Letras, 2013 [2011], p. 272); Susana DRAPER. *Mexico 1968*, p. 95.

Uma faceta incontornável da resposta ao levante dos anos 1960 nos EUA se desvela nas questões raciais. Apesar de se colocar como "formalmente neutra" no que toca a esse tema (daltonismo racial) e buscando evitar uma discriminação explícita, uma nova linguagem surge para colocar no seu devido lugar os que tinham abusado. Se refere, assim, a velhos afetos racistas, ao apelar por segurança e não mais pela segregação recém-derrotada. Essa retórica do "combate ao crime" conecta as ações diretas à delinquência, já que, nessa perspectiva, a desobediência a incentiva. Conservadores, como os governadores do sul, qualificam os manifestantes de bandidos, pela quebra dos bons costumes, não importando se os atos são pacíficos ou envolvem quebra-quebra. *A luta é criminosa.* Nixon vai encarnar isso plenamente e sua eleição (permitida pelo assassinato de Bobby Kennedy) representa virada importante na qual "lei e ordem" (não por acaso, posteriormente, o lema serviria de título a uma série televisiva importante) e combate à leniência com a bagunça constam como bandeira de campanha, numa tentativa de quebrar os laços das alianças arco-íris contra o sistema (entre pobres e classe trabalhadora, brancos e não brancos). Tratava-se do clássico recurso do poder, em forma de "suborno racial" para encorajar uma superioridade nos brancos de baixo, que compensaria algo da sua pobreza. A "invenção da raça branca", instrumento preventivo da coalizão de trabalhadores, faz com que todos percam, pois, rompida a solidariedade de classe, o conflito distributivo colocado acima se resolve na chave neoliberal. É interessante notar que, em distinto contexto, João José Reis argumenta que a Bahia do século XIX "só não explodiu em revolução porque praticamente ninguém entre os livres — com exceção, talvez, dos africanos libertos — queria igualar-se socialmente com os escravos" e, tragicamente, "o interesse em manter a escravidão funcionou como uma base estratégica de solidariedade entre ricos e pobres".[300]

[300] Michelle ALEXANDER. *A nova segregação: racismo e encarceramento em massa* (São Paulo, Boitempo, 2017 [2010], pp. 65, 83, 87, 92 e 96); Asad HAIDER. *Mistaken identity: race and class in the age of Trump* (Londres, Verso, 2018, p. 58); João José REIS. *Rebelião escrava no Brasil: a história do levante dos malês 1835* (São Paulo, Companhia das Letras, 2003 [3. ed.], pp. 65 e 546).

Regressando aos EUA em transição, se trata, porém, menos de conservadorismo fiscal contra um gigantismo do governo ou pela redução de gastos (a despesa migra para o punitivismo, como da habitação popular para presídios, e os orçamentos dos órgãos federais de segurança pública atingem as alturas) e mais de uma certa restauração racial. Nixon convoca uma guerra às drogas, que Reagan vai aprofundar. Tornadas inimigas principais, e ao perseguir os usuários e pequenos traficantes, cumpre a promessa de reprimir os "outros". Seu resultado é que "um novo e vasto sistema de controle racial e social nasceu mais uma vez nos Estados Unidos", com a explosão da quantidade de encarcerados (chegando a dois milhões, metade por condenação ligada a entorpecentes) e de um altíssimo número de jovens sob controle penal (em liberdade condicional ou assistida). Escravidão, segregação e encarceramento em massa como três momentos dos significados de "ser negro" como inferior e sem direitos, numa bizarra existência do que Michelle Alexander define como "castas raciais", na qual é sempre incriminada a luta pela igualdade.[301]

Os governos Johnson e Nixon usam sucessivamente a segurança para lidar com a erupção. Logo após o assassinato de King, a Lei de Controle do Crime e Segurança nas Ruas é aprovada pelo primeiro, e, dois anos mais tarde, a Lei Federal das Organizações Corruptas e Influenciadas pelo Crime Organizado (Rico, na sigla em inglês), pelo segundo. Por meio desta, são perseguidos milhares, tanto militantes antiguerra quanto jornalistas, panteras e nacionalistas porto-riquenhos. Na década seguinte, o policiamento ao estilo *"broken windows"* [janelas quebradas], elaborado por criminólogos como resposta à crise urbana, se concentra em prevenir pequenos sinais de desordem como pixo, lixo ou venda de cigarros irregulares, sempre com presunção de culpa e caracterização racial. O contexto do fim da expansão econômica e do refluxo do movimento abriu uma oportunidade para a reação e sua prisão.[302]

---

[301] Michelle ALEXANDER. *A nova segregação*, pp. 106, 21, 42, 46 e 280.
[302] Keeanga-YAMAHTTA TAYLOR. *#vidasnegrasimportam e libertação negra* (São Paulo, Elefante, 2020 [2016]), pp. 118, 139-141 e 230); Robin D. G. KELLEY. "Thug Nation:

Igor Mendes, um dos vinte e três processados da Copa, preso no Rio na véspera da final, narra sua experiência nesse "mecanismo pensado para quebrar almas e vontades, mais do que para reter corpos estritamente. Uma máquina de moer gente", citando a célebre frase de Darcy Ribeiro. O escritor-militante chama atenção, em seu bonito livro, ao contraste brutal entre duas violências que se articulam no caminho do presídio ao tribunal. A escolta para as audiências é responsabilidade de um grupo específico de agentes penitenciários, o Serviço de Operações Especiais – Grupamento de Serviço de Escolta (SOE-GSE). Os veículos, espécie de cofres blindados totalmente fechados, exceto por pequenos buracos e com uma ventilação interna (às vezes ligada, outras não), transportam e chacoalham os presos espremidos num calor sufocante. Os detentos chegam desidratados, encharcados de suor, semidesmaiados, mal conseguindo ficar de pé no tribunal com ar-condicionado gelado, passando um frio insuportável. Uma discrepância horrorosa na qual os juízes ostentam "imponência no falar e no vestir, os luxos e privilégios que cercam o Poder Judiciário, quando a alguns passos dali reinava a sujeira, as revistas humilhantes, as agressões físicas e morais". A parte suja do serviço, a cargo do SOE-GSE se articula à limpa, dos que decidem, mas não "veem" suas consequências, "que discutem Direito e Filosofia, mas ignoram o que acontece no subsolo dos seus gabinetes espaçosos". Dois mundos distintos que compõem o mesmo sistema – constantemente denunciado por presos e organizações – e que fazem recordar as reflexões de Baldwin sobre a justiça, sugerindo, para realmente saber acerca do seu funcionamento, perguntar aos que mais necessitam da proteção da lei, isto é, desempregados, mexicanos, porto-riquenhos, pobres, negros ou miseráveis.[303]

On State Violence and Disposability" em Jordan T. CAMP e Christina HEATHERTON. *Policing the planet: why the policing crisis led to black lives matter* (Londres, Verso, 2016, p. 17).
[303] Igor MENDES. *A pequena prisão* (São Paulo, n-1, 2017, pp. 215 e 263-266); James BALDWIN. *E pelas praças não terá nome*, pp. 104-105.

Esse percurso de uma ponta à outra ocasionalmente termina com espancamentos na volta à carceragem. Num elo com o dito antes por Fanon sobre o colonialismo, a tortura é inerente à sociedade carcerária; "parte inseparável da rotina em Bangu. A qualquer hora do dia ou da noite, mas principalmente durante o dia, quando chegavam novas turmas de presos, os espancamentos, xingamentos, humilhações e toda sorte de covardias vinham nos recordar onde estávamos". A acolhida para "amaciar a carne" (como ocorria aos escravizados ao chegarem nas fazendas) mostra as regras do espaço para os novos presos, a disciplina rígida da tortura é a "espinha dorsal", uma "lógica rigorosa" que é "metodicamente calculada" nesse complexo mais amplo que envolve os juízes e sua indiferença hostil, os políticos e os discursos de mão dura ao lado de programas de expansão prisional, burocratas administradores e a mídia que apoia "tudo isso", além das questões econômicas e raízes sociais históricas.[304]

O que é a prisão, pergunta Jackie Wang, citando em seguida a "manipulação do tempo como forma de tortura psíquica". O tempo tomado, com a infinita espera, os intermináveis limbos jurídicos, o incessante vaivém do sistema carcerário, que afeta também os familiares, mulheres sobretudo, que passam a orbitar em torno da pessoa desaparecida, insiste a poeta-pesquisadora. Pode-se compreender tal relação por meio da disputa clássica entre classe operária e patrões? Essa, por seu sobretrabalho e "pela acumulação de trabalho-saber e de tecnologia, libera um tempo de que ela mesma se apropria via recusa do trabalho e de uma existência (intensidade) liberada da prestação". Rancière propõe, nesse sentido, encarar a classe não como força de trabalho, mas "sujeito de liberação – tempo-vida, liberado do trabalho, produzindo a inversão ativa do sobretrabalho acumulado". Em sua vivência no cárcere, Igor nota como os presidiários se percebem como "mercadoria do governo" (sendo pesada e analisada), uma sutil perspectiva de sua função, já que "a administração dispõe como quiser da vida dos internos, podendo

---

[304] Igor MENDES. *A pequena prisão*, p. 137.

transferi-los a hora que bem entende; estes se sentem exatamente como uma mercadoria, barata, descartável".[305]

Tal compreensão ecoa a passagem famosa de Marx, em *Teorias sobre a mais-valia*, de que o criminoso "não só produz crimes como o direito penal e com isto, também, o professor que dá aulas sobre o direito penal, e (...) além do mais, produz toda a polícia e a justiça criminal, guardas, juízes, carrascos, jurados etc.". Hamilton Borges Walê vincula mercadorias e cadeias, desde os navios negreiros às de hoje, largos comércios visando ao lucro, e partilha um episódio macabro, de quando "o Governo da Bahia comprou vinte contêineres para privar de liberdade presos em delegacias durante o carnaval de Salvador. Contêineres e navios negreiros guardam mercadoria, na lógica racista. A cadeia é um grande negócio, e os pretos e pobres são seu fato gerador".[306]

Ruth Wilson Gilmore descreve o caso californiano desse ramo dinâmico, na modalidade de novos cárceres erguidos em terras rurais desvalorizadas, o que impulsiona a revitalização financeira da região. Angela Davis conversa com a geógrafa, ao perceber nesses mecanismos uma forte economia da prisão, rivalizando com setores prósperos como o agronegócio e a construção civil, no que Mike Davis cunhou de complexo industrial-prisional (revisitando Eisenhower falando do complexo industrial-militar). Esse envolve a construção de prédios, dispositivos eletrônicos e garantia do dia a dia da vida nesses espaços (refeições, assistência médica, produtos de higiene), além de bancos financiando e empresas explorando a mão de obra prisional. Essas abrangem setores vastos como processamento de dados, vendas por telefone, criação de porcos, fábricas de roupas, carros ou placas de circuito. Um mundo perfeito para algumas poderosas corporações (como Nestlé, HP ou AT&T), pois lá não há sindicato nem greves, tampouco direitos ou conquistas como saúde pública e seguridade

---

[305] Jackie WANG. *Capitalismo Carcerário* (São Paulo, Igra Kniga, 2022 [2018], p. 198); Jacques RANCIÈRE. *En quel temps vivons-nous? Conversation avec Eric Hazan* (Paris, La fabrique, 2017, pp. 49-50); Igor MENDES. *A pequena prisão*, p. 172n.

[306] Ernest MANDEL. *Delícias do crime: história social do romance policial* (São Paulo, Busca Vida, 1988, pp. 29-30); Hamilton BORGES WALÊ. "Quilombo Xis e asfap – Bahia" em MÃES DE MAIO. *A periferia grita: Mães de Maio e Mães do Cárcere* (2012, p. 194).

social. E ainda sem problemas de idioma. A filósofa traça um paralelo entre a escravidão no sul e essa falta de liberdade atual, na rotina dominada pelos superiores, com nenhuma autonomia sobre o básico (como moradia e alimentação), longas jornadas e remuneração pífia, inferiores aos chamados trabalhadores livres. Uma distopia empresarial, onde "novas prisões-leviatã estão sendo construídas nos milhares de hectares sinistros de fábricas do lado de dentro dos muros".[307]

A repressão como modo de produção? Tal pergunta pode ser trabalhada no sentido clássico, marxista, do controle da classe trabalhadora por conta de sua indeterminabilidade. O capital e seus agentes se dedicam, assim, a elaborar formas de disciplina para efetivar essa extração. Daí a importância da "administração científica", de Taylor até hoje, tanto para intensificar o ritmo e a produtividade quanto também reduzir o controle da classe sobre seu trabalho, desqualificando-a. Isso se aguça nas novas formas de *management* e seu fomento de doenças e sofrimento cujo propósito seria o de "fazer ceder". Um outro ângulo situa a interrogação na fonte extremamente lucrativa do controle e vigilância, encarceramento e segurança particular – e isso se conecta com as violências policiais e operações imperiais (os gastos de quase um trilhão de dólares dos vinte anos estadunidenses no Afeganistão deram conta quase que unicamente das despesas de suas tropas, alimentando esse circuito). Nessa ordem securitária, ocorre uma fabricação de ameaças, como os *"bandos criminosos"*, *"vândalos da periferia"* ou *"ultraesquerda"* por parte de mercadores-consultores, que conectam oferta e demanda desse mercado: "seu posicionamento nas esferas políticas e administrativas permite espraiar ideias suscetíveis de apoiar a oferta de securitização; seu lugar na grande mídia e nas universidades permite fabricar a demanda". Com a desobediência sempre presente, as políticas de segurança também são potencialmente inesgotáveis, num "mercado que se autoalimenta" e necessita de toda uma infraestrutura (centros

---

[307] Ruth Wilson GILMORE. *Golden gulag: prison, surplus, crisis, and opposition in globalizing* (Los Angeles, University of California Press, 2007); Angela DAVIS. *Estarão as prisões obsoletas?* (Rio de Janeiro, Difel, 2018 [2003], p. 91).

de treinamento, materiais eletrônicos de vigilância e identificação, transporte e veículos, armas). Todos caros e que exigem uso constante para se manter em condições operacionais. Nada melhor para campos de teste (e de venda de seus produtos) que "distúrbios, contracúpulas, caças antiterroristas". Como já apontava o velho barbudo, se explicitam entrelaçamentos da ideologia do controle e sistema econômico, no elo indissociável entre formas políticas e econômicas, garantindo o terror da exploração e dominação.[308]

Capitalismo racial, capitalismo carcerário. Partindo de sua experiência pessoal (seu irmão foi condenado à perpetuidade antes de completar dezoito anos na Flórida dos drásticos cortes sociais e enorme expansão das cadeias) e de suas experimentações-pensamento, Jackie Wang desmonta o mecanismo das dívidas impagáveis, perseguições preditivas e algoritmos raciais – todo um sistema vampiro que literalmente suga o sangue das pessoas (um tribunal chega a incentivar sua venda para diminuir os encargos [!]) e no qual uma multa exorbitante não paga por uma lixeira mal fechada ou a impossibilidade de arcar com o alto aluguel da tornozeleira levam à prisão nessa azeitada máquina da reclusão. Pessoas negras como fonte de recursos: uma "sobretaxa racial" usada para regular as finanças municipais e estaduais, numa governança predatória e parasitária reforçada pela crise de 2008. Não por acaso, Ferguson garante um quinto do seu orçamento com essas cobranças e multas e há uma pressão de produtividade sobre os policiais para gerar mais renda para a cidade onde em 2014 é assassinado Michael Brown, estopim de uma retomada da radicalidade do protesto negro.[309]

No dia 13 de setembro de 1971, estoura uma revolta no presídio de Attica e, apesar da negociação em curso, a polícia invade brutalmente a prisão e mata dezenas de pessoas. O que diz o governador

---

[308] Callum CANT. *Delivery Fight! A luta contra os patrões sem rosto* (São Paulo, Veneta, 2020, pp. 77-78); Sandra LUCBERT. *Personne ne sort les fusils* (Paris, Seuil, 2021, pp. 27 e 55); Christopher HELMAN e Hank TUCKER. "Guerra no Afeganistão custou US$ 300 milhões por dia aos EUA durante 20 anos" (*Forbes*, 17 de agosto de 2021); Mathieu RIGOUSTE. *Les marchands de peur*, pp. 129 e 147.
[309] Jackie WANG. *Capitalismo Carcerário*, pp. 152-153.

de Nova York, Rockefeller, ao presidente Nixon logo depois? Que a intervenção foi um "trabalho fabuloso" e que "foi mesmo uma bonita operação". É desnudada nessa atuação uma política sobre a qual também medita Pilar Calveiro, sequestrada em maio de 1977 por um comando da aeronáutica e rara sobrevivente dos campos de concentração argentinos (cujo número chegou a três centenas, com até vinte mil detidos). O golpe do ano anterior articula um discurso de resgatar a tranquilidade e prosperidade, e como em tantos casos já mencionados, uma intervenção ocorre nesses presídios (num sentido quase literal, as salas de tortura eram chamadas de salas de cirurgia). A cientista política defende que o sistema de campos de concentração não é uma aberração, pois campo e sociedade se pertencem, são inexplicáveis um sem o outro. Nem todas têm campos, mas é nesses períodos de exceção que surgem e se mostram "sem mediações nem atenuantes, os segredos e as vergonhas do poder cotidiano". Eles nos ensinam que "não há poder sem repressão", sendo esta "de fato a alma do poder. As formas que ele adota revelam sua mais profunda intimidade, uma intimidade que, precisamente por ser capaz de escancarar o poder, torná-lo óbvio, se mantém secreta, oculta, negada".[310]

O México contemporâneo, sobre o qual Rita Laura Segato pesquisa (no caso dos feminicídios em Ciudad Juárez), pode ser compreendido nesse âmbito. Não se trata, para a antropóloga, de crimes comuns, mas sim "corporativos e, mais especificamente, são crimes do Segundo Estado, do Estado paralelo". E se aproximam, ademais, de ritos de regimes totalitários, nos quais nem o assassino nem a vítimas são personalizados. Tal supressão do outro indica a posição dos dominados e "o lugar da produção e significado da última forma de controle territorial totalitário – de corpos e lugares, de corpos como parte dos lugares". Essa perspectiva remete à compreensão do estupro "como programa político preciso: esqueleto do capitalismo, é a representação

---

[310] "Betrayal at Attica: NY Violently Crushed Attica Prison Uprising Amid Negotiations, Then Covered It Up" (*Democracy Now*, matéria jornalística audiovisual, 13 de setembro de 2021); Pilar CALVEIRO. *Poder e desaparecimento: os campos de concentração na Argentina* (São Paulo, Boitempo, 2008, pp. 40-41 e 37).

crua e direta do poder". A regra do jogo, nessa sempre usada arma em todas as guerras (inclusive as civis). O também emblemático caso de Ayotzinapa, dos quarenta e três estudantes assassinados em Iguala, Guerrero, em 2014, e os feminicídios de Ciudad Juárez sintetizam esse mundo, "a foto de família do sistema num nível mundial".[311]

abolição!

A escravidão era natural e imutável. A pena de morte, igualmente. Hoje a prisão e o punitivismo estão nessa. Os defensores do encarceramento, coloca Angela Davis, sempre falaram em reabilitação do detento e os debates sobre a reforma dos cárceres são tão antigos quanto o próprio presídio. Uma comissão nacional, nos EUA, em 1973, já recomenda a suspensão de qualquer instituição nova para adultos e fechamento das existentes para jovens, devido a seu explícito fracasso (e na sequência do massacre de Attica). Essa situação só piorou desde então e hoje parece só haver punição, reforçada pelos cortes nos programas educacionais nas cadeias ou pelas solitárias, que ao serem inventadas no século XIX logo foram abandonadas pela desumanidade, mas voltam a partir dos 1970. Apesar da vitória abolicionista contra a escravidão, a supremacia branca permaneceu como uma instituição extremamente influente (por exemplo, nos linchamentos, segregação e desigualdades extremas). Em certos estados dos EUA, uma vez cometido algum crime, ocorre a perda permanente de determinados direitos, como o de votar (sempre questionado e tolhido, mesmo depois da libertação, com entraves ao registro, testes de alfabetização, impossibilidade de pagar o censo ou agora por ganhar o carimbo de delinquente, num número que chegaria hoje a quase seis milhões só para os afro-americanos, e que pode definir eleições se pensarmos nas disputas apertadas das últimas campanhas).[312]

---

311 Rita Laura SEGATO. *La guerra contra las mujeres* (Madri, Traficantes de Sueños, 2016, pp. 51-52); Virginie DESPENTES. *Teoria King Kong* (São Paulo, n-1, 2016 [2006], p. 42); Subcomandante Insurgente GALEANO. *Contra a hidra capitalista* (São Paulo, n-1, 2021, pp. 50 e 71).
312 Angela DAVIS. *Estarão as prisões obsoletas?*, p. 61; Michelle ALEXANDER. *A nova segregação*, p. 35; Keeanga-YAMAHTTA TAYLOR. *#vidasnegrasimportam e libertação negra*, p. 53.

Um brutal controle dos pobres e dissidentes: "nos dias de hoje, e mais especialmente no Brasil, o sistema penal (que vai da mídia aos tribunais, passando pela polícia) (...) extravasa sua metodologia de aniquilação ancorada nas violências históricas". Dialogando com tal diagnóstico, Didier Fassin, a partir de suas pesquisas de campo no maior distrito policial francês situado na periferia parisiense, defende que o dia a dia dos oficiais que lá patrulham é de pouca atividade. No contrapé de séries, filmes e representações, o tédio predomina, com longas horas de papo sobre as últimas notícias, polêmicas sobre migração, os novos uniformes ou a família. Recebem poucas chamadas (e quando ocorrem, dizem respeito a pequenos acontecimentos corriqueiros), e se dedicam a rondas, controles de documento e revistas de pessoas em lugares públicos, os alvos sendo escolhidos em geral com base na aparência. A principal função da polícia nesses espaços, conclui o antropólogo, "não é a redução da criminalidade, mas a demonstração de força. Não é manter a ordem pública, mas impor uma ordem social, em que todos têm um lugar". Proteger e reproduzir os mecanismos de desigualdades, o que se liga à ocupação colonial-policial-militar em tantos cantos do planeta, como no caso de um dos torturadores de Abu Ghraib ter sido antes guarda prisional na Pensilvânia (no presídio mencionado anteriormente, das trocas entre Abu Jamal e Rediker). *Palestina por toda parte*.[313]

Tudo está virando prisão e polícia? Uma "cidadania policial, uma polícia da vida, uma vida policiada". No caso estadunidense, a polícia vai assumindo novas funções, com o corte dos serviços públicos, e de uma maneira geral "qualquer coisa e tudo que tem a ver com a vida cotidiana da maioria das pessoas pobres e negras", inclusive atendimento de questões relacionadas a emergências de saúde mental. Nesse contexto, lamentava Patrisse Cullors, uma das articuladoras do #BlackLivesMatter, essa onipresença e que "em vez de

---

[313] Vera Malaguti BATISTA. "Um grande livro sobre a pequena prisão" em Igor MENDES. *A pequena prisão* (São Paulo, n-1, 2017, p. 24); "La policía como objeto de estudio: entrevista con Didier Fassin" (por Mariana Lorenz, *Nueva Sociedad*, n. 268, março/abril de 2017, pp. 26, 29 e 23).

um movimento de massa dizendo 'Não, não queremos eles'", esse está dizendo "Como reformamos? Como torná-los responsáveis? A conversa deveria ser: por que vocês ainda estão aqui?". É justamente isso que vai se abrir e deslocar com a segunda onda do Vidas Negras Importam em 2020. *A rebelião cria.* Uma virada se produz com o maior protesto da história estadunidense após o assassinato de George Floyd, e irrompem no debate as noções de desfinanciar e mesmo de abolir a polícia. Não por acaso, Trump vai dizer que seu maior arrependimento foi de não ter enviado o exército contra essas manifestações (queria, mas acabou dissuadido por conselheiros) e mais de trinta estados aprovam leis antimotins na sequência desse estouro. Daí a contundente atualidade da "democracia da abolição", proposta por Du Bois no contexto da Reconstrução estadunidense e retomada/transformada contemporaneamente por Angela Davis.[314]

Esse chamado abolicionista se experimenta em "zonas liberadas", como nas comunidades zapatistas que vivem sem polícia, com regras locais e coletivas, na ZAD no oeste francês, onde se criou o "ciclo dos doze", grupo de mediação cuja composição é sorteada e rotativa, ou, também, quando esses princípios operam em variadas coletividades para lidar de forma não punitiva com seus conflitos internos. Isso é particularmente inspirador em Rojava (Curdistão), onde ocorre uma "redistribuição antimilitarista dos meios de violência e justiça", a partir da retomada de território no norte sírio, em julho de 2012, no bojo da contaminação das derrubadas dos ditadores na Tunísia e Egito. A Constituição de Rojava, de início de 2014, redefine o papel de juízes, advogados e procuradores e cria casas do povo e das mulheres para resolução de contendas. Em vez de julgamentos, "conversa, argumentação e negociação, em comitês de paz e consenso" (eleitos e com paridade

---

[314] Acácio AUGUSTO. "Abolição penal" (*Piseagrama*, n. 11, 2017); Christina HEATHERTON. #blacklivesmatter and global visions of abolition: an interview with Patrisse Cullors" em Jordan T. CAMP e Christina HEATHERTON. *Policing the planet: why the policing crisis led to black lives matter* (Londres, Verso, 2016, p. 36); "'I alone can fix It': book details Trump's last year & the military's fear He would stage a coup" (*Democracy Now*, materia jornalística audiovisual, 3 de agosto de 2021); Angela DAVIS. *A democracia da abolição: para além do Império, das prisões e da tortura* (Rio de Janeiro, Difel, 2020 [2005], pp. 60, 89 e 70).

de gênero, inspirados nos antigos conselhos de anciões, antes clandestinos), tomando decisões envolvendo a comunidade e somente os casos mais graves sendo remetidos ao tribunal (sendo que a pena de morte não mais existe). *Abolição!* Tal grito que atravessa séculos é de uma atualidade urgente no Brasil, espécie de ponta de lança das violências judiciais-penais-policiais, em que um terço dos presos não foram julgados, onde a tortura é prática cotidiana, que elimina constantemente seus povos, encarcera por roubos de comida e assassina militantes.[315]

dissidências

apito

Norberto Bobbio, impactado pelos acontecimentos italianos dos anos 1970 e seus desdobramentos, compreende o Estado como dual; por um lado, normativo e submetido ao império da lei, e, por outro, livre para operar fora do princípio de legalidade. Qualquer forma de Estado conserva ambos os traços, a diferença sendo, para o filósofo político, o fato de no governo autocrático o segundo ser exaltado e no republicano estar presente como poder oculto. Uma tensão permanente se exerce, já que a democracia é corroída, profundamente, em seus órgãos vitais – "a opacidade do poder é [sua] negação". Escrito nos anos 1980, influenciado pela estratégia da tensão que exacerbava exatamente esse efeito, tal zona de sombra e invisibilidade se reforçou, de uma maneira geral desde então, num "momento punitivo". Em antigo debate, uns continuam clamando pela razão de Estado (e seus segredos), seja alegando não querer revelar aos inimigos suas movimentações, seja denotando a velha desconfiança na capacidade da população de compreender e agir a partir das sutilezas

---

[315] COLLECTIF MAUVAISE TROUPE. *Contrées: histoires croisées de la zad de Notre-Dame-des-Landes et de la lutte No TAV dans le Val Susa* (L'éclat, 2016, p. 290); PASTORAL CARCERÁRIA. *A tortura em tempos de encarceramento em massa* (São Paulo, 2018); Nazan ÜSTÜNDAĞ. "Autodefesa como prática revolucionária em Rojava, ou como desfazer o Estado" e Ercan AYBOĞA. "Consenso é a chave: o novo sistema de justiça de rojava" em COMITÊ DE SOLIDARIEDADE À RESISTÊNCIA POPULAR CURDA. *Şoreşa Rojavayê: Revolução, uma palavra feminina* (São Paulo, Terra Livre, 2016, pp. 129, 143-144 e 153).

da política de poder. Espinosa toma outra posição, argumentando ser "preferível os planos honestos do Estado serem conhecidos dos inimigos a estarem escondidos dos cidadãos os perversos segredos dos tiranos". Ainda que a ocultação possa ter sua utilidade, indica "insensatez querer evitar um pequeno dano com o maior dos males", já que é "essa a cantiga daqueles que cobiçam para si o Estado absoluto: (...) quanto mais se ocultam sob a máscara da utilidade, mais funesta é a escravidão a que arrastam".[316]

O *lugar de fala* do Estado, o único com voz legítima. Por isso, tampouco gosta que o investiguem, daí a importância das pesquisas alternativas e investigações militantes (comissões da verdade, tribunais populares ou simplesmente movimentos), que partem da desconfiança das versões apresentadas, na tradição de pesquisa-luta abordada em *no princípio*.... Tal ímpeto é particularmente recorrente nos processos de violências ligadas ao racismo; "uma verdade oficial se opõe à verdade das vítimas". No Mississippi, a NAACP de Medgar Evers, ao deixar a estrita não violência e se aproximar de uma atitude de autodefesa, passa a se dedicar a "investigar e publicar crimes racistas", assim como o BPP logo no seu início pesquisa a respeito da morte pela polícia do adolescente Denzil Dowell, testemunhada por várias pessoas, mas negada pelos agentes, e também protege os atos de familiares e aliados em protesto. É o que fazem também as *madres* e *abuelas* argentinas, que descobrem ainda hoje pessoas sequestradas quando crianças ou os muitos grupos de mães no Brasil que promovem suas buscas autônomas.[317]

No momento em que o Wikileaks era lançado, Julian Assange publica um curto ensaio no qual situa o caráter decisivo da informação na cadeia de comando de todos os tipos de organizações. Ao

---

[316] Norberto BOBBIO. *Democracia e segredo* (São Paulo, Editora Unesp, 2015); Didier FASSIN. *Punir: uma paixão contemporânea* (Belo Horizonte, Âyiné, 2021 [2017], p. 20); Baruch de ESPINOSA. *Tratado político*, pp. 81-82;

[317] Raphael BOURGOIS. "Eyal Weizman: 'Il n'y a pas de science sans activisme'" (*AOC*, 6 de março de 2021); Manning MARABLE. *Malcolm X*, p. 179; Philip S. FONER. "Preface" em Philip S. FONER (org.). *The Black Panthers Speak* (Chicago, Haymarket, 2014 [1970], p. xxix).

evitar os registros escritos, as instruções correm o risco de se perder, sobretudo em estruturas maiores: as decisões devem percorrer as hierarquias dessas redes de informações. Toda organização, de acordo com o jornalista-hacker, tende ao abuso de poder na procura de reforçá-lo ou mantê-lo. Para isso, dissimular seus planos de dominação é chave. Enquanto organizações sem poder devem agir em segredo, as poderosas o fazem para que não saibam seus desígnios, pois sofreriam forte rechaço caso divulgados e vindo a público, colocando-os, possivelmente, em xeque. Assange se coloca num movimento de desfazer tais conspirações e defende a criptografia como arma dos fracos para democratizar as informações e o uso do anonimato para revelar os planos nefastos. *Privacidade para os fracos, transparência para os poderosos*. Na linhagem clássica da dissidência, Chelsea Manning e o Wikileaks revelam o chocante vídeo *Morte colateral*, com que soldados estadunidenses matando, aos risos, civis não armados no Iraque. A força repressiva contra os dois é enorme. A primeira, acusada de espionagem, é detida por mais de mil dias em horríveis circunstâncias, antes de ser libertada. Wikileaks se torna inimigo do Estado nos EUA e Assange é objeto de uma implacável caça ainda em curso, sendo torturado por revelar crimes de guerra.[318]

Um jovem talentoso, sem diploma universitário, de família de servidores públicos (da guarda costeira) e precoce em programação e aventuras pela internet se alista após o Onze de Setembro e acaba se tornando espião da Agência Central de Inteligência (CIA) e de Segurança Nacional (NSA), sendo funcionário terceirizado como na maioria dos empregos em engenharia e administração de sistemas nessa área. O então agente percebe o monstro que contribuiu a criar e muda de lado, do governo para o público, quando antes identificava ambos. No decorrer de sua trajetória por aquelas agências, toma contato com "políticas secretas, leis secretas, tribunais secretos e guerras secretas". Debilitado e em licença médica em casa pelos dilemas que vivia, é afetado pelos levantes no mundo árabe,

---

318 Julian ASSANGE. "Conspiracy as Governance" (*me@iq.org*, 3 de dezembro de 2006); Julian ASSANGE. *Cypherpunks* (São Paulo, Boitempo, 2013 [2012], p. 143).

com os quais comunidades hackers foram solidárias. Se o Wikileaks havia divulgado mensagens diplomáticas que escancaravam a corrupção dos governantes tunisianos, outros grupos tentam oferecer alternativas quando a ditadura egípcia corta a internet. Interpelado por esse acontecimento, Snowden se prepara e dá o passo, expondo as entranhas e mentiras do poder estadunidense.[319]

Essa perspectiva se conecta à expressão inventada pelos quacres nos anos 1950. *Speak truth to power*. Essa atitude é reivindicada pelo então candidato ao Parlamento grego, Yanis Varoufakis, que em texto de campanha traça "a estratégia de falar a Verdade a quem detém o poder; (...) aos nossos parceiros; (...) aos cidadãos da Europa" e a respeito dos indicadores econômicos do país e da inviabilidade de manter a rota falida. O economista cumpre a promessa e, após a tentativa frustrada diante do Ministério das Finanças (pela pressão da *troika* e desistência do seu governo), revela os bastidores dessas negociações. Partilha, assim, as dinâmicas das reuniões do Eurogrupo, que não tem nem estatuto jurídico, mas toma decisões fundamentais e sobre as quais pouco se sabe. Descreve diversos episódios, entre eles o enquadro do ministro das Finanças francês realizado pelo seu correlato alemão por não ser admissível que eleições provoquem mudanças na política econômica ou a descoberta de que quase todos os presentes naquelas reuniões tinham algum vínculo com a Goldman Sachs, um pivô da crise de 2008...[320]

Whistleblower, traduzido às vezes como denunciante, vem das embarcações marítimas nas quais o apito (*whistle*) era usado para sinalizar emergências, sendo assoprado cinco vezes para um alerta. Inspira o termo *lanceur d'alerte* em francês, utilizado em Portugal também como lançador de alerta. Outro termo empregado é o de objetores de consciência, para nomear esse rol de personagens que antagonizam tiranias (democráticas e não democráticas), que pululam, desde os vários escândalos financeiros (Luxleaks, Panama Papers e outros) a

---

[319] Edward SNOWDEN. *Eterna vigilância* (São Paulo, Planeta, 2019, pp. 103 e 72).
[320] Yanis VAROUFAKIS. *Adultos na sala: minha batalha contra o establishment* (São Paulo, Autonomia Literária, 2019 [2017], pp. 137, 318, 324 e 328).

Daniel Hale soltando documentos classificados sobre os assassinos drones estadunidenses, passando por antigos executivos do Facebook expondo sua afinidade com a desinformação e promiscuidade com a extrema direita global ou ainda o chamado "hacker de Araraquara" (Walter Delgatti Neto) desvelando antiéticas e ilegais atuações de juízes e procuradores da Operação Lava Jato. Daniel Ellsberg é um precursor. Antigo *marine*, o analista e conselheiro militar participa da redação de um longo documento sobre a situação no Vietnã, guardado no cofre da Rand. Passa, após uma transformação, noites copiando clandestinamente as sete mil páginas indicando como o governo interveio desde os anos 1950. Mostra como organizou operações nos vizinhos Laos e Camboja e diz que Nixon cogitou seriamente usar a bomba nuclear nesse conflito. Quando o *New York Times* publica trechos dos *Pentagon Papers* é logo proibido de continuar. Ellsberg, por sua vez, será descoberto e perseguido por traição. Em outro episódio marcante desse período, em março de 1971, oito ativistas entram num escritório do FBI e roubam material de lá. Passamos a saber que Hoover estava espionando inúmeros cidadãos e organizações no âmbito do Cointelpro, provocando sua desativação.

Falha no sistema. A coragem dessas pessoas expressa um revés dos poderosos. Abrem mão do que tem e, armados de suas convicções éticas e documentos confidenciais, se colocam na linha de frente e na mira desses. Num contraponto aos que buscam azeitar as engrenagens, desvelam os absurdos ocultados. Não seria essa uma possível chave dos protestos (como *whistleblower*)? Expor o que tentam enterrar. Vemos isso hoje nos gritos por vidas negras, indígenas, refugiadas, trans e mulheres. O que nos dizem? Sobreviver e tecer. #NiUnaMenos. *Vivas nos queremos.*

sobreviver

"Sou, creio eu, um sobrevivente", diz e reitera de múltiplas formas ao longo de ensaios, romances e intervenções, James Baldwin. O *Manifesto Queer Nation* insiste sobre o perigo que correm as dissonantes e "que todo dia que você acorda, viva, relativamente feliz e saudável, você está praticando um ato de rebelião. Você, uma *queer* viva e em bom estado de saúde, é uma revolucionária". Tal percepção ecoa a já clássica elaboração de Conceição Evaristo; "eles combinaram de nos matar, mas a gente combinamos de não morrer". Escapar da repressão generalizada.[321]

"Não consigo respirar", repete uma dezena de vezes Eric Graner (como George Floyd, anos depois), mas isso não impede os oficiais da polícia nova-iorquina de prosseguir até matá-lo em julho de 2014. No mês seguinte, foi a vez de Michael Brown em Ferguson, levando doze tiros em dois minutos. E tantos outros, que expressam, como vimos, um onipresente viés racial e uma polícia à moda militar, em cenas de guerra da contrainsurgência na matriz, reforçados pelo fato de, desde o governo Clinton, o Pentágono ser autorizado a doar equipamentos para as forças locais. São assassinatos de pessoas em situações do dia a dia, andando pela rua ou brincando, saindo de uma festa ou do trabalho, dando um passeio ou uma corrida, seja nos EUA, seja com Adama Traoré na periferia parisiense ou nos casos diários no Brasil, que atingem inclusive as crianças. E, além da eliminação de sua população, uma brutalidade sinistra, largando um corpo sem vida na rua por horas. Quando moradores erguem um memorial para Michael Brown, um cão policial mija sobre a homenagem. Sua mãe coloca rosas e um carro da corporação passa desmanchando: o levante começa em Ferguson, se mantém mobilizado no país por quase um ano e sacode tudo. Nesses sinistros episódios se repete um abismo existencial desse racismo, que Lélia Gonzalez interpreta como "a sintomática que caracteriza a neurose cultural brasileira" e que Jackie Wang trabalha no contexto estadunidense como "violência gratuita", numa dimensão psicológica que vai além das questões econômicas, de lucro e da racionalidade capitalista para tentar dar conta desses mecanismos sinistros de encarceramento, tortura, matança.[322]

---

[321] James BALDWIN. "Prefácio à edição de 1984" em *Notas de um filho nativo* (São Paulo, Companhia das Letras, 2020 [1955], p. 26); MANIFESTO QUEER NATION (*Cadernos de leitura*, n. 53, Belo Horizonte, Chão da Feira, 2016 [1990]); Conceição Evaristo. *Olhos D'água* (Rio de Janeiro, Pallas, 2016 , p. 61).

[322] Bernard HARCOURT. *A contrarrevolução* (São Paulo, Glac, 2021. Edição utilizada, Nova Iorque, Basic Books, 2018, pp. 143-144 e 27); Keeanga-YAMAHTTA TAYLOR.

Apesar da chamada, por que vidas negras não importam e suas mortes não geram uma crise, pergunta contundentemente Denise Ferreira da Silva, meditando sobre a "indiferença ética com que a violência racial é recebida". A racialidade opera em toda parte, numa miríade de territórios urbanos, nas guerras aparentemente infinitas no Congo, Sudão, Iêmen, Haiti, Palestina, Síria e Somália, dentre tantas, e no mar Mediterrâneo, tornado cemitério. É, como colocado antes, ativamente produzida uma "violência que, além de facilitar a expropriação de terras, recursos e mão de obra, também transforma esses espaços em mercados para a venda de armas e inúmeros serviços e bens fornecidos pela indústria da segurança". Nos casos citados de brutalidade policial, um mecanismo judiciário define não serem crimes. É posta em operação a negridade, justificando a violência total empregada em situações ditas de perigo, quando as forças da ordem se depararam com um corpo e/ou um território negros. Tais "ferramentas do conhecimento racial" ocultam os procedimentos coloniais e suas consequências socioeconômicas de subalternidade. Esses episódios não indicam unicamente preconceito racial e discriminação, pois essa inferioridade é efetiva e materialmente constituída. No pós-abolição, os libertos não podem gozar os frutos do seu trabalho e dos seus antepassados de décadas e séculos e se sucedem formas de despossessão e extração, num tipo de "acumulação de expropriação", ocultada pela articulação de um falacioso discurso de "defeito moral e intelectual inerente", perdurando até o presente.

Num debate com certas leituras marxistas, a filósofa insiste que a acumulação primitiva não se atém a um momento, mas se realiza num *continuum*. Estranha, desse modo, a não consideração da "expropriação total" como integrante "da acumulação (reprodução) do capital propriamente dita". Propõe, nesse sentido, "uma figuração fractal da tríade formada pelo colonial, racial e capital", dinamitando o que tinha

---

#vidasnegrasimportam e libertação negra, pp. 238, 27 e 368; Lélia GONZALEZ. "Racismo e sexismo na cultura brasileira" (1983) em *Primavera para as rosas negras: Lélia Gonzalez em primeira pessoa...* (Diáspora Africana, União dos Coletivos Pan-Africanistas, 2018, p. 190); Jackie WANG, *Capitalismo carcerário*, pp. 90-95.

sido colocado como anterioridade e exterioridade em relação ao capital, que se alimenta fartamente de terras indígenas e trabalho escravo. Denise convoca um tempo implicado, já que tais processos seguem ocorrendo – basta olhar as ruas e instituições nesse nosso mundo do evento racial. Conecta, assim, uma rebelião em navio negreiro em 1770 e as *riots* de 1981 ou 2011 em Liverpool, na violência racial total como condição incontornável para o capital. Em tais ocorrências, os brancos (policiais na cidade, oficiais no mar) teriam sua vida ameaçada, mas quem a perde são os negros, com o mesmo direito de matar em funcionamento. Apesar da distância, encontram-se na proteção à propriedade e na relação jurídico-econômica do estado-capital.[323]

Os vínculos entre capitalismo e escravidão apontam que o açúcar brasileiro e caribenho, o algodão estadunidense, a prata e o ouro sul-americanos ativaram a economia europeia, sendo base do seu arranque industrial. A perspectiva dos embarcados indica, também, as origens da logística moderna nos navios negreiros (por ser o primeiro grande movimento de mercadoria) e situa a *Blackness* [negritude] como convergência do "nada absoluto" com o "mundo das coisas". Eis o que Cedric Robinson cunha de "capitalismo racial" e que aparece, para Baldwin, no branco como "metáfora do poder". Pouco antes de ser assassinado em operação especial policial, Fred Hampton propõe rever o programa de dez pontos dos Panteras Negras, substituindo branco por capitalista. E, provavelmente pensando nesses cruzamentos desde as lutas de libertação no continente africano, Fanon diz, em seu testamento político, que "nas colônias, a infraestrutura econômica é igualmente uma superestrutura. A causa é consequência: se é rico porque é branco, se é branco porque é rico. É por isso que as análises marxistas devem ser sempre ligeiramente distendidas cada vez que abordamos a questão colonial".[324]

---

[323] Denise Ferreira da SILVA. *A dívida impagável* (São Paulo, Oficina de Imaginação Política e Living Commons, 2019, pp. 127, 132, 35, 179, 34, 94-95, 178, 161, 155); Denise Ferreira da SILVA. "O evento racial ou aquilo que acontece sem o tempo" (2016) em Adriano PEDROSA e outros (orgs.). *Histórias afro-atlânticas* (v. 2, Antologia. São Paulo, Masp, 2018).

[324] Eric WILLIAMS. *Capitalismo e escravidão* (São Paulo, Companhia das Letras, 2012 [1944], p. 32); Stefano HARNEY e Fred MOTEN. *The undercommons: fugitive planning & black dtudy* (Nova Iorque, Minor Compositions, 2013); Cedric ROBINSON. *Black*

Esse debate ganha outros contornos, hoje, nos EUA, na medida em que a "transformação mais significativa na vida dos negros estadunidenses nos últimos cinquenta anos foi o surgimento de uma elite negra, amparada pela classe política negra", tendo apoiado as políticas privatistas e securitárias. As disparidades de renda e riqueza entre os negros é ainda mais acentuada que a existente entre os brancos e se reforçam com a crise de 2008, que atingiu as famílias negras mais pobres em cheio. Keeanga-Yamahtta Taylor salienta um ineditismo no assassinato de Freddie Gray, já que em Baltimore o poder político (prefeitura, maioria e Presidência da Câmara, comissária e metade dos policiais envolvidos) é exercido por pessoas negras. Participar do establishment local, localizado a quarenta quilômetros da capital, não significou proteção; ao contrário, a prefeita Rawlings-Blake e depois o presidente Obama vão criticar duramente os protestos usando as palavras habituais do poder, ou seja, qualificando-os de criminosos e marginais. Sintetiza, assim, a *organizer* [militante] e professora o que expressa tal episódio: "quando uma prefeita negra, que governa uma cidade onde a maioria da população é negra, recebe ajuda de uma unidade militar liderada por uma mulher negra para reprimir uma rebelião negra, estamos em um novo período da luta pela libertação negra". É interessante notar, também, que em Ferguson ocorre uma destituição de duas lideranças nacionais da geração anterior – os reverendos Jessie Jackson e Al Sharpton. O primeiro chega a ser expulso após pedir doação para a sua igreja e o segundo é fortemente criticado ao recomendar calma (e voto) aos sublevados.[325]

Apesar de distintas situações e momentos, esses dilemas estadunidenses nos interpelam aqui. Trabalhando e refletindo em ambos os países, Denise Ferreira da Silva insiste que a negridade, mobilizada

---

marxism: the making of the black radical tradition (The University of North Carolina Press, 2000 [1983]); James BALDWIN e Raoul PECK. *I am not your negro: a major motion picture directed by Raoul Peck* (Nova Iorque, Vintage Books, 2017); Fred HAMPTON. "The Movement" (janeiro de 1970) em Philip S. FONER (org.). *The Black Panthers Speak* (Chicago, Haymarket, 2014 [1970], p. 14); Frantz FANON. *Os condenados da terra,* p. 43.
[325] Keeanga-Yamahtta TAYLOR. *#vidasnegrasimportam e libertação negra,* pp. 51, 35-36, 72, 159-161 e 165; Alicia GARZA. *O propósito do poder: vidas negras e movimentos sociais no século XXI* (Rio de Janeiro, Zahar, 2021 [2020], pp. 167-169).

nas situações citadas, como vimos, oculta a presença, atravessando tempos, da violência total (e autorizada pela lei) que efetiva a expropriação, mas encarna, também, uma "força interruptiva" dos limites éticos da justiça. A "luz negra (a radiação ultravioleta)" provoca e faz "reluzir o que deve permanecer ofuscado para manter intacta a fantasia da liberdade e igualdade". A partir da "carne ferida", a justiça passa a significar uma reparação dos elos e reconstrução, "através da restauração do valor total sem o qual o capital não teria prosperado e do qual ainda se sustenta". Essa criação de novas formas e relações envolve, igualmente, "outra descrição da subjugação racial, pois a que possuímos hoje não é capaz de compreender a demanda pela descolonização, isto é, necessitamos um des-conhecer e des-fazer". *Poética Negra Feminista*.[326]

Os entrelaçamentos entre realidade material e complexo de inferioridade (que é interiorizado por todos os povos colonizados) são alvos de Fanon, atribuindo à primeira (opressão militar e econômica) a primazia, produzindo o segundo. O psiquiatra levanta, nesse contexto, um ponto decisivo. Enquanto o colonizador se justifica cientificamente, "um povo que empreende uma luta de libertação raramente legitima o racismo", nem "mesmo nos períodos mais agudos da luta armada insurrecional". No revés da conquista, as perspectivas emancipatórias são radicalmente novas e outras. E é o que deseja Baldwin, para os negros dos EUA: alcançar coletivamente a liberdade sem perder dignidade, saúde e alma. Isso significa, para o escritor, não seguir o caminho branco, pois leva a um "deserto espiritual" por conta de uma singela evidência; "quem degrada outrem, degrada a si mesmo", cujo exemplo "pode ser verificado pelos olhos de qualquer xerife do Alabama".[327]

Tais sendas existenciais foram percorridas em São Domingos, joia da Coroa francesa no Caribe (chegando a dois terços do seu comércio exterior e ao maior mercado individual de tráfico negreiro

---

[326] Denise Ferreira da SILVA. *A dívida impagável*, pp. 137, 122, 96 e 97.
[327] Frantz FANON. *Peau noire, masques blancs* (Paris, Seuil, 1952, pp. 8 e 14); Frantz FANON. "Racisme et culture" (1956) em *Pour la révolution africaine: écrits politiques* (Paris, La Découverte, 2006 [1964], pp. 46, 48 e 52); James BALDWIN. "Down at the Cross: Letter from a Region in My Mind" (1962) em *The Fire Next Time* (Londres, Michael Joseph, 1963, p. 91).

para as modernas e prósperas plantações). Uma sublevação escrava irrompe em 1791 e, numa longa luta de mais de uma década, derrota os colonos locais e os soldados do Império francês. Como colocado por Césaire, não há Revolução Francesa nas colônias. Uma diferença ontológica? Após a vitória escrava, é promulgada a nova Constituição e, numa reviravolta contracolonial, o país passa a se denominar Ayiti/Haiti (palavra do povo Taino) e é abolida para sempre, logo no primeiro artigo, a escravidão, enquanto o décimo-primeiro determina que toda pessoa deve exercer um ofício (ou seja, sem parasitas no território liberto). Frente a um poder colonial que conseguiu classificar mais de uma centena de tonalidades e frações de cor, a resposta revolucionária extingue as distinções cromáticas – "os haitianos serão agora conhecidos somente pela denominação genérica de negros", incluindo alemães e poloneses das forças enviadas por Napoleão, mas que se recusaram a reprimir e desertaram. Baldwin conflui, ao colocar que "do ponto de vista humano, a cor não existe, somente como realidade política. O Ocidente pena em compreender isso", o que fica escancarado nesse marco haitiano da falência do universal. Não precisamos dessa uniformidade e sim de relação, sugere Chamoiseau, numa imaginação que "mobilize ao mesmo tempo o infinito detalhe das humanidades e sua indecidível unidade, mas isso de modo indissociável e sempre em 'devir'". Um internacionalismo na forma de um "vento comum" vai circular por rotas subversivas e inspirar escravizados das Américas (Barbados, Jamaica, Brasil e toda parte) e despertar o medo dos senhores, pois seu fantasma rondava todas as sociedades escravistas (haitianismo, seja no Recife da Confederação do Equador ou no Rio de tropas com retrato de Dessalines no peito). Como fez a rebelião vitoriosa haitiana, "o preço da libertação dos brancos é a libertação dos negros". O poder separa e "nós tecemos e tramamos"?[328]

[328] C.L.R. JAMES. *Os jacobinos negros: Toussaint L'Ouverture e a revolução de São Domingos* (São Paulo, Boitempo, 2000 [1938]); Aimé CÉSAIRE. *Toussaint-Louverture, la Révolution française et le problème colonial* (Paris, Présence africaine, 1961, p. 24); Eduardo GRÜNER. *La oscuridad y las luces: capitalismo, cultura y revolución* (Buenos Aires, Edhasa, 2010, p. 398); Haïti, *Constitution du 20 mai 1805*; James

tecer

"Somos produto de 500 anos de luta" abre a primeira declaração da Selva Lacandona. Na década anterior à irrupção, de preparação mais imediata, o Exército Zapatista (EZLN) logrou articular três âmbitos: um grupo político-militar mestiço e urbano, a experiência militante organizativa indígena bem atuante na região e os laços profundos das comunidades. Quando as lideranças dos quatro principais povos se tornam os comandantes de uma guerra indígena, enfatizam demandas nacionais (democracia, liberdade e justiça), incluindo todos os mexicanos. Logo é convocado o Primeiro Encontro Intercontinental pela Humanidade e contra o Neoliberalismo, no qual "milhares de pequenos mundos dos cinco continentes ensaiam um início aqui, nas montanhas do sudoeste mexicano. O princípio da construção de um mundo novo e bom, quer dizer, um mundo onde caibam todos os mundos". Poucos anos depois, na partida da Marcha da Dignidade Indígena em direção à capital, reiteram que esta "não é somente nossa, mas de todos que são da cor da terra", o que no Equador se expressa no lema *nada solo para los índios* [nada somente para os índios] nas mobilizações das últimas décadas puxadas pela Conaie.[329]

Esses elementos são fundantes do atual ciclo de lutas, dessas explosões nas ruas e matas onde se produzem encontros e alianças. É, sem dúvida, uma das forças de um organismo como a ZAD, na qual militantes radicais passam a plantar ao se juntar aos velhos camponeses do pedaço, que, por sua vez, entram na defesa física do

BALDWIN. "Down at the cross: letter from a region in my mind" (1962) em *The Fire Next Time*, pp. 100-101; "Patrick Chamoiseau: 'on n'a pas besoin d'universel, on a besoin de relation par Elvan Zabunyan" (*AOC*, 27 de março de 2021); Marco MOREL. *A revolução do Haiti e o Brasil escravista: o que não deve ser dito* (Jundiaí, Paco, 2017, pp. 118, 200 e 224); James BALDWIN. "Down at the cross", em *The Fire Next Time*, p. 104; Heinrich HEINE. "Os tecelões da Silésia" (1844) em André VALLIAS (org.). *Heine, hein? Poeta dos contrários* (São Paulo, Perspectiva, 2011, p. 289).

[329] COMANDO GERAL DO EZLN. *Primeira Declaração da Selva Lacandona* (1º de janeiro de 1994); Sous-commandant MARCOS e Yvon LE BOT. *Le rêve zapatiste* (Paris, Seuil, 1997, pp. 111, 118, 163 e 168); COMANDANCIA GENERAL DEL EZLN. *Palabras en el Acto de Inicio del Primer Encuentro Intercontinental por la Humanidad y contra el Neoliberalismo* (27 de julho de 1996, Palabras del EZLN).

território liberto quando o Estado envia tanques e batalhões para sua expulsão. Habitantes da ZAD falam de distintos componentes, formando um guarda-chuva comum, com certa autonomia para cada um desses diferentes polos, lógicas, práticas e aspirações. Seu movimento é o resultado dessas idas e vindas, confrontos e transformações, mediações e traduções, que vai para além de uma soma dessas sensibilidades. Expressa uma inteligência política para compor entre quem se engaja para combater o capital, defender terras agrícolas, bosques, paisagens ou o clima do planeta. Manter junto as diferenças é, assim, uma questão mais de "tato que tática, de paixão que tristes necessidades, de abrir um campo que medir o terreno", em encontros caóticos, mas que se inscrevem no tempo.

São levantes marcados por composições heterogêneas, como o No TAV, reunindo barbeiros, peixeiros, médicos e livreiros, velhos e jovens, conjuntos meio improváveis de "formas de vida e presenças (entre avós católicos e anarquistas, insurrecionalistas ou não, entre recursos jurídicos e bloqueios de estradas, atos massivos e ações de sabotagens noturnas)". Uma dinâmica no vale de Susa, no norte italiano, que resiste à repressão, ofensivas midiáticas e brigas internas. O não ao projeto dessa nova linha de trem tem uma "positividade" nas comidas coletivas e defesa do vale como vida coletiva, além de história e língua comuns, na qual figura com destaque a resposta-lema *siamo tutti black bloc* [somos todos black bloc, inspirada no *siamo tutti antifascisti*] para rechaçar a clássica enunciação do poder de dividir entre "manifestantes pacíficos" e "elementos violentos vindos de fora". Se todos no vale não praticam a tática, esta foi parte do movimento e a frase significa somos todos No TAV de distintos modos e numa mesma articulação. E indica um tipo de "revanche histórica" a respeito da dissociação que operou em Gênova na terrível repressão de 2001 citada antes.[330]

As possibilidades e riquezas de conectar uma abundância de forças diferentes; curiosamente, o que tanto Nego Bispo quanto o 15M espanhol chamam de confluência. Presente na longa linhagem

[330] COLLECTIF MAUVAISE TROUPE. *Contrées,* pp. 93 e 153-155) ASARADURA. *Notes de voyage contre le TAV: été 2011-printemps 2015*, pp. 11-12.

das revoltas brasileiras pela terra-vida (Canudos e Palmares, como vimos, mas também Cabanagem, Balaiada, Contestado e tantas), sempre um território-multiplicidade contra os proprietários-latifundiários. A composição como faceta decisiva, em alianças promíscuas, não identitárias e plurais (por exemplo, nas figuras de zapatista ou zadiste). Manifestam, concretamente, a base das conexões na luta, como na talvez primeira greve de um setor-chave da economia urbana brasileira, a dos ganhadores em Salvador no ano de 1857, na qual "classe e etnicidade se entrelaçavam de maneira irredutível e complexa". Ou, ainda, na formulação pioneira do *Combahee River Collective* (cujo nome vem de uma ação nesse rio da Carolina do Sul, liderada por Harriet Tubman e ocorrida em 1853, que libertou centenas de escravizados): "estamos ativamente comprometidas na luta contra a opressão racial, de gênero, heterossexual e de classe e vemos nossa tarefa particular no desenvolvimento de práticas e análises baseadas no entrelaçamento das opressões". Por serem vividas simultaneamente como um conjunto do sistema (capitalismo, imperialismo, racismo, patriarcado), é meio que incompreensível quem busca separá-las – não ser como uma operação do poder.[331]

O "desejo de abolição", primeiro levantado e vivido pelos escravizados, inspira e indica uma chave para outros movimentos, como o operário (escravidão do salário), feminista (escravidão de gênero), ou o lésbico ("somos fugitivas" escapando da heterossexualidade como regime político, diz Monique Wittig). Nesse sentido, "a emancipação das mulheres floresceu melhor no solo preparado pela libertação negra", esta sendo, nos anos 1960, catalisadora para múltiplas lutas, ajudando a abrir as brechas no comando político e econômico estadunidense. "Se as mulheres negras fossem livres, isso significaria que qualquer outra pessoa seria livre, já que nossa liberdade necessitaria a destruição de todos os sistemas de opressão", crava o

[331] Antonio Bispo dos SANTOS. *Colonização, quilombos: modos e significações* (Brasília, EdUnB, 2015); Joelson FERREIRA e Erahsto FELÍCIO. *Por terra e território: caminhos da revolução dos povos no Brasil* (Arataca, Teia dos Povos, 2021, pp. 133-134); João José REIS. *Ganhadores: a greve negra de 1857 na Bahia* (São Paulo, Companhia das Letras, 2019, pp. 35 e 223); THE COMBAHEE RIVER COLLECTIVE. *Statement* (1977).

Combahee River. Décadas depois, Alicia Garza percebe duas contribuições fundamentais da interseccionalidade, sendo "uma maneira de entender como o poder opera. E também de garantir que ninguém, como diz Crenshaw, seja deixado para trás". O chão do movimento, numa larga tradição do feminismo negro nos EUA (com Ida B. Wells e tantas) e participação fundamental e algo ocultada nos direitos civis, num "legado de tenacidade, resistência e insistência". Em 1968, se forma a Aliança das Mulheres do Terceiro Mundo, que publica o *Black Women's Manifesto* e de uma parte desse grupo toma forma mais adiante o Combahee River. Chegando aos nossos dias, *#BlackLivesMatter* é lançada por três mulheres negras *queer*, militantes de organizações comunitárias e de direitos dos migrantes. Em diálogo com o discutido em *as artes...*, as mulheres puxam a fila das mobilizações no Sudão, Chile, Irã, coletes amarelos ou, num caso particularmente emblemático, Rojava, cuja autonomia em 2012 é marcada pela constituição das Unidades de Defesa das Mulheres (YPJ, em curdo), compondo um terço das forças em armas, com milhares de voluntárias. Tal movimentação integra uma virada de Abdullah Öcalan e do Partido dos Trabalhadores do Curdistão (PKK), vinculando, numa longa duração, capitalismo, Estado-nação e opressão das mulheres. A libertação das mulheres passa a ser uma das principais bandeiras do PKK e *Erkeği öldürmek* [matar o macho] um dos lemas da revolução, ecoando o *SCUM Manifesto* de Valerie Solanas, mas numa prática outra, antipunitivista. *Jin, Jian, Azadi* [mulher, vida, liberdade].[332]

---

[332] Achille MBEMBE. *Critique de la raison nègre* (Paris, La Découverte, 2013, p. 248); Monique WITTIG. "On ne naît pas femme" (1980) em *La pensée straight* (Paris, Éditions Amsterdam, 2013, p. 56); Toni MORRISON. "Mulheres, raça e memória" (1989) em *A fonte da autoestima: ensaios, discursos e reflexões* (São Paulo, Companhia das Letras, 2020, p. 120); THE COMBAHEE RIVER COLLECTIVE. *Statement*, 1977; Alicia GARZA. *O propósito do poder*, p. 181; Angela DAVIS. *Mulheres, raça e classe* (São Paulo, Boitempo, 2016 [1981], p. 41); Keeanga-YAMAHTTA TAYLOR. *#vidasnegrasimportam e libertação negra*, pp. 322 e 377; Christina HEATHERTON. #blacklivesmatter and global visions of abolition: an interview with Patrisse Cullors" em Jordan T. CAMP e Christina HEATHERTON. *Policing the planet*, p. 35; COMITÊ DE SOLIDARIEDADE À RESISTÊNCIA POPULAR CURDA DE SÃO PAULO. "Confederalismo Democrático: Organizando uma Sociedade sem Estado" e MULHERES DO COMITÊ DE SOLIDARIEDADE À RESISTÊNCIA

Mariarosa Dalla Costa dizia, nos 1970, que nunca tivemos uma greve geral, por não abarcar os trabalhos domésticos das mulheres que não descansam nem aos domingos e feriados, deixando parte da metade da classe trabalhadora de fora. É com essa linhagem que reflete Verónica Gago no âmbito das greves e grandes marchas (beirando o milhão de participantes), organizadas nos últimos anos na Argentina. A greve feminista, para a militante-pesquisadora, conecta produção e reprodução, colocando em xeque a divisão sexual do trabalho – é ao mesmo tempo uma greve de trabalho e existencial. Além disso, essas ações politizam as violências em seus vínculos com a acumulação capitalista e criam um escudo contra a anulação e neutralização política das mulheres: enquanto a posição de vítima "requer fé estatal e demanda redentores, a greve nos põe em situação de luta". Ademais, seu assentamento no trabalho envolve uma significativa heterogeneidade, entre suas formas precária, informal, doméstica, migrante, sexual ou mais estabelecida, abrindo "conversas inesperadas, encontros inéditos e alianças insólitas". Em diálogo com o colocado logo acima, um tento de *"composição de um corpo comum"*. A classe, assim, "é hoje uma multiplicidade que move as fronteiras do que entendemos por classe operária, graças a essas lutas que, pelo conflito, redefinem quem são *s sujeit*s produtiv*s". #*TrabajadorasSomosTodas*. Tal dimensão socioeconômica é um fundamento incontornável, assim como a da autodefesa curda. No caso zapatista, a rebeldia das mulheres desabrocha e se propaga a partir da base material, isto é, quando "começaram a se libertar da dependência econômica em relação aos homens, foi aí que a teoria virou realidade. Quando surgiram suas cooperativas, seus projetos próprios, quando elas se apropriaram da economia, foi então que deslancharam", além do controle da "tomada e execução de suas próprias decisões, ou seja, a política".[333]

POPULAR CURDA DE SÃO PAULO. "Palavras de Mulheres Revolucionárias" em *Şoreşa Rojavayê: Revolução, uma palavra feminina* (São Paulo, Terra Livre, 2016, pp. 106, 125, 80 e 110); Valerie SOLANAS. *SCUM Manifesto* (Londres, Verso, 2016 [1968]).
[333] Mariarosa DALLA COSTA e Selma JAMES. *The power of Women and the Subversion of the Community* (Londres, Falling Wall Press, 1975 [1972]); Verónica GAGO. *La potencia feminista: o el deseo de cambiarlo todo* (Buenos Aires, Tinta Limón, 2019.

Classe e diferença não são apenas indissociáveis, mas se alimentam e se enriquecem mutuamente. Audre Lorde celebra a "função criativa da diferença em nossas vidas", forjando "na interdependência de diferenças mútuas (não dominantes)" coletivos sem reprimir ou enfraquecê-las. *As ferramentas do senhor nunca derrubarão a casa-grande*. A poeta levanta essa questão num contexto de certo "acerto de contas" com o fato da então impossibilidade de gays e lésbicas na América Negra. Luta e/é transformação. Chiapas e Rojava só se tornam possível pela metamorfose inventiva, por suas *derrotas*. Isso se conecta à força e eco atuais do pensamento-corpo trans. Canta, Ventura Profana, que, a despeito dos cinco séculos de "extermínio contra tudo o que é preto, trava, índio, dissidente", emerge uma "geração de profetisas, de travas fantásticas, com um fogo, uma unção". Uma das habilidades mais notáveis das coletividades no alvo dos poderosos é a de digerir e deglutir experiências e se modificar. Castiel Vitorino Brasileiro a vive e compreende a *travestilidade* como transmutação: "às vezes quero desaparecer, mas sou macumbeira e na macumba não existe isto. Nada desaparece, o que acontece é a modificação. Energias não se findam, elas se modificam". Continua a artista-psicóloga: "virei travesti quando acessei minha ancestralidade sodomita, e dobrei o Tempo colonial que nunca me fez sua". Uma vibrante transesquerda?[334]

Nossas existências sempre são coletivas. ¡Tocan a una, tocan a todas! [mexeu com uma, mexeu com todas!]... Da Argentina à Polônia, coalizões frente ao capitalismo, isto é, sua "guerra contra a humanidade inteira, contra o planeta inteiro". *Solidarity is our weapon* [a solidariedade é nossa arma]. A separação colonial e ambiental moderna se desdobra, para Malcom Ferdinand, num distanciamento entre movimentos ambientalistas e antirracistas. O *plantationceno* define tais formas

---

pp. 20, 26, 31, 43, 26 e 52); Subcomandante insurgente GALEANO. *Contra a hidra capitalista* (São Paulo, n-1, 2021, p. 108).

334 Audre LORDE. "As ferramentas do senhor nunca derrubarão a casa-grande" (1979) e "Aprendendo com os anos 60" (1982) em *Irmã Outsider* (Belo Horizonte, Autêntica, 2019, pp. 136-137; p. 173); Ventura PROFANA. "Profecia de vida". (*Piseagrama*, n. 14, pp. 54-63, 2020); Castiel Vitorino BRASILEIRO. "Ancestralidade sodomita, espiritualidade travesti" (*Piseagrama*, n. 14, 2020).

destrutivas de habitar a terra e das pessoas, escravizadas e exploradas, numa degradação da vida que permanece – das monoculturas coloniais ao extrativismo de minérios raros presentes nos celulares e computadores, subordinando vilmente humanos e não humanos. É dentro dessa discussão que o engenheiro-filósofo pensa em Thoreau, deslocando sua evocação sobretudo por suas práticas e ideias de defesa da natureza, o que oculta seus engajamentos pela libertação dos escravizados.

O poeta não vai a Walden somente por amor ao lago e à floresta, mas numa atitude de recusa radical. Sua ida visa escapar do governo de um país escravocrata que comerciava pessoas, do qual denuncia a Lei do Escravo Fugitivo de 1850 de Massachusetts, que previa a volta à fazenda de origem de um desertor do odioso regime capturado em um Estado onde essa peculiar instituição não existia mais. Nessa sensibilidade libertária, conta-se que, ao lado da mãe e irmã (que participavam de grupos abolicionistas), auxiliava (escondendo, pagando passagens de trem e apoiando inclusive ações armadas) os fugitivos pelo mítico caminho libertador do *underground railroad*. Seja indo para a mata, seja se recusando a pagar impostos, trata-se, para além da célebre desobediência civil, de um surpreendente tipo de *marronagem*, um aquilombamento civil, buscando outra forma de viver. Seu experimento em relativo isolamento se liga ao desejo de se afastar e se opor ativamente à economia política existencial da plantação. A dupla fratura moderna esconde esse Thoreau em fuga, capturando-o numa ideia particular de natureza [*wilderness*]. Escrevendo sobre os antigos escravizados que se refugiaram naqueles bosques, conecta-se, com a cabana construída com seus braços, à linhagem de uma história política da rebelião e busca da liberdade. Um devir-quilombola para nossos tempos?[335]

---

[335] Subcomandante Insurgente GALEANO. *Contra a hidra capitalista* (São Paulo, n-1, 2021, p. 170); Malcom FERDINAND. *Uma ecologia decolonial: pensar a partir do mundo caribenho* (São Paulo, Ubu, 2022 [2019, pp. 14, 68-69, 212-213 e 217-219]); Henry David THOREAU. *Walden* (Porto Alegre, L&PM, 2010 [1854]).

POLÍT
DO CU

naturezas

Com o degelo, se formam caminhos, que as pessoas percorrem seguindo os bisões, que por sua vez seguem as estrelas. Por isso, se chamam *Pte Oyate* (a nação do bisão) e *Wicahpi Oyate* (a nação da estrela). Os militares estadunidenses, conhecendo essa conexão vital, matam em uma década, em meados do século XIX, uma dezena de milhões de búfalos. São episódios de uma guerra contra os Oceti Sakowin, atingindo suas relações de parentesco com os não humanos e seu território, que coincide com o espaço frequentado por esses animais. A destruição de um e outro é intimamente enlaçada. O colonizador-capitalista é Wasicu [*fat taker*], pessoa individualista e egoísta. Pensam, assim, os EUA nesses termos, como uma nação que não tem parentes. Um século depois da matança dos animais, um outro setor dessa mesma instituição (seu corpo de engenheiros) faz cinco barragens no rio Missouri. Inundando as terras, em mais uma tentativa de resolver o "problema indígena", produz uma perda colossal que permanece. Como em Canudos, uma obra do *progresso* (o Açude Cocorobó em meados do século passado, para supostamente combater a fome e seca); o exército esmaga a Canudos

CA
LTIVO

conselheirista e as águas induzidas levam a segunda, reconstruída.[336]

No território sagrado de Standing Rock, um momento contemporâneo dessa ininterrupta busca da aniquilação: o estado de emergência é decretado em agosto de 2016. Para garantir a obra do oleoduto, o Estado mobiliza um mecanismo destinado a desastres naturais (inundações, fogos, furacões), insurgência ou agressão inimiga, permitindo acionar diferentes agências para lhes fazer frente. Nessa

---

[336] Nick ESTES. *Our history is the future*, pp. 8, 10, 109, 110 e 97; Joana BARROS, Gustavo PRIETO e Caio MARINHO (orgs.). *Sertão, sertões: repensando contradições, reconstruindo veredas* (São Paulo, Elefante, 2019, p. 11).

ocupação militar, público-privada, a empresa contratada pela responsável do gasoduto DAPL infiltra opositores e planta notícias falsas nas mídias, como a de vínculos dos Protetores da Água com o terrorismo, de suas rezas serem ataques e seus acampamentos, campos de batalha. *Este é um lugar de cerimônia e oração*, diz uma faixa lá, explicitando concepções totalmente antagônicas. Ao ser questionado sobre a brutalidade empregada, Obama critica os dois lados, ou seja, os manifestantes desarmados e a ultraequipada força policial que os golpeia. Quase mil detidos, quatro com anos de reclusão e uma nova geração de presos, frutos dessas táticas da guerra doméstica ao terror.[337]

Em *Serras da desordem*, filme de Andrea Tonacci, é marcante e tragicamente belo o paralelo entre Carlos Marighella e uma árvore imensa tombando. A derrubada do corpo-tronco de ambos encarna uma mesma movimentação repressora. Seu projeto se apresenta nitidamente nas propagandas, de novo públicas-privadas, do início dos 1970, com elaborações diretas e chocantes de anúncios publicados na revista *Realidade*. Para uma companhia de navegação marítima, "a Amazônia já era!", enquanto uma construtora defende que "para unir os brasileiros nós rasgamos o inferno verde" e uma agência governamental decreta: "chega de lendas, vamos faturar! A Transamazônica está aí: a pista da mina de ouro. (...) Há um tesouro a sua espera. Aproveite. Fature. Enriqueça junto com o Brasil". Os apoios internacionais selam o grande pacto da destruição – "estamos preparados para acompanhar o novo ritmo de desenvolvimento que contagia a região", coloca um banco. No contrapé dessa perspectiva de extermínio se situa o histórico discurso de Thomas Sankara na década seguinte, ligando a morte das pessoas e a secura dos pântanos e rios como parte da pilhagem colonial. Em sua chegada à presidência, resultado de uma revolta popular e golpe de força (interrompidos com seu assassinato), o conselho revolucionário prioriza o combate à desertificação (com

---

[337] Nick ESTES. *Our history is the future*, pp. 2, 53, 91, 64 e 251.

o estímulo ao plantio de árvores) e a emancipação das mulheres, numa (precursora?) ação eco feminista. Em cada cerimônia como batizados ou casamentos, busca reabilitar uma tradição de manejo de Burkina Faso em luta pelo "verde da abundância, alegria e felicidade" e fomentar iniciativas agroecológicas.[338]

O poder é logístico — bloqueemos tudo. Num muro de Turim, um apurado retrato desse confronto entre grandes projetos e territórios habitados. Por aqui, podemos pensar em Belo Monte contra povos do Xingu, estacionamento contra Aldeia Maracanã ou Grupo Silvio Santos contra Oficina (e parque do Bixiga), dentre muitos. Daí o apelo do pixo de sabotagem dos planos dos poderosos, que suspendem a austeridade financeira para viabilizar empreendimentos imobiliários, comerciais ou obras de infraestrutura. Estas são fortalezas com arame farpado e acesso proibido, protegidas pela polícia, exército ou segurança privada. A perspectiva capitalista de crescimento infinito impele passar por cima do que não passam de obstáculos. Visto de cima, via satélite ou drone, o espaço torna-se abstrato, sem elos, relações, vidas, sensibilidades (ou seja, de tudo que constitui o movimento). Isso ocorre, também, nas praças das cidades e esses locais de encontro e protesto (como a Tahrir e a Taksim, no Cairo e Istambul) sendo desfigurados recentemente. Visando apagar a memória desobediente, ambos os governos autoritários atualizam a compreensão de urbanismo de Debord, em sua função de manter a atomização dos trabalhadores que a urbe havia juntado, função hoje levada a cabo igualmente pelas megacorporações no campo cibernético.[339]

---

[338] Andrea TONACCI. *Serras da desordem* (documentário, 2006); Fernanda WENZEL. "Como a imprensa glorificou a destruição da Amazônia durante a ditadura militar" (*O Eco*, 4 de outubro de 2020); Thomas SANKARA. "Sauver l'arbre, l'environnement et la vie tout court" (5 de fevereiro de 1986); Thomas SANKARA. *Carrefour africain* (14 de fevereiro de 1986).

[339] Eyal WEIZMAN (com Blake FISHER e Samaneh MOAFI). *The roundabout revolutions* (Critical Spatial Practice 6, Berlim, Stenberg Press, 2015, p. 35); Guy DEBORD. *A sociedade do espectáculo* (São Paulo, Boitempo, 2007 [1967]. Edição utilizada, Paris, Gallimard, 1992, p. 166); COMITÊ INVISÍVEL. *Motim e destituição: agora* (São Paulo. n-1, 2018. Edição utilizada, Paris, La fabrique, 2017, p. 47).

Um consultor estadunidense em estratégia militar defende que, "historicamente, os polos mais tenazes de resistência à civilização (e não falo somente da civilização ocidental) e das cruzadas religiosas (*jihad* no Oriente) se constituíram num quadro que sempre evocou a tradição e a magia, falo da floresta". Nesse contexto, continua o especialista, "temo fortemente que, de Karachi a Marselha, as zonas urbanas onde se concentram populações humilhadas e com raiva, onde se juntam estrangeiros e indesejáveis, tenham se tornado as novas florestas do mundo". Nos vínculos entre repressão e "natureza", chama a atenção o vocabulário do poder. Trump qualifica a Baltimore sublevada de "toca infestada de roedores", imagem igualmente presente na França, como vimos, na qual a caça aos argelinos era chamada de *ratonnade* (de *raton*, ratazana). Quando, em 1968, estudantes são perseguidos e encurralados pela polícia, essa palavra volta à tona e um ministro (e futuro presidente) diz, durante o levante das periferias em 2005, que vai usar água sanitária numa imagem de limpeza social, onipresente nos processos de gentrificação. Fanon lembra como a linguagem colonial desumaniza e animaliza, sendo zoológica ao falar de hordas, peste, formigueiro, bestial, infestação. Krenak vai pensar em termos próximos, ao narrar a política da ruína no litoral brasileiro, localidade "que o dom João VI queria que fosse 'desinfetada'". Como estudado em *poder e/é* repressão, meios a serem imunizados da rebeldia.[340]

A perseguição à Associação Internacional dos Trabalhadores (AIT), em particular após a Comuna, é uma "caça aos bichos ferozes", e um animal em particular se faz presente nessa seara repressiva. *O homem é lobo do homem*. Esse antigo provérbio romano tornado célebre por Thomas Hobbes sintetiza uma poderosa narrativa sobre o homem, a natureza e a política. O filósofo elabora um relato extremamente

---

[340] Jean-Baptiste VIDALOU. *Être forêts: habiter des territoires en lutte* (Paris, La Découverte, 2017, pp. 26, 30, 64 e 135); ASARADURA. "Notes de voyage contre le TAV" (verão de 2011 – primavera de 2015, 2015, p. 50); Keeanga-Yamahtta TAYLOR. *#vidasnegrasimportam e libertação negra* (São Paulo, Elefante, 2020 [2016], p. 421); Kristin ROSS. *Maio de 68 e suas repercussões*; Frantz FANON. *Os condenados da terra*, p. 45; Luiz BOLOGNESI. "Os vencidos não se entregaram: Entrevista com Ailton Krenak" em Felipe MILANEZ e Fabricio Lyrio SANTOS. *Guerras da conquista* (Rio de Janeiro, HarperCollins, 2021, p. 256).

influente de uma saída do estado de natureza – e seu conflito de todos contra todos – para a constituição de um estado civil. O medo hobbesiano essencial, da morte violenta (ele escreve no contexto de uma guerra civil), seria, assim, evitado. Os homens deixariam a violência fratricida pela celebração da concórdia, ao renunciarem à natural liberdade absoluta e pondo fim à "guerra perpétua de cada homem contra o seu vizinho". Torna-se, para isso, necessário produzir uma desigualdade, uma assimetria incontornável e o pensador resgata então a imagem de um monstro bíblico, o Leviatã. Disciplinado por este, o súdito hobbesiano desfrutaria do banimento da guerra. Brotaria a paz e seria instaurado um mundo de ordem: surge, via contrato social, um Estado forte, comandado por um rei ou uma assembleia. A obediência é agora a métrica da política, já que somente com um organismo estatal absoluto, que faça valer a lei e puna o dissenso, há paz civil – trata-se do preço da autopreservação, da manutenção da vida dos homens.[341]

O lobo mau. A natureza selvagem. Imagens recorrentes, figuras fortes que nos interpelam constantemente até hoje – ambos devem ser domesticados. A ausência do Estado indica o estado de natureza, a anarquia, a guerra, o caos, a desordem. De forma sintomática, tal condição subsistia, para Hobbes, em algumas áreas do planeta, onde vivem os "povos selvagens" presentes na América. As palavras para fora da lei em islandês ou na Escócia significam excluído da sociedade, errante e vivendo "nas florestas como as feras", enquanto em francês, *meute* [matilha] é usado antes para levante (*émeute*) e somente depois para expedição de caça e coletivo de cães de caça, ligado a *movere* (movimento). Ou seja, é, curiosamente, primeiro aplicado às pessoas revoltosas e depois a esse conjunto de animais.[342]

São cruciais, aponta Carolyn Merchant, os elos entre submissão da natureza e das mulheres no programa científico dito moderno (do

---

[341] Mathieu LÉONARD. *L'émancipation des travailleurs: une histoire de la Première Internationale* (Paris, La fabrique, 2011. p. 257); Thomas Hobbes. *Do cidadão* (São Paulo, Martins Fontes, 2002 [1642], p. 3) e *Leviathan or the matter, forme and oower of a common-wealth ecclesiasticall and civil* (Yale University Press, 2010 [1651]).

[342] Thomas HOBBES. *Leviathan*, p. 63; Grégoire CHAMAYOU. *Les chasses à l'homme* (Paris, La fabrique, 2010, pp. 144, 146 e 37).

qual Hobbes é um dos fundadores), assim como dos povos considerados inferiores (inclusive os camponeses europeus). O surgimento desse modelo de conhecimento hipermasculinizado busca "uma relação epistemológica com o mundo mais limpa, pura, objetiva e disciplinada". A quem se opõe essa nova ciência? Como já dizia no fim do século XIX Matilda Joslyn Gage, existem "provas abundantes que as pretensas 'bruxas' estavam entre as pessoas mais profundamente científicas do seu tempo". Para a abolicionista, seu sentido original era de mulher sábia, e os primeiros médicos da Europa eram mulheres que possuíam o domínio das ervas. O alquimista e físico Paracelso, considerado um dos fundadores da medicina, compilou, como o admitiu, essa sapiência (das bruxas) em suas obras, com plantas que originam vários remédios que usamos hoje. O ataque do emergente aparelho estatal foi também contra as organizações comunais das quais esses saberes eram parte. Um ataque contra sua autonomia (e inclusive contra a sua ciência). Bruxa, feiticeira, curandeira, mágica – esses xingamentos atravessam séculos e ainda são usados hoje. Seu objetivo? Controlar a desordem expressada pelos corpos rebeldes e suas alianças, num momento de transição capitalista na qual movimentos camponeses liderados por mulheres eram sua maior oposição. Não por acaso, vários filósofos da época, como Jean Bodin, eram também demonólogos. Dominar as mulheres, a natureza e os lobos. Na caça às bruxas que marca o início desse período histórico, uma minoria de condenados era de homens. Qual era a acusação? Eram lobisomens![343]

Rosa Luxemburgo celebra o papel subversivo da Antropologia, "abalando de forma séria a velha noção do caráter eterno da propriedade privada e de sua existência desde o começo do mundo, para logo a destruir completamente". Essas pesquisas etnológicas ajudam a derrubar certas verdades imutáveis daquele século XIX (como a família,

---

[343] Carolyn MERCHANT. *The death of nature: women, ecology, and the scientific revolution* (San Francisco, Harper & Row, 1980); Mona CHOLLET. *Sorcières: la puissance invaincue des femmes* (Paris, La Découverte, 2018, p. 190); Matilda Joslyn GAGE. *Woman, Church and State. The original exposé of male against female sex* (Watertown, Persephone, 1980 [1893], p. 100); Janaina WAGNER. *Licantropia* (vídeo ensaio, 2019).

o Estado e a propriedade), já que muitos povos não as conheciam em sua forma burguesa. É possível um paralelo com certa Biologia contemporânea? A famosa frase, já citada, não só compõe uma imagem equivocada do lobo, como também "insulta um dos mais gregários e leais cooperadores do reino animal. Tão leal, de fato, que nossos ancestrais sabiamente o domesticaram". Caçam em grupo animais bem maiores que eles e depois distribuem a comida, inclusive para quem não toma parte diretamente, como as mães, filhotes e, em certos casos, os velhos e doentes. Se a competição é real, "os lobos não podem se dar ao luxo de permitir que ela siga seu curso" e, assim, "lealdade e confiança vêm primeiro".[344]

Um contra-Hobbes foi elaborado por autores malditos do pensamento político (La Boétie, Espinosa, Marx, Clastres) e, sobretudo, por uma multiplicidade de práticas. E essas não constituem um privilégio humano, atingindo também as amplas esferas da vida: uma política animal, uma política vegetal, uma política fúngica. Frente à política convencional depurada, mas também redutora, falsa e conservadora, um diálogo com pesquisas da Biologia, que vem contribuindo para enriquecer concepções, como Piotr Kropotkin mais de um século atrás já havia elaborado. Cosmopolíticas que desconhecem o grande divisor que por muito tempo constituiu um determinado consenso científico de uma natureza externa, passiva, mecânica. Esse predomínio do Homem sobre a Natureza põe em risco a vida humana e sua sobrevivência depende agora de ouvir os antes considerados não modernos, cujos relatos e formas de compor mundos sempre levaram em conta as atividades de toda teia das existências. Muitas das que estavam fora do estatuto de Homem impuseram sua presença, pelas lutas, e passam a ser imprescindíveis. Agora que estamos nos livrando do Homem e da Natureza, os "entrelaçamentos interespécies" antes percebidos como fábulas tornam-se "material para debate sério entre biólogos e ecologistas, que mostram como a vida requer a interação de vários tipos de seres. Humanos não podem sobreviver pisoteando todos os

---

[344] Rosa LUXEMBURG. *Introduction à l'économie politique* (Toulouse, Smolny, 2008 [1925], p. 189); Frans de WAAL. *Eu, primata*, p. 266.

outros". Um planeta mais vivo e bem mais interessante. Uma questão óbvia para tantos povos passou a ser considerada: "para nós, que, retrospectivamente, nunca fomos modernos, o estado de natureza já não é o que era". Dessa forma, "a lei da competição teve de se curvar perante uma saudável dose de cooperação, cujas contribuições cruciais para a evolução são agora amplamente conhecidas, com a simbiose sendo aceita como a origem da vida multicelular". Logo, "colocar a simpatia em igualdade de condições com a agressão como um fator na natureza não é mais algo impensável", perspectiva que Graeber radicaliza ao propor, relendo Kropotkin, um comunismo como base de todas as relações sociais (amistosas).[345]

Uma poderosa compreensão do animal egoísta e avesso à cooperação – em suma, a chamada lei da selva – se liga a uma determinada perspectiva política e econômica. Parte da Biologia embarcou, nos tempos de Reagan e Thatcher, pregando os benefícios da ganância. "*O gene egoísta*, de Richard Dawkins, [que] ensinava como a evolução ajuda quem se ajuda", louvando o egoísmo "como uma força indutora de mudança, e não uma falha que nos arrasta ladeira abaixo. Podemos ser primatas perversos, mas isso é explicável e benéfico para o mundo". Daí leituras reiteradamente equivocadas sobre Darwin e a teoria da seleção natural, pois este não era darwinista social... Se antes tínhamos um estado de natureza hobbesiano onipresente, agora imagens duplamente mais justas ganham eco e tem sido desmontado esse relato ideológico, falso. De Waal testemunha os conflitos violentos e de sangue entre os chimpanzés, mas também faz referência a outros, como os bem mais solidários e sexuais bonobos, conhecidos por nós somente no século XX. E se tivéssemos, pergunta o primatólogo, conhecido antes o bonobo que ignora a guerra letal e o predomínio do

---

[345] Piotr KROPOTKIN. *Apoio mútuo: um fator de evolução* (São Paulo, Terra Livre, 2021 [1902]); Anna Lowenhaupt TSING. *The mushroom at the end of the world: on the possibility of life in capitalist ruins* (Princeton University Press, 2015, p. vii); Brian MASSUMI. *O que os animais nos ensinam sobre política* (São Paulo, n-1, 2017, p. 9); Andrej GRUBACIC e David GRAEBER. "Apoio mútuo: um fator iluminado de evolução" (2020) em Piotr KROPOTKIN, *Apoio mútuo*, p. 20.

macho? Isso se liga, também, às "últimas descobertas da neurociência. Especialistas examinaram imagens do cérebro de pessoas enquanto elas resolviam problemas morais propostos por eles" e perceberam "que tais dilemas ativam centros emocionais antigos, profundamente embutidos no cérebro", tendo "por base milhões de anos de evolução social".

A partir dos seus estudos, de Waal argumenta que os humanos teriam facetas de seus parentes, chimpanzé e bonobo, aliás acentuando ambas – nossas guerras excedem as dos primeiros em violência e morte e nossas relações de empatia seriam mais elaboradas e ricas que as dos segundos. Mais brutais e mais cooperativos: não faz sentido, assim, privilegiar um polo (como vinha sendo feito, faz séculos, com a competição) em detrimento do lado solidário. O capitalismo seria, assim, insustentável ao enfocar o bem-estar de poucos, negando a colaboração elementar e contrariando "a longa história evolutiva de igualitarismo, que por sua vez se relaciona com a nossa natureza cooperativa". No que toca à organização política dos grandes primatas, um ponto lhe chama a atenção: o predomínio da hierarquia entre os chimpanzés, liderados por machos, e, em contraponto, uma outra ordem nos bonobos, com uma larga trajetória "de vínculos entre fêmeas, expressos em muitas sessões de *grooming* e sexo, [que] fez mais do que minar a supremacia dos machos". Virou a mesa, pois "as fêmeas bonobos aperfeiçoaram a solidariedade feminina latente em todos os grandes primatas africanos". Haveria, assim, como já vimos antes, um confronto antigo entre hierarquias e suas subversões.[346]

Peter Wohlleben formula, com base em sua experiência como engenheiro florestal na Alemanha, questões similares. As árvores são seres sociais e compartilham nutrientes com outras, suas eventuais concorrentes, e isso permite a existência de um ecossistema com temperatura e umidade reguladas, além de proteção contra o vento e tempestades. Apesar de cada espécie desejar sua própria sobrevivência e poder ser impiedosa, se produz uma certa igualdade: "não importa se

---

[346] Frans de WAAL. *Eu, primata*, pp. 35-36, 48, 209, 265, 72, 285 e 83.

têm o tronco grosso ou fino: todos os espécimes produzem a mesma quantidade de açúcar por folha. Esse nivelamento acontece nas raízes", via fungos e sua extensa rede que redistribui os nutrientes. Esses atuariam, assim, como "assistentes sociais" e "mecanismos de proteção" ao temperarem possíveis desigualdades perigosas para a coletividade. Stefano Mancuso vai além ao elaborar uma compreensão de democracia vegetal. Desprezadas, as plantas, nossas parentes antiquíssimas (o último ancestral comum seria encontrado nas águas há seiscentos milhões de anos), apresentam outras (e engenhosas) políticas.

Para o neurobiólogo, "nossa única ideia de vida complexa e inteligente corresponde à vida animal". Ao não encontrar nas plantas as facetas atribuídas aos animais (cognitivas ou de deslocamento), "nós as catalogamos como passivas (justamente, 'vegetais')". As plantas, porém, são um sucesso: estão por toda parte e formam a grande maioria do peso dos seres vivos no planeta. Tomamos – plantas e animais – caminhos opostos. Aquelas não têm órgãos únicos ou duplos, mas uma distribuição das funções que em nós estão concentradas. Sua sagaz tecnologia apresenta uma alta descentralização, tudo fazendo com o corpo inteiro, como respirar, o que as torna extremamente resistentes, pois suportam perder parte do corpo e seguir vivendo. Tampouco existe um cérebro como sistema central e sim uma política distribuída na qual "as oligarquias são raras, as hierarquias, imaginárias e a chamada lei da floresta, um reles disparate". Além disso, ponto fundamental, essas organizações são eficientes, apesar (ou por causa?) da ausência de centros de controle. Conclui Mancuso, colocando que a afirmação da democracia ser "uma instituição contrária à natureza, portanto, permanece apenas como uma das mais sedutoras mentiras inventadas pelo homem para justificar a sua antinatural sede de poder".[347]

Também somos plantas, em seu potencial insubmisso e sua criatividade democrática? O dualismo moderno e sua concepção de natureza, além da insensibilidade gritante e empobrecedora perspectiva

---

[347] Peter WOHLLEBEN. *A vida secreta das árvores: o que elas sentem e como se comunicam* (Rio de Janeiro, Sextante, 2017 [2015], p. 20); Stefano MANCUSO. *Revolução das plantas: um novo modelo para o futuro* (São Paulo, Ubu, 2019, pp. 94-107).

existencial, com seu corte da relação com outras formas de vida e das práticas de reciprocidade entre humanos e não humanos, operam um bloqueio da imaginação e prática políticas. Ara Reté no barco pirata em Paraty pensa o que pode ser a política (palavra que não existiria em Guarani) e fala de *aty guasu* – grande conversa. Assembleia com mulheres, homens, trans, mas também espíritos, fungos, árvores, polvos, grandes primatas e tantas outras? Essa democracia das multiplicidades se conecta a toda uma política dos corpos coletivos e suas organizações dissidentes, historicamente reprimidas pelos poderes (aldeias indígenas, quilombos, conselho de trabalhadores, círculos feministas, coletivos artísticos, embarcações piratas e muitas mais).[348]

ciência selvagem

Em *A missão*, de Heiner Müller, Sasportas define a pátria do escravizado como a rebelião e profetiza que essa virá e "será a guerra das paisagens, nossas armas, as florestas, as montanhas, o mar, o deserto. Eu serei florestas, montanhas, mar, deserto". Eis uma constante das sublevações. Euclides narra as caatingas como "um aliado incorruptível do sertanejo em revolta", participando efetivamente do combate; "agridem, trançam-se, impenetráveis, ante o forasteiro, mas abrem-se em trilhas multívias, para o matuto que ali nasceu e cresceu. E o jagunço faz-se o guerrilheiro-tugue, intangível...". Isso emerge, novamente, em outro contexto, o dos *maquisards*, minoritários e magníficos resistentes em grupos compostos por republicanos espanhóis, judeus, desertores alemães, nacionalistas e comunistas locais, cujo nome vem da vegetação mediterrânea (o *maquis*) e abarcam núcleos diversos em todo território francês em montes e matas. *Piglià a machja* [tomar o *maquis*] – o corso confabula com o vocabulário potawatomi, no qual a palavra colina é um verbo que diz algo como "ser uma colina".[349]

[348] Sandra Benites Ará RETÉ e Zé CELSO. "A descolonização do poder" (debate público, *Flipei*, 12 de agosto de 2019).
[349] Heiner MÜLLER. *A missão: lembrança de uma revolução* (São Paulo, n-1, 2016 [1980], p. 46); Euclides da CUNHA. *Os sertões* (Rio de Janeiro, Francisco Alves, 2000 [1901], p. 201); Merlin SHELDRAKE. *A trama da vida: como os fungos constroem o mundo* (São Paulo, Fósforo e Ubu, 2021 [2020], p. 51).

O nome do mais importante e conhecido quilombo provém dos palmeirais agrestes, usados para muitos fins, desde medicinais a material para as casas ou roupas, passando por alimentos (azeite, vinho, farinha) e até cachimbo. Como no elo com os bisões acima, "para fragilizar sobados rebeldes, os portugueses costumavam cortar os palmeirais das aldeias". *Giù le mani della Lavanda* [Tire as mãos da lavanda] é o grito que sempre abre a revista do No TAV e também o protesto contra a chegada dos policiais na República Livre de Maddalena. Se o movimento cuidava com carinho dos campos de alfazema, as botas policiais os destruíam. A lavanda, planta livre e selvagem, como uma metáfora da luta, mas também por si mesma, por sua beleza, cheiro e qualidades.[350]

Pensar, investigar, buscar, experimentar nos termos trabalhados acima envolve ouvir e ler, dialogar e aprender com outras cientistas, habitualmente excluídas desse âmbito. Como elaborado por Foucault, esse deslocamento se compreende como uma "insurreição dos 'saberes sujeitados'", isto é, o que foi descartado, desmerecido e desqualificado como conhecimentos ingênuos, inferiores ou não científicos. O filósofo os situa como "saberes históricos das lutas" e propõe a genealogia como "acoplamento dos conhecimentos eruditos e das memórias locais", buscando detonar a tirania dos discursos do poder. Um caminho possível é retomar o acontecimento ainda em curso – para a ciência e a política –, provocado pela aparição de duas moléculas e suas implicações revolucionárias. A primeira, a dietilamida do ácido lisérgico (LSD, na sigla em alemão), sintetizada por Albert Hofmann, em 1938, quando trabalhava para a farmacêutica suíça Sandoz. Não tendo sido aproveitada naquele momento, ficou, porém, armazenada. Cinco anos depois, o químico volta a ela, extraída do esporão-de-centeio (um fungo usado por muito tempo por parteiras), ao ter um pressentimento um dia em plena Segunda Guerra Mundial e ao simpatizar com sua estrutura. Resolve, então, repetir o experimento e aí o LSD

---

[350] Luiz Felipe de ALENCASTRO. "Palmares: batalhas da guerra seiscentista sul-atlântica" em João José REIS e Flávio dos Santos GOMES (orgs.). *Revoltas escravas no Brasil* (São Paulo, Companhia das Letras, 2021, pp. 69-70); ASARADURA. *Notes de voyage contre le TAV* (2015, p. 12).

o encontra, pois ele acaba absorvendo-o pela pele (provavelmente dos dedos) e passa a ser tomado por sensações inabituais; vai pra casa, deita e faz a primeira viagem de LSD. Dias depois reitera o procedimento e chega a se assustar, mas intui logo um grande potencial terapêutico.[351]

O segundo composto químico, conhecido há milhares de anos por vários povos da Mesoamérica na forma de um cogumelo marrom (*teonanacatl*), sendo usado em ritos religiosos (chamado em náuatle de carne dos deuses), será posteriormente famoso com o nome de psilocibina. Em 1955, Valentina e Gordon Wasson (ela pediatra, ele banqueiro e ambos micologistas amadores), o experimentam em Oaxaca, no sul do México, publicando dois anos mais tarde um longo relato na revista estadunidense *Life*. Pela primeira vez, a notícia de sua existência e seus efeitos chegava a um grande público (a descoberta anterior de Hofmann ainda estava restrita a pequenos setores da comunidade científica). Na mesma década, pesquisadores ligam a composição química de alucinógenos à serotonina, que cumpre o papel de mensageiro entre células do cérebro, sendo também um dos principais hormônios. Conecta-se, assim, a uma revolução na neurociência, com a descoberta tanto dos receptores cerebrais quanto da "substância química endógena (a serotonina) que os ativa com uma chave-mestra". Duas décadas depois, será descoberto que a dimetiltriptamina (DMT) é segregada naturalmente pelo cérebro, sendo produzida pela glândula pineal e cumprindo um papel de ansiolítico. O DMT está também presente no leite materno, no sangue e em outras partes do corpo e é ativado em alguns momentos particularmente importantes da vida humana: ao nascer de parto vaginal, ao morrer e, mais cotidianamente, ao sonhar. Essas descobertas na neurologia levaram até a uma especulação e reinterpretação da evolução a saber que o "consumo de cogumelos contendo triptaminas

---

[351] Michel FOUCAULT. *Em defesa da sociedade: Curso no Collège de France (1975-1976)* (São Paulo, Martins Fontes, 2002 [1997], pp. 11-13); Michael POLLAN. *Como mudar sua mente: o que a nova ciência das substâncias psicodélicas pode nos ensinar sobre consciência, morte, vícios, depressão e transcendência* (Rio de Janeiro, Intrínseca, 2018, pp. 31-33); Júlio DELMANTO. *História social do LSD no Brasil: os primeiros usos medicinais e o começo da repressão* (São Paulo, Elefante, 2020, pp. 76-80).

por hominídeos ancestrais foi uma das forças evolutivas que forjaram o desenvolvimento do neocórtex". Chamada igualmente de "teoria do macaco chapado", teria, assim, um papel potencialmente decisivo na evolução e no desenvolvimento da linguagem e imaginação.[352]

Em meados dos 1980, um jovem cientista canadense viaja para a Amazônia peruana e efetua um trabalho de campo com os Ashaninka. Jeremy Narby planeja estudar a questão do território e fazer uma análise econômica, cultural e política, pretendendo indicar seu uso racional da floresta. Pensando em sua pesquisa como um apoio às lutas pelo reconhecimento de suas terras, vai, no entanto, ser confrontado pela presença constante (e que ia contundentemente contra seu argumento) dos alucinógenos. Ao ouvir pela primeira vez que o conhecimento das propriedades medicinais das plantas se faz ao consumir uma bebida psicoativa, pensa se tratar de uma brincadeira. Vão insistir, no entanto, os Ashaninka que seu aprendizado vem da *ayahuasca*, sua principal fonte de saber. Narby vai ser, assim, crescentemente interpelado por uma ciência selvagem, que passa a ser o tema de sua investigação antropológica.

Os conhecimentos dos povos indígenas acerca das plantas espantam os etnobotânicos. No caso da *ayahuasca*, sua composição química indica a combinação de duas plantas: uma (a chacrona) contém DMT, que é habitualmente inibido por uma enzima do aparelho digestivo se consumida por via oral, e outra (cipó-mariri) possui substâncias que impedem esse ataque da enzima, bloqueando-a. Daí o efeito alucinógeno poder durar algumas horas em vez de poucos minutos. Como os Ashaninka sabem disso se não possuem conhecimentos químicos para encontrar uma solução de ativação de um alcaloide? Pergunta Narby. Por tentativa e erro? Mas existem oitenta mil espécies de plantas. Como juntar duas que se combinam de forma tão eficaz? O antropólogo narra, também, o exemplo do curare – um paralisante muscular que mata sem envenenar a carne. Essa anestesia é obtida depois de sofisticado trabalho químico, que modifica sua estrutura molecular.

---

[352] Michael POLLAN. *Como mudar sua mente*, pp. 12; 32; Pedro LUZ. *Carta psiconáutica* (Rio de Janeiro, Dantes, 2015).

Os Ashaninka conhecem quatro dezenas de tipos de curare, compostos por setenta espécies vegetais diferentes. Para seu preparo, é necessário combinar várias espécies e cozinhá-las por três dias e não respirar seus vapores. Tem-se como resultado uma pasta, que se ativa somente por via subcutânea (caso toque a pele ou seja engolida, não faz efeito). Como caçadores da floresta desenvolveram essa solução intravenosa? Ao serem questionados, invariavelmente as origens são míticas – o criador do universo inventou e ofereceu a eles essa substância.

É esse ponto cego que Narby busca desatar, trabalhando a dificuldade da ciência em aceitar uma origem do saber não racional, não científica nos seus moldes clássicos. É possível levar a sério que certas plantas são seres inteligentes, capazes de se comunicar e de ensinar? Para os Ashaninka, seres invisíveis, os *maninkari*, se encontram nos animais, plantas, montanhas, rios e certos cristais. Esses, que podem ser vistos após a ingestão de tabaco ou *ayahuasca*, constituem fontes de conhecimento. Narby confessa que, para ele, inicialmente, se tratava somente de uma mitologia inútil mesmo se, ao mesmo tempo, o impressionava o saber empírico Ashaninka. Esse dilema se relaciona com certa hipocrisia tanto de muitas empresas quanto de parte da ciência, já que três quartos dos medicamentos "de origem vegetal utilizados na farmacopeia moderna foram descobertos por sociedades 'tradicionais'". Pode-se contar uma longa (e abusiva) história da expropriação de conhecimentos e riquezas amazônicos, mantidos ao longo de séculos pelos povos indígenas (e seus cientistas). Nessa cadeia produtiva tudo é remunerado, salvo o desenvolvimento original, Narby citando o exemplo do extrato de um arbusto que serviu para um remédio para tratar de glaucoma. Um saque profundamente injusto de saberes e existências, mais perverso ainda pelo desprezo de suas origens, que seriam "irracionais" e "extravagantes".

Daí se produz um belo momento, de ruptura para o antropólogo, ao perceber que, para investigar esse contrassenso, seria preciso inverter um adágio: não mais ver para crer, mas crer para ver – "foi provavelmente uma das coisas mais importantes que aprendi ao longo do meu trabalho: vemos aquilo em que acreditamos, mas não o seu contrário. Para mudar o que vemos, às vezes é preciso alterar nossas crenças". Admitir a possibilidade de outros mundos e corpos para compreender o que os Ashaninka insistiam em compartilhar e para quem não havia nem mistério e tampouco contradição entre a realidade prática e o mundo invisível dos *ayahuasqueros*. O estado alucinatório de consciência é normal e dissolve o (suposto) impasse. Tais pesquisadores acessam informações empiricamente verificáveis sobre as plantas, seus usos e possíveis funções. Essas são adquiridas em longa formação científica-xamânica, algo semelhante à universitária, com largos períodos de estudos (sonhos controlados, jejuns prolongados, isolamento na floresta, ingestão de plantas), especialistas e escolas de pensamento, transmitidas desde tempos imemoriais.

Ao seguir esse caminho, o pesquisador vai perceber surpreendentes confluências entre laboratórios da floresta e dos centros urbanos, entre perspectivas Ashaninka e a ponta da biologia molecular. Se os xamãs insistem a respeito da existência de essências animadas comuns a todas as formas de vida, isso é "posteriormente corroborado pelo DNA. A molécula da vida é a mesma para todas as espécies e a informação genética necessária à elaboração de uma rosa, bactéria ou ser humano está codificada numa linguagem universal de quatro letras A, G, C e T", os quatro compostos químicos genéticos. O que em várias cosmologias ameríndias é visto como a serpente emplumada, o gêmeo magnífico ou a corda entrelaçada (temas xamânicos por excelência) se conecta à dupla hélice do DNA. Quando Narby mostra pinturas de visões de curandeiros (para estes, escadarias em zigue-zague, cipós entrelaçados, serpentes retorcidas) a um pesquisador de biologia molecular, este enxerga colágeno, DNA e cromossomo. Relacionando-se com o que vimos acima, de uma ciência moderna atrelada à certa perspectiva de masculinidade, Narby cita Joseph Campbell que propõe ter havido "duas quebras na trajetória mitológica da serpente cósmica". A primeira durante o "patriarcado dos hebreus, no jardim do Éden: a serpente antes venerada vira vilã e árvore", e a segunda, na "Mitologia grega com Zeus", que submete a serpente Tífon, filha de Gaia, e que encarna as forças da natureza, derrotada com ajuda de Atenas, a razão. Uma opção por deuses patriarcais e masculinos rompeu com o princípio vital, porém, a "parte da humanidade que se separou da serpente cósmica a reencontrou depois de três mil anos pela ciência, em laboratório".[353]

O escritor-jornalista Michael Pollan lembra uma frase de William Blake que "concilia bem o caminho do cientista com o do místico: 'o verdadeiro método do conhecimento é a experiência'". Xamã e cientista. Essa ciência menor dialoga com um antigo protocolo de investigação – o princípio de autocobaia. Paul B. Preciado conta que, até o fim do século XVIII, "o pesquisador devia, por preceito ético, correr o risco de sofrer efeitos desconhecidos no próprio corpo antes de ordenar qualquer teste sobre o corpo de outro ser humano". Isso vai mudar quando, "apoiando-se na retórica da objetividade, o sujeito do saber científico buscará progressivamente gerar conhecimento exterior a si, livrando o próprio corpo das agonias da autoexperimentação". Na contracorrente dessa mudança, o inventor da homeopatia, Samuel Hahnemann, tomou doses altas de quinino em seu percurso inventivo. Sigmund Freud e Walter Benjamin ingeriam respectivamente cocaína e haxixe no contexto de suas pesquisas, embora isso tenha sido um tanto apagado de suas trajetórias. Preciado se engaja nesse caminho consumindo testosterona em sua transição e insiste que um pensamento "que não utiliza seu corpo como plataforma ativa de transformação tecnovital está pisando em falso. Ideias não bastam".[354]

Uma compreensão supostamente predominante e sempre reiterada nos diz que universal é querer um Estado e ser governado, ser individualista e obcecado pela competição. Como disse há mais de quatro décadas Carolyn Merchant, criticando a virada do organismo para a máquina como a metáfora dominante que relaciona cosmos, sociedade e pessoas, "o mundo precisa novamente ser virado de ponta-cabeça". O uso de psicoativos é tão antigo quanto a história humana (e

---

[353] Jeremy NARBY. *A serpente cósmica: o DNA e a origem do saber* (Rio de Janeiro, Dantes, 2018 [1995], pp. 45, 143-144, 68 e 72-73).
[354] Michael POLLAN. *Como mudar sua mente*, p. 92; Paul B. PRECIADO. *Testo Junkie: sexo, drogas e biopolítica na era farmacopornográfica* (São Paulo, n-1, 2018, pp. 368 e 377).

de vários de nossos parentes: primatas, outros mamíferos e até insetos). Não há registro de povo que não usasse substâncias para alterar a consciência, com exceção dos Inuit (nenhum elemento desse tipo cresce no Ártico, mas depois conheceram alguma e passaram a consumir). Um desejo partilhado, ainda que seus usos variem no tempo e no espaço (todos os povos escolhendo pelo menos uma substância e repelindo outras). Fazer uma "história natural da religião iria mostrar que a experiência humana do divino tem raízes profundas em fungos e plantas psicoativas (Karl Marx teria acertado em outro sentido ao chamar a religião de ópio do povo)".[355]

Curar-se, descobrir-se, transformar-se. Foi disso também que tratou a explosão mundial de 68. Colocando a urgência de "transformar esse conhecimento minoritário [feminismo, libertação negra, teoria *queer* e transgênero] em experimentação coletiva, em prática coletiva, em prática física, em modos de vida e formas de convivência". Ocorre uma desconstrução de relações arraigadas – mudanças antes impensáveis passam à esfera do possível. Tudo pode se transformar. E já. Poderiam certos fármacos "inverter hierarquias na mente, promover pensamento não convencional e potencial para remodelar as atitudes dos usuários em relação a autoridades de todos os tipos; isto é, os compostos têm um efeito político?". Teria o LSD cumprido essa função nos subversivos 1960? 68, nos EUA principalmente, se relaciona em parte com uma experiência de setores (sobretudo da juventude) com plantas e substâncias antes desconhecidas nas sociedades não indígenas. Literalmente um ácido, "dissolvendo quase tudo aquilo com que entrou em contato", seja "as hierarquias da mente (superego, ego e inconsciente)" e determinados limites habituais: "entre pacientes e terapeutas, pesquisa e lazer, doença e saúde, eu e outro, sujeito e objeto, espiritual e material".

É logo percebida a ameaça aos bons costumes (puritanos, fortes desde o início da colonização estadunidense) de dominação e opressão. Essa disrupção é, então, seguida por violentas reações e, no fim da década, os alucinógenos são declarados ilegais (até então as pesquisas

---

[355] Carolyn MERCHANT. *The death of nature*, p. 295; Michael POLLAN. *The botany of desire: a plant's-eye view of the world* (Nova Iorque, Random House, 2002, pp. 144-145).

eram absolutamente legais, contando inclusive com suporte público). Nixon lidera a contrarrevolução para reimpor a velha autoridade: define Timothy Leary como "o homem mais perigoso dos Estados Unidos" e vai para cima da contracultura "atacando sua infraestrutura neuroquímica", por avaliar que essa criou (ou incentivou) a rebelião. Tal guerra às drogas se traduz, como vimos, numa forma de atingir dois dos seus principais inimigos (movimento negro e opositores à carnificina no Vietnã), associando uns à maconha e outros à heroína e criminalizando pesadamente ambos, com efeitos terríveis e repercussões globais. Como coloca Daniel Vidart, uma droga "é uma substância que o Estado define como tal", recordando que na Roma antiga o vinho era proibido para homens de menos de trinta anos e para todas as mulheres; que o czar determinou ser um crime tomar café na Rússia; e os jesuítas, na Região das Missões, que a erva-mate era coisa do diabo.[356]

Uma transformação radical-existencial que faz lembrar uma famosa frase dos parceiros Marx e Engels: "na atividade revolucionária, o transformar a si mesmo coincide com o transformar as circunstâncias". As viagens psicodélicas geram uma dissolução do ego, relacionando-se, por exemplo, com concepções budistas de "que há muito mais na consciência além do ego, e que podemos enxergar isso se ao menos conseguirmos calá-lo". Isso traz variadas consequências políticas. Pode, por um lado, ter se refletido na emergência do movimento ecologista por meio de reelaboração por parte de uma geração do que (não) seria a natureza, já que a experiência refuta a tese de que estamos separados do ambiente. Ganha força, nesse contexto, a perspectiva de que a Terra constitui um organismo vivo; uma concepção óbvia para muitos povos, mas então com pouca ressonância em nossas sociedades. Acompanha essa desconstrução, por outro lado, "invariavelmente uma noção mais ampla, sincera e altruísta daquilo que importa na vida", e isso se liga ao que vimos acima acerca dos grandes primatas e certa ideologia. Pollan compartilha, assim, uma

---

[356] Paul B. PRECIADO. *Testo Junkie*, p. 367; Michael POLLAN. *Como mudar sua mente*, pp. 324, 224 e 68; Daniel VIDART. *Marihuana, la flor del cáñamo: un alegato contra el poder* (Montevidéu, Ediciones B, 2014, p. 18).

mudança vivida a partir das suas investigações: se antes ele pensava que ao espiritual se opunha o material, pensando-os numa chave metafísica, agora situa seu antônimo no egoísmo, afeto triste e importante do sistema capitalista, como tratado antes.[357]

Não era depressão, era capitalismo. Não é um sintoma de saúde estar adaptado a uma sociedade enferma e talvez tenha que ser deslocada a compreensão usual de curar doentes ou desajustados. Isso é ainda mais contundente se pensarmos que estamos vivendo uma epidemia de doenças mentais, a depressão atingindo quase um em cada dez estadunidenses e em cada vinte brasileiros. Além disso, o número de suicídios alcança, por ano, o número de uma dezena e quatro dezenas de milhares no Brasil e nos EUA respectivamente, chegando perto de um milhão no mundo. Varlam Chalámov, meditando sobre sua obra monumental (*Contos de Kolimá*) insiste em compreender o "campo como degradação geral de todos" os envolvidos, imagem que pode nos interpelar em nossa situação atual. Um padecimento coletivo, numa crítica ao capitalismo que se aproxima da antropologia reversa de Davi Kopenawa – somos o povo da mercadoria, enfeitiçados (e adoecidos) por elas e seu sistema. E um potencial de tratamento pode ser encontrado nos antigos e rigorosos protocolos (distantes de usos irresponsáveis), mantidos e transmitidos pelos povos ameríndios (*ayahuasca*, psilocibina, *yãkoana*), Fang e Mitsogo no atual Gabão (ibogaína) e também pelas bruxas, camponeses europeus e laboratórios (LSD) e tantas mais ervas, plantas e relações cultivadas com e a partir delas. Conectado ao que vimos acima, o médico Robin Carhart-Harris coloca que "um cérebro feliz é um cérebro elástico e flexível (...); depressão, ansiedade, obsessão e as vontades do vício" indicam, porém, "um cérebro que se tornou excessivamente rígido ou que tem caminhos e ligações muito arraigados – um cérebro com um grau maior de ordem do que seria saudável". Têm desabrochado, numa segunda onda (após a dos 1960), tratamentos com compostos psicoativos, no Brasil e no mundo, por conta da sua "capacidade de temporariamente aumentar

---

[357] Karl MARX e Friedrich ENGELS. *A ideologia alemã* (São Paulo, Boitempo, 2007 [1845-1846], p. 209); Michael POLLAN. *Como mudar sua mente*, pp. 298 e 399.

a entropia num cérebro inflexível, tirando o sistema de seus padrões usuais". Numa "metáfora do recozimento na metalurgia: os psicodélicos introduzem energia no sistema, dando a flexibilidade necessária para que ele possa ser moldado e, assim, se modifique", permitindo o florescimento de novas possibilidades de pensar e agir.[358]

Nos 1970, as militantes feministas estadunidenses Barbara Ehrenreich e Deirdre English formam o Movimento pela Saúde das Mulheres, retomando as ideias e práticas de uma potente articulação, do Movimento Popular pela Saúde no século XIX, parte de um levante operário e feminista. Ambas organizam oficinas "conheça seu corpo" e publicam, de forma independente, um inspirador estudo sobre as mulheres curandeiras. Essas médicas sem diploma eram parteiras, enfermeiras, conselheiras, farmacêuticas, chamadas pelas pessoas comuns de *wise women* (literalmente mulheres sábias). A profissão médica emergente (e masculina) se engaja na eliminação desses saberes – uma luta de classes, pois essa medicina das mulheres constituía parte de uma cultura popular. Enquanto os médicos se aferravam a "doutrinas não comprovadas" e "intervenções heroicas" (como a sangria), as cuidadoras agiam numa pegada mais empírica e humana, a partir de ensaio-erro e com métodos mais suaves (e utilização de plantas). Observando causas e efeitos, numa pesquisa ativa, "sua magia era a ciência de seu tempo" frente a uma Igreja "fundamentalmente antiempiricista", aliada aos médicos, que vão se impor. Tal batalha se vincula a um amplo movimento de imaginação política pela existência, na contramão do extermínio que nos espreita e que vem das longas "guerras ontológicas" e sua "destruição pela violência de estéticas e de filosofias encarnadas em modos de vida". Mauro Almeida encara as ontologias como "o acervo de pressupostos sobre o que existe. Encontros com o que existe pertencem ao âmbito pragmático. Ontologias e encontros pragmáticos não são, contudo, separáveis", já que "pressupostos ontológicos dão sentido,

---

[358] Michael POLLAN. *Como mudar sua mente*, pp. 224, 344 e 398; Varlam CHALÁMOV. "Sobre a prosa" (1965) em *O artista da pá (Contos de Kolimá 3)* (São Paulo, 34, 2016, p. 396).

ou permitem interpretar, encontros pragmáticos, mas vão além de qualquer encontro particular, seja qual for seu número". Nas resistências à unificação, o antropólogo prega um anarquismo ontológico – "onde não há hierarquia nem escolha entre pedras, animais e humanos, nem há separação possível entre esferas técnico-produtivas e esferas simbólico-comunicativas". Esse anarquismo como método conecta "verdades pragmáticas" e "múltiplas verdades metafísicas", compreendendo que distintos mundos "são ontologicamente possíveis e admissíveis na medida em que dão conta das mesmas experiências", tal multiplicidade sendo riquezas, políticas e existenciais.[359]

Os saberes ancestrais de cura e cuidado constituem uma riqueza para lidar com (e derrubar?) esse sistema. Somos todos (ainda que de formas e intensidades bem distintas) atingidos por esse modo de produção/destruição e sobreviventes de uma guerra que lhe é constitutiva e geradora de um número assombroso de mortes e enfermidades mentais. Sociedades do transtorno de estresse pós-traumático, da depressão, ansiedade e dependências graves variadas, aqui, lá e por toda parte. A plantação (que se modificou, mas perdura) expressa "a lembrança de uma história coletiva de opressão racial, insultos, humilhação e dor". Lutar-viver se compreende, assim, em como trabalhar esses afetos, recontar histórias e percorrer as vias de dissolução desse "grande machucado íntimo, coletivo, antigo, renitente". Irrompe, nesse plano, a "encruzilhada como espaço de cura", já que, para as "religiosidades brasileiras com fundamentos africanos, a experiência de limpeza não é aquela de deixar límpido, transparente", mas "uma nova forma e jeito de encruzilhar memórias, para que novos caminhos vitais se tornem possíveis".[360]

---

[359] Barbara EHRENREICH e Deirdre ENGLISH. *Witches, midwives, and nurses: a history of women healers* (Nova York, Feminist Press, 2. ed., 2010 [1973], pp. 50 e 47); Mauro ALMEIDA. *Caipora e outros conflitos ontológicos* (São Paulo, Ubu, 2021, pp. 14, 138-139, 141n, 167, 328).

[360] Marcelo LEITE. *Psiconautas: viagens com a ciência psicodélica brasileira* (São Paulo, Fósforo, 2021, pp. 15, 20, 79 e 92); Grada KILOMBA. *Memórias da plantação: episódios de racismo cotidiano* (Rio de Janeiro, Cobogó, 2019 [2008], pp. 213 e 215. 225); Tatiana NASCIMENTO. *Cuírlombismo literário* (São Paulo, n-1, 2019, p. 18); Castiel Vitorino BRASILEIRO. *Tornar-se imensurável: o mito negro brasileiro e as estéticas*

"Estamos tentando salvar e curar o espírito da América", diz Allen Ginsberg, ao refletir sobre a experiência *beat*. Os levantes como agenciamento de saúde, "a revolução como processo terapêutico"? Que luta não é cura? Esse processo é, em si e para si, uma perspectiva coletiva, evitando "a individualização das partes de nossos povos. Essa é nossa primeira batalha no cuidado". Isso se reforça na chave do corpo-território, que, em sua sabedoria, "'desliberaliza' a noção de corpo como propriedade individual" e marca uma "continuidade política, produtiva e epistêmica do corpo *enquanto* território". Encarna, assim, uma "composição de afetos, recursos e possibilidades que não são 'individuais', mas se singularizam", já que "cada corpo nunca é somente 'um', mas sempre com outr*s, e com outras forças também não humanas". Como elaborado pela Tzk'at (Red de Sanadoras Ancestrales del Feminismo Comunitario Territorial) em Iximulew/Guatemala, um território-corpo-terra no enfrentamento dos extrativismos (financeiro, digital ou o clássico de matérias-primas). Apoio mútuo, reciprocidade do cuidado.[361]

mangue

Tal compreensão conversa, novamente, com alguns debates recentes no âmbito da Biologia. Os micróbios – e nossas relações íntimas com eles – deslocam o que se pode entender por "nós", pois somos constituídos por "ecossistemas que ultrapassam fronteiras e transgridem categorias. Nosso 'eu' emerge de um complexo emaranhado de relacionamentos que só agora se torna conhecido". O que nos narram os precursores micélios, presentes em "mais da metade dos quatro bilhões de anos de história da vida" e que escaparam das cinco grandes

---

macumbeiras na Clínica da Efemeridade (Dissertação de Mestrado em Psicologia Clínica, Pontifícia Universidade Católica de São Paulo, 2021, pp. 72, 57 e 68).
[361] Allen GINSBERG. "Foreword" em Anne WALDMAN (org.). *The Beat Book: Writings from the Beat Generation* (Boston, Shambhala, 1996, p. xvii); Deivison FAUSTINO. *Frantz Fanon e o mal-estar colonial: algumas reflexões sobre uma clínica da encruzilhada* (São Paulo, n-1, 2021); Joelson FERREIRA e Erahsto FELÍCIO. *Por terra e território: caminhos da revolução dos povos no Brasil* (Arataca, Teia dos Povos, 2021, p. 113); Verónica GAGO. *La potencia feminista: o el deseo de cambiarlo todo* (Buenos Aires, Tinta Limón, 2019, pp. 91 e 93); Raissa CAPASSO, Débora DEL GUERRA e Gabriel KIELING. *Redes de cuidado: revoluções invisíveis por uma vida vivível* (São Paulo, Fundação Rosa Luxemburgo, 2021).

extinções no planeta causadoras do fim da maioria das espécies? Os liquens (associações entre fungos e algas) colocam a inexistência dos indivíduos e a impossibilidade de serem apreendidos se os tomarmos como entidades isoladas. Esse entendimento enfrentou larga contenda e quando, no fim do século XIX, Albert Frank propõe a ideia de simbiose, é considerada "ilusão sentimental", pois o mutualismo não existia nem poderia – a competição por recursos escassos é/era lei natural. Mais de um século depois, nas adversas décadas de 1980 e 1990, novas pesquisas retomam esses pontos – da falsidade de perceber plantas como entes independentes e da importância da distribuição –, agora mais aceitos pela comunidade científica.[362]

A nossa precariedade em comum remete ao ensinamento básico de que a sobrevivência depende de uma adaptação criativa às novas e terríveis circunstâncias. Isso tem um sentido recorrente, coloca Anna Tsing, nas fantasias estadunidenses dos programas de televisão ou das histórias de alienígenas (mas também nas perspectivas baseadas em interesses individuais à moda da economia neoclássica ou da genética) de se salvar fulminando os outros. Insiste, no entanto, a antropóloga, a partir de sua investigação sobre o cogumelo *matsutake* que cresce em ruínas, que "permanecer vivo – para todas as espécies – requer colaborações vivíveis. Colaborações significam trabalhar através da diferença, que leva à contaminação. Sem colaborações, todos morremos". Uma política de associação – "o termo *queer* não designa identidade, mas aliança". Coalizões culturas-naturezas. Os encontros cultivam novas mesclas e direções e, talvez por isso, Primo Levi pensa a química como "inerentemente antifascista", pela "valorização da impureza das combinações de elementos, em aberto contraste com a obsessão fascista de pureza".[363]

---

[362] Merlin SHELDRAKE. *A trama da vida: como os fungos constroem o mundo* (São Paulo, Fósforo e Ubu, 2021 [2020], pp. 27, 80, 202, 106, 104, 146 e 172).

[363] Anna Lowenhaupt TSING. *The mushroom at the end of the world: on the possibility of life in capitalist ruins* (Princeton, Princeton University Press, 2015, pp. 27-28); Judith BUTLER. *Corpos em aliança e a política das ruas*, p. 79; Renato LESSA. "Primo Levi transformou em arte relato sobre horror de Auschwitz" (*Folha de S.Paulo*, 27 de julho de 2019).

Tal perspectiva se relaciona, igualmente, com a resistência dos animais a infecções e doenças, que é mais robusta nos que apresentam maior diversidade microbiana, sustenta Rob Wallace. O biólogo marxista situa a origem das recentes epidemias no Sudeste asiático (e da atual pandemia), além do desmatamento e urbanização desenfreada, na importação do modelo político-econômico da agricultura industrial e intensiva (que se generalizou, mas cujo arranque vem dos EUA no pós-Segunda Guerra, com gênese escravocrata e colonial) e sua parca pluralidade genética. "Há tanto Walmart condensado nos campos de monocultura quanto dentro das paredes das suas lojas", evoca o conselho noturno mexicano. O tempo presente nos indica: a catástrofe não vem, ela já está – a monocultura existencial, o vírus capitalista. Curiosamente, a uniformidade capitalista tenta se disfarçar de diversidade e acusava seu concorrente da Guerra Fria de produzir um mundo cinzento quando o seu o era tanto ou possivelmente mais, por debaixo de uma superficial camada colorida. Além disso, o padrão agrícola predominante (e seu mundo) ajudou a provocar as faíscas do atual ciclo, na Tunísia e Egito, pois, devido à especialização em poucos tipos de lavoura e de venda para os mercados internacionais, essa região acaba importando metade dos cereais consumidos. Isso reforça os impactos da flutuação dos preços das questões climáticas (ainda mais com uma seca particularmente forte naquele ano). O vendedor de frutas e legumes Mohamed Bouazizi, cuja família perdeu suas terras (nas quais ele chegou a trabalhar), meses antes de atear fogo ao seu próprio corpo, participa de protestos com agricultores reivindicando acesso à água e soluções para seu endividamento.[364]

Na contramão da empobrecedora "revolução verde", se situam os povos indígenas no Brasil, cuja ação foi e é decisiva para o "o enriquecimento da cobertura e dos solos da floresta", mantendo "por conta própria, por gosto e tradição, as variedades em cultivo". Como no caso

---

[364] Rob WALLACE. *Pandemia e agronegócio: doenças infecciosas, capitalismo e ciência* (São Paulo, Editoras Elefante e Igrá Kniga, 2020); CONSELHO NOTURNO. *Um habitar mais forte que a* metrópole (São Paulo, Glac, 2019 [2018], p. 57); Habib AYEB e Ray BUSH, *Food insecurity and revolution in the middle east and north Africa*, p. 55.

do curare para os Ashaninka, existem na Amazônia uma centena de variedades de mandioca e dezenas de batata-doce, favas e pimentas cultivadas pelos Kaiapó, Wajãpi, Baniwa e outros povos que, "mais do que selecionadores de variedades de uma mesma espécie", são, "de fato, *colecionadores*". Uma total outra perspectiva de vida, oposta à que causa a fome na Irlanda em meados do século XIX com as plantações de um só tipo de batata destruídas por um fungo, quando nos Andes existem centenas de gêneros. "Nossos mais velhos ensinam que, no princípio de tudo, há a semente", nessa cultivação das diferenças e riquezas de existências pelos povos da terra e suas outras políticas e economias. Práticas comunais garantindo a vida contra a fazenda-Brasil das grandes corporações e suas sementes empresariais geneticamente modificadas. A fartura das distintas possibilidades frente ao modelo alimentar em que "três espécies (milho, trigo e arroz) fornecem mais da metade das calorias necessárias para sobreviver". Jerá, nesse contexto, antagoniza uma comida "da cidade", que não alimenta, à guarani que dá conta do corpo e do espírito.[365]

Nosso tempo, catastrófico em variados sentidos, mantém a atualidade da "organização do pessimismo", citada por Benjamin em sua reflexão sobre os surrealistas. Frente a isso, o tesouro e o chão das lutas, no Brasil das sublevações da terra, nessa tradição viva de comunas e coletividades (aldeias, quilombos, ocupações, assentamentos e locais de tantos tipos), fazem um apelo (prático) por uma responsabilização comum pela produção de alimentos, em menor escala e mais distribuída. Tal questão, decisiva para a existência sensível, é incontornável no contexto de crise climática gravíssima (e que vai piorar muito). Tomar a terra como salvação coletiva, tecendo novos vínculos entre humanos e não humanos, de forma orgânica e desde baixo (e não nas trágicas coletivizações estatais por cima), aprendendo e se transformando com os povos da partilha ancestral que à terra pertencem (e

---

[365] Manuela Carneiro da CUNHA. "Povos da megadiversidade: o que mudou na política indigenista no último meio século" (*Revista Piauí*, n. 148, janeiro de 2019); Joelson FERREIRA e Erahsto FELÍCIO. *Por terra e território: caminhos da revolução dos povos no Brasil*, pp. 62-63-64; Jerá GUARANI. "Tornar-se selvagem" (*Piseagrama*, n. 14, 2020).

não seu contrário). Um cultivo generalizado no campo (com permacultura, agrofloresta e outras), mas também em espaços urbanos em maior extensão do que se pensa habitualmente – e em todos os países – se concretiza em inúmeras hortas comunitárias, que produzem alimentos e elos, já que "cultivar e cuidar são inseparáveis". *A terra é de quem a trabalha*. Esse velho lema aponta quem cultiva os laços, o solo elementar onde Gustav Landauer situa a base do capitalismo, isto é, na sua despossessão; "o ar e a luz, a terra e a água devem ser livres".[366]

Essa luta-cura-cuidado se associa, nas políticas ameríndias, à festa. Beatriz Perrone-Moisés conta como "aliados ao alimento, à bebida, ao estar junto, esses procedimentos de fazer 'corpos' são antídoto para a tristeza – e combatem doenças". É nesse contexto que "coisas importantes e seríssimas são feitas – é essa a desconcertante (estonteante) lição dos índios – cantando e dançando, rindo, com transbordante alegria", abrindo práticas-afetos de transformação. A antropóloga argumenta que "a chave das 'políticas ameríndias' é a festa – não o que chamamos de ritual, nem o que chamamos de festa, mas o que eles chamam de festa. Festa é fenômeno religioso, político, jurídico, econômico etc.; é tudo isso porque não é nada disso". Distinção entre política, religião, economia e sociologia (divisões que o marxismo supostamente também ignora) acabam "desligando conexões nativas, por assim dizer, em favor de categorias que continuamos nos 'empenhando com afinco em distinguir'". Os Guarani e Kaiowá expressam isso nas Aty Guasu, encontros conjugando assembleia e rodas de dança e canto, reunião de rezadores e brincadeiras juvenis, batizados e sessões de cura.[367]

---

[366] Walter BENJAMIN. "O surrealismo: o último instantâneo da inteligência europeia" (1929) em *Obras escolhidas. V. 1. Magia e técnica, arte e política. Ensaios sobre literatura e história da cultura* (São Paulo: Brasiliense, 1987, p. 33); Joëlle ZASK. *La démocratie aux champs: du jardin d'Éden aux jardins partagés, comment l'agriculture cultive les valeurs démocratiques* (Paris, La Découverte, 2016, pp. 10 e 28); Gustav LANDAUER. "La Colonie" (1910), epígrafe de "Introdução" em HABITANTES DA ZAD. *Tomar a terra*, p. 32.

[367] Beatriz PERRONE-MOISÉS. *Festa e guerra* (Tese de livre-docência em Antropologia, USP, 2015, pp. 110, 17 e 16); Spensy Kmitta PIMENTEL. "Aty Guasu, as grandes assembleias kaiowá e guarani: os indígenas de Mato Grosso do Sul e a luta pela redemocratização do país" em Graciela CHAMORRO e Isabelle COMBÈS (org.). *Povos*

Se festa e guerra compõem, "em conjunto, o que chamaríamos de Política", surpreendentemente essa dupla irrompe em outro contexto, nos círculos juvenis romanos dos anos 1970, que recusam ficar em "suas reservas" e anunciam naqueles quentes tempos um réveillon de "festa e de guerra!". A primeira, "porque temos necessidade de estar juntos, de sentir o nosso calor, de encontrar coletivamente a vontade de lutar para transformarmos a nós mesmos e ao mundo, para vencer o desespero e organizar o sonho". E, a segunda, "porque não estamos dispostos a sacrificar a nossa vida, a nossa fantasia, para os patrões. E queremos gritar isso nos cérebros deles, com todo o nosso desespero, com toda a nossa alegria de viver!". Que libertação não é uma festa-guerra?[368]

Zapatistas evocam o muro capitalista e as fendas-lutas, que partem "do pequeno, até mesmo a partir do que poderia parecer insignificante, mas que, com perseverança e obstinação, pode abrir um caminho". A história de um riacho, mesmo do menor deles, é a "história do infinito". Ainda que ínfimo e intermitente, sua ação geológica, diz Élisée Reclus, é até mais forte proporcionalmente quando flui em pouca quantidade, pois é esse fio que, furando a argila e a rocha dura, forma os mais amplos, mantém toda uma vegetação, e mesmo o mar "é composto por milhares e milhões de riachinhos que deságuam nas suas fontes", se entusiasma o geógrafo comunardo. Se os grandes rios tivessem essa potência, arrasariam montanhas. *Be water* [Seja água]. Esse adágio de Bruce Lee inspira as táticas dos protestos, de Hong Kong aos EUA. Fluir como água. Escapar, sumir e se juntar novamente e recompor. Negri insiste que "a derrota significa também que as indicações de uma força subterrânea continuam sendo capazes de subir à superfície", o que recorda a imagem de Marx da toupeira que cava túneis e prepara, lenta e constantemente, a irrupção. Esse trabalho das toupeiras, além disso, produz uma medicina,

---

indígenas em Mato Grosso do Sul: história, cultura e transformações sociais (Dourados, Editora UFGD, 2015, pp. 813-814)
[368] Beatriz PERRONE-MOISÉS. *Festa e guerra*, p. 66; Marcello TARÌ. *Um piano nas barricadas*, p. 245).

que Crazy Horse, guerreiro Lakota, usava para lavar o corpo e se proteger durante o confronto com os agressores.[369]

"Quando desejo me recrear", confidencia Thoreau, "procuro a floresta mais escura, o pântano mais denso, interminável e, para o cidadão, o mais horrendo. Entro num pântano como se fosse um local sagrado – um *sanctum sanctorum*. Lá reside a força, o tutano da Natureza". No início dos anos 1990, ainda no bojo da redemocratização, Chico Science e seus parceiros fazem o manguebeat. Pergunta, Fred Zero Quatro, "como devolver o ânimo, deslobotomizar e recarregar as baterias da cidade? Simples! Basta injetar um pouco de energia na lama e estimular o que ainda resta de fertilidade nas veias". O mangue despido de sua imagem negativa de sujeira, pobreza, poluição, abandono, até ser aterrado e livrado à especulação imobiliária numa guerra contra os manguezais, no Recife e em tantas cidades brasileiras. O mangue, espaço indomável de vida e liberdade para os povos afro-indígenas, riqueza ecológica, fonte de conhecimento e política.[370]

Os caranguejos, seus habitantes, se alimentam de detritos e são fundamentais para a vida no e do manguezal, pois "cavam buracos, formando verdadeiros túneis, provocando a aeração da lama, facilitando a circulação da água e fornecendo proteção a outros animais". Ao escavar esses subterrâneos, "promovem a renovação de nutrientes de camadas mais profundas da lama, permitindo a reutilização destes nutrientes por plantas e outros microorganismos". Seriam, numa chave tropical, os caranguejos as toupeiras que eram, para Marx, uma metáfora da revolução, ao circular imperceptivelmente por debaixo da terra até brotar disruptivamente? Na mitologia do candomblé, Oxalá tenta criar as pessoas de madeira,

---

[369] Jérôme BASCHET. *A experiência zapatista: rebeldia, resistência, autonomia* (São Paulo, n-1, 2021, p. 233); Élisée RECLUS. *Histoire d'un ruisseau* (Paris, Actes Sud, 1995 [1869], pp. 7, 68 e 201); Antonio NEGRI. "O acontecimento 'levante'" em Georges DIDI-HUBERMAN (org.). *Levantes* (São Paulo, SESC, 2017, p. 43); Nick ESTES. *Our history is the future*, p. 17.

[370] H. D. THOREAU. *Caminhando* (Rio de Janeiro, José Olympio, 2018 [1862], p. 78); Fred Zero QUATRO. *Caranguejos com cérebro* (manifesto, julho de 1992).

ar, água, fogo, pedra, azeite e vinho e não consegue. Nanã lhe dá então a lama e as pessoas são modeladas no barro. *Onde a lama é a insurreição.* O lodo subversivo, vivo, opondo-se à lama tóxica dos crimes ocorridos em Mariana e Brumadinho, em episódios sintomáticos do letal extrativismo brasileiro.[371]

Os "rebeldes criativos e criadores", decisivos na luta contra a escravidão, aproveitavam o momento de velar seus mortos (autorizado pelo poder) para contestar essa ordem mais diretamente, abrindo "possíveis numa situação desesperada". No se juntar, dançar, cantar, lamentar, declamar e contar, o "surgimento da beleza" do florescer de novos espaços libertos. Sasportas, novamente, augura, ao enunciar: "quando os vivos não conseguirem mais lutar, os mortos lutarão. A cada vez que a revolução pulsa, a carne volta a crescer nos ossos deles, o sangue a escorrer nas veias, a vida em sua morte". Querem nos matar, mas "não sabem que nossas vidas impossíveis se manifestam umas nas outras. Sim, eles nos despedaçarão, porque não sabem que, uma vez aos pedaços, nós nos espalharemos". Conta Débora Maria da Silva, fundadora das Mães de Maio, que estava se deixando morrer de tristeza pelo assassinato do filho Rogério pela Polícia Militar. Uma noite, no leito do hospital, quando estava extremamente fraca, surge seu filho, a arranca da cama e a joga novamente na vida. *Roda-viva.* Débora chegou até a pensar que estava delirando, mas, ao tomar banho no dia seguinte, passou o sabonete e sentiu uma dor. Olhou para os dois braços e viu as marcas dos dedos do filho que a levantara. Eles são o poder, nós somos as potências, nos diz Débora. Os espíritos em ação, não numa chave macabra ou passadista, mas como impulso dos nossos mortos nessa extensa rede de lutadores dos tempos imemoriais. Os espectros de Maio de Louise Michel e os que sopravam e mostravam a Nanny na Jamaica e a Harriet Tubman

---

[371] Djalma Agripino de Melo FILHO. "Mangue, homens e caranguejos em Josué de Castro: significados e ressonâncias" (*Hist. cienc. Saúde-Manguinhos*, v. 10 n. 2, maio-agosto de 2003); Karl Marx. *O 18 de brumário de Luís Bonaparte* (São Paulo, Boitempo, 2011 [1852]); Reginaldo PRANDI. *Mitologias dos orixás* (São Paulo, Companhia das Letras, 2000).

os caminhos a seguir e percorrer o *underground railroad* [caminho subterrâneo] da libertação de centenas de pessoas escravizadas.[372]

Ao viver, sentir ou tomar conhecimento de uma rebelião, sempre penso em Rosa baixando, tomando parte, presente, encarnada. "Da minha cela, finos fios invisíveis me ligam a milhares de criaturas pequenas e grandes em todas as direções"; na peça *Rózà*, além da Rosa marxista intransigente, estudiosa do capitalismo e do imperialismo, opositora do militarismo e entusiasta da democracia dos conselhos operários, vibra uma apaixonada pelas vastas teias de seres vivos. Um búfalo, carregando um carrinho de peso descomunal, é chicoteado no portão da prisão e, de tão maltratado, chora – e Rosa com ele. *Os animais são parte da classe trabalhadora*. Em liberdade e mais ainda no cárcere (onde cultiva um jardim), Luxemburgo produz, paciente e meticulosamente, um herbário. Se define como um pássaro em forma humana, diz ser sua vocação criar gansos, se preocupa e salva um zangão ou ainda deseja que em sua lápide esteja inscrito o canto de ave *zwi zwi zwi*. A revolução se conecta ao "elixir de vida" que tanto evoca em suas cartas, mesmo nos instantes mais desesperadores e sinistros. Na tempestade, o júbilo e a alegria das múltiplas batalhas coletivas. *Nada é Verdadeiro, tudo é vivo*. Vida-luta selvagem.[373]

---

[372] Patrick CHAMOISEAU. "'On n'a pas besoin d'universel, on a besoin de relation' par Elvan Zabunyan" (*AOC*, 27 de março de 2021); Heiner MÜLLER. *A missão: lembrança de uma revolução* (São Paulo, n-1, 2016 [1980], p. 45); Jota MOMBAÇA. *Não vão nos matar agora* (Rio de Janeiro, Cobogó, 2021, p. 28); Débora Maria DA SILVA. "Do luto à luta: Débora Maria, mãe de Rogério" em André CARAMANTE (org.). *Mães de Maio: dez anos dos crimes de maio de 2006* (São Paulo, Editora nós por nós, 2016); Lélia GONZALEZ. "Nanny: pilar da amefricanidade" (1988) em *Primavera para as rosas*, pp. 339-340; Sarah H. BRADFORD. *Harriet: the Moses of her people* (Nova Iorque, Geo. R. Lockwood and Son, 1886).

[373] Martha Kiss PERRONE e Joana LEVI. *Rózà* (espetáculo teatral, 2014); Jason HRIBAL. "Animals are part of the working class: a challenge to labor history" (*Labor History*, n. 44 v. 4, 2003); Rosa LUXEMBURG. *Herbarium* (Berlim e Varsóvia, RLS, 2009 [1913-1918]) em Isabel LOUREIRO (org.). *Rosa Luxemburgo (V. 3): Cartas*. (São Paulo, Unesp, 2017); Édouard GLISSANT. *La cohée du Lamentin (Poétique V)* (Paris, Gallimard, 2005, p. 75).

AGRA
MENT

À Martha Kiss Perrone.

Às almas generosas que leram, comentaram e criticaram o manuscrito (ou trechos): Alana Moraes, Allan Cob, Ana Motta, André Luzzi, Antonio Mota, Bruno Xavier Martins, Carlos Perrone, Claudio Carvalhaes, Débora Del Guerra, Denise Ferreira da Silva, Diogo Castro, Elias Stein, Fabio Maldonado, Faábio Nogueira, Fábio Zuker, Fe Avila, Fernando Santomauro, Hugo Albuquerque, João Gomes, Leonardo Araujo Beserra, Lincoln Secco, Livia de Tommasi, Lucas Keese, Marcílio Rodrigues Lucas, Martha Kiss Perrone, Nathalia Carneiro, Peter Pál Pelbart, Petra Costa, Philippe Scerb, Renato Sztutman, Ricardo Muniz, Roberto Taddei, Rodrigo Santaella, Ronaldo Tadeu, Silvia Beatriz Adoue, Silvio Rhatto, Spensy Pimentel, Stelio Marras, Vera Malaguti e Vera Telles.

À banca do concurso de livre-docência (Departamento de Ciência Política, Universidade de São Paulo), na qual foi arguida a tese *Pensar com o movimento: ciência, política e insurreição*, origem imediata desse livro: André Singer, Lincoln Secco, Denise Ferreira da Silva, Monica Herz e Mauro Almeida.

Pela hospitalidade, Petra, Dione, Ronivon e Robert.

ECI-
S

Dados Internacionais de Catalogação na Publicação
(CIP) (eDOC BRASIL, Belo Horizonte/MG)

T553p Tible, Jean

Política selvagem / Jean Tible ; ilustrado por Camila Fialho. - São Paulo : GLAC edições, 2022.
320 p. : il. ; 14cm x 21cm. – (#SujeitoInconfessável)

Inclui bibliografia, índice e anexo.
ISBN n-1 edições: 978-65-81097-40-0
ISBN GLAC edições: 978-65-86598-20-9

1. Ciências Sociais. 2. Capitalismo – Aspectos Sociais. I. Gomes, João. II. Título.

2022-3659

1. Política. 2. Revolta. 3. Revolução. 4. Rebelião. 5. Insurreição. 6. Insurgência. 7. Levante. 8. Riot. 9. Tumulto. 10. Gé-mìng. 11. Intifada.
I. Fialho, Camila. II. Série. III. Título.

CDD 320
CDU 32

Elaborado por Vagner Rodolfo da Silva - CRB-8/9410

Índice para catálogo sistemático:
1. Política 320
2. Política 32

GLACEDICOES.COM
ISBN 978-65-86598-20-9

N-1EDICOES.ORG
ISBN 978-65-81097-40-0

o projeto gráfico deste livro foi desenvolvido pela GLAC edições e n-1 edições, reimpresso nos papéis Pólen Soft 80gr (miolo) e Supremo LD 250gr (capa), nas fontes das famílias Korolev e Plantin MT Pro, em maio de 2024.